민중의 현실, 생활과 의례

이화형

현재 경희대학교 한국어학과 교수이며 중국 중앙민족대학 초빙교수를 지냈다. 경희대학교 대학원에서 「이덕무의 문학 연구」로 문학박사 학위를 받은 뒤 학문의 폭을 넓혀 한국문화 전반에 관한 다양한 연구를 하고 있다.

주요 저서로는 『이덕무의 문학 연구』 『고전문학 연구의 새로움』 『아정 이덕무 시집』 『이제 다시 생각하고 좋은 글을 써야할 때』 『한국문화의 이해』 『글쓰기의 새로운 지평』 『청장, 키 큰 소나무에게 길을 묻다―이목구심서 번역』 『한국문화의 힘, 휴머니즘』 『나아가 널리 인간을 이롭게 하라』 『하늘에다 베틀놓고 별을잡아 무늬놓고』 『베이징일기』 『한국여성문화 탐구』 『뜻은 하늘에 몸은 땅에―세상에 맞서 살았던 멋진 여성들』 『보한집 번역선집』 『한국문화를 꿈꾸다』 『한국문화를 논하다』 『보한집 완역―수필·비평』 등이, 주요 공저로는 『국어국문학 연구의 새로운 모색』 『고전작가작품의 이해』 『국어국문학 연구의 오늘』 『여성문화의 새로운 시각』 『한국문학사의 전개과정과 문학담당층』 『한국근대여성의 일상문화―전9권』 『창의적 사고와 효과적 표현』 『고려조 한문학론』 『한국현대여성의 일상문화―전8권』 『교양필독서 100선』 『한국문화를 말하다』 등이 있다.

한국 민속문화 ― 현실

민중의 현실, 생활과 의례

인쇄 · 2014년 9월 15일 | 발행 · 2014년 9월 20일

지은이 · 이화형
펴낸이 · 한봉숙
펴낸곳 · 푸른사상
주간 · 맹문재 | 편집, 교정 · 지순이, 김소영

등록 · 제2-2876호
주소 · 서울시 중구 충무로 29(초동) 아시아미디어타워 502호
대표전화 · 02) 2268-8706(7) | 팩시밀리 · 02) 2268-8708
이메일 · prun21c@hanmail.net
홈페이지 · http://www.prun21c.com

ⓒ 이화형, 2014
ISBN 979-11-308-0279-4 93300

값 26,000원

　이 도서의 국립중앙도서관 출판시도서목록(CIP)은 서지정보유통지원시스템 홈페이지(http://seoji.nl.go.kr)와 국가자료공동목록시스템(http://www.nl.go.kr/kolisnet)에서 이용하실 수 있습니다. (CIP제어번호 : CIP2014025989)

민중의 현실, 생활과 의례

이화형

Reality of the people,
Living and Rites

푸른사상
PRUNSASANG

소통을 지향했던 한국인

　드라마 중심의 한류가 아시아를 강타했을 때 우리는 놀라워했고, 이 기세는 다시 K팝이 유럽까지 흔들어 놓는 한류로 이어졌다. 현재 한국 대중문화의 폭발력은 가히 세계적이다. 문화의 보편성과 대중성이 두드러질수록 문화적 개성에 대한 각성과 더불어 한국문화의 정체성에 대한 관심도 더욱 강렬해지고 있다. 한류 드라마의 선구적 위치에 있었던 〈대장금〉이 조선왕조실록 속의 한 줄에서 탄생했음을 잊어서는 안 된다. 법고창신의 가치에 대한 깊은 인식과 더불어 고전과 현대의 조화가 절실함을 새삼 깨달아야 하는 대목이다.

　한국문화를 체계적으로 이해하고 그 정체성을 파악해보려는 의도 아래 2012년에 그동안 집적해온 노력을 바탕으로 먼저 지배계층의 문화를 분석하여 『한국문화를 꿈꾸다』와 『한국문화를 논하다』라는 두 권의 책을 세상에 내놓은 바 있다. 이제 오랫동안 관심을 갖고 연구해온 서민계층의 문화에 관한 나름의 결과를 내놓을 때가 되었다고 본다. 이책은 민중들의 삶과 정신이 무르녹은 민속문화서*로서 이미 출간된 많은 민속관련 문화서와 달

---

* 문화적 대상이나 요소 가운데는 계층 간에 공유될 수 있는 것도 있으므로 민중의 삶 속에 사대부의 것이 포함되기도 했다.

리 다양한 한국문화를 일관된 인문학적 시각으로 접근한 점이 특징이다.

한국문화를 공부하면 할수록 나를 사로잡는 게 있다. 다름 아닌 '생명 존중', '인본주의'와 같은 개념들이다. 앞으로도 계속해서 '생명' 혹은 '인본'이 한국문화를 보는 나의 중요한 시각이 될 것이다. 특히 이러한 문화적 아이콘들은 '소통'을 기반으로 하고 있다. 인간과 자연, 나와 남, 사상과 사상의 융합에서 비롯되는 소통은 한국문화의 핵심적 요소라고 할 수 있다.

2012년 문화체육관광부와 한국국학진흥원이 뽑은 10대 한국 문화유전자는 흥(신명), 끈기(인내), 정(나눔), 해학(여유), 발효(숙성), 예의(선비정신), 역동성(열정), 공동체문화(우리), 어울림(조화), 자연스러움 등이다. 이 가운데서도 '예의'와 '자연스러움'이 각각 일반인과 전문가들이 선정한 한국을 대표하는 문화유전자 1위를 차지했던 점은 시사하는 바가 크다. 예의는 공동체를 인식하고 상대방을 배려하는 소통의 태도이며, 자연스러움도 전체를 의식하고 보완하려는 소통의 정신이라 할 수 있기 때문이다.

우리의 의식주 생활만 보더라도 소통의 가치가 잘 드러난다. 우리는 옷가지 하나도 부자나 모녀, 또는 이웃이 같이 입을 수 있었다. 음식도 남들과 서로 나누어 먹으며 심지어 된장찌개를 함께 떠먹듯 맛을 공유했다. 낮은 담과 얇은 방문에 의지하여 개방적인 주거생활을 해왔다. 의례를 보더라도 마찬가지다. 〈농가월령가〉를 통해 "북어 한쾌 젓조기로 추석명절 회어보세/선산에 제물하고 이웃집 나눠먹세"라고 노래했듯이 세시의례에서 조상을 섬기고 이웃과 잘 지낼 것을 강조했다. 부모님이 운명하시면 신주를 모시고 평생 함께 살고자 했으며 초상집 또는 잔칫집에 손님이 없으면 집안이 망한다고 했던 일생의례도 소통의식의 발로다.

우리는 지금 전통을 점점 잃어가고 있는데도 새로운 방향을 아직 정립하지 못하고 있다. 옛것만 강조하고 있으면 고루해 보이고 새것만 따라가면 천박하기 그지없다. 드라마로 촉발된 한류를 제1차 한류라고 한다면, K팝이 일으킨 한류를 제2차 한류라고 할 수 있다. 이제 제3차 한류를 만들어내야 하는 것이 과제인 것 같다. 바람이나 분위기를 확고하게 문화 전반으로 확장시키면서 한국문화의 정체성으로 안착시키는 기회로 삼아야 한다. 뿐만 아니라 우리의 전통문화와 대중문화와의 접목을 통한 새로운 한국문화의 창조를 이루어내는 데 역량을 집중해야 한다. 세계와 호흡하는 영화, 드라마, 음악 등 다양한 문화상품의 창출은 우리의 고전텍스트와 전통적인 소재에서 시작된 것이다.

2012년 해외문화홍보원의 조사에 따르면 한국을 방문한 외국 문화예술인의 44%가 가장 좋아하는 한국문화로 고궁 등 '전통문화'를 선택했다고 한다. 전통문화는 문화예술, 문화콘텐츠, 문화관광 등 관련 산업의 부가가치는 물론 국가브랜드를 높이는 문화자원의 보고이자 문화창조의 원동력이지만 현대적인 재창조의 노력이 부족했던 것도 사실이다. 중국학이나 일본학보다 현저하게 열세인 한국학이 세계의 한국학으로 나가려면 전통에 의거한 혁신이 있어야 한다.

2014년 여름
이화형

제2부 세시의례와 일생의례

제1부

의식주와 노동

제1장

의식주

— 기본적인 생활은 어떠했는가

2012년 서울핵안보정상회의에 세계 58개국 정상들이 참석했다. 회의 공식 만찬에서 정상들은 국내산 햅쌀과 누룩으로 빚은 막걸리로 건배를 했고, 리셉

막걸리로 건배를 한 서울 핵안보정상회의 특별만찬(2012)

션 와인으로는 한국 토종 오미자로 만든 오미로제 스파클링을 선정했다. 퍼스트레이디들을 위한 만찬에서는 한복 패션쇼가 성황리에 열렸는데, 한복 패션쇼는 2010년 G20 서울정상회의 때도 크게 호응을 받았다. 한류 붐을 이끌고 있는 K팝 공연도 선보였다. 참석한 정상들에게는 중요무형문화재 칠장과 나전장이 참여한 삼성전자의 갤럭시탭이 증정되었다.

한국인들은 스타벅스 커피를 마시면서 반미(反美)를 외치고, 일본상품

불매운동을 벌이는 장면을 소니 카메라로 찍고 있다고 비웃음을 받는 일이 있다. 세계적 문명의 한가운데서 우리가 좀 더 성숙하기 위해 성찰해야 할 일이 많다. 우리를 내세우기에 앞서 세계의 변화를 수용하고 또한 이를 위해서는 자신부터 제대로 아는 것이 필요하다.

특히 의식주는 각국의 문화 중에서도 가장 고유색을 잘 보유하는 특성이 있다. 그만큼 보호하고 발전시켜야 할 책무가 따른다. 세계인들이 들어오고 나가는 우리 인천국제공항에는 한국 고유의 건물이나 한국적인 것 하나 없다고 지적하는 사람들의 말이 쓸데없는 것은 아니다. 다행히 다른 나라 음식을 먹으면 배만 부른데 한국음식을 먹으면 온몸에 꽉 차는 것 같다고 말하는 외국인으로부터 우리나라 문화가 얼마나 독특한지를 단적으로 느낄 수 있다.

우리 조상들이 어떤 옷차림을 하고 무엇을 먹으며 어떻게 집을 짓고 생활을 했는지 자세히 알아볼 필요가 있다. 유교적 생활 속에서 의식주의 욕구를 부덕시한 인식적 한계도 간과할 수는 없다. 그러나 그러한 한계가 오히려 긍정적 역할을 했다고 본다. 예의와 정을 중시하는 풍습과 함께 의식주가 더 다양하게 발전할 수 있었을 것이기 때문이다. 총체적으로 유교적 예의와 정은 본능적 욕구를 넘어서는 고상한 정신적 지향을 우리 의식주 문화의 특징이자 한국문화의 본질로 해석하게 하는 원동력이 되었다. 이사 들어와 떡을 돌리고자 벨을 눌렀다가 아이 깼다고 화내는 현실과 달리 과거엔 귀한 음식인 떡을 주고 받으며 이웃 사이에 인정을 나누던 미풍이 있었다.

한국의 옷처럼 저고리와 치마가 조화를 이루며, 선이나 색이나 질감에서도 절묘하게 조화를 이루는 옷도 흔치 않을 것이다. 우리의 우아하고 풍성한 복식은 민족의 유연하고 여유로운 정신의 소산이다. 이 복식에 있어서는 한국복식의 기본형과 남녀 복식의 특징 등을 살펴보고자 한다. 우리 민족은 음식문화를 통해 융합적 사고를 유감없이 발휘했다. 이러한 기본적 이해 위에 우리가 탁월하게 개발한 발효저장식품과 관련하여, 김치를 비롯해서 거기에 들어가는 고추와 젓갈, 그리고 된장, 고추장, 간장 등의 장류를 다룬 다음 술과 떡과 차 등을 살펴보도록 한다. 우리의 주택은 권위적이거나 기교적이지 않은 자연스럽고 소박한 구조다. 널찍한 대청마루와 마당에서 느낄 수 있듯이 공간 활용의 측면에서도 대단히 개방적이면서 조화를 중시한다. 대체로 공간적 측면과 구조적 측면으로 나누어 볼 수 있는 주택에서는 주거문화의 융합방식에 대해 논의해보고자 한다.

어떤 이는 백의·된장·온돌을 들어 우리 민족 의식주 생활을 대표하는 것으로 말하기도 한다. 문화는 국가 발전의 진정한 초석이 되고, 의식주를 포함하는 전통문화는 국가의 정체성을 나타내준다. 오늘날 문화계의 화두는 한류이고, 한류의 경쟁력을 확보하는 것이 관건이 되고 있다. 한류가 지속적으로 힘을 유지하고 다양한 방면으로 확산될 수 있도록 전략을 세우지 않으면 안 되는 이유도 충분하다. 전통문화를 통한 한류 경쟁력의 강화가 무엇보다 필요하다.

한국문화의 정보화와 세계화를 통해 한류가 한국문화 전반에 퍼지도록 해야 한다. 이에 한국문화를 발전시켜 나가야 하는 창조적 주체의 치열한 노력과 함께 창조적 환경을 조성해야 하는 일반인의 공감대와 정부의 지원이 절실하다. 우리가 오랫동안 생활하면서 지켜온 복식과 음식과 주택 분야는 현대생활 속에서 융화되는 가운데 한국문화콘텐츠 개발을 이끄는 문화원형으로서의 가치를 톡톡히 하고 있다는 점에서 고무적이 아닐 수 없다.

컨셉이 불분명한 복식·음식·가옥도 엄연히 존재하고 있는 게 현실이다. 퓨전·융합이라는 미명 아래 자칫 창조가 아닌 기형 내지 파괴에 머무는 예도 있을 수 있다. 보다 밝은 눈으로 우리의 의식주 문화의 아이덴티티를 찾아 발전 고양시키는 데 가일층 노력해야 할 것이다.

1) 옷과 몸치레

1956년 한국 최초 여성 양복 패션쇼

2013년 9월 베트남을 국빈 방문 중이었던 박근혜 대통령은 하노이의 '경남 랜드마크 72호텔'에서 열린 '한복·아오자이(베트남 전통의상) 패션쇼'에서 한복 모델로 데뷔했다고 언론에서는 대대적으로 보도한 바 있다. 은박이 박힌 미색 저고리에 연노란색 치마를 입은 박 대통령은 한복의 우아함을 마음껏 뽐냈다.

요즘은 서양풍습을 따른 배꼽 노출 패션이 유행하고 있다. 우리는 가히 패션의 시대를 살고 있는 듯하다. 조선 말기 개항과 함께 양복이 들어오기 시작했다. 1930년대부터는 외국에 나갔던 사절단이나 유학생들의 귀국과 더불어 양복이 급격히 퍼지기 시작했다. 1950년대 들어서는 양복이 대중화되기 시작했는데, 대한민국 1호 유학파 패션디자이너 노라노(본명 노명자)는 1956년 한국 최초로 여성 양복 패션쇼를 열었다. 1960년대가 되면서 일반인들도 완전히 양복을 입기에 이르렀다.

우리나라 사람들은 새로운 문화에 빨리 적응하기도 하지만 우리들에겐 전통적인 것을 지키려는 의식이 뿌리 박혀 있다. 역사적으로 우리 민족은 세시의례든 일생의례든 예의 또는 의례를 소중하게 여겼으므로 이런 의례를 치를 때는 거기에 맞춰 착용하는 복식에 대해서도 관심이 컸다. 그리하여 늘 서양옷을 입으면서도 전통의복을 지키려는 현상이 나타나는데, 명절이나 결혼식처럼 중요한 때에 한복을 입음으로써 그 가치와 위상을 드러내곤 한다.

무엇보다 전통한복의 기능이 점점 명절복이나 의례복으로 특수화되는 추세를 보이고 있음에 주목하게 된다. 계절에 맞게 또는 명절 때 평소와 달리 한복을 곱게 갖춰 입는 사람들은 아마도 경제적으로 힘들게 사는 계층이 아닐 것이다. 여름에 양복이 아닌 모시나 삼베로 깔끔하게 차려입는 이들은 여유 있는 사람들이라 할 수 있다. 주요 의식이 있을 때 품위 있게 잘 갖춰 입는 사람들도 마찬가지다.

한편 1990년대 등장한 생활한복이 과거 전통한복이 일상복이었던 것처럼 널리 보급 착용되고 있는 경향이 있다. 이렇게 볼 때 현대에 맞게 변모되고 있는 생활한복이 앞으로 우리 민족의 새로운 전통한복으로 자리 잡아갈 전망이다. 요사이 입는 생활한복은 전통한복과 다르다. 디자인을 실용적으로 변형시키고 옷감도 면이나 합성섬유 등 가격이 싸고 관리하기 편한 직물을 사용하여 기성복화시켰다.

현대에는 생활하기에 편리하고 안전한 쪽으로 옷이 변화된 것이다. 생활에 편하도록 여성 저고리의 길이를 길게 하거나 걷는 데 끌리는 불편함이 없도록 치마 길이를 약간 짧게 하기도 한다. 또한 옷고름이 매듭 형식의 단추로 바뀌고, 번번히 갈아 달던 종이로 된 동정도 천으로 고정되었다. 동정은 저고리나 두루마기 깃 위에 덧댄 흰색의 천으로 유행에 따라 동정의 너비가 넓어지거나 좁아졌다. 허리띠가 바지말기에 부착되었으며, 바짓부리를 여미는 대님도 단추나 호크로 바뀌었다. 한복문화가 옷의 기능에 의해서 달라졌음을 말한다.

오늘날 우리는 현대화된 서양복을 입고 생활하지만, 한편으로 고급화된 전통한복과 실용화(대중화)된 생활한복이 공존하고 있다. 역사적으로 외래, 특히 중국복식을 받아들이면서 우리 고유의 전통복식을 잘 지켜왔

영화 〈황진이〉 속의 전통복식

듯이 다시 고유와 외래의 융화를 통해 새로운 복식문화의 창조가 이루어지길 기대해본다. 문화체육관광부가 2014년 총 20억 원의 예산을 한복문화 지원에 배정하고 한복진흥센터를 건립하기로 한 것은 반가운 일이다.

전통문양을 활용한 복식콘텐츠가 〈거상〉, 〈임진록〉 등의 게임으로 재생산되고, 우리의 전통의상과 장신구 관련기록을 바탕으로 영화 〈황진이〉가 새롭게 탄생하고 있다. 또한 한복의 동정과 고름을 접목한 새로운 재킷의 개발이 계획되고 있다. 우리 생활 전반에 한복을 비롯한 한식, 한옥 등 전통문화를 접목시키는 노력이 얼마나 부가가치를 높이는 일인지 새삼 느끼게 된다.

한복은 사회적 · 자연적 산물이다

인간이 왜 옷을 입을까? 그 이유와 복식의 기원에 대해서는 많은 견해가 있다. 몸을 보전하기 위한 보호설, 겉을 꾸미기 위한 장식설, 치부를 가리기 위한 정숙설, 눈을 끌기 위한 흡인설 등이 그러하다. 어쨌든 의복은 인간생활에 없어서는 안 되는 것이다. 우리 속담에 "입은 거지는 얻어먹어도 헐벗은 거지는 못 얻어 먹는다"는 말도 있다.

이렇듯 인간에게 필수적인 옷은 생활환경과 미의식을 반영하므로 시대에 따라 끊임없이 변천하여 왔으며, 복식은 사회성을 드러내는 수단이기 때문에 우리는 때와 장소를 가려서 옷을 입었다. 특히 역사적으로 우리는 복식에 대해 예절을 표현하는 수단으로 인식했기 때문에 혼례복, 상례복 등 예복을 통해서 엄격하게 자신의 반듯한 마음가짐을 표출하고자 했다.

설빔, 추석빔 등을 통해서도 명절의 기쁨과 의례의 절도를 드러내고자 했다. 단순히 사치나 허영을 넘어서는 그러한 전통적 사고는 요즘도 복식을 통해 예의와 격조를 드러내고자 하는 문화현상으로 이어지고 있다. 또한 옷의 색깔이나 문양은 전통적으로 계급 또는 신분을 나타내는 상징성을 띠었다. 사실 지금도 옷감의 질에서부터 상표에 이르기까지 옷은 인간의 신분이나 위상을 표현하고 있다.

양복을 입은 지 얼마 안 되는 짧은 역사임에도 불구하고 우리는 다른 어느 나라보다도 의생활에서 세계적인 유행을 따라가고 있는 편이다. 이런 현상은 무엇보다 우리 민족이 지닌 전통적인 가치관으로서의 집단적 사고, 공동체의식 때문인 것으로도 파악된다. 우리는 인간관계 속에서 늘 남에게 불쾌감을 주지 않고 관심을 끌기 위해서도 단아한 옷차림을 가꿔 나갔다.

공동체적 삶에서 나온 한복의 종류는 매우 다양하며, 여러 기준으로 나눠볼 수 있다. 성별·계급별로 분류해볼 수 있으며, 용도에 따라 예복, 평상복, 노동복 등으로 고찰해볼 수도 있다. 가령 관리들의 옷이 조회 때 입는 조복, 제사 때 입는 제복, 공적인 모임이 있을 때 입는 공복, 평상시에 입는 상복으로 구분되고, 또 품계에 따라 옷의 색깔과 장식도 달랐다. 왕의 경우도 신하의 알현을 받을 때 입던 조복에는 원유관을 쓰고 강사포를 착용했으며,[1] 평소 집무 볼 때의 상복으로는 익선관(翼蟬冠, 왕의 청렴과 검소함을 상징)에 용포라고도 부르는 곤룡포를 입었다. 왕비의 경우에도 대례복으로는 적의를, 소례복으로는 원삼을, 평상 예복으로는 당의를 착용했다. 조선시대 왕비의 예복 중 가장 으뜸 되는 옷을 적의라 하는데, 이는 꿩무늬가 있는 옷을 뜻한다. 왕비의 원삼은 홍색이었다.

---

[1] 원유관은 제26대 고종이 대한제국 황제 위에 오르면서 통천관(通天冠)으로 바뀌었고, 강사포는 색이 붉고 장문(章紋)이 없는 것으로 달라졌다.

제주도에서 농부들이 입었던 무명옷에 감물을 들인 갈옷

한편 노동복 같은 경우 팔이나 다리의 길이를 칠부 정도로 하여 일을 하는 데 옷이 방해가 되지 않도록 한다는 특징이 있다. 위에 입는 것은 등거리라고 하며 주머니가 달려 있고, 하의는 잠방이(가랑이가 무릎까지 오는 짧은 바지)라고 하는데 허리를 끈으로 묶을 수 있게 하였다. 노동복 중에는 제주도에서 농부들이 입었던 무명옷에 감물을 들인 '갈옷'이 유명하다. 옷에는 무거움과 가벼움이 있다고 한다. 의례와 일상과 노동은 분명 다르며 이에 따라 착용하는 옷에도 차이가 있기 마련이었다.

무엇보다 삼국 말기 당나라 복식을 모방하는 등 끊임없이 선진 외래문화를 수용하면서도 우리 민족은 고유한 복식문화를 확립해갔다. 중국의 한족은 자신들이 장구한 역사를 지니고 있다고 자랑하지만 그들에게는 자신을 표현할 자기 민족의 옷이 없다고 한다. 우리가 알고 있는 중국옷은 청나라 때의 것으로 만주족이 입던 치파오(旗袍)이다. 우리 민족도 우리의 옷을 잃어가고 있지는 않은가 하는 우려도 배제할 수는 없다. 그러나 나름대로 한복을 살려 입으려는 한국인의 자존심과 노력에 희망을 갖게 된다.

우리는 신석기시대부터 식물에서 실을 뽑아 뼈바늘로 베를 짜서 옷을 지어 입었다. 특히 중국에서 마한의 주민들은 토착생활을 하고 곡식을 재배하며 누에를 치고 뽕나무를 가꿀 줄 알며 면포를 지었다[2]고 기록할 만

---

2) 진수, 『삼국지』 위서 동이전 한조(韓條).

큼 한반도는 기후와 풍토가 양잠하기에 적합하여 철기시대부터 누에를 쳐서 비단을 생산하는 산업이 발달했다.

우리의 의생활은 삼국시대 이후 꾸준히 발달해갔다. 고구려 대안리 1호 무덤에서 나온

베를 짜는 아낙네의 모습

'베 짜는 여인' 그림 등은 당시의 발달된 직조기술의 일면을 잘 보여준다. 백제도 고이왕 때 서소 같은 직공을 일본에 보내 길쌈기술을 가르칠 정도로 방직기술이 뛰어났으며, 신라에서는 한가위 행사로 '베짜기대회'를 열 만큼 직조가 중시되었다.

삼베 즉 마포(麻布)는 땀을 빨리 흡수하고 건조가 빠르며 통풍이 잘 되고 질기며 물에 대한 강도가 커서 세탁할 때 손상이 적은 장점 때문에 우리나라에서는 일찍부터 의복의 소재로 널리 이용되었다. 최고의 옷감으로 손꼽히는 안동포는 올이 곱고 빛깔이 아름다워 조선시대에는 궁중에 진상되기도 했다. 한산의 세모시는 잠자리 날개처럼 가볍고 섬세하여 질 좋기로 전국의 제일이다. 신라의 진덕여왕은 당 고종에게 비단에다 〈태평송(太平頌)〉이라는 시를 수놓아 보낼 정도로 우리의 비단은 품질이 우수하여 주요한 수출품목에 들었다.

우리는 사계절 자연의 변화에 따라 옷을 갈아입었다. 저고리만 하더라도 여름에는 홑저고리 즉 적삼, 봄과 가을에는 겹저고리, 겨울에는 솜저고리를 입었다. 옷감의 변화로써 각 계절의 차이를 나타내는 것은 서양복과 아주 다른 표현법이다.

한복은 순수와 조화의 극치다

한복에 있어 무엇보다 우리의 남성옷은 점잖음을 나타내며 여성옷은 정숙함을 표현한다. 이는 우리의 소탈하고 은은한 의식의 반영이라 하겠다. 우리 민족을 백의(白衣)민족이라 부르는 것은 예로부터 우리가 흰옷을 숭상하여 왔기 때문이다. 삼국시대에도 우리 민족은 흰빛을 숭상했고 흰옷을 좋아했다고 중국의 문헌들은 전하고 있다. 고려와 조선을 거쳐 구한말에 이르기까지 흰옷의 선호도는 바뀌지 않았다.

백의민족이라는 말 속에는 순결과 평화를 사랑한다는 뜻을 담고 있다. 일제강점기 우리가 백의민족을 강조하고 일제가 흰옷을 저항의 상징처럼 인식했던 것도 흰옷이 지닌 순수성과 자연성 때문일 것이다. 선조 때 명상 이원익의 청백함을 포상하는 뜻에서 인조가 흰 이불과 흰 요를 하사한 일도 있다. 또한 '백의종군(白衣從軍)'이라는 말 속에 민중의 신분으로 전장에 나간다는 의미가 있듯이 '백의'는 한민족의 기본복색임을 알 수 있다.

이와 관련된 가장 강력한 주장은 『조선상식문답』에서 찾아볼 수 있다. 육당 최남선은 "조선민족은 옛날에 태양을 하느님으로 알고 …… 태양의 광명을 표시하는 흰빛을 신성하게 알아서 흰옷을 자랑삼아 입다가 나중에는 온 겨레의 풍속을 이루고 만 것입니다"라고 했다. 최남선은 이집트와 바빌론같이 세계 어디서고 태양을 숭배하는 민족은 흰빛을 신성시하고 흰옷 입기를 좋아한다고 했다.

물론 고려시대까지 염료가 귀하여 평민들은 염색을 못하도록 규제하였다고도 한다. 그러나 물감이 비싸서 유색옷 사용이 힘들었다면 하다못해 먹물이라도 들여 입었을 것이 아닌가라고 문제를 제기하기도 한다. 고려 및 조선에 걸쳐 국가가 권고하는 푸른 색깔의 옷도 거부하며 우리는 흰옷을 고집했다고 할 수 있다. 흰옷을 죽은 옷으로 여기며 검은 옷을 좋아하는 중국이나 남색 옷을 즐겨 입는 일본과 우리는 사뭇 다르다.

동정은 저고리나 두루마기의 깃 가장자리를 따라 감싸서 대는 좁고 긴 하얀 헝겊인데, 더러움이 잘 타는 목 주변에 꼭 맞게 나타나는 하얀 선은 한복 저고리에 한층 정갈한 아름다움을 가져다준다. 한복이 지닌 흰색, 또는 소색(素色)은 우리의 의복문화가 얼마나 천연적·자연적인가를 반증하는 셈이다.

한편 우리 옷의 경우 화려한 색채보다 선을 통한 심미성이 돋보인다. 다시 말해 한복의 아름다움은 무엇보다 간결한 직선과 부드러운 곡선이 서로 어우러져 만들어내는 단아한 선의 흐름에서 찾을 수 있다. 먼저 남성 관복의 겉옷은 깃이 둥근 단령으로서 속에 받쳐 입은 깃이 곧은 직령과 조화를 이룬다. 물론 배래기에서 버선코에 이르는 여성 한복 전체에서 일어나는 곡선미는

조화로운 저고리의 선

한국미의 정수라 하겠다. 저고리의 경우 남녀 모두 팔을 폈을 때 윗쪽은 직선이고 아래쪽은 가운데가 넓은 부드러운 곡선을 이루고 있어서 모양이 우아하고 아름답다. 여성복의 경우 이 점이 두드러진다. 풍만하면서도 고운 여성의 자태를 곡선으로 잘 살려내고 있는 어깨와 둥근 옷소매, 수런거리는 여심을 절제와 단정함으로 묶는 곧고 긴 동정과 고름의 조화가 예사롭지 않다.

길이가 짧고 단정한 저고리와 풍성하고 땅에 스쳐 닿을 듯 말 듯 늘어진 긴 치맛자락의 조화도 놀랍다. 긴 치마 밑으로 살짝 보이는 하얀 버선코의 아름다움은 우리 옷만이 가지는 멋이라 하겠다. 서양옷의 단추 구실을 하는 고름은 앞이 터져 있는 저고리의 앞부분에 달린 끈으로서 저고리를 맵시 있게 묶어 여미게 되어 있으며, 짧은 저고리와 긴 치마를 조화시

배색이 돋보이는 당의배자

켜 주기도 한다.

색상과 질감에서도 한국의 조화미를 잘 보여 준다. 가령 한복의 겉감은 검정을 사용하되 안 감에는 홍색이나 청색 등을 사용하여 배색(이중색)이 나도록 한다. 또 겉감과 안감의 질감을 달리 하여 움직임에 따라 물결 무늬의 '무아레(moire)'가 나타나도록 한다.[3]

한복만큼 세계에서 여유로움과 품위를 지켜 주면서 아름다운 의상도 없을 것이다. 특히 우리는 넉넉한 옷매무새로 심신의 조화를 꾀했다. 조선시대의 예복이었던 원삼, 활옷 등을 오늘날 전통혼례식이나 회갑잔치 등에서 볼 수 있는 것도 의미하는 바가 크다. 활옷에 있는 모란과 연꽃의 문양은 부귀와 다산에 대한 기원을 표출한 것이다.

덕온공주의 당의

중요민속자료로 지정된 한복은 조선시대 덕온공주의 당의, 심동신의 금관조복, 광해군 내외 및 상궁의 옷, 이단하 내외의 옷, 김병기 일가의 옷 등이 있다. 덕온공주는 순조의 셋째 딸이다. 심동신은 황해도관찰사를 지냈고 의금부사로 재임하면서 청나라로 잡혀간 대원군의 송환문제를 처리한 인물이다. 이단하는 판서 이식의 아들로 예조판서, 우의정 등을 지내면서 굶주리는 백성들을 돌보고자 노력한 정치인이

---

3) 윤지원, 「중국과 사뭇 다른 한국 복식」, 『한국문화는 중국문화의 아류인가』, 소나무, 2010, 66면.

다. 김병기는 예조판서, 이조판서 등을 두루 역임한 인물이다.

남성들 모자 쓰는 예를 갖추다

한국 고유복식의 기본형은 옷을 중심으로 모자, 허리띠, 신발이 첨부된다. 우리나라 사람은 예부터 머리에 무엇을 쓰기를 좋아한다. 남자들이 열 살이 되면 으레 모자를 쓰는 풍습이 있었다. 모자는 형태에 따라 관(冠), 모(帽), 갓(笠), 건(巾)으로 나눌 수 있다.

사방관을 쓴 사대부

복두를 쓴 문인석

금으로 만든 절풍

조선시대 사대부·유생들은 집에 있는 경우라 할지라도 의관을 바르게 하여 예의를 갖추었다. 관은 이마에 두르는 부분 위에 앞에서 뒤로 연결되는 다리가 있는 것으로서 집에서만 쓰는 편이었다. 평상시에 착용하는 관으로 가장 보편화된 3층으로 된 정자관이 있었으나 개인적인 취향에 따라 다른 형태의 관을 만들어 착용했다. 사방관은 4각형의 상자 모양으로 되어 있는데 상단이 아래 부분보다 넓다. 말총을 엮어서 정밀하게 만들었으며, 다른 관에 비하여 소박한 느낌을 주는 것이 특징이다.

모는 머리 전체를 싸는 형태로 복두(幞頭), 사모(紗帽), 절풍(折風) 등이 이에 속한다. 이 중에 복두는 원래 천으로 머리를 동여매는 머릿수건이 발전한 것으로 누구나 쓸 수 있었다. 직급이 높은 관리들은 비단으로 만든 복두를, 하급 관리와 평민들은 질이 낮은 천으로 만든 것을 썼다. 고려시대에는 복두보다 건이나 갓이 더 보급되었다. 조선시대에는 복두를 관리들만 쓰게 하고 평민들의 사용을 금했다. 한편 고려 말에서부터 조선시대에 걸쳐 벼슬아치들이 관복을 입을 때 쓰던 일반적인 것이 사모였다. 절풍은 바람을 가린다는 글자의 뜻대로 활동하는 데 간편한 머리쓰개로 검은색의 테와 앞쪽에 흰색의 가리개를 붙이고 양 옆에 끈을 달았다. 고깔과 비슷한 생김새다.

조선 5백여 년 동안
양반들이 썼던 갓

신분이 낮은 사람들이 썼던
패랭이

갓은 양태라는 넓고 둥근 차양이 있는 것이다. 갓은 원래 운두와 차양의 구별이 없는 삿갓이나 방갓(원추형)과 같은 단순한 형태로 발생했다. 삿갓은 주로 평민들이 이용했으며, 방갓은 승려들이 나들이할 때 썼다. 갓에는 말총으로 만든 흑립(黑笠)을 비롯하여 풀로 만든 초립(草笠)이나 대나무로 만든 패랭이 등이 있다. 삼국시대부터 썼다는 갓, 곧 흑립은 조선초부터 1895년 단발령이 내려질 때까지 5백여 년 동안 예의를 중시하는 선비들의 모자로 애용되어 왔다. 우리의 갓은 중국이나 일본의 것과 다른 독특한 것이었다. 갓에는 품질에 따라 최상품인 진사립(眞絲笠)을 비롯해 음양사립, 포립 등 여러 종류가 있으며, 통영갓을 최고로 쳤다. 선비들의 상징으로서 관리들의 평상복에 사용되던 갓은 차츰 착용범위가 넓어지게 되었다. 서민도 외출, 제사, 기타 의관을 갖출 때 착용했으며, 조선 말기에 이르러서는 누구나 쓸 수 있게 되었다. 참대갓은 고려 시대 가난한 백성들이 썼으며, 초립은 누구나 쓰는 것이었다. 보부상처럼 신분이 낮은 사람이나 최하천민이었던 백정 같은 사람들은 일반 갓을 쓰지 못했다. 갓 대신 속칭 패랭이 일명 평량자(平凉子)라고 하는 대나무를 가늘게 쪼개 갓 모양으로 만든 것을 쓰고, 갓끈도 일반이 사용하는 검은 비단을 쓰지 못하고 실을 꼰 것을 이용하였다.

상투 틀기 위해
이마에 두르던 망건

망건의 덮개라는
탕건

유생들이 쓰던 유건

전폭의 천을 사용한
다는 복건

건은 한 조각의 천으로 싸는 가장 간단한 형태로 망건, 탕건, 유건, 복건 등이 이에 속한다. 책(幘)이라는 것도 있는데 이는 건과 같은 것으로 앞이 낮고 뒤가 높은 형태로서 관리들이 썼다. 망건은 본래 중국 당나라 이래로 일부 특수한 사람들 사이에 유행하다가 명나라 태조가 편리함을 알고 천하에 반포하여 두루 쓰게 했다. 망건은 상투를 틀기 위해 머리카락이 얼굴로 흘러내리지 않게 이마 부분에 두르는 띠로서 말총으로 만든다. 망건에는 상투를 졸라매기 위한 당줄이 있으며, 망건에 부착된 장식물에는 풍잠(風簪)과 관자(貫子)가 있다. 풍잠은 중앙에 갓을 고정시키는 장식이며, 관자는 당줄을 잡아매는 고리구슬이다. "닷새를 굶어도 풍잠 멋으로 굶는다"는 속담이 있을 만큼 풍잠은 체면과 멋의 상징이었다. 관자는 재료에 따라 신분과 계급을 나타냈다. 처음에는 머리에 두건 같은 것을 쓰고 다니다가 중국에서 들어온 복두나 사모 등의 영향을 받아 오긋하고 잘록하게 맵시를 붙인 것이 탕건이라고 최남선은 『조선상식문답』에서 말한 바 있다. 탕건은 본래 헝겊으로 만들었지만 오래 지니기 위해 차차 말총으로 뜨게 되었다. 탕건은 갓 아래 받쳐 쓰던 망건의 덮개로서 말총을 잘게 세워서 뜨는데, 앞쪽은 낮고 뒤쪽은 높아 턱이 졌다. 탕건은 집에서 쓰는 관모로 개화기에 단발령 이후 탕건국이라 할 정도로 누구나 일상적으로 착용했다. 한편 유건은 흑색의 베, 모시, 무명 등으로 만드는데 양측으로 귀가 나 있다. 복건의 경우는 검은 비단으로 위는 둥글고 뾰족하게 하고 뒤에는 넓고 긴 자락이 늘어졌으며 끈으로 뒤에서 잡아매게 만들었다. 평민들은 거의 쓰지 않았다. 요즘 우리가 사용하는 1천 원짜리 지폐의 퇴계 이황이 쓰고 있는 것도 복건이다. 현재는 흔히 어린 사내아이가 명절이나 돌날 등에 쓴다.

여름에 쓰는 파나마모자

중절모자를 쓴 모습

일본의 강요로 상투는 잘랐으나 그들이 쓰는 모자는 쓸 수 없다 하여 맨머리로 버티던 백성도 있었다. 그러나 임금이 승하하자 맨머리로는 국상에 참여할 수 없어 백립(白笠)과 비슷한 파나마모자와 맥고모자를 쓰게 되었다. 우리 고유의 관모는 차츰 사라지고 파나마모자, 맥고모자, 중절모자 등이 나타나 전국적으로 유행하기에 이르렀다. 파나마모자란 파나마풀의 잎을 가늘고 길게 잘라 비슷한 형태로 만든 여름용 남성모자다. 중절모자는 꼭대기의 가운데를 눌러 주름을 잡은, 챙이 둥글게 달린 신사용의 모자다. 고종 32년(1895)에 내려진 단발령과 문관예복을 양복으로 바꾸는 규칙의 반포는 역사상 가장 획기적인 사건이 되었다.

한복은 편리하게 변모되어 갔다

한복은 활동하기에 편하다고 할 수 있다. 상고시대부터 우리나라의 옷은 상의와 하의4)가 따로 분리된 형태였고, 북방 유목민족의 호복(胡服) 계통의 영향을 받아 비교적 소매통과 바지통이 좁아 활동적인 복장이었다. 결국 중국의 의복은 따뜻한 평야에서 농사를 짓는 농경민형의 기다란 포(袍)였다고 할 수 있다면, 한국의 의복은 춥고 험악한 환경에 적응하기 위한 유목민형의 바지 · 저고리였다고 할 수 있다.

삼국시대의 고구려 고분벽화를 보면 남녀가 모두 소매통이 좁은 저고리와 통이 좁은 바지를 입었음을 알 수 있다. 특히 이런 활동적인 바지의 등장은 서양인들의 바지보다 역사적으로 앞선 것이다. 삼국시대 복식의 기본형이었던 북방 알타이계의 호복은 시대에 따라 변화되어갔다. 그러나 여

소매가 넓고 깃이 둥근 단령

성의 저고리와 치마는 외형의 변화가 많았지만 이에 비해 남성의 저고리와 바지는 삼국시대부터 조선시대까지 그 형태가 커다란 변화 없이 유지돼왔다. 무엇보다 당나라 복식의 영향으로 우리는 삼국시대에 깃을 둥글게 만든 단령(團領), 즉 원피스 형태의 통옷을 받아들였다. 본래 단령은 서역 · 사막 지방에서 입던 것이었다가 한무제 때 서역정벌과 더불어 중국

---

4) 상의는 조선시대에 들어서면서 '유(襦)'로부터 저고리로 정착된다. 즉 저고리는 조선 초기에 처음 등장한다. 하의도 마찬가지다. '고(袴)'로 불리던 하의는 조선 초기에 바지로 정착되었다.

에 들어온 옷이다. 신라 진덕여왕 2년(648)에 김춘추가 단령을 당 태종에게서 받아가지고 들어와 귀족계급부터 평민에 이르기까지 단령을 입게 되었다.

남성들의 평상복에는 허리품이 여유롭고 통이 넓은 바지와 함께 대개 곧은 깃의 직령(直領)에 품이 넉넉하고 허리까지 오며 소매통이 좁은 저고리 차림이었다. 물론 삼국시대까지 저고리는 남녀 모두 엉덩이를 덮을 정도로 길었으므로 허리를 띠로 매어 입었다. 직령의 경우 서민들은 고려말에서 조선 세조 때까지 입었고, 이후 양반의 옷으로 승격되어 왕까지 착용했으며 조선조 중인 계급도 평상복으로 입었다. 후세에 와서는 무관이 항상 착용하게 되었다.

호복과 달리 한복의 바짓가랑이가 넓어진 것은 고려시대의 온돌 보급과 관련이 있다. 특히 바지가 우리의 전통적 생활양식에 적합하도록 만들어졌기 때문에 밑위가 길고 통이 넓어서 좌식생활에 편리하다. 바지통이 넓기 때문에 허리는 허리띠로 묶고 바짓부리는 대님으로 여며 입는다. 이렇듯 우리 옷은 인체를 구속하지 않고 걸치는 게 특징이다. 입식생활을 하는 사람들은 조이는 옷에 크게 불편함을 느끼지 못할 것이나, 좌식생활을 하는 사람들에게는 조이거나 품이 좁은 옷은 불편하기 짝이 없을 것이다.

저고리를 입은 다음 조끼를 입고 나서
그 위에 입었던 마고자

보통 저고리를 입은 다음 조끼를 입고 나서 그 위에 마고자라고 하는 웃옷을 덧입는다. 마고자는 조선시대 흥선대원군이 임오군란(1882) 이후 청나라에 납치되었다가 귀국하면서 입고 들어온 만주인의 옷인 마괘자(馬褂子)가 퍼지면서 변형된 것이고 조끼는 서양의 양복에서 유래되었다. 마고자는 저고리보다 1cm 정도 길며, 깃이나 동정이 없어 밋밋한 대신 단추가 옷의 품격을 높인다. 조선 말기 이후에는 특수계층에서 방한을 겸한 사치복으로 입었다.

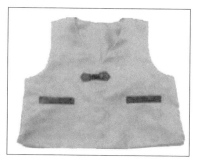

갑오경장 이후 입기 시작한 조끼

조끼는 우리 고유복식에 없었으나 양복의 조끼를 본떠 만들어 입게 되었다. 조끼가 우리나라에서 처음 착용되기 시작한 것은 갑오경장 이후인 듯하다. 그 전에는 남녀노소 모두 저고리 위에 어깨만 붙어 있고 겨드랑이 아래가 트여 있어 긴 끈으로 앞에서 매는 배자를 덧입었다.

배자에는 주머니가 달려 있지 않아서 불편함이 있었던 데 비하여 조끼는 주머니가 여러 개 달려 있기 때

갑오경장 이전에 입던 배자

문에 매우 편리하여 일반에게 널리 보급되었다. 서양복을 우리나라 저고리 위에 입기 알맞고 마고자 속에 잘 조화되도록 한 것은 우리의 의복문화에 대한 지혜라 하겠다.

사대부들이 격조 있는 옷차림을 하다

조선의 양반들이 반드시 갖춰 입던 도포(道袍)는 중치막과 비슷하지만 4폭인데다 등 뒤를 두 겹으로 하였고 무가 있으며 소매가 길고 넓은 것으로, 조선 후기에 널리 유행했다. 도포는 뒤가 터져 있고 그 위에 한 폭의 전삼(展衫)이 달려 있는데 전삼이 바람에 우아하게 펄럭이는 풍류를 양반

도포를 입은 선비의
우아한 모습

중치막

철릭

들은 즐겼다. 전삼이 도포의 가장 큰 특징이다. 깃이 곧은 직령에서 도포가 나와 직령은 무관의 옷이요, 도포는 관료 사대부의 옷으로 된 것이다. 양반들의 도포용 비단은 주로 중국에서 수입한 것이었다.

중치막(中致莫)은 조선시대 사대부계층에서 착용하던 직령포이다. 중치막 역시 도포처럼 소매가 매우 넓으나 무가 없고 양옆과 뒷자락이 트인 세 자락의 옷이다. 겨드랑이부터 옆이 트여 안쪽 옷이 보인다. 양옆에 트임이 있어 활동적이며, 소매 길이 및 옆선 처리 등 미적인 면이 돋보인다. 흰 모시나 옥색 모시로 만들었고 홑겹이다. 중치막을 입을 때는 도포처럼 가는 색실 술띠(술이 달린 띠)를 띠었다. 남자의 쾌자, 도포 등에는 둥근 다회(多繪, 끈)의 양끝에 딸기술을 단 띠를 두르기 마련이었다. 긴 쾌자띠를 가슴에 둘러 생동심결로 매고 두 끝을 무릎 아래까지 보기 좋게 늘어뜨렸다. 보통 붉은색·자주색·검정색의 띠를 두르나, 상복에는 흰 띠를 둘렀다.

사대부가 평상복으로 입거나 여러 계층에서 조선초부터 가장 많이 입은 것은 고려시대 원에서 들어온 철릭(帖裏)과 전복(戰服)이다. 철릭은 소매가 넓은 직령으로 도포와 비슷하지만 허리 아래 주름을 잡은 편한 복장이다. 임진왜란 때는 왕 이하 관리 모두가 철릭을 입

어 전쟁이 끝난 이후 상하 구별 없이 통용되는
융복으로 제도화되었다. 물론 사치스러운 복
색으로 유명한 별감이나 악공, 무당 등도 철
릭을 입었다. 중인들도 보통 철릭을 입었다.

전복

조선 전기에 착용하다 후기 들어 사라진, 사
대부들이 포 위에 덧입던 전복은 쾌자 또는
답호라고도 한다. 소매와 깃이 없으며 옆트임
이 있는 반소매 옷이다. 반소매 옷은 원래 한
국 기본 복식이 아니다. 지금의 중앙아시아인
서역에서 중국을 거쳐 우리나라에 들어온 것
이다. 전복은 짧은 소매뿐만 아니라 양옆의
거추장스러운 무가 없으며 안섶도 없고 허리
부분 이하 뒷솔기가 터졌다. 물론 깃이 달린
옷은 답호, 깃이 없는 옷은 전복으로 불리기도
한다.

심의

심의(深衣)는 유학자들의 법복으로 고려시대 성리학과 더불어 송에서
들어왔다. 흰색으로 상의와 치마가 허리에서 붙은 옷으로서 검은색 선을
둘렀다. 심의에는 복건을 썼다. 심의와 비슷한 것으로 선비들이 입던 학
창의가 있다. 서울대가 1947년 1회 졸업식 때부터 착용해오던 미국식 검
정 학위복을 벗고 2012년 법인화되는 걸 기념하여 학창의를 본뜬 새 학위
복을 입었다.

평등하게 두루마기를 입다

서민들의 경우는 도포와 중치막을 입는 것이 금지되어 있었으므로 외
출하거나 행사에 참여할 때 소매가 좁고 무가 달리지 않은 창옷, 즉 소창

APEC 회의를 마친 정상들이 두루마기를 입은 모습(2005)

의(小氅衣)나 두루마기를 입었다. 소창의보다 소매가 넓어진 것이 대창의다. 중치막과 도포는 네 자락인데 창옷은 세 자락이다. 주로 조선 후기에 입었던 창의류는 양옆 혹은 뒤에 트임이 있어 활동하기 편리한 옷이었다. 도포나 중치막은 옷소매에 사소한 물건을 넣는 주머니처럼 달린 공태가 있으나 창옷에는 그것이 없다.

2005년 아태경제협력체(APEC) 회의를 마친 정상들이 일곱 색 두루마기를 입고 기념촬영을 했다. 외출할 때나 행사 때 두루마기를 착용하는 것은 의복의 포피적 의의를 좀 더 강화시킨 것이다. 두루마기의 형태는 저고리와 같으나 길이가 길고 양쪽 겨드랑이 아래로 무를 대어 아래로 퍼지는 우아한 선으로 되어 있다. '두루마기'란 트임 없이 두루 막혔다 하여 붙여진 이름으로 삼국시대부터 신분과 귀천을 가리지 않고 남녀노소가 입었던 옷이다. 아이들은 다섯 색깔 까치두루마기를 입었다.

누구나 입을 수 있는 이 두루마기를 여성들은 방한용으로 입었으나 남성들은 예의를 갖추기 위해 입었다. 남성들의 경우 계절에 관계없이 외출할 때는 반드시 두루마기를 입었다. 마고자 차림으로 외출하는 것은 예의에 어긋났기 때문이다. 그리고 남의 집을 방문했을 때는 집 안에서도 두루마기를 벗지 않는 것이 예의였다. 여성은 실내에서 두루마기를 벗는 것이 예의다.

　1884년 고종이 사대부에게 두루마기 착용을 권장하는 복제개혁을 단행하자 사대부가 어찌 상놈의 옷을 입겠느냐고 반발했으나 두루마기의 간편함을 알고 오히려 넓은 소매의 고루함을 비웃기에 이르렀다. 근래에 와서는 먼 곳에 갈 때만 두루마기를 입고 가까운 이웃에 갈 때나 손님의 방문을 받았을 때는 두루마기 대신에 마고자만 입고도 예의에 어긋나지 않게 되었다.

　두루마기가 이처럼 모든 이에게 처음부터 사랑받은 것은 아니었다. 앞에서도 언급했듯이 조선조 사대부들은 두루마기 이전에 소매가 치렁치렁하고 길이도 긴 도포나 중치막을 입었다. 양반들은 체면을 지키느라 집 안에서도 동저고리 위에 겉옷으로 중치막을 입고 머리에는 망건이나 탕건을 썼다. 그러다가 외출 시에는 중치막 대신 도포를 입고 머리에는 갓을 썼다.

　다시 말해 보다 활동적인 의복이 요구됨에 따라 넓은 소매나 뒷자락이 덧붙은 도포보다 간편한 옆이 터진 중치막이나 (큰)창옷을 입다가 이보다 더 편리한 두루마기를 입게 된 것이다. 도포, 중치막, (큰)창옷 등이 자락이 너털거리고 사방이 터지기도 하고 소매가 넓기도 하여 불편한 데 비하여 두루마기는 소매가 좁으며 두루 막힌 단정한

창옷

옷이다. 두루마기는 밑받침 옷이요 겉옷이 아니었으며 다만 중치막이나 도포를 입지 못하는 상민계급에서나 할 수 없이 겉옷으로 입었던 것이다. 그렇게 주로 밑받침 옷으로 착용되던 두루마기는 고종조 이후 사계절 남녀귀천 없이 누구나 입는 겉옷이 되었다.

여성 머리의 모양과 장식이 다채롭다

종종머리

가체머리

여성 복식은 남성 복식에 비해 매우 우아하고 복잡하다. 짧고 단정한 저고리에 길고 풍성한 치마를 갖추는 것뿐만 아니라 머리모양도 성장함에 따라 달랐다. 10살 이전에는 종종머리를 땋았는데, 어린아이는 머리가 짧기 때문에 땋을 수가 없어 다홍색 실을 넣어 바둑판같이 갈라서 땋았다. 머리에 따라 둘이나 넷으로, 혹은 여섯으로 가르기도 하여 종종머리라고 하였다. 처녀시절에는 머리를 땋아 댕기를 들인 귀밑머리(땋은머리)를 했으며, 시집간 후에는 쪽을 지고 얹은머리(가체머리)를 하는 등 머리모양이 다양했다. '쪽'이라는 말은 작게 묶다, 감싸다, 모으다 등의 뜻을 지니고 있다. 또한 쪽은 중국어사전에 '계(髻)'로 표시되며 뜻은 '상투로 틀어 올린 것'을 의미한다. 따라서 '쪽'은 '둥그렇게 모아서 틀어 올린 모양'의 의미라고 할 수 있다. 얹은머리는 삼국시대부터 조선시대까지 계속하여 사용되었던 기혼녀의 일반 머리 형태였다.

상고시대 머리를 빗거나 땋아서 뒤로 내릴 줄만 알다가 삼국시대엔 위로 올린 헤어스타일이 등장했다. 통일신라 때 가발을 이용해 화려함의 극치를 보이다가 고려시대에는 위로 올려 묶은 머리카락이 옆으로 기울어진 상태로 약간 흔들리는 모습의 '추마계'라는 머리모양이 유행했다. 조선의 일반적인 머리모양은 쪽진머리(쪽머리)와 땋은머리였다. 조선 여성의 청순하고 세련된 모습을 대표하는 머리가 쪽진머리였다.

조선 중기 이후 한때 가발을 이용한 가체 머리가 유행했다. 가발은 우리말로 다리이고, 한자로는 체(髢)인데, 과거에는 가발보다 가체(加髢), 변체(辮髢)라는 말을 많이 썼다. 머리카락으로 만들어진 사치스런 가체는 당시 '소 한 마리 값', '집 한 채 값'이라는 말이 있었을 정도로 가격이 높았다. 마침내 영조 32년 조정에서는 비싼 가체 대신 몽골에서 들어온 족두리를 쓰도록 했다. 이덕무의 『청장관전서』에 의하면 열세 살짜리 부잣집 며느리가 시아버지가 들어오자 급히 일어서다가 무거운 가발에 눌려서 목뼈가 부러져 죽은 사례가 있다. 호박·비취·산호·진주 같은 보석을 박아넣었던 족두리를 머리에 쓰면서 여인들은 완결미를 꿈꾸는 가장 빛나는 순간을 느꼈을 것이다. 족두리는 원래 몽골에서 사대부가의 여인들이 외출할 때 쓰던 모자5)였으나 고려말에 우리나라에 들어온 뒤 머리 장식품으로 바뀌었다. 족두리나 변발의 풍속

족두리

화관

비녀

과 더불어 댕기를 하고 방한모자를 쓰는 것 등도 몽골의 영향이다. 머리를 아름답게 꾸미려고 족두리나 화관을 쓰는 등 화려한 머리장식이 이루어졌다.

이마 중심에 가르마를 타고 머리를 양쪽으로 곱게 빗어 뒤로 넘긴 쪽진

5) 최남선, 『고사통(古事通)』, 삼중당, 1982.

머리는 기혼녀의 보편적인 머리모양새로 삼국시대부터 존재했다. 조선 영조의 발제(髮制)개혁 후 쪽진머리가 대중화되자 그때부터 비녀와 뒤꽂이의 사용도 일반화되었다. 비녀는 신분에 따라 재료와 모양이 다르다. 서민층의 부녀들은 나무, 뿔, 뼈 등으로 된 비녀만을 쓰고 장식이 없거나 버섯 모양 따위를 한 비녀를 꽂았다. 평상시에는 작고 짧은 것을 사용하고 예식이 있을 때는 크고 긴 것을 사용했다. 댕기의 경우, 어린시절 도투락 댕기를, 처녀 때 제비부리 댕기를 착용하던 여자들은 혼인한 후에도 쪽진머리에 쪽댕기를 하는 등 여러 댕기로 멋을 내었다. 댕기를 여름에는 홍갑사로 하였고 겨울에는 양단이나 빨간 명주로 하였다. 붉은 댕기를 매단 것은 잡귀의 접근을 막기 위한 주술적 의도가 담겨 있다.

남바위

아얌

조바위

남바위, 아얌, 조바위, 풍차 등의 쓰개류도 간과할 수 없다. 남바위는 조선시대에 쓰던 방한모의 일종으로 상류층의 남녀가 쓰다가 점차 서민층에서도 쓰게 되었다. 앞이마를 덮고 귀와 머리부분을 가리되 머리 위쪽이 트여 있다. 아얌은 조선시대 겨울에 부녀자들이 나들이할 때 머리에 쓰던 물건으로 이마만을 덮고 귀는 내놓는 것이었다. 아얌은 추위를 막기 위해서 널리 쓰이다 조바위가 등장하면서 점차 자취를 감추게 되었다. 조바위는 부녀자들의 방한모의 하나로, 조선 말기 아얌이 사라지면서 양반층에서 서민에 이르기까지 널리 사용되었다. 아얌은 보통 젊은층에서 썼으며 조바위는 노인층에서 쓰던 것이다.

쓰개류들은 예의를 갖추기 위한 것이자 방한용으로 많이 착용되었다. 또한 여성들이 외출할 때는 얼굴을 가렸다. 고려시대 상류층 부인들은 검은 비단으로 된 몽수(蒙首)라는 머리쓰개를 썼는데, 조선시대 궁중이나

너울

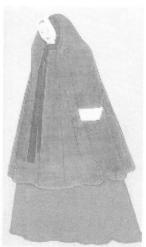

장옷

양반층에서는 너울이라는 쓰개를 사용했다.

너울은 둥근 갓 테두리에 자루 모양의 얇은 천을 어깨가 덮일 정도로 드리웠으며 얼굴이 있는 부분은 항라나 망사를 대어 앞을 투시할 수 있도록 했다. 일반 부녀자들은 값이 비싼 너울 대신 간편하게 만든, 두루마기와 비슷한 장옷을 썼다.

쓰개로 얼굴을 가리고 다니던 관습은 1900년대가 되서야 없어지기 시작했고 경우에 따라서는 우산을 쓰고 다니기도 했다.

한복은 넉넉한 소통의 구조다

삼국시대에 이르러 확립된 우리의 기본적인 의복을 보면, 상의로는 저고리를 입고 하의로는 바지와 치마를 입은 형태를 하고 있다. 원래 바지란 수렵활동과 함께 풀을 밟고 말을 타는 데 적합하도록 통이 좁게 만들어진 북방 유목민 계통(북방알타이계)의 의복으로서 남녀 공통으로 착용

몸빼를 입은 농촌여성들

바지입고 있는 모습,
고구려 고분벽화 무용총에 그려진 시녀들

했던 것이다.[6] 바지는 그 후 우리 민족에게 맞도록 다양하게 변용되었다.

우리의 바지는 서양인의 바지보다 여유가 많아 좌식생활에 편리한 옷이다. 바지통이 넓고 밑위가 길기 때문에 방이나 마룻바닥에 앉아 생활하는 한국인의 생활방식에 잘 맞게 되어 있다.

고분벽화에 등장하는 여성들이 바지를 많이 착용한 사실을 보면 삼국시대까지 남녀 모두 바지를 일상복으로 즐겨 입었음을 알 수 있다. 그 뒤로 남방 또는 중국 계통의 치마가 들어오면서 대부분의 여인들은 치마 특히 주름치마를 입었다고 할 수 있다.[7]

삼국시대 이후 남성은 저고리와 바지를, 여성은 저고리와 치마를 입는 의복생활 전통이 형성되었다. 현재까지 상하가 분리되는 우리의 옷차림은 위아래가 하나인 중국의 치

---

6) 일제강점기에 입었던 '몸빼'도 특기할 만한데, 몸빼는 1940년대 초 태평양전쟁 막바지에 여성 인력의 동원을 목적으로 간편한 복장이 요구되자 강제로 입혔던 옷이다.

7) 고려시대까지 여성들이 바지를 겉옷으로 입다가 조선시대에는 속옷으로 입고 모두 치마를 착용했다.

파오나 일본의 기모노(着物)와 달리 신체의 선이 드러나지 않는 만큼 활동하기에 편리하다. 특히 중국의 파오(袍)에서 유래된 기모노는 나라(奈良)시대(645~724)부터 지금까지 일본의 남녀가 즐겨 입는 옷이다. 한복과 달리 기모노의 경우 복사뼈까지 늘어뜨린 옷이며, 한복이 느슨하게

치파오

기모노

옷매무새를 가다듬는 데 비하여 오비(帶)라고 하는 띠로 강하게 옷을 조여 입는다. 남성 한복의 넓은 바지의 폭과 마찬가지로 우리의 여성 한복의 넓은 치마 폭은 좌식생활에 적합한 것이었으며, 동시에 이런 풍성함은 우아함과 여유로움, 그리고 고상한 품위를 표현하는 것이었다. 물론 상고시대 한일 양국의 복식에서도 상의는 전개형인 카프탄(caftan)과 하의로는 스키타이 기마민족의 바지(袴) 형태가 기본 복식유형이었다.[8] 삼국시대 복식을 보면 일본옷의 원류가 한국에 있다고 전문가들은 말한다.

　요컨대 우리 옷은 코르셋에 바짝 허리를 졸라맨 서양옷처럼 몸에 딱 붙지 않을 뿐만 아니라 중국이나 일본의 옷과 달리 생활하기에 적합한 구조다. 한복은 다른 나라 전통의상에 비해 몸놀림이 훨씬 자유로운 넉넉함을

---

8) 소황옥, 「한일 여자 상의 복식의 비교」, 『비교연구를 통한 한국민속과 동아시아』, 민속원, 2004. 549면.

자랑한다. 그래서 몸에 꼭 맞게 옷을 맞추는 여성들더러 우리들은 '박복하다'고 했다. 양복·양장은 몸에 맞지 않으면 표가 나서 못 입지만 한복은 웬만큼 차이가 나도 품에 맞는다. 편안하도록 여유롭게 마른 옷은 다른 사람들도 입을 수 있다. 옷이 개인의 소유로 그치는 것이 아니라 공유하는 '우리' 옷이 된다. 이런 옷에 대한 개념은 자연스럽게 '옷물림'의 습속을 낳았다. 남도지방에서는 딸이 시집갈 때 어머니가 몇 달을 걸려 누비바지를 지어주면 그 딸은 다시 딸에게 전수했다. 사내아이들이 장성해서 아버지 옷을 물려받을 때는 축하잔치가 벌어졌다.

이렇듯 옷을 공유하는 데서 우리 민족의 공동체의식이 잘 드러난다고 할 수 있다. 심지어 현대인들에게서 나타나는 복식의 유행을 따르는 현상조차 단순히 유행 자체를 따라가는 것이 아닌, 전통적 소통의식의 결과로 본다.

작은 저고리에 풍성한 치마를 입다

저고리의 깃, 고름, 곁마기, 끝동에 바탕과 대비되는 다른 색의 천을 댄 것을 회장(回裝)저고리라고 한다. 고려 후기부터 저고리 길이가 짧아짐에 따라 고려말에 이르러 허리띠를 대신하여 남편을 상징한다는 옷고름이 등장했다. 곁마기란 겨드랑이 아래의 다른 색 천을 댄 부분으로서, 곁을 막았다 하여 붙여진 이름으로 '곁막이'라고도 한다. 저고리 여러 부분 중 어느 한두 군데만 다른 색으로 댄 것을 반회장저고리라고 한다. 양반계급 여성들이 평상복으로 착용했던 저고리는, 노랑이나 연두색 바탕에 자주빛 천의 깃·끝동·고름을 단 반회장저고리였다. 자주 고름을 단 남색 끝동의 반회장저고리를 많이 입었는데, 자주 고름을 다는 것은 남편이 있다는 표시이고, 남색 끝동은 자식이 있다는 표시였다. 옷고름, 끝동은 물론 겨드랑이에까지 자줏빛 천으로 된 곁마기를 댄 삼회장저고리는 민간에서 최고의 예복으로 쳤다. 깃까지 다른 색의 천을 대주기도 한다.

삼국통일 이후 남녀 복식에 있어 중국 당나

최고의 예복인 삼회장저고리

라 제도의 영향[9]을 받게 되는데, 특히 소매가 넓고 큰 여성의 활옷(華衣)과 원삼(圓衫)이 유입되어 오늘날까지 전해오고 있다. 고구려 복색인 긴 저고리에 허리띠를 매던 것이 사라지고, 저고리가 짧아지고 현대의 남녀 저고리의 형태가 갖추어지기 시작한 것은 고려시대 원나라 문화의 영향이었다. 하지만 한복이 오늘날과 같은 모습으로 발전한 것은 조선시대이며, 조선 중기 이후 저고리의 길이가 점점 짧아졌다.

허리띠가 없어지고 옷고름이 생기며, 저고리의 길이가 짧아진 것을 불교의 영향으로 보기도 한다. 온돌이 스님들의 수행에 이로운 사찰에서부터 시작하여 서민층으로 파급되었다고 보며, 의복도 같은 경로로 퍼져 나갔을 것이라고 파악하는 것이다. 길이가 짧아진 저고리와 섶에 붙은 옷고름은 여성들이 온돌에서 아기에게 젖을 물릴 때 열었다가 여미기에 간편한 복식이었을 것이다. 조선 후기에는 저고리의 길이가 가슴을 가릴 수 없을 정도로 짧아서 요사스럽다는 지탄이 따르기도 했다. 1900년 경이 저고리가 가장 짧아지는 시기였는데, 겨드랑이 밑이 약 1cm로 살을 가리기 어려울 정도였으며, 극단적인 것은 겨드랑이 밑으로 내려오지 않고 배래선에서 그대로 도련선으로 연결되는 것도 있었다. 도련은 저고리나 두루마기 자락의 맨 밑 가장자리를 말한다. 조선시대 여인들의 저고리는 치켜

---

9) 우리의 저고리를 매는 방식도 원래 남녀 모두 왼쪽 여밈이었으나 당나라 복식의 영향으로 통일신라 이후에는 오른쪽 여밈으로 바뀌어 현재까지 이어지고 있다.

올리면 젖가슴을 보여줄 수 있었다. 더욱이 아들을 많이 낳은 서민 여성들은 당당하게 젖가슴을 드러내기도 했다. 저고리가 짧아지는 경향은 1920년대까지 지속되었다.

한복의 모든 치장은 어깨에 걸친 작은 저고리에 집중된다고 해도 과언이 아니다. 동정의 정갈한 선과 삼회장의 분명한 윤곽뿐만 아니라, 소매 끝에서 겨드랑이 밑 진동(어깨선에서 겨드랑이까지의 폭이나 넓이)까지의 아랫부분인 배래기의 풍부한 선은 한국미를 한껏 표현해준다.

한편 '12폭치마'란 말이 있을 정도로 우리의 치마는 풍성하고 길어 온돌생활에 적합하며, 미적으로도 우아하고 고상한 멋을 더해준다. 긴 치마는 대청마루에 그대로 끌리게 우아한 자태를 품어내는데, 길을 다닐 때는 한쪽 치맛자락을 저고리 위까지 잡아당겨 입어서 치마가 땅에 끌리지 않게 한다. 19세기 서양에서 유행한 버슬 스타일(bustle style)이 이미 우리나라에선 16세기에 이루어질 정도였다. 오늘날 입고 있는 치마의 형

두 단을 장식한 대란치마

태는 조선시대에 갖추어진 것이다. 조선시대에는 평상시에 입는 것으로 겹치마와 홑치마가 있었고, 예복용으로는 스란치마, 대란치마 등이 있었다. 또 양반층에서는 긴 치마를 입었고 서민층에서는 짧고 좁은 치마를 입었다. 치맛단에 금박을 박아 선을 두른 것을 스란이라 하는데, 치마에 한 단만 장식한 것을 스란치마라 하고 두 단을 장식한 것을 대란치마라 한다.

치마 속에 입는 하의의 경우 속바지와 속치마만으로도 족한 지금과 달리 다리속곳, 속속곳, 고쟁이, 바지, 단속곳(겉속곳), 속치마(무지기) 등

으로 다양했다. 문화인류학자 마거릿 미드가 "한국의 치마저고리는 입는 옷이 아니라 싸는 옷"이라 한 것도 이런 걸 두고 한 말일 것이다. 삼국시대부터 여성들의 옷소매가 매우 길어 손을 가린 것이 많은데, 이는 당시의 여성들이 손끝을 내보이는 것을 경계하였기 때문이다.

속속곳 위, 단속곳 밑에 입는 고쟁이

한국 여성의 일상복인 치마와 저고리의 외형과 구조는 끊임없이 변화하는데, 이와 같은 변화가 가장 급격하게 이루어진 것은 조선후기이다. 이때 여성 옷의 기본 실루엣은 한마디로 '상박하후(上薄下厚)'로 요약된다. 짧아진 저고리와 겹겹이 잘 받쳐 입은 속옷들로 치마는 한층 풍성해진 것이다. 일제 탄압이 시작되면서 왕실에만 원삼과 당의를 허용하고 그 외는 못 입게 되었다. 대신 평상복이던 남치

상박하후의 여성 옷차림

마에 옥색 저고리를 예복으로 입게 하였다.

여성 한복의 우아하면서도 절제된 선을 통해 표현된 아름다움은 너그럽고 유연한 우리 민족의 정신적인 일면을 나타내고 있다. 처녀들은 주로 다홍 치마에 노랑 저고리를 입었고, 신부는 다홍 치마에 연두 저고리를 입었다. 출산을 한 부인들은 남색 치마에 옥색 저고리를 입었는데, 저

고리에는 자주색 고름과 남색 끝동을 달았다. 고려시대에는 신분에 관계 없이 모든 여성들이 흰 모시저고리에 노랑 치마를 입기도 했다. 물론 요즘에는 색의 상징성은 사라지고 서로 잘 어울리는 색끼리 배색하여 입는다. 한복에서 색상은 옷감과 함께 중요한 디자인 요소가 되었다. 여성의 한복은 한국문화의 아름다운 선과 조화를 잘 이루며 여유로운 정감을 한껏 이끌어낸다.

귀금속 등의 패물로 몸치레를 하다

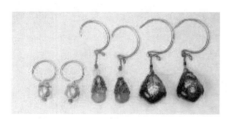

귀걸이(조선후기)

요즘은 서양패션의 영향으로 발찌, 코걸이, 배꼽걸이 등 장신구들이 더욱 다채로워지고 있다. 몸치레는 인간의 원초적인 미의식을 나타내주는 장식적 기능과 함께 악령을 퇴치하는 주술적 기능, 그리고 부와 권력의 상징 또는 종족의 표시수단인 신분적 기능 등으로 나눌 수 있다. 일찌기 상고시대부터 몸치레로 착용한 귀걸이, 목걸이, 팔찌, 반지 등 패물의 종류가 많은데, 이들 장식품은 양뿐만 아니라 디자인 면에서 세계적으로 자랑할 만하다. 패물(佩物)이란 금, 은, 옥 따위로 만들어 사람의 몸에 차거나 달거나 끼는 장식물이다.

귀걸이는 기술적 정교함이나 예술적 창조의 측면에서 뛰어났다. 귀걸이의 경우, 고려시대에는 귀에 구멍을 뚫어 작은 고리를 다는 풍습이 유행했으나, 이는 오랑캐의 습속이라 하여 민간에서는 달기를 주저하고 싫어하는 경향이 많았다. 조선시대에 들어와서도 신체에 구멍을 뚫는 행위가 호풍(胡風)이라는 공격과 함께 효에 어긋난다고 하여, 양반층의 부녀자들보다 서민층의 부녀들과 기생들이 즐겨 달았다. 한편, 조선시대 여인들은 손의 아름다움을 더하기 위해 반지를 애용했다. 부부간 사랑과 언약의 정표로 끼는 가락지를 계절에 따라 재료를 달리 사용하기도 했다. 조선시대의 여인들은 몸을 단장하고 맵시를 더 내기 위해 많은 몸치레를 했다.

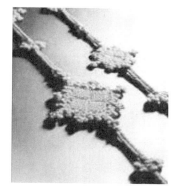

전통매듭

몸치레를 하는 데는 귀금속 장식품뿐만 아니라 노리개와 주머니, 옷을 여미기 위한 단추, 각종 화장용구, 머리를 꾸미는 장식품 등 여러 가지를 동원했다. 장식용의 매듭은 실을 꼬고 합쳐 끈목(多繪)을 만든 다음 끈목을 엮고 맺어 여러 가지 모양을 만드는 것인데, 매듭은 궁중에서뿐만 아니라 민가에서의 수요도 적지 않았

옷고름과 허리에 차는 노리개

다. 50여 년 전만 해도 서울 시구문(屍軀門, 조선시대 서소문과 함께 시신을 내보내던 문) 안 일대가 매듭의 본고장이었다. 그곳에서 만든 노리개술, 주머니끈, 허리띠 등을 횃대에 뻗쳐 들고 길로 다니며 팔기도 했고, 동상전(東床廛, 지금의 종로 종각 뒤)이나 시구문, 애오개 등의 물건을 진열해놓고 파는 오방(五房)이라고 하는 곳에서도 매매하였다.

노리개와 주머니는 허리띠나 옷고름에 차는 패물이다. 노리개는 여인들이 옷매무새를 아름답게 꾸미는 장신구이다. 노리개엔 여인들의 부와 다산에 대한 소망이 담겨 있다. 노리개의 경우, 서민층의 부녀자들은 금, 은, 옥 등의 좋은 재료가 아닌 오색의 비단 헝겊조각을 이용하여 정성껏 수놓아 만든 괴불을 찼다. 괴불은 대개 삼각형 모양에 솜을 넣어 주위를 색실로 곱게 꿰맸다. 혼례 때는 주로 은삼작을 찼으며, 이때 사용하고는 백지에 싸고 또 비단보에 싸서 보물상자 속에 간직해두었다가 친척의 혼인 때나 꺼내 썼고 후에는 자녀들의 혼인 때 물려주는 가보로 간직했다. 노리개에는 향낭(香囊)이나 향갑(香匣)과 같이 은근한 향기가 풍기는 것이 있고, 바늘집이라 할 수 있는 침낭(針囊)노리개가 있으며, 장신구 겸 호신용이자 실용성까지 갖춘 장도(粧刀)노리개도 있다. 조선시대에 와서는 저고리 길이가 짧아지고 옷고름이 생기고 여기에 알맞은 노리개가 더욱 유행했다. 지금도 색깔과 재질이 조화를 이룬 노리개가 단조로운 의상에 섬세한 미를 더해주고 있다.

들고 다니는 주머니

최근에는 거의 쓸모없게 되었지만 예전에는 삼국시대부터 남녀노소 누구나 주머니를 지니고 다녔다. 우리의 옛 의상에는 주머니가 없어 모든 소지품을 별도의 주머니에 의존할 수밖에 없었기 때문이다. 용도에 따라 종류도 많았다. 궁중뿐만 아니라 평민층에서도 돌잔치 · 환갑잔치에는 주머니를 선물하는 것이 풍습이었다. 새댁이 처음으로 친정나들이 갔다가 시댁으로 돌아올 때는 효도주머니라 하여 손수 정성껏 지은 주머니를 시댁 어른들께 드릴 정도였다. 대개 헝겊으로 만든 자그마한 주머니에 돈이나 열쇠 등을 보관했다. 현재와 같은 형태의 호주머니가 바지에 달린 것은 16세기부터라고 한다. 중세 서양인들도 호주머니가 없어서 돈을 담는 주머니를 따로 만들어 허리띠에 매달고 다녔는데 16세기 중엽 프랑스의 샤를 9세(Charles IX)가 주머니에 자객들이 칼을 담아 다닐 수 있다고 우려하여 재봉사들에게 이를 만들지 못하도록 했고, 이때부터 직접 옷에 주머니를 단 호주머니가 대중화되고 크게 유행했다. 중국에는 19세기 서구열강의 침략 때 양복과 함께 전해졌으며, 우리나라에는 중국으로부터 건너왔기 때문에 '호(胡)주머니'라 부르게 되었다. 특히 갑오경장 이후 남자 옷에 조끼가 생겨 이른바 호주머니가 주머니를 대신하게 되었고, 여성의 경우도 편리한 복장으로 바뀌면서 주머니의 필요성이 사라지게 되었다.

이상과 같이 우리의 복식구조를 보면 옷에 다시 귀걸이, 목걸이, 반지, 팔찌, 주머니, 노리개 등의 패물로 몸치장했음을 알 수 있다.

한국의 전통신은 가죽신이다

실학자 박지원의 소설 〈양반전〉에 "양반은 더위에도 버선을 벗지 말아야 한다"는 비판적인 내용이 나온다. 한국인들은 전통적으로 남에게 맨발을 보이지 않는 것을 예의로 알았다. 때문에 발에는 남녀 모두가 흰색의 무명이나 광목 따위로 만든 버선을 신었다. 버선은 발의 모양이나 크기에 따라 만들

목화

어질 뿐만 아니라 미적인 가치에도 세심한 손길이 미치게 된다.

신발은 형태 면에서 북방유목민 계통의 목이 긴 화(靴)와 남방농경민 계통의 목이 짧은 이(履)·혜(鞋)가 있다. 미투리를 포함한 짚신은 모두 혜에 속한다. 짚신이나 미투리를 초(草)혜·마(麻)혜·망(芒)혜라고 하는 것도 이 때문이다. 삼국시대 귀족들은 '이'를 신었고, 통일신라시대와 고려시대에는 '화'와 '이'를 병용하였으며, 조선시대에는 '혜'가 대표적인 신발이었다. 상류층의 남자는 주로 '화'를 신고 여자는 '이'를 신었다. 북방유목민은 혹한과 열악한 도로 상황 때문에 주로 목이 긴 화를 착용했던 반면, 남방농경민인 중국인은 주로 목이 낮은 이(履)를 신었는데, 유목민의 후예인 우리는 화와 이를 혼용했다.

가죽으로 만든 태사혜

비단으로 만든 흑혜

남자용 가죽신

신을 만드는 재료에는 크게 가죽, 비단, 나무, 삼 등이 있다. 가죽으로 만든 것에는 태사혜 · 녹피혜 · 유혜가 있다. 태사혜는 조선시대 사대부가의 남자들이 편복(便服, 평상시에 입는 옷)에 신던 가죽신으로 신코와 뒷축에 흰줄무늬(太史紋)를 새겼다. 녹피혜는 사슴가죽으로 만든 신이다. 유(油)혜는 남녀가 신는 신으로 바닥에 징을 달아서 '징신'이라고도 한다. 가죽에 들기름을 입혀 방수가 되게 했고 바닥에 있는 징은 진흙이 신발에 묻는 것을 방지하는 역할을 했다. 비단으로 만든 신에는 당혜, 운혜, 흑혜, 태사혜 등이 있다. 특히 흑혜는 조선시대 문무백관들이 제복과 조복에 신었던 신발로 장식이 없고 조선 후기엔 유학자들이 편복과 함께 신기도 했는데, 조선 말기에는 신발에 끈이 달리기도 했다.

1920년대 일본을 통해 들어온 고무신을 한국의 전통신으로 알고 있는 사람들이 많지만, 삼국시대부터 내려온 한국의 전통신은 갖신, 즉 가죽신이었다. 2004년 중요무형문화재 제116호로 지정돼 국내 유일의 화혜장이 된 황해봉이 5대째 가업을 잇고 있다. 꽃신(가죽신) 한 켤레를 만드는 데 하루 6시간씩, 길게는 1주일이 걸린다.

가장 서민적인 신발은 짚신이다

신에는 볏짚으로 삼은 짚신, 삼이나 모시 등으로 삼은 미투리, 나무로 만든 나막신, 놋쇠로 만든 놋신 등이 있다. 삼국시대부터 신어온 가장 대중적

볏짚으로 삼은 짚신　　　　삼, 모시 등으로 삼은　　　비가 올 때 신었던 나막신
　　　　　　　　　　　　　　　미투리

인 신발은 짚신이었다. 삼한시대에도 짚신을 신었다는 기록[10]이 있을 만큼 짚신의 종주국은 우리나라지만, 중국·일본 등 동남아는 물론 중미의 멕시코, 과테말라, 미국 등 세계 곳곳에서 짚신이 발견되고 있다. 그러나 풀로 만든 신으로서 정밀하기가 거의 세계에서 견줄 만한 게 없다. 짚신은 농군들이 신는 막신이 있었고, 처녀나 색시가 신는 꽃신이 있었다. '털멩이'라고도 하는 막신은 볏짚으로 투박하고 튼튼하게 삼은 것이다. 꽃신은 일명 '고운신'이라고도 했는데, 왕골이나 한지에 물을 들여서 알록달록 곱게 삼았다. 짚신은 요즘의 구두와 달리 덥지 않은 이점이 있다.

　서민들 가운데서 좀 여유가 있는 사람들은 삼(모시, 노)으로 촘촘히 엮어서 만든 삼신, 즉 미투리를 신었다. 흔히 미투리는 짚신 열 켤레 값에 맞먹었다고 한다. 짚신은 대개 거칠고 투박한 반면, 미투리는 매끈하고 고왔다. 갖가지 미투리가 생기면서 풀로 만든 신발이 발달되었다. 가죽신을 신을 형편이 못 되는 가난한 양반들은 체면상 상민들이 신는 짚신은 신을 수 없어 비가 오지 않는데도 나막신을 신고 다녔다. 나막신은 물론 나무신이란 말이 와전된 것이다. 대개 오리나무나 소나무를 파서 만드는데, 일본의 '게다'와 달리 바닥에 굽이 달려 있다. 우리의 나막신도 옛날에는 평평한 게다와 비슷했으나 나중에 맵시 있게 발달하였다. '남산골

---

10) 범엽, 『후한서』 동이전 한조(韓條).

딸깍발이'라는 말은 서울 남산에 많이 살던 가난한 선비들의 나막신에서 딸깍거리는 소리가 났기 때문에 생긴 것이다. 놋쇠로 만든 유혜(鍮鞋)는 비 오는 날에 신는다.

■ 서울의 복식 ■

사대부들은 평상시 집안에 거처할 때 흔히 도복에 맞는 복건, 네모지게 생긴 방관, 위는 터지고 세 봉우리지게 두 층으로 된 정자관, 그와 모양이 비슷한 동파관을 쓰고, 조정의 벼슬아치는 탕건을 쓴다. 그러나 거리에 나다닐 때는 모두 갓을 쓰고 신코와 뒷꿈치에 당초문을 새긴 당혜, 앞코에 구름 모양의 무늬가 있는 운혜를 신는다.

선비는 도포를 입는다. 조정 벼슬아치의 평상복 착용 시에도 역시 이것을 입는다. 그러나 무관은 늘 깃이 곧게 세워진 직령을 입는다.

겨울에는 털가죽의 모선(毛扇)을 갖는다. 그 만듦새는 양쪽 기둥을 담비털의 누런 털로 싸서 대나무 마디의 모양으로 만들고 검은 비단 한 폭으로 잇는다. 혹 수달피로 기둥을 싸기도 한다. 그것으로 손을 따뜻하게 하고 얼굴을 보호한다. 봄·가을에는 비단 한 폭으로 먼지를 막게 하고 노루가죽으로 기둥을 싼다.

옷에 차는 작은 칼에는 물소뿔·대모갑·침향목·흑각·화리 등을 사용하여 자루와 칼집을 만든다. 더러 검은 빛의 구리로 칼집과 자루를 만들고 자루에 무늬를 새긴 것은 왜놈들의 제품을 모방한 것이다.

여염집의 부녀자들은 녹색의 웃옷을 입는다. 그러나 길에 나갈 때는 따로 하나의 옷으로 머리를 가린다.

『경도잡지』 1권

실학자 유득공이 지은 두 권으로 된 『경도잡지(京都雜誌)』는 서울의 문물과 풍속을 기술하고 있다. 윗글은 제1권의 민속 가운데서 복식에 관한 것만을 다룬 것이다. 구체적으로는 선비의 모자와 신발, 도포와 방한구를 서술하고 나서 여인들의 장도와 옷에 대해 진술하였다. 정자관은 송나라 대

석학인 정호와 정이 형제가 만든 관이란 뜻
으로 말총으로 산(山) 자 모양을 짜거나 떠
서 만든 관의 하나이다. '도포'라는 말은
조선 명종19년(1564)에 처음 나오는 것으로
서 사대부들이 외출복, 제사복, 수의로 입
었던 옷이다. 지금도 강원도에서는 신부가
혼수품으로 준비해가서 신랑이 제사 지낼

정자관

때 입다가 수의로 착용한다. 도포에는 갓이나 관을 쓰고 가는 띠를 매었
다. 윗글에 나오는 모선이란 벼슬아치가 추운 겨울에 얼굴을 가리는 방한
도구로서 네모 반듯하게 겹친 비단 양편에 털 있는 가죽으로 싼 긴 자루
가 달렸다.

장도(粧刀)는 원래 몽골의 영향을 받
아 고려 후기부터 일반에 유행하기 시
작한 것으로 남녀가 장식적인 목적으로
지니고 다니던 작은 칼이다. 그러나 조
선시대에 들어와 여인들의 장식물이나

장도

호신용 도구로 쓰이게 되었다. 특히 은장도는 조선시대 여성들이 생명처
럼 소중히 여긴 정조를 지키기 위해 착용했던 호신용 노리개로 유명하다.
흑각이란 검은 물소의 뿔이다.

외출시 착용했던 여인의 쓰개에 대한 언급에 주목할 수 있는데, 조선 후
기 여성들은 열 살만 되면 문밖에 함부로 나갈 수가 없었다. 그래서 외출할
때 여러 가지로 얼굴을 가렸는데 양반층의 경우 쓰개치마를 썼고, 서민층
의 경우 장옷을 착용했으며, 하류층은 천의를 사용했다. 쓰개치마는 치마
와 비슷하나 길이가 짧고 폭도 좁으며 흰 모시로 만든 것으로서 머리와 얼
굴이 보이지 않을 만큼 이마부터 턱까지 둘러쓰고 턱밑에서 양쪽 끝을 둘
러 모아 속에서 손으로 잡고 다녔다. 허리 길이를 얼굴 둘레 정도로 하여

양반층이 사용한 쓰개치마

등거리와 토시(여름용)

손에 쥐도록 짧게 하고 주름을 폭폭 잡아서 쓰면 맵시가 났다. 장옷은 두루마기와 유사하나 깃과 고름과 무를 각각 다른 색으로 만들며 소매의 끝부분은 흰색 천을 대었다. 둘러쓰는데 깃은 좌우가 대칭을 이루며 앞은 마주 닿도록 하여 아래에는 단추를 달았고 위에는 이중의 고름이 양쪽에 달려 손으로 잡아 오므리도록 되어 있다. 천의는 장옷보다 길이가 짧고 소매가 없으며 겉은 다홍색에다 안은 초록으로 솜을 두어 방한용으로 노동하는 여자들이 사용했다. 조선시대 여자들의 방한용 쓰개로 널리 쓰였던 것은 남바위가 변형된 아얌이나 조바위였는데, 지금도 눈길을 끌고 있다.

복식의 발달은 계절이나 기후와 밀접한 관계를 갖는데, 우리나라는 사계절의 기온 차이가 뚜렷하기 때문에 복식도 그에 따라 아주 다양하다. 즉 의복의 구조가 추위를 막고 더위를 견디기에 알맞도록 되어 있어 시기에 따라 적절히 갈아입을 수 있었다. 가령 여름에는 삼베나 모시로 옷을 지어 입고, 적삼 속에 왕골이나 대나무 등거리를 넣고, 바지 속에는 잠방이를 입어 더위를 이겨냈다. 겨울에는 무명이나 명주와 같은 천에 얇게 솜을 넣어 누비옷을 지어 입고, 솜이나 털로 만든 토시를 끼고 머리·귀·얼굴에도 방한용구를 써서 추위를 막았다. 팔뚝에 끼는 토시는 개화기 서양식 장갑이 들어오면서 차츰 자취를 감추기 시작했다.

2) 마시고 먹는 것

우리는 "먹고 죽은 귀신 때깔도 좋다"는 속담을 지닌 나라다. 외국인들은 '한국' 하면 맨 먼저 '문화'라는 이미지를 떠올리고, 문화항목 중에서는 '음식'을 최우선으로 꼽는다는 조사결과가 종종 언론에 보도되곤 한다. K팝이 제3자가 제공한 상품을 즐기는 것이라면 음식은 수요자가 직접 만들어 향유하는 것이라고 한다. 중국 사람은 혀로 먹고, 일본 사람은 눈으로 먹고, 한국 사람은 배로 먹는다는 말도 있다. 그렇다면, 과연 한국 음식의 특성이 무엇이며, 이러한 음식들을 향유한 방식은 어떤 것인지 주의 깊게 살펴볼 필요가 있다.

우리의 음식을 신분, 지역 등 여러 기준에 따라 달리 구분할 수 있다. 가령 궁궐이나 양반가의 음식과 평민들의 음식으로 나눠볼 수 있다. 또한 우리네 음식은 일상음식과 특별음식으로 나누어지기도 한다. 특별음식은 의례·종교 등과 관련된 상차림에서 등장하는 음식이며, 일상음식은 밥과 반찬을 축으로 하는 상차림을 기본으로 한다. 상차림의 기본이 되는 반상은 밥, 국, 김치, 간장(고추장), 조치(찌개)가 차려진 가운데 반찬의 수로 정해진다.

우리의 음식문화는 지정학적인 영향 아래 북방으로부터 전래된 기마민족의 전통과 남방으로부터 유입된 농경문화가 한반도 고유의 토종 기질과 융합되어 발전해왔다. 한국 음식문화의 정체성은 무엇보다 타 국가들과의 비교를 통해 잘 드러날 것이다. 특히 가까운 중국이나 일본의 음식문화와 유사하면서도 다른 점은 중요하게 인식될 수 있다. 중국에서 유입된 쌀을 비롯한 배추, 장(醬), 술 등이 우리의 대표적인 음식이 된 반면, 고려시대 상추쌈, 약과 등이 중국에 전해졌고 수교 후 드라마 〈대장금(大長

드라마 〈대장금〉

今)〉(2005)을 통해 한국 전통음식에 대한 중국의 관심이 증폭되고 중국의 슈퍼마켓에서 한국김치들이 인기리에 판매되고 있는 실정이다. 일본의 다쿠앙이 한반도에 유입되어 단무지로 토착화되는가 하면 김치문제를 비롯하여 소주나 된장의 문제 등 끊임없이 일본과 음식문화적 충돌의 양상을 보이는 한편 다양하게 음식문화의 교류가 증대되고 있는 편이다. 최근 종가집김치, 해찬들고추장, 양반김, 농심신라면 등의 일본수출량이 한류열풍을 타고 부쩍 늘었다. 이런 현실 등을 감안할 때 한국 음식문화의 성격을 좀 더 분명히 규정해보는 것은 매우 의미 있는 작업이 될 것이다. 지금까지 중국이나 일본과 비교될 수 있는 한국의 음식문화를 정심하게 논의한 연구는 찾아보기 힘들다.

인류문명을 발전시킨 원동력은 먹기 위한 욕망이었다고도 하는데, 한국 역시 먹는 것을 중시한 나라다. 흔히 "밥 먹었느냐?"가 인사말로 쓰이는 것도 예사가 아니며, "금강산도 식후경"이라는 속담도 이와 무관하지 않다. 일본에도 비슷한 속담으로 "꽃보다 경단(花より團子)"이라는 말이 있다. 한편 중국인들도 다른 인사말보다 "밥 먹었느냐(你吃飯了嗎)?"는 인사말을 더 많이 쓰며, 인간생활의 기본조건인 의식주가 그들의 사고 속에서는 식의주(食衣住)일[11] 정도로 식생활에 큰 비중을 둔다. 무엇보다 중국 춘추시대 정치사상가 관중은 "백성은 먹는 것을 하늘처럼 섬긴다"[12]는 말까지 했다.

---

11) 정광호, 『음식천국 중국을 맛보다』, 매일경제신문사, 2008, 16면.
12) 민이식위천(民以食爲天)(반고, 『한서(漢書)』 역식기열전(酈食其列伝)).

한국음식문화는 융합의 소산이다

우리의 역사상 허균과 같은 탐식가들이 많았다. 맛있는 음식이라면 사족을 못 썼다는 허균은 조선 최초의 음식비평서라는 『도문대작(屠門大嚼)』(1611)을 지었는데, 거기에서 "식욕과 성욕은 모두 본성이고 음식은 생명에 관계된다"고 했다. 또한 우리의 생활이 여유로워 먹을 것이 넘치면서도 식사했는가를 묻는 습관이 이어져 오고 있다. 그만큼 먹는 것은 삶의 기본적 요소이다.

허균의 『도문대작』

그러나 이와 상반되게 먹는 걸 인간의 본능적 행위로 인식하여 자제하려는 경향이 있음도 지적하지 않을 수 없다. 특히 조선시대 성리학적 이데올로기는 밥상에까지 영향을 미쳤다. 빙허각 이씨는 마음을 다스려서 과하게 하지 말고 탐내지도 말라[13]고 하였다. 한중일 3국이 모두 음식을 매우 중시하면서도 중국은 음식에 대한 욕구를 마음껏 드러내는 경향이 있는 반면, 한국이나 일본은 음식에 대한 욕구를 자제하는 경향이 강하다고 할 수 있다.

더구나 건강을 위한 식생활과 함께 그 이상의 자연질서에 순응하려는 태도 등도 우리들에게서 중요하게 읽히고 있다. 다시 말해 한국인들이 음식과 식사를 귀하게 여기고 즐기면서도 유교사상적 영향[14] 아래 식탐하는 것을 경계하고 예절을 중시하며 간소하게 식사를 해온 사실 등은 주목되어야 한다.

---

13) 빙허각 이씨, 『규합총서(閨閣叢書)』 권1 주사의(酒食議).
14) 군자식무구포(君子食無求飽)(『논어』 학이(學而)).

이상에서 도출될 수 있는 대상과 주체 간의 대응구도는 한국 음식문화 논의의 핵심이 될 융합(convergence)의 기조가 될 수 있다는 점에서 간과할 수 없다.[15] 한국 음식문화의 융합성은 먼저 중국이나 일본과 비교되는 지점에서도 잘 드러날 수 있다. 한중일 음식문화 사이에 차별성보다는 유사성이 더 많다는 사실을 부정할 수는 없으나 3국의 미묘한 차이가 문화적 특수성을 드러내기에 부족함이 없다. 이 같은 음식문화상의 유사성과 차별성의 고찰은 근원적으로 동아시아 문화 전반을 이해하는 밑거름이 될 것이다. 무엇보다 음식과 관련 인간·자연 속에 빚어지는 강렬한 어우러짐의 양상을 고찰해볼 필요가 있다. 즉 인간과 인간 상호 간의 융합을 비롯하여, 인간과 사물(또는 재료나 도구) 간의 융합, 사물과 사물 사이의 융합으로 설명될 수 있는 한국 음식문화의 특성을 찾아볼 수 있을 것이다.

우리 식문화상의 융합의 양상은 음식의 조화나 균형을 통해 건강을 극대화하고자 하는 것과는 한 차원 다르다.

한국음식문화는 소통을 지향한다

허영만이 지은 『식객』(27권)

한국의 음식문화에서는 음식이라는 객체보다 인간이라는 주체와 주체 상호 간의 인간관계가 더욱 중요시 된다. 한국인들에게 한국음식의 자긍심을 선사했다고 평가받고 있는 만화 허영만의 『식

---

15) 이화형, 「한국음식문화에 나타나는 융복합성 일고」, 『동아시아고대학』 23집, 동아시아고대학회, 2010.

객』에 대해 전문가들은 "『식객』은 한국의 정을 반영해 음식보다 인간 자체가 이야기의 기둥을 이룬다"[16]고 말한 바 있다. 한복려 궁중음식연구원장은 "요리란 사람과 사람을 이어주는 끈"이라며 "만드는 사람과 먹는 사람의 교감이 있어야 제대로 된 요리"[17]라고 설명한 바 있다. 2013년 말 마침내 유네스코에서는 "김장은 이웃 간 나눔의 정신을 실천하며 연대감과 정체성을 높일 수 있게 했다"는 이유로 우리의 김장문화를 인류무형유산으로 지정했다.

우리의 음식문화는 자기 접시의 음식만을 거두는 서양의 방식과 달리 맛을 함께 공유한다는 점에서 독특하다고 볼 수 있다. 우리는 "음식을 나눠 먹지 않으면 머리에 소나무 난다"[18]는 말까지 했다. 찌개 같은 경우, 우리는 아예 서로의 숟가락을 그릇 하나에 넣

한 그릇 속에 든 김치찌개를 같이 먹는 모습

고 휘저으면서 먹는다. 명분을 중시하여 독상을 원칙으로 하던 때를 제외하고 한국인은 혼자 식사하는 것을 좋아하지 않으며, 함께 식사를 하는 사람들과 공동체적 유대감을 강하게 느끼게 된다. "숨어서 음식을 먹으면 감기 든다"고 하는 금기어도 있다. 그릇에 남아 있는 음식 한 점을 서로가 쉽게 가져가지 못하는 것도 집단의식을 함부로 깨지 못하는 한국의 공동체적 사고에서 나오는 것이다. 중국에서도 이러한 행동을 볼 수 있는

16) 〈동아일보〉, 2007. 2. 5.

17) 〈조선일보〉, 2007. 11. 10.

18) 최래옥, 『한국민간속신어사전』, 집문당, 1995, 238면.

데, 이는 상대방에 대한 배려와 식사예절이라고 한다. 우리가 식사 중에 멀리 떨어진 음식을 먹겠다고 일어서거나 접시를 가져오는 것도 결례에 해당한다. 우리의 문화는 '한솥밥'이라는 말로 대변할 수 있을 것이다. 별다른 음식이라도 생기면 항상 이웃끼리 나누어 먹는 것이 우리의 오랜 습관이다.

손님 접대하기에 지쳐 꾀를 부렸던 며느리가 스님이 시킨 대로 했다가 집마저 없어져 버렸다는 〈거문바위전설〉은 남에게 베푸는 것이 우리의 생활이요 윤리였음을 단적으로 시사한다. 옛날 장자고을은 천석군이 살던 곳인데, 매일 손님이 10여 명 이상은 되니 이 집 며느리의 손에는 물이 마를 날이 없었다. 하루는 어떤 스님이 대문 밖에서 시주하라고 염불하는 것을 보고, 며느리가 "내 손에 물 좀 마르게 해주면 시주를 많이 하겠다"고 했다. 스님은 살강 밑에 구멍이 하나 있을 텐데 가락고를 가지고 툭 찌르면 손님이 저절로 마를 것이라 가르쳤다. 스님이 돌아가자마자 시킨 대로 했더니 갑자기 구름이 일고 뇌성벽력이 치며 억수 같은 비가 퍼붓더니 장자의 집도 없어져버렸다.[19]

19세기 조선에서 활동했던 프랑스 선교사 다블뤼(Marie Nicolas Antoine Daveluy) 주교는 조선사람은 자선행위를 소중히 여기므로 적어도 식사 때 먹을 것을 달라면 거절하지 않을 뿐만 아니라 새로 밥을 하기도 한다며 조선인의 공동체정신에 감탄했다.[20] 이덕무는 "주인은 육식을 하고 손님에게는 채식을 대접하는 것은 아름다운 일이 아니다, 또 손님과 같은 나이이거나 나이가 조금 많다고 해서 주인이 먼저 밥상을 받아서도 안 된다"[21]고 했다. 이런 이덕무가 굶주린 사람을 보고 밥을 먹을 때는 음식의

---

19) 최래옥, 『한국구비전설의 연구』, 일조각, 1981, 286면.
20) 규장각한국학연구원, 『세상 사람의 조선여행』, 글항아리, 2012, 201면.
21) 이덕무, 『청장관전서』 사소절.

간이 맞지 않음을 탓해서는 안 된다고 했음은 당연하다. 우리는 손님이 오면 정성껏 많이 차려놓고도 "차린 건 없지만 많이 드십시오"라고 권한다. 정성과 겸손으로 남을 정중하게 대접하는 게 우리의 풍습이다. 고려시대 농민구제를 위한 흑창 설치와 진휼제도, 조선시대의 복지제도 명문화(『경국대전』) 등에서 알 수 있는 바와 같이 굶주리는 사람들이 있으면 국가가 나서서 구제 부양하고자 애썼던 것도 예외가 아니다. 폭군이라고 하는 광해군도 기근으로 굶주린 유랑민들의 이야기를 듣고 하루저녁 내내 울고는 왕의 개인 재산이라는 어탕금(御帑金)을 한 푼 남기지 않고 구휼에 내놓았다고 하는 나라다.

"음식은 한데 먹고 잠은 따로 자라", "먹는 데 귀천이 없다"는 속담과 같이 한국 음식문화의 특징으로 음식 공유와 함께 계층 간의 융화·교류가 활발했다는 점도 들 수 있다. "색다른 음식이 있을 때는 아무리 적어도 노소·귀천 간에 고루 나눠먹어야 한다"[22]고 했다. 지금도 사랑받는 비빔밥[23]이

놋그릇 속의 비빔밥

이를 뒷받침하는 좋은 예이다. 논밭에서 일하는 사람들이 간편하게 공동으로 식사를 하거나, 집에서 남은 반찬과 찬밥들을 모두 처리해야 하던 때 먹던 음식이 바로 비빔밥이라 한다. 섣달그믐날 저녁에 남은 음식을 해를 넘기지 않는다는 뜻으로 비빔밥을 만들어 먹는 습관이 있었다. 이

---

22) 이덕무, 앞의 책.
23) 비빔밥이란 용어는 조선 말기(1800년대 후반)에 편찬된 작자 미상의 필사본(한글) 『시의전서(是議全書)』에 처음 등장한다.

렇듯 비빔밥은 서민들 사이에서 유행하던 것인데 나중에 상류층에까지 전파되면서 모두가 즐기게 되었다. 더욱이 제사를 마치고 비빔밥을 한 양푼 만들어 선조까지 '우리' 속에 포함시켜 고루 떠먹는 관습에서 공동체적 정신의 극치를 보게 된다. 제례뿐만이 아니라 일생의례 전반으로 음식 공유현상이 뚜렷하다. 한편, 궁중의 음식이 양반들에게 봉송(封送)으로 내려지고 이것이 남아서 다시 아랫사람들에게 '꾸러미'로 전해지던 풍습도 있었는데, 잔치가 끝나고 음식을 싸서 선물을 보내는 '봉송돌린다', '반기를 나눈다'는 풍습이 여기서 비롯된 것이다. 조선 전기 중인계급의 대두로 인해 상하층의 식생활의 교류가 가속화되었다. 우리가 즐겨 먹고 있는 설렁탕도 왕부터 천민에 이르기까지 모든 계층이 소를 제물로 바치고 나누어 먹던 음식이다.

중국이나 일본과 다르게 차보다 술을 더 일상적인 음식으로 여겼던 점도 한국 음식문화의 특징이라 하겠다. "사흘 밥은 굶어도 하루 차는 못 굶는다"고 할 정도로 중국인이 차를 좋아하는 데 비해 우리는 그렇지 않다. 독일 상인 오페르트(Ernst Oppert)는 『조선기행』에서 우리가 중국과 같이 차를 마시지 않음을 의아하게 생각했다.[24]

서민의 술이라는 막걸리조차 임금도 즐겼을 만큼[25] 술은 계층에 관계없이 두루 음용되었다. '주주객반(主酒客飯)'이라는 말이 있는데, 주인은 손님에게 술을 권하고, 손님은 주인에게 밥을 대접한다는 뜻이다. 이렇듯 술은 우리 사회에서 일상음료로 애용되어왔으며 서민적인 술을 즐기는 데서 인정과 미각을 공유하는 한국의 음식문화를 느낄 수 있다. 우리의 주도는 사람을 먼저 생각하고 술을 즐기는 문화다. 술을 만드는 데도 술을 '빚는다'고 할 만큼 정성을 강조했다. 한국인은 서양인들과 달리

---

24) 오페르트 저, 한우근 역, 『조선기행』, 일조각, 1974.
25) 『세조실록』 8년 4월 14일.

홀로 술을 마시지 않는 편이다. 술자리에서도 우리는 소외되는 사람이 없게 잔을 돌려가며 마시는 수작습관이 있다. 중국에 '추배환잔(推杯換盞, 자기 잔을 내밀어 상대방과 교환함)'이라는 사자성어가 남아 있을 정도로 옛날에

수작하는 모습

는 중국에도 잔을 돌려가며 마시는 습관이 있었다고 하나 비위생적인 관계로 이미 사라진 편이며, 일본의 수작문화도 시골을 제외하고는 거의 사라졌다고 할 수 있다. 흔히 늦게 온 사람에게 술 석 잔을 권하는 '후래자삼배(後來者三盃)'라는 말도 정을 나누고자 하는 공동체의식을 나타내는 한국 술문화의 성격을 부각시키는 예라 하겠다. 중국에도 지각한 자는 벌주 석 잔을 마셔야 하는[26] 술문화가 아직까지 남아 있는데 벌주삼배의 전통은 왕희지(307~365)때의 삼잔일거(三盞一去, 석잔을 원샷함)로부터 시작되었다고 한다. 우리에게 애초부터 좌석에 잔을 하나만 놓고 이것으로 순서대로 돌아가며 권하는 풍습도 없지 않다.[27] 오늘날 서양의 바(bar)와 달리 여럿이 둘러앉을 수 있는 술집의 구조에서도 집단적 공동체적 문화경향을 확인할 수 있다.

심지어 실제로는 높이 있는 감을 따기 어렵기 때문에 체념하는 것이라 하는데, 가을에 감을 따면서 까치밥이라 하여 새들을 위해 남겨놓았다고 하는 행위도 정을 나누는 음식 공유의식의 소산이라 할 수 있다. 갓난아기 시절 어머니들이 음식을 먼저 자신의 입안에 넣어 식히거나 씹은 다음

26) 지도자벌주삼배(遲到者罰酒三杯).
27) 강인희, 『한국식생활사』, 삼영사, 1990, 333면.

까치밥

토리자라(取り皿)

입에 넣어주기도 했는데, 여기에 비위생성 또는 비합리성이 끼어들 여지는 없다. 무엇보다 우리에게는 인간적 정리와 공동체적 유대감이 소중하게 인식되었던 것이다. 물론 남자 어른들은 독상을 받는 데 비해 주부나 아이들은 공동으로 상을 받거나 마룻바닥·부엌에서 식사하던 시대는 예외다.

우리는 자기 것이 따로 차려지는 서양이나 일본과 다르다. 일본의 경우 차려놓은 음식을 각자 덜어 먹을 수 있는 '토리자라(取り皿)'라는 접시가 있다. 한편 '다른 사람의 젓가락이 간 요리에 손이 가는 것은 금기이다'라고 표현할 정도이다.[28] 이 같은 말에서 얼마나 다른 사람과의 접촉을 꺼려하는지를 짐작할 수 있다.[29] 중국도 큰 상에서 여럿이 음식을 나눠 먹는다고 할 수 있으나 나눠 먹는 방법이 우리와 다르다. 한 접시의 음식을 공콰이(公筷)라는 공동젓가락이나 자기 젓가락으로 덜어다 먹기는 하지만 입에 들어갔던 숟가락을 한 그릇에 집어넣었다 꺼냈다 하며 음식을 나눠먹는 건 아니다. 우리의 샤브샤브와 달리 대부분의 훠궈(火鍋)도 고기를 건져먹는 냄비를 각자 따로 사용하는 편이다. 음식을 통해 정을 나누는 점에서

---

28) 이시게 나오미치(石毛直道), 「食事と酒, タバコ」, 『日本人の生活』, 研究社, 1976, 58면.
29) 노성환, 『젓가락 사이로 본 일본문화』, 교보문고, 1997, 81면.

는 우리와 중국이 비슷하더라도 방식에 차이가 있다.[30]

식사시 예절을 중대시하다

좌식의 생활도 한국 식문화의 특징을 형성하는 데 일조했다. 동굴이나 움막에서 살던 부족국가시대부터 앉아서 식사하는 습속이 있었음[31]은 추측하기 어렵지 않다. 그러나 벽화에서 알 수 있듯이 고구려 때 주방이 입식으로 되어 있으며, 고려 때도 좌식과 더불어 식탁 차림으로 식사를 했다.

그러고 보면 오늘날과 달리 식사양식이 확고하게 좌식이 된 것은 조선시대부터라고 하겠다. 조선 초·중기에 걸쳐 온돌 설비가 일반화되면서 식사양식도 좌식으로 일원화되었다고 할 수 있다. 이러한 좌식식사의 풍습은 곧 우리의 생활이며 예절이 되었다고 하겠다. 따라서 일본처럼 그릇을 들고 먹거나, 얌전히 식사를 하지 않고 돌아다니면서 식사하는 것이 금기시됨은 당연했고 나아가 좌식식사는 더욱 예절을 강화하는 결과를 낳았다. 공간전개형의 상차림과 독상문화도 좌식생활의 영향으로 본다. 예절 및 의례를 중시하는 풍습은 식사하는 태도에 국한하지 않고, 의례

---

30) 중국의 식생활에서 음식을 남기는 관습도 손님을 접대하고 정을 나누는 것과 무관하지 않다. 주인은 손님에게 배불리 먹여야 하는데, 접시를 깨끗이 비우면 주인의 준비가 소홀했다는 뜻이 되기 때문에 손님은 음식을 남겨야 하는 것이다. 남는다는 '위(余)'와 부유하다는 '위(裕)'의 발음이 같으며, 따라서 남는다는 것은 복이 넘치는 것이요, 길상을 추구하는 정신과 맞닿아 있다. 우리에게도 남기는 현상이 있긴 하지만 음식이 나오기까지 수고한 모든 이들에 대한 감사를 담아 '음식 남기면 가난하게 산다', '음식 먹다 남기면 복 나간다', '음식을 남기면 신랑을 뺏긴다'(최래옥, 앞의 사전, 238면)고 했던 우리와는 분명 차이가 있다. 일본인도 이와 비슷한 이유로 음식 남기는 것을 매우 싫어한다.

31) 김정기, 「한국주거사」, 『한국문화사대계』IV, 고려대 민족문화연구원, 1964, 51면.

(세시, 일생)음식의 발달을 가져왔다.

『규합총서』에는 준비하는 이의 수고에 감사하라, 큰 덕을 헤아려 음식의 맛을 너무 따지지 말라, 탐내는 마음을 없애라 등 식사할 때 사대부가 지켜야 할 다섯 가지 내용이 제시되어 있다. 지금도 우리는 식사 전에 서로가 "잘 먹겠습니다. 맛있게 드세요"라고 감사의 뜻을 나타내고, 끝날 때도 "잘 먹었습니다"라고 예를 표한다. 어느 나라보다도 엄격하고 복잡한 일본의 식사예절에서는 숟가락을 사용하지 않고 젓가락만으로 식사를 하게 되며, 식사하기 전에 반드시 "잘 먹겠습니다(いただきます)"는 인사를 하고 젓가락을 들어야 한다. 물론 중국에서도 보통 "많이 드세요(多吃点)"라는 말을 많이 쓴다. 식당에서 요리가 새로 나오면 한 번 이상 먹어보고 그 요리의 맛이 뛰어남을 표시하는 게 예다. 종업원이 차를 따라줄 때도 검지와 중지 두 손가락으로 식탁을 가볍게 두드려 감사를 표시한다.

『예기』에서 말하길 "예는 음식에서 시작된다"고 했다. 우리의 옛말에도 "예절은 밥상머리에서 배운다"고 했다. 식사예절은 자신의 교양을 나타내주는 척도이기도 하다. 특히 "음식 먹을 때 잔소리 많이 하면 가난해진다", "음식 먹을 때 이야기하면 복 날아간다"고 했던 것도 예의범절을 중시한 데서 나온 말이다.[32] 많이 달라지기는 했지만 아직까지도 이 같이 식사할 때 말을 많이 하지 않는 예절이 중시되고 있는 편이다. 물론 중국이나 일본에도 예절을 중시하는 한편 조용한 식당들이 얼마든지 있다. 공자도 일찍이 "밥 먹을 때와 잠자리에서는 말을 하지 않아야 한다"[33]고 했다. 그러나 대화하기를 좋아하는 중국인들의 습성은 식생활에서도 나타난다고 볼 수 있다. 떠들썩한 음식점이 연상될 만큼 중국은 청나라 때

---

32) 서양에서도 입안에 음식을 문 채로 이야기하는 것을 금하고 있다.

33) 식불어(食不語) 침불언(寢不言), (『논어』 향당(鄕黨)).

부터 외국의 침략을 많이 받으면서 서양화의 추세로 가고 있으며 일본인들도 서양인과 마찬가지로 이야기하기를 좋아한다. 특히 1949년 중화인민공화국이 세워진 이후 사회주의 평등사상의 확산에 따라 식사예절이 크게 변화되었다. 서양에서 식사예절이 까다롭게 발전한 것은 17세기 이후로 여럿이 한 식탁에서 맨손으로 집어 먹던 습속에서 유래되었다.[34]

전통적으로 우리의 식문화에서 가장의 식기는 크고 좋으며 수저도 재질이나 문양 등에서 다른데 아직도 이런 현상이 남아 있는 편이다. 손님이나 어른들에게 먼저 쌀밥이나 맛있는 반찬을 올리고, 웃어른이 먹던 밥상을 물려 아이들이 먹는 '상물림'의 관습이 있었다. 해방 이후 온 가족이 함께 식사를 하더라도 가장이 수저를 들 때까지 자녀들은 기다리는데, 이관습은 지금까지도 지속된다고 할 수 있다. 중국, 러시아, 일본, 한국 등가부장사회에서는 가장이 수저를 든 후에 가족들이 식사하는 습관이 일찍 자리를 잡았었다. 어른을 모시고 식사할 때 다 먹자마자 숟가락을 내던지고 먼저 일어나서는 안 되는 것도 어린이의 식사예절이었다.[35]

3국의 음식문화 속에는 식례(食禮), 주례(酒禮), 다례(茶禮) 등의 예의가 나타난다. 그러나 한국은 일본과 함께 유교사상의 절제와 엄숙주의의 영향을 고스란히 받아서 (아직도) 비교적 정중한 식사예절, 식탁문화를 잘 지키고 있는 데 비해, 중국은 그렇지 않은 편이다. 더구나 일본도 마찬가지지만 중국은 한국의 가정이나 사회에서처럼 윗사람이 먼저 수저를 든 다음에 식사를 할 수 있다는 의식이 이미 사라졌다. 일본에서는 1940년대까지는 가장이나 연장자가 먼저 젓가락을 들어야 가족이 모두 식사를 할 수 있을 만큼 엄격하게 예절이 지켜졌다. 물론 중국에서도 공적인 자리에

---

34) 정연식, 「조선시대의 식생활과 음식문화」, 『조선시대 사람들은 어떻게 살았을까』
  1, 청년사, 1996, 244면.
35) 이덕무, 앞의 책.

서는 윗사람이 먼저 수저를 든 다음에 식사를 한다고 할 수 있다. 특히 손님을 초대했을 경우 요리는 반드시 손님 바로 앞에 먼저 놓아 손님이 먼저 들게 하는 것이 기본적인 예법이다. 대개 초대한 쪽에서 손님의 접시에 요리를 떠주는 것도 중요한 예법의 하나로 꼽힌다.

성년식 때 술을 마시는 예를 배움

한편 우리 사회에서는 어린 사람이 어른한테 술을 따르거나 받을 때도 공손하게 두 손을 사용하며, 특히 중국·일본과 달리 『예기』나 『소학』에 나오는 대로 술을 마실 때 약간 돌아서서 마시는 예도 지금까지 행해지고 있다. "식사 전에 얼굴과 손을 깨끗이 씻는다"라든가, "화가 나는 일이 있으면 마음을 가라앉힌 다음 식사한다"라든가, "누워서 음식을 먹으면 가난해진다"고 했던 것도 예절을 강조하는 것이다. 아직까지 국은 밥 오른쪽에 놓아야 하는 것도 실용성이 내재된 우리의 식탁예절이자 식문화이다.

그릇을 포개놓고 음식을 담아 먹지 않으며, 혓바닥으로 그릇을 핥지 않고, 밥을 먹으며 쩝쩝거리는 소리를 내지 않고, 밥을 먹으며 발을 까불지 않아야 한다. 이런 예절들을 지키지 않으면 복이 나간다고 여겼다. "밥 먹을 때엔 개도 안 때린다"는 말도 있듯이 무엇보다 식사를 존귀하게 여기며 이성적 인간으로서 식사 때 깍듯이 예절을 지켜야 했다.

가족이 빙 둘러 앉는 밥상의 기회가 점점 줄고 있는 가운데 학교와 사회교육으로 이어지는 밥상머리 교육이 오늘날 사라지고 있어 안타깝다.

음식이 자연친화적이다

한국음식은 70%의 나지막한 산지와 3면이 바다로 둘러싸인 영토에서 산출된 것이다. 따라서 자연친화적 음식의 제조와 향유를 한국 음식문화의 특징으로 삼을 수 있다. 미국요리학교(CIA, Culinary Institute of America)의 존니호프는 "최근 들어 미국인들이 갈수록 자연식과 건강식을 선호하는 추세인 만큼 한국요리는 미국에서 성공할 가능성이 충분히 있다"[36]고 말했다. 외국음식을 많이 접할수록 한식이 전 세계 어디에 내놓아도 손색없는 최고의 요리라는 생각이 든다고 말하는 것도 이 자연친화성과 무관하지 않을 것이다. 음식의 색깔에 있어서도 중국이나 일본에선 비교적 가공한 색이 음식에 많이 들어가는 데 비해, 한국에선 자연 그대로의 색이 들어가는 편이다. 자연친화적 음식의 예를 몇 가지 들어보자.

묵무침

녹말을 뽑아내서 반고체 상태로 만든 묵은 한국에만 있는 고유한 식품이다. 주로 여름과 가을에는 도토리묵을 먹고 겨울에는 메밀묵을 먹는다. 도토리묵을 좋아했던 선조의 수라상에 항상 올랐다 하여 도토리는 상수리(←상수라)로 불리게 되었다. 봄에는 파란 녹두로 만든 청포묵을 먹는데, 이 묵은 하얗고 말갛게 비치며 맛이 담백하고 깨끗한 것이 특징이다. 묵 중에서 제일로 치는 것이 이 녹두묵이다.

한국인들은 예부터 봄철에 햇나물을 장만하여 식탁에 올리는 풍습이

---

36) 〈동아일보〉, 2007. 7. 12.

나물반찬

있었다. 봄철이 가까워 오면 입맛을 돋궈줄 무기질과 비타민이 풍부한 나물반찬을 만들어 먹었던 것이다. 생채(生菜)·진채(陳菜) 등의 나물국 가로 불리는 우리나라에서는 숙채(熟菜)를 조리할 때도 살짝 데쳐서 비타민의 파괴를 막고 나물의 본색과 맛을 살린다. "봄나물은 독이 없으니 먹어도 좋다"[37]고 했다. 우리나라 사람들이 성인병에 강한 것도 나물 덕분이다. "그 나물에 그 밥"이라는 말이 있을 정도로 수많은 나물은 모두 우리의 산과 들에서 생산된 자연식품이다.

화전(花煎)

우리나라는 일본과 마찬가지로 사계절의 변화가 뚜렷하여 식품생산에 계절성이 특출한 편이다. 우리 조상들은 제철에 나오는 재료의 사용은 물론 자연물의 감각을 살리려고 매우 노력했다. 산에 만발한 진달래꽃을 뜯어다가 쌀가루에 반죽하여 참기름을 발라 지져 먹는 화전은 봄의 미각을 한층 돋워주는 별식이다. 칼국수는 여름 한철의 기분을 만끽하는 음식이었다. 복중에 더위를 피하여 물놀이 갔을 때 물가에서 닭을 푹 고고 그 국물에 미역을 넣고 끓이다가 칼국수를 넣고 끓인다. 북쪽지방에서 녹말이나 메밀가루로 만들어 먹는 냉면은 차가운 동치미 국물이 있는 겨울철의 음식이었다. 더운 여름을 넘기기 위해 우리 조상들

---

37) 유중림, 『증보산림경제』 권6.

은 과하주를 만들어 먹었으며, 곡식으로 만든 독한 소주로 추위를 이겨냈다.

김치의 종류도 채소의 계절성에 따라, 겨우내 먹는 김장김치 외에도 봄철의 나박김치와 돗나물김치, 여름의 오이소박이와 열무김치, 가을김치인 섞박지 등으로 구분해볼 수 있다. 국도 계절의 맛을 살려 봄에는 냉이국, 여름에는 오이냉국, 가을에는 토란국, 겨울에는 우거지국 등을 먹었다. 음식을 담는 그릇마저 인체에 좋다는 옹기를 사용할 만큼 우리 음식과 식사문화의 발달은 우리의 풍토와 환경에서 나온 것이라 하겠다.

우리가 자랑하는 발효식품은 바로 자연친화적인 음식이다. 전통음식의 80% 이상이 발효식품일 만큼 우리나라는 발효음식이 세계에서 가장 발달했다. 김치를 비롯해서 거기에 들어가는 고추와 젓갈, 그리고 장류와 술 등이 바로 발효식품이다.

양념으로 살짝 발효시킨
숯불쇠고기갈비

한국인뿐만 아니라 서구인들도 즐겨 먹는 숯불쇠고기갈비도 양념으로 살짝 발효를 시켜 구운 것이고, 전골찌개도 양념으로 살짝 발효시켜 끓인 음식이다.[38] 특히 우리 발효식품은 치즈나 요구르트 같은 서양의 동물성 발효식품과 달리 대부분이 식물성 발효음식이다. 한민족은 기원전부터 독특한 발효방식을 익혀 장기간 음식물을 보존하는 저장법을 발달시키고, 국이나 찌개 등의 조리법을 개발하여 다양한 음식을 섭취해왔다. 이는 건조하고 추운 겨울과 습하고 더운 여름이 봄이나 가을에 비해

---

38) 이종철, 「전통문화의 계승과 한국문화의 세계화」, 『우리길벗』 21호, 2006. 8. 1.

훨씬 긴 우리나라의 자연환경에 영향을 받은 것이다. 신문왕이 김흠운의 딸을 왕비로 삼을 때 예물로 보낸 품목에도 술, 장, 젓갈 등이 들어 있었다.[39]

김치는 생체조절 및 질병예방 등 인체에 복합적인 효과가 있으므로 오늘날 국내외 많은 영양학자들이 김치를 미래식품으로 손꼽고 있다. 2002년에는 유엔본부 주식당의 정식메뉴에 한국김치가 올랐고, 2003년 SARS라는 신종 바이러스가 사그라지면서 한국김치 수요가 기하급수로 늘어나 베이징 등 주요도시에서 김치가 동이 났었다. 사실 사스를 물리친 것은 김치 속의 마늘이라고 하는데, 마늘을 발효시킨 형태로 먹는 나라는 지구상에 우리나라가 유일하다고 한다. 곰삭은 발효미가 밥맛을 돋우어준다는 젓갈도 대표적인 자연친화식품이다. 채소를 절이는 데 소금을 사용하는 것은 중국이나 일본과 비슷하지만, 특별히 담백한 맛을 내는 젓갈을 이용하는 점에서 우리는 다르다. 삶은 콩을 발효시켜 만드는 장(醬)이 항암작용이나 동맥경화예방, 치매예방은 물론 기미방지, 노화방지 등에 탁월한 효능이 있다는 것은 잘 알려진 사실이다. 농사를 생업으로 하는 우리의 술은 모두 곡주 계통이며 주로 멥쌀로 만든 발효주이다.

한국음식이 기름기가 적어 신체건강에 유리한 편이며, 우리 식사가 채식 위주여서 다이어트 효능도 크다. 익히지 않은 싱싱한 오이나 토마토를 그냥 먹기도 한다. 채소의 영양을 보존하기 위해 우리는 깻잎, 배추, 상추, 쑥갓 등의 날 채소로 밥이나 고기 등을 싸 먹기도 한다. 자연과의 융화를 꾀하는 인간 노력의 극치라 아니할 수 없다. 자연친화적인 음식문화라면 채소나 과일이나 생선 등이 풍부한 중국·일본도 예외는 아니다. 더구나 불교는 중국이나 일본에서 채소 위주의 요리를 발전시키는 데 공헌했다. 이렇듯 중·일도 자연친화적인 음식문화와 긴밀한 관계를 갖고 있

---

39) 김부식, 『삼국사기』 권8, 신문왕 3년.

으나, 고기에 많은 채소가 따라 나오지 않으며 음식에 기름을 많이 쓰는 편이다. 중국요리에서는 기름에 볶는 방법이 전체 조리법의 80%로 주류를 이룬다고 한다.[40]

음식을 보약으로 알다

자연친화적 식생활은 약식동원(藥食同源)사상과 무관하지 않다. 평소에 음식을 고루 섭취하면 그것이 곧 보약이라는 약식동원사상은 중국에서 발상되어 한국에 전해졌다. 그러나 일본에서는 받아들이지 않았다. 주나라 때 이미 식의(食醫)제도가 시행되었고, 당나라 진장기(陳莊器)는 모든 약은 각 병의 약이지만, 차는 만병의 약[41]이라고 하였고 소동파도 차를 마시는 것은 약을 먹는 것보다 몸에 더 이롭다고 했다.[42] 조선의 이수광[43]

---

40) 특히 중국은 물이 안 좋아 기름에 튀겨 먹고 볶아 먹는다. 물론 기름진 것은 추운 동북지역의 음식이라고 볼 수도 있으나, 그들이 좋아하는 충칭요리인 수이저위(水煮魚)는 물에 삶아 담백할 것 같지만 물은 한 방울도 들어가지 않은 기름에서 건져 먹으며, 휘궈(火鍋)요리를 먹기 위한 냄비에도 우리처럼 물이 아니라 기름을 넣는다.

수이저위(水煮魚)

41) 제약각병지약(諸藥各病之藥) 다만병지약(茶萬病之藥)(진장기,『본초습유(本草拾遺)』).

42) 중국의 200여 종의 명차 가운데 보이차(普洱茶)를 가장 귀하게 여기며 윈난성 일대에서 나는 보이차가 특히 유명하다. 이 보이차는 육류 섭취 후에 소화를 잘 시켜주며 피부미용에도 좋고 다이어트차로 유명해 요즘 인기가 매우 높다. 또한 푸젠성의 대불용정(大佛龍井)은 미용과 보건에 좋기로 이름이 있고, 안후이성의 제모홍차(齊毛紅茶)는 최고의 홍차로서 중풍을 예방한다고 알려졌다.

43) 이수광,『지봉유설』제20부 외도(外道) 제3장 수양(修養).

이나 조재삼[44)]이 인용하는 바와 같이 원나라의 왕여무가 지은 『산거사요』에는, "약으로 보하는 것은 음식으로 보하는 것만 못하다"[45)]는 말이 나온다.

빙허각 이씨의 『규합총서』

『동의보감』에서 "병이 난 곳을 알아서 음식으로 치료한 후에도 낫지 않으면 다음에 약으로 구하는 것이다"라고 했고, 『규합총서』에서도 "음식으로 의약을 삼아 나날이 좀 부치듯 하게 먹어야 한다"고 했다. 한여름에 원기를 보충하기 위해 먹는 개장국이나 삼계탕은 에너지를 공급하는 영양소가 많이 함축된 대표적인 약식동원 음식이라 할 수 있다.

약주, 약식, 약과, 약초 등의 음식명도 약식동원의 정신에서 나온 것이라 하겠다. 정약용은 꿀을 약이라 하여, 밀주를 약주, 밀반을 약반, 밀과를 약과라 한 바 있다.[46)] 구기자, 도라지, 생강, 쑥, 유자, 율무 등 약재가 음식에 어울려 쓰이기도 했다.

밀누룩 같은 곡물을 발효시켜서 만든 청주는 조선 선조 때부터 약주라고 불렸는데, 조선조 발달한 가양주가 대부분 이 청주에 속했으며 이 술이 제사는 물론 각종 요리에 조미용으로 쓰였다. 전통약주에서는 재료의 공존에 따른 5~7가지 맛이 있는데, 한 가지 맛이 두드러지지 않고 어우러져 잘 융화된 복합적인 맛을 으뜸으로 친다. 18세기 문인 정철조가 소

---

44) 조재삼(趙在三), 『송남잡지(松南雜識)』. 의식류(衣食類) 심한식보조(心閒食補條).

45) 약보불여식보(藥補不如食補)(왕여무(王汝懋), 『산거사요(山居四要)』).

46) 정약용, 『아언각비(雅言覺非)』.

주와 막걸리를 섞은 뒤 '혼돈주'라 부르며 마셨다는 데서부터 오늘날 막걸리 폭탄주 칵테일로 진화하는 것도 맛의 융합을 선호하는 우리들의 전통문화적 습성으로 봐야 할 것이다.

정월대보름의 시절음식으로 약식을 빼놓을 수 없다. 약식은 찹쌀을 쪄서 밥을 짓고, 곶감·밤·대추 등을 넣고 맑은 꿀과 참기름·간장 등을 섞어 다시 찐 다음 또다시 잣과 호두를 넣어 만든다. 그 맛이 매우 좋고 영양가가 풍부하다 하여 이를 '약밥'이라 하는 것이다. 중국인들은 약밥을 우리나라 고유의 민속음식으로 인식했다.[47]

우리의 한과류인 유밀과, 강정, 다식 등은 의례음식으로 필수품이었는데 특히 유밀과는 의례음식의 으뜸이다. 그러나 수없이 사용금지 명령이 내릴 정도로 너무나 고급스런 기호품이었으며 중국으로 전래되기도 했다. 유밀과는 밀가루나 쌀가루 반죽을 넓적하게 또는 둥글게 여러 모양으로 조각내어 기름에

약과라고도 불리는 유밀과

지져 꿀을 흠뻑 묻힌 것으로 보통 '약과'라 부른다.

맛을 내고 영양을 보충해주는 조미료를 몸에 이로운 '약을 다루는 마음으로 취급해야 한다'는 뜻의 '약념(藥念)양념'이라 하는 것도 약식동원 관념의 소산이다. 양념은 식욕을 촉진시켜주는 한편 살균·살충의 효과와 더불어 저항력을 길러주는 역할도 한다. 우리 음식의 기본양념이 되는 장류의 영양가는 정평이 나 있다. 설탕, 고춧가루, 깨소금, 참기름, 파, 마늘 등 양념이 크게 발달하면서 '갖은 양념'을 통해 맛과 영양의 융합을

---

47) 이지양, 「한시 속의 고려반, 약반 이야기」, 『만해축전』中, 백담사 만해마을, 2010, 182면.

극대화하는 것도 우리 음식문화의 성격이라 하겠으며 특히 우리는 재료 자체의 맛보다는 양념에 의한 복합적인 맛을 즐겼다.

기본 조미료에 설탕이나 청주 등이 첨가되는 정도로 양념의 첨가를 자제하는 일본인들의 음식이 담백한 데 비해 우리는 여러 조미료가 섞인 조화미를 즐기는 습성이 있다고 본 것[48]도 이와 무관하지 않다. 우리는 간장이나 소금으로 끓인 담백한 맛보다 여러 맛이 한데 어우러진 얼큰한 맛을 더 좋아하는 편이다. 양념이 대부분의 음식에 비슷하게 들어가는바, 온갖 양념을 한꺼번에 사용한다. "한 고을의 정치는 술에서 보고, 한 집안의 일은 양념맛에서 본다"고 하는 옛말에서도 양념이 차지하는 문화적 비중을 느낄 수 있다.

물론 재료의 융합도 간과할 수는 없다. 가령 세계 항공기내식 대회에서 1등을 하는 비빔밥에서 여러 가지 재료가 어우러져서 만들어내는 균형적인 영양, 복합적인 맛의 조화를 느낄 수 있다. 비빔밥은 한 끼에 필요한 영양소들을 골고루 섭취할 수 있는 균형적인 영양식이다. 전주비빔밥[49] 외에도 육회를 얹어 내놓는 함평비빔밥, 숙주나물에 선짓국을 곁들이는 진주비빔밥, 방풍초 같은 나물과 멍게 같은 해물이 들어가는 통영비빔밥, 고사리와 김을 넣고 미리 기름에 볶은 밥을 소금으로 간을 한 뒤에 닭고기를 기본 고명으로 얹는 해주비빔밥도 유명하다. 여러 재료를 함께 섞어 끓이는 찌개도 마찬가지인데, 이 같이 다양한 재료의 융합이나 복합적인 맛의 조화 지향은 한국 음식문화에 나타나는 독특한 현상이다. 일본만 하더라도 우리와 달리 식재료를 섞지 않고 개별로 즐기는 경향이 강하다.

---

48) 강인희, 앞의 책, 278면.

49) 비빔밥으로 유명한 전주는 2012년 유네스코가 지정한 세계 4번째 음식창의도시가 되었다.

위에서 언급했듯이 중국은 영양가 있는 음식을 보약으로 여기며 소중하게 다뤄왔다. 한·중의 약식동원사상에는 별 차이가 없다. 다만 한국인들은 자연친화와 함께 좀 더 건강을 염두에 둔다고 한다면, 중국인들은 기술개발을 통한 맛·향에 더 신경을 많이 쓴다고 할 수 있을 것이다. 중국 음식문화가 제시하는 요리에 대한 품평기준이 '향미색형양의(香味色形養意)'[50]라는 사실에서도 향과 맛이 두드러짐을 알 수 있다. 보통 서양음식이 몸에 필요한 에너지를 섭취하기 위하여 만들어진 데 비해, 한국음식은 몸의 건강과 소화에 초점을 두고 만들어졌다고 한다. 쌀, 콩 등 곡류로 단백질을 공급받고 채소, 나물반찬 등으로 무기질과 비타민을 제공받는 것이 이와 무관하지 않다.

뜨거운 국물을 귀하게 여기다

"사위 국 세 대접에 장모 눈 먼다"는 속담이 있는데, 귀한 사위가 오면 국을 끓여주느라 연기에 눈이 멀 정도가 된다는 뜻이다. 고려시대부터 국이 우리 식생활의 대표적인 부식이 되었다. 조선시대 문헌에 등장한 국요리 만도 200여 종에 이른다. 간장으로 간을 한 맑은 장국, 된장으로 간을 한 토장국, 고기를 고아서 끓인 곰국, 국물을 차게 한 냉국 등이 대표적이다. 또 다양한 맛을 가지고 있는 재료들의 융합과 복합으로 이루어지는 우거지탕, 도가니탕, 갈비탕 등의 탕 같은 국물음식의 발달에 주목하지 않을 수 없다. 특히 단일의 미각을 즐기는 일본에 비하면 우리나라는 탕 종류의 음식이 매우 발달했다.

한국 식문화의 특징 가운데 하나가 국물 중시의 음식이라는 점이다. 우

---

50) 정광호, 『음식천국 중국을 맛보다』, 매일경제사, 2008, 39면.

리가 쓰는 "국물도 없다(아무것도 생기는 게 없다)"는 말도 국물의 중요성을 시사하는 것이다. 일본인들은 국물보다 건더기를 좋아한다. 추운 겨울에 그들이 좋아하는 유도오후(湯豆腐)와 스키야키(鋤燒き)라는 냄비요리에서도 일본인들이 국물보다 건더기를 더 좋아한다는 것을 알 수 있다. 더구나 일본인들은 우리처럼 국물을 떠먹거나 마시지 않으며, 건더기만 건져 먹고 국물은 그대로 남기는 것이 보통이다.[51] 일본에서 도시락이 발달한 것도 건더기를 좋아하는 것과 무관하지 않다. 중국인들도 우리의 설렁탕같이 국물이 많은 음식은 그다지 좋아하지 않는다. 탕에 들어가는 재료들의 융복합, 국물과 건더기의 융복합 등은 앞에서 언급한 비빔밥이 지닌 재료의 융합, 나물류의 양념의 복합 등과 마찬가지로 우리의 고유한 문화적 특성이라 하겠다.

서유구의 『임원경제지』에 기록된 탕반류 만도 무려 58여 종이나 된다. 탕에다가 밥을 말아 먹는 민족은 우리밖에 없을 것이라고들 하며, 국밥은 애초부터 밥을 국에 말아놓은 것인데 이런 식생활 풍습은 전 세계에 유일한 것이라고 한다.[52]

건더기만 중요한 것이 아니라 국물이 중시되어 버리지 않고 적극 향유하는 이러한 건더기와 국물의 융합과 조화는 매우 의미 있는 한국문화적 특성이라 하겠다. 국이나 탕이 발달할 수 있었던 것은 짧은 시간에 여러 사람이 함께 나눠 먹으려는 우리의 식습관에 적격이었을 것이다. 물론 관점에 따라 국이나 탕이 발달한 원인을 달리 논의할 수도 있으나 이규태는 네 가지로 설명한 바 있다. "첫째 우리는 과거에 가난한데다 식구가 많기 때문에 적은 분량의 식품을 여럿이 나누어 먹기 위해서는 국을 만들어야 했다. … 셋째는 외침에 따라 피난살이를 하면서 급히 식사를 해결해야

---

51) 노성환, 『젓가락 사이로 본 일본문화』, 교보문고, 1997, 72면.
52) 정연식, 앞의 논문, 243면.

했다.…"53)

국물 중시와 관련 한국 식문화의 중요한 특징으로, 음식을 따뜻하게 해먹는 온식문화를 들 수 있다. 우리는 모락모락 김이 오르는 따뜻한 밥, 뜨거운 국물, 지글지글 끓는 찌개를 후후 불어가며 먹어야 충족감을 느낄 수 있었다. 뜨겁

국물을 뜨겁게 유지시켜 주는 뚝배기

고 매운 찌개의 얼큰한 맛을 보며 우리는 '시원하다'고 탄성을 지른다. 우리의 국물이 외국의 것과 차별화된 점이 이 시원함 때문이라고 한다. 국물의 맛마다 특유의 시원함이 있는데, 이는 고기, 멸치, 사골 등 밑간을 이루는 육수와 어울리면서 계량으로 따라잡을 수 없는 한국적 조화를 이루어냈기 때문으로 본다. 탕이나 찌개 등 국물을 뜨겁게 유지시켜주는 뚝배기의 발달도 온식문화의 영향이다.

타향살이 또는 구박받는 처지를 '찬밥신세'라고 하는 것도 온식문화에서 비롯되었다. 딸 둘을 둔 여인이 셋째 딸을 낳고 친정에서 산후조리를 할 때 친정어머니가 "네가 지금 따뜻한 밥을 먹을 수 있니"라고 한다는 것이다. "거지도 부지런하면 더운밥을 먹는다", "더운밥 먹고 식은 말 한다"는 속담도 있다. 식기들은 열 발산을 막고자 입체화되어 있고 뚜껑까지 있다. 질그릇, 사기그릇 등 도자기가 발달한 것도 온식을 위한 보온성 때문이었다.54) 다습한 몬순기후 때문에 미생물의 기생이 왕성하기에 살균하는 온식은 물론 삭히는 발효문화가 발달한 것이다.

---

53) 이규태, 『한국인의 의식구조』 1, 신원문화사, 1991, 90~91면.
54) 밥그릇·국그릇·반찬그릇 등 밥상 하나를 차리게 만든 한 벌의 그릇을 반상기(飯床器)라 한다.

한편 음식은 불이 직접 닿게 굽거나 강한 열로 튀기면 독성물질이 생기기 때문에 한국의 경우 삶거나 찌거나 끓이는 쪽으로 온식문화가 발달했는데, 이는 중국이나 일본만큼 지지고 볶는 튀김문화가 발달하지 않았음을 말해준다. 특히 튀김문화와 관련 중국은 볶는 '차오(炒)'와 조리는 '샤오(燒)' 음식이 많다. 사실 인류가 불을 발명하여 다른 영장류와 차별화되었음을 고려할 때 예부터 불을 소중히 여기고 가꾼 한민족의 지혜가 돋보이는 대목이다.

차가운 것을 싫어하기로는 사실 우리나 일본이 중국을 따르지 못한다. 우리는 오이냉국, 미역냉국, 콩나물냉국 등 냉국을 즐겨 먹는다. 『규합총서』에서 '술 먹기는 겨울같이 하라'고 했던 것처럼 우리는 술을 차갑게 해서 먹기를 권유하며 추운 겨울에도 냉장고에서 차가운 음료를 꺼내 마신다. 물론 공자와 관련된 일화에서는 끓인 음식이 싸구려로 인식되었고,[55] 『어우야담』에도 "공자께서 회를 좋아했다"라든가 "논어에 짐승과 물고기의 날고기를 가늘게 썬다"는 기록 등이 있다. 그러나 중국은 지금까지 맥주를 냉장고에서 꺼내지 않고 뜨뜻미지근하게 먹는 경향이 있으며, 보온병이나 컵을 들고 다니며 따뜻한 물을 마시는 관습이 남아 있다.[56]

요컨대 한국인은 감자탕, 우거지탕 등 탕류를 술안주로 삼을 만큼 뜨거운 국물음식을 즐기는 반면 중국인은 물·술·곡식·채소·육류 등 전

---

55) 이재정, 『의식주를 통해 본 중국의 역사』, 가람기획, 2005, 41면.
56) 중국은 찬 것이나 날것 등을 아주 꺼리는 편이어서 1970년대까지만 해도 결혼하는 사람들에게 주는 최고의 선물이 보온병이었다. 중국은 예로부터 깨끗한 물이 풍부하지 않았기 때문에 사람들이 '카이쉐이(開水)'라는 끓인 물을 즐겨 마셨다. 지금은 많이 달라졌지만 아직 한여름에도 뜨거운 물을 마시고, 채소도 생것으로 먹지 않고 끓는 물에 데쳐서 먹는다. 기름기 많은 음식으로 인한 배탈과 설사를 막기 위해 끓인 물을 먹는 중국인들의 지혜가 돋보인다.

방위적으로 온식문화가 발달했다. 우리는 일본·중국과 달리 따뜻한 국물과 건더기의 융합에 의한 복합적인 맛을 즐겼다.

한편 요즘 코스식 트렌드를 보이기도 하나 원칙적으로 준비된 음식을 한꺼번에 모두 차려놓고 먹는 공간전개형의 상차림에서도 융합의 미의식을 엿볼 수 있다. 특히 주식 위주의 식사관습에는 변함이 없으며 밥은 곧 생명으로 인식될 만큼 주식을 중시하면서도 부식과 떼어놓고 생각할 수 없다. 우리는 밥을 입에 넣고 씹으면서 동시에 반찬을 입에 넣어 입속에서 이들을 서로 뒤섞기까지 한다. 일본인의 약 30%가 서구의 빵, 샌드위치, 피자 등을 끼니음식으로 여기며, 중국의 경우 주식인 판(飯)과 부식인 차이(菜)의 관계가 독립적이라 할 수도 있다. 우리의 공간전개형 상차림은 주식과 부식의 융합을 더욱 촉발시키는 결과를 낳았다. 빙햄튼 뉴욕주립대 교수인 마이클 페티드는 한국을 대표하는 음식은 '밥상' 자체라고 한다. 다양한 맛·냄새·질감·온도의 조화로운 혼합으로 이루어진 밥상이야말로 한국음식을 완벽하게 대표하는 요리라는 것이며, 밥상에 담긴 조화로움을 한식의 매력으로 강조한다.[57]

복합적인 맛을 좋아하는 우리 민족은 곡식 혼식의 식습관에 따라 쌀에다 여러 곡물을 섞어 잡곡밥을 짓기도 했고, 쌀에다 채소, 어패류, 육류 등을 혼합해서 혼합밥을 짓기도 했다. 잡곡 혼용의 풍습은 정월대보름의 별식인 오곡밥을 낳게 되고, 쌀에 여러 곡식을 혼합하면 쌀에 부족한 아미노산이 보완되는 장점이 있다.[58] 부식을 대표하는 식물성 김치에 다양한 재료, 특히 동물성과 융합되는 것도 예사롭지 않다. 또한 우리는 중·일과 좀 다른 측면에서 밥과 같은 일상음식뿐만 아니라 떡과 같은 특수음식도 발달시킴으로써 융합의 식문화를 형성해갔음을 알 수 있다.

---

57) 필립 라스킨 외 지음, 안기순 외 옮김, 『세계가 사랑한 한국』, 파이카, 2010, 55면.
58) 구성자·김희선, 『새롭게 쓴 세계의 음식문화』, 교문사, 2005, 26면.

약 265종이나 되는 떡은 일생의례를 비롯하여 농경의례, 무속의례 등 크고 작은 행사에 쓰이는 특별음식이다. "떡 본 김에 제사 지낸다"는 속담도 있고, 『삼국유사』「가락국기조」에도 떡이 제수로 나오고 있다. 떡은 쌀뿐 아니라 팥, 콩, 수수, 녹두 등 여러 재료가 조화를 이룬 최고의 음식이다.

숟가락을 소중하게 다루다

금속으로 된 숟가락과 젓가락

우리의 음식은 물기가 많고 따뜻한 것이 주류를 이루고 있기 때문에 우리는 음식을 손으로 집어 먹는 버릇이 없고, 숟가락(匙)·젓가락(箸)의 융합으로서의 수저(匙箸)문화가 발달한 것이다. 우리가 수저를 함께 사용한 것은 삼국시대부터라고 한다.

부족국가시대에 이미 현재와 비슷한 형태의 뼈나 청동으로 된 숟가락이 나타나고 있으며, 젓가락은 중국의 저(箸)에서 유래한 것으로 숟가락에 비해 뒤늦게 일반화되었다. 특히 뜨거운 국이나 죽을 뜨기 위한 숟가락의 사용이 두드러졌고, 탕이나 찌개 등을 중간에 놓고 공동으로 먹기 위해 긴 숟가락이 요구되는 등 숟가락의 중요성은 생활 속에서 자연스럽게 묻어나왔다. 중국·일본과 달리, 목재가 아닌 금속젓가락의 발달도 국물음식과 무관하지 않을 것이다.

숟가락의 발달은 우리가 많이 사용해온 놋그릇과도 관련이 있다고 한다. 놋그릇은 무겁고 열전도율이 높기 때문에 들고 먹기 불편하다. 한편 공자로의 복고를 주장하는 숭유주의자들에 의한 숟가락 사용 유습이 이어져 숟가락을 끝내 버리지 못하였다는 시각[59])도 있다.

일본에서는 국은 그릇을 들고 마시며, 젓가락만으로 식사를 하는 게 예의다. 『미스터 초밥왕』의 작가 데라사와 다이스케(寺澤大介)는 "한국음식을 먹을 때 곤란한 점은 국물을 먹을 때였다. 일본인은 식사 중 몸을 굽히면 안 된다고 예절교육을 받았기 때문이다. 숟가락이 있으면 편하게 먹을 수 있다는 것도 나중에 알았다"[60]고 한 바 있다. 중국으로부터 전래된 숟가락은 쇼토쿠 태자(聖德太子)가 처음으로 사용했고 헤이안시대에 이르러 귀족들에 의해 널리 사용되었으나 무사들이 정권을 잡고 귀족들이 몰락하는 가마쿠라시대에 접어들자 숟가락은 자취를 감추게 되었다[61]고 한다. 한편 숟가락이 사용되던 시기에 대해 "아스카시대부터 나라시대에 걸쳐서 정착했다고 할 수 있다"[62]고도 한다.

고대 중국에서도 숟가락과 젓가락을 아울러 사용하였다. 춘추 말기 공자가 활동하던 시기에 이미 숟가락이 사용되고 있었고, 송나라와 원나라 때까지도 밥을 먹을 때 숟가락이 보편적으로 사용되었다. 그러나 명나라 이후 숟가락은 점차 쇠퇴하고 젓가락 중심으로 중국인의 식탁용구가 바뀌었다.[63]

요컨대, 중국·일본에서 주로 젓가락만을 사용하는 데 비해 한국에서 숟가락은 음식문화의 핵심적인 자리를 차지하다시피 하여 사람이 죽으면 '숟가락을 놓았다'고 표현하기에 이르렀다.

---

59) 주영하, 「젓가락의 닮음과 숟가락의 다름」, 『실크로드와 한국 문화』, 소나무, 1999, 277~301면.

60) 〈동아일보〉, 2007. 2. 5.

61) 노성환, 앞의 책, 65면.

62) 정대성 지음, 김문길 옮김, 『일본으로 건너간 한국음식』, 솔, 2000, 48면.

63) 이춘자·허채옥, 「닮은 듯 닮지 않은 한국과 중국의 음식문화」, 『한국문화는 중국문화의 아류인가?』, 소나무, 2010, 83면.

"네가 무엇을 먹는지 말해주면 나는 네가 누구인지 말해주겠다"고 하는 서양속담은 시사하는 바가 크다. 음식을 통해서 인간의 삶을 이해할 수 있을 것이다. 한국 음식문화가 지닌 융합과 조화의 특징은 잡채, 구절판, 신선로에서 보이는 다섯 가지 색깔이나 동물성과 식물성, 채소와 고기, 색깔과 맛의 대비 등에서도 잘 드러난다. 이상에서 살펴본 융합적 특성 이외의 한국 음식문화의 특성이 될 만한 것들을 살펴보도록 하자.

식사를 간소하게 하다

식사시간이 짧고 식사횟수가 적은 것도 한국 음식문화의 특성이라 할 수 있다. 유교적 생활이 몸에 배어 있다 보니 우리들에게는 잠재적으로 의식주를 본능적인 것으로 폄하하는 인식이 있었다. 배불리 먹는다는 것은 부도덕한 것으로 간주되거나, 식탐을 하게 되면 '주접스럽다' 하여 부정적으로 보는 편이다. 따라서 음식 타박하는 것을 못마땅하게 여기는 건 자연스러운 일이다. 빙허각 이씨는 『규합총서』에서 "마음에 과하고 탐내는 것을 막아 법을 삼가라"고 했고, 이덕무도 『사소절』에서 "탐식해서는 안 된다"고 하면서 "아무리 나쁜 음식이라도 싫어하거나 부끄러워하는 마음이 없어야 한다"고 경고했다. 송의 서긍이 『고려도경』에서 우리나라 사람들이 배불리 먹는 것만 좋아하는 듯하다고 했으나, 서민들이 배고픔을 해결하고자 했던 정도로 이해해야 할 것이다.

수다를 떨면서 늦게까지 밥상에 앉아 있으면 어른들로부터 빨리 일어나도록 질책을 받곤 했다. 자연히 우리는 부지런히 식사를 하고 자리에서 일어나 일터로 가는 데 익숙해졌다. 중국이나 라틴 계통의 민족처럼 몇 시간 동안 먹고 낮잠까지 자면서 여유를 보이는 식사문화가 아니다. 이는 외국처럼 부식 위주가 아닌, 우리의 주식 위주의 식습관과도 관련이 있을 것이다. 우리는 지금도 식사 때가 되면 대다수가 "밥 먹으러 가자"고 할 만큼 우리의 식사는 밥을 중심으로 한다. 물론 밥 위주의 빠른 식습관을 형성하는 데 국·탕·비빔밥 등의 발달이 크게 기여했으며, 역으로 식사를 빨리하는 습관이 국물음식이나 비빔밥의 발달을 가져오기도 했다.

식사의 횟수에 있어서도 중국이나 서양처럼 네 끼[64]나 다섯 끼를 먹는 게 일반화되지 않았으며 우리는 두 끼가 기본이었다. 우리가 식사 대신 '조석(朝夕)'이라는 말을 써온 것도 이 때문이다. 유럽에서도 프랑스혁명 이전에는 서민들이 보통 하루 두 끼의 식사를 했다. 현대에 와서 다소 달라지기는 했지만 대체로 조석 중에서도 아침식사를 든든히 했던 습관은 건강과 밀접한 관련이 있다. 일찍 잠자리에 들기에 긴 시간 비워놓은 상태고 영양을 빨리 공급하지 않으면 저혈당이 올 수 있기 때문이다. 아침을 잘 먹는 건 두뇌활동에도 좋다고 현대 영양학자들도 권하고 있는 만큼 조상들의 지혜를 본받을 필요가 있다.

지금처럼 연중 세끼를 먹게 된 것은 개화기 이후부터다. 그 이전에는 통상 해가 짧은 가을·겨울에는 두 끼를 먹었으며, 해가 긴 봄·여름에만 세 끼를 먹었다. 세 끼에는 점심이 들어가는데, 점심은 실학자 이규경의 말과 같이 간단히 시장기를 면한다는 뜻의 '요기(療飢)' 수준에 불과했다. 이규경은 점심의 어원에 대해, 중국에서는 새벽녘에 간단히 먹는 밥을 점심(點心)이라 했으며, 모든 굶주림은 마음으로부터

점심의 어원을 밝히고 있는
오주연문장전산고

나오는 것이요, 먹을 것으로 점을 찍듯 그 마음을 찍으면 굶주림을 생각

---

64) 끼니라는 말은 1459년에 펴낸 『월인석보』라는 책에 처음 등장한다.

지 않게 된다고 하여 생긴 말일 것이라고 했다.[65] 본래 '점심'이란 중국의 스님들이 새벽이나 저녁 공양 전에 문자 그대로 '뱃속에 점을 찍을 정도로' 간단히 먹는 음식을 가리키는 말이었다고 한다.[66]

밥을 생명으로 인식하다

우리의 식문화에는 주식과 부식의 구분이 뚜렷하다. 부족국가시대에 이미 곡류를 주식으로 하고 어패류를 부식으로 하는, 주부식 분리의 조건이 모두 갖추어졌다.[67]

밥이 문헌에 처음 보이는 것은 삼국시대부터이다. 밥은 우리 식생활에 가장 기초가 되는 주식이다. 귀한 손님이 오면 밥을 사발에 넘치도록 수북하게 담아주는 것이 상례였다. 조선시대 사람들은 보통 아침·저녁 두 끼를 먹었는데, 대신 식사량이 많아 한 끼에 현대인들이 먹는 양의 세 배 정도는 먹었다. 19세기말 『조선교회사』를 지은 서양인 달레(Daller)는 "조선 사람들의 가장 큰 결점은 대식(大食)이다"라고 한 바 있다. 우리는 고기나 과일을 많이 먹어도 밥을 먹지 않으면 양이 차지 않는다고 여길 만큼 한 끼라도 밥을 먹지 않으면 허전해 하는 민족이다. 밥은 곧 생명으로 인식되어 "밥심으로 산다"고 했고, 사람이 죽었다는 뜻으로 '밥숟가락 놓았다'라고도 했다.

『임원경제지』에서는 "남쪽사람은 쌀밥을 잘 짓고 북쪽사람은 조밥을 잘 짓는다"고 하여, 우리의 주식이 밥이라는 사실을 뒷받침하며 남북의 주식에 차이가 있음을 시사하고 있다. 조선시대 쌀 중에서는 황해도 산을

---

65) 이규경, 『오주연문장전산고』 복식재량변증설.
66) 정연식, 앞의 논문, 234면.
67) 강인희, 앞의 책, 72~73면.

최상으로 쳤고 궁궐의 수라를 마련하는 데도 이 쌀을 썼다. 남한지역의 쌀 가운데는 경기미가 품질이 좋은데, 특히 여주·이천·김포 산이 인기가 가장 높다. 멥쌀로 지은 흰 쌀밥을 생명의 원천으로 여겨올 만큼 우리 민족에게 쌀은 신성시되던 것이었다. 인도에서 동남아시아를 지나 중국 남쪽의 타이완과 일본에 이르는 해양교류선을 따라 발달한 쌀농사는 한국 음식문화에서 쌀이 주식이 되도록 하는 데 결정적인 역할을 했다. 우리는 쌀알로 점을 치기도 하고, 집안 최고신인 성주에도 쌀주머니를 놓아두고, 재앙을 물리쳐 달라고 비손을 할 적에도 쌀을 담은 그릇을 놓는다. 또 제사상의 음식도 쌀로 지은 메, 쌀로 빚은 떡을 어김없이 올린다. "밭 팔아 논 살 때는 이밥 먹자는 뜻"이라는 속담도 있을 만큼 쌀밥을 귀하게 여겼다.

우리는 서양 사람들처럼 밀가루나 감자로 조리한 음식을 주식으로 하지 않았다. 해방 후 미군들은 왜 한국인들은 사과나 고기도 함께 먹지 않고 쌀만 모자란다고 아우성치는지 모르겠다며 고개를 갸우뚱거렸다. 사과나 고기가 풍부하지도 않았지만 우리 민족의 식생활 습관을 몰랐기 때문에 한 말이다. 우리 민족의 믿음과 정서가 담긴 쌀밥의 상징적 의미를 알기는 쉽지 않다. 더우기 밥은 건강에 이로운 보약이라 할 수 있다. 쌀을 주식으로 하는 경우 각종 질병을 예방할 수 있기 때문이다. 쌀은 대장에서의 발효과정에서 낙산이 생겨나 대장암의 발생을 억제시키고, 혈중콜레스테롤을 낮추어줄 뿐만 아니라 섬유질 성분이 있어 구리·아연·철 성분 등과 결합하여 우리 몸에 해로운 중금속이 인체에 흡수되는 것을 막아준다. 또 수분 유지력이 커서 변비를 막아주고 인슐린 분비는 적게 하여 비만, 고혈압, 동맥경화 등 성인병을 예방하는 데 도움을 줄 수 있다.

밥과 쌀의 영양가치는 과학적으로 충분히 드러났다. 한국인은 쌀밥을 먹고 살아왔기에 소장이 다른 민족보다 80cm나 길며 이것이 각종 스포츠나 노동의 뒷심을 보장하는 지구력을 형성해왔다. 하지만 1960년대까지만 해도 쌀밥은 일부 계층에서만 주식으로 매일 먹을 수 있었다. 대부분의 서민들은 보리와 조 같은 곡물을 물에 말아 먹었다. 농민들의 경우는 새참으로 국수와 막걸리를 많이 먹었다. "곡식을 가지고 장난하면 곰보색시(신랑) 얻는다"는 속담이 있는 것을 보면 쌀을 비롯한 식량을 얼마나 소중히 여겼는가를 짐작할 수 있다. 이제 우리의 쌀밥문화는 일대 전환기를 맞았다. 1960년대 이후 밀가루음식이 크게 보급되고 오늘날 잡곡밥의 가치가 부각되고 있다.

김치는 융합의 산물이자 세계적인 식품이다

김치독을 묻은 김치움

김치는 미국 『헬스』 2006년 3월호 잡지에 세계 5대 건강식품으로 선정되었다. 2013년 백악관의 안주인인 미셸 오바마가 손수 김치를 담갔다고 트위터에 글을 올렸다. 김치는 우리에겐 끼니마다 없어서는 안 될 중요한 반찬이며 세계에 내놓을 만한 최고의 한국음식이다. 김치는 원래 채소를 겨우내 보관하기 위해 입동을 전후해서 소금을 넣어 화학적으로 숙성시킨 것이라 할 수 있다. 신선한 채소나 과일이 없는 엄동 3~4개월 동안 먹을 식품을 개발해야 했고 그 결과 김장김치를 담그게 되었다. 그러므로 우리는 예부터 김장김치를 '반양식'이라 말해왔다. 겨울철에도 김치가 얼지 않고 적당한 온도가 유지되도록 김치독을 땅에 묻어 보관하였다. 김치독을 묻고 그 위에 원뿔 모양의 덧집을 세운 것을 김치움(김치광)이라 한다. 김치를 장기간 맛의 변질 없이 보관하는 방법으로 흙의 단열효과를 활용한 조상의 지혜를 엿볼 수 있다. 물론 장기보존용의 저장김치 외에도 즉 석용으로서 무침김치가 있다.

채소의 소금절임에 관련된 최초의
기록이라 할 수 있는 『시경』에는 오
이를 이용한 채소절임을 뜻하는 것
으로 추정되는 '저(菹)'라는 글자가
나온다. 우리의 김치에 관한 기록은
고려 중기 이규보가 지은 『가포육영
(家圃六詠)』에 처음 보이며 그의 문집

김치에 관한 내용이 나오는
이규보의 『동국이상국집』

인 『동국이상국집』에는 '염지(鹽漬)'라 하여 무를 소금에 절여 만든 김치의
일종인 짠지를 먹었다는 내용이 나온다. 어원적으로도 김치가 담근다는 뜻
의 '짐(沈)'과 절인다는 뜻의 '치(菜)'에서 '짐치'라는 합성어가 만들어졌다
가 김치로 변했음을 알 수 있다. 따라서 김치라면 일반적으로 절인 김치
를 뜻하게 되며 짠지는 김치의 기본형이다. 그러나 채소를 소금에 절이
면 풀이 죽는데 발효의 마술을 거친 김치는 채소의 신선도와 촉감을 유
지시킨다. 따라서 초나 소금에 절인 서양의 피클(pickle), 독일의 자우어
크라우트(Sauerkraut), 인도네시아의 아차르(acar)는 물론 중국의 쭈(菹)나
파오차이(泡菜), 일본의 오싱코(お新香)나 다꾸앙(澤庵漬)으로 대표되는 쯔
게모노(漬物)와 비교될 수 없을 정도로 우리 김치는 감칠맛, 곧 아미노산
맛이 나는 우수한 식품이다. 〈니혼 게이자이(日本經濟)〉 신문이 2004년 한
국의 김치가 일본 고유의 반찬인 다꾸앙을 제치고 1위를 차지했다고 보
도한 바도 있다.

김치는 영양 면에서 비타민C나 무기질이 풍부한 알칼리성 식품일 뿐만
아니라 아삭아삭 씹히면서 새콤달콤한 맛이 일품이다. 숙성 중에 생성되
는 유기산이 상쾌한 맛을 느끼게 해주며 이 중 젖산은 장내의 부패균 번
식을 억제할 수 있다. 또한 유산균의 작용으로 소화촉진을 비롯해 대장
암·동맥경화 등 성인병 예방에 좋고 섬유질이 풍부해 변비 예방에도 효

과적이다. 마늘이 많이 들어가 항암효과도 기대할 수 있는데 10여 년 전한국사람 앞에 사스가 맥을 못 춘 이유도 마늘이 들어 있는 김치 때문이었다. 마늘을 먹는 나라가 우리만은 아니며, 이탈리아 요리에서도 구운마늘 등이 자주 요리재료로 쓰이지만 우리처럼 발효시킨 마늘이 아니다. 마늘은 살균력이 높은 알릴설파이드라는 자극성 물질을 갖고 있어 동맥경화나 암을 예방하는 효과가 있다. 매주 마늘 6쪽을 먹는 사람은 대장암은 30%, 위암은 50%까지 발병률을 낮출 수 있다는 연구결과도 있다.

국물이 많은 나박김치

우리 민족이 김치를 담아먹은 것은 정착생활이 보편화되는 시기인 삼국시대부터일 것이다. 이때는 채소류의 저장성을 높이기 위한 단순한 소금절임이 성행했을 것으로 추정된다. 짠지·싱건지·오이지 등 김치류에 요즘도 '지'가 붙듯이 우리나라는 김치를 '지(漬)'라 불렀는바, 초기의 김치는 단무지나 장아찌에 가까웠을 것이다. 지금도 전라도에서는 김치를 '지'라고 하며, 배추로 만든 백김치를 '백지'라고 한다. 나박김치나 동치미 등의 국물김치가 개발된 것은 통일신라 때일 것으로 본다.[68] 고려시대 『향약구급방』에 처음으로 배추에 관한 기록이 나오는 한편, 고려시대에 이르면 채소재배가 발달하여 무·오이·가지 등과 여러 가지 산나물이 김치에 쓰였다. 이때 파, 마늘 등 향신료가 가미된 양념형 김치도 나타났다.

현재와 같은 김치 형태가 시작된 것은 18세기말 중국에서 처음 재배됐다는 크고 맛이 좋은 결구배추가 도입되면서부터다. 김치는 거의 모든 채소로 담글 수 있지만 배추로 가장 많이 담그기 때문에 김치라고 하면 배

---

68) 고려대 민족문화연구소편, 『한국민속대관』 2, 1980, 451면.

추김치를 가리키는 것이 일반적
이다. 그 후 우리나라 풍토에서
더욱 우수한 결구배추 품종들이
개발되어 미국, 캐나다, 멕시코
및 중남미로 전해졌다. 게다가
파, 마늘, 생강을 넣거나 소금만
으로 간한 담백한 맛의 김치에
고춧가루를 넣어 빨갛게 버무린

김장하는 모습

김치와 더불어 김치의 담금이 다양해졌다. 조선시대 김치는 고추가 도입
되면서 비약적으로 발전하게 된 것이다. 김장철에는 '고추때'라 하여, 고
추밭에 나가 고추밭을 사서 따오는 예도 많았다. 채소가 나지 않는 겨울
동안 먹을 김치를 미리 담가두는 김장은 고려시대부터 시작되었다. 예부
터 김장철에는 친척과 이웃들이 서로 돕는 '김치품앗이'가 있었다. 일의
품삯 대신 김치를 받아가는 '김치돌림'은 인간의 정을 나누는 것은 물론
김장문화가 발전하는 동력이 되었다. 2013년 마침내 우리의 김장문화는
유네스코 세계인류무형유산 목록에 올랐다.

조선시대 문헌에 나오는 김치를
지칭하는 용어만도 150여 종에 이
를 만큼 김치의 종류는 많다. 김치
의 종류는 채소의 계절성에 따라 다
양한데, 가을김치인 섞박지는 배추
를 썰어 절인 다음 무를 비롯하여
미나리 · 갓 · 파 · 생강 · 젓갈 · 고
춧가루로 버무려 담는다. 김치라면

섞박지

겨우내 먹는 김장김치요, 김장김치의 대명사격인 배추김치가 제일이다.
이 배추김치는 속이 꽉 찬 통배추를 하룻밤 소금물에 절인 후 채 썬 무와

보쌈김치

젓갈, 고춧가루, 파, 마늘 등을 버무려 만든 소를 배춧잎 사이사이에 고르게 채운 다음 겉잎으로 잘 싸서 독에 넣어 한 달쯤 지나면 발효 완성되는 것이다. 이 밖의 김장김치에는 큰 배춧잎으로 싸서 익힌 보쌈김치, 산간지대의 갓김치, 파김치, 깍두기, 동치미 등 종류가 수없이 많다. 개성지역은 그곳에서 재배하는 배추의 잎이 크고 길었으므로 넓은 잎에 차곡차곡 싸서 담는 보쌈김치가 발달했다. 그러나 이제 김치는 단순히 겨울용 저장식품뿐만 아니라 계절에 따라 즐겨 먹는 조리가공식품으로 변신했다.

젓갈은 필수아미노산, 고추는 비타민의 보고다

양념은 한국 음식문화에서 중요한 위치를 차지하며 특별히 김치와 관련되면서 우리의 음식에서 빼놓을 수 없는 요소가 되었다. 양념 가운데 소금은 인류가 이용해온 가장 오래되고 중요한 것이며, 그 소금에 절여 발효시킨 젓갈은 우리의 양념을 대표한다. 고려시대 소금의 전매가 국가차원에서 이루어져 식생활에 큰 변혁을 가져왔고, 소금을 매체로 장, 젓갈, 김치 등의 저장식품이 발달된 것이 우리 식생활사의 특징이다. 조미료 가운데 천초와 생강 등은 우리나라가 원산지며, 후추는 송에서 들어온 것이다. 젓갈은 조선시대 문헌에 나오는 것만 해도 무려 160여 종이나 된다. 서울 마포나루는 각종 젓갈의 집산지였고, 이른 새벽 골목길에 '새우젓 사~려', '조개젓 사~려'하면서 항아리에 담은 젓갈을 지게에 지고 팔러 다니던 시절을 떠올리게 한다. 젓갈은 칼슘과 단백질의 함량이 높은 알칼리성 식품으로 체액을 중화시킨다. "젓갈은 밥도둑이다"라는 말이 있을 만큼 밥맛을 돋구어주며, 채소를 절이는 데 담백한 맛을 내는 젓갈의 이용은 우리나라의 독특한 것이다. 특히 일본 김치는 우리 김치와 달리 젓갈이 들어가지 않기 때문에 싱거우며 맵지 않고 단맛 특성이 강하다.

기후가 온화한 중부이남에서는 김치를 담글 때 간을 짜게 하고 신선미를 보완하기 위해서 젓갈을 많이 쓴다. 예전부터 젓갈이 흔했던 강경은 요즘 전국 최대의 젓갈시장으로 위상을 되찾았다. 영호남에서는 멸치젓을 주로 쓰고, 중부이북에서는 조기젓과 새우젓을 많이 쓴

새우젓

다. 새우젓은 돼지고기 먹을 때 양념이나 국의 간을 맞출 때 이용하며, 돼지고기나 감을 먹고 체했을 때 민간요법으로도 쓰였다. 동해안지역에서는 갈치·명태를 넣기도 하는데, 충청·경기 지역에서는 까나리젓이라는 액젓을 널리 쓴다. 대개 새우젓·멸치젓 등은 김치의 부재료로 쓰이고, 명란젓·소라젓·오징어젓·참게젓·창란젓·어리굴젓·조개젓 등은 반찬으로 이용된다. 조기젓국 김치의 맛은 국물이 맑고 상쾌하며, 멸치젓국 김치는 감칠맛이 많다. 그런데 젓갈의 비린내를 막기 위해서는 고추가 들어가야 했다.

16세기말에 멕시코가 원산지인 고추가 남방으로부터 들어오면서 우리 음식의 맛이 크게 달라졌다. 고추가 우리나라에 전래될 당시의 이름은 '남만초(南蠻椒)', '왜겨자(倭芥子)'였다. 고추는 채소류의 색과 맛이 변하거나 냄새 나는 것을 막고, 소금이나 젓갈과 어우러져 몸에 좋은 효소를 만들어낸다. 즉 채소에 고추와 함께 젓갈을 슬기롭게 조화시켜 한국음식을 대표하는 훌륭한 김치를 만들게 되었다. 요컨대 중국이나 일본에도 김치는 많지만 그러한 김치는 소금 절임과 젖산 발효의 초기과정에 머무른 비

교적 심심한 채소절임류인 데 비해, 우리의 김치는 미각의 기본적인 맛에 고추의 매운맛과 젓갈의 담백한 맛까지 더한 절묘한 맛과 향을 지닌 음식이다.

고추는 피의 흐름을 좋게 하고 지방성분을 산화시켜 열이 나게 함으로써 추위를 덜 타게 한다. 또 다이어트 효과가 있고 간암세포의 증식을 억제한다. 고춧가루의 매운맛을 내는 성분인 캡사이신(capcisin)은 항암과 진통의 효과에 뛰어나다. 중국인이 대장암이나 위궤양 발생률이 높은 것은 고추를 적게 먹기 때문이라는 연구결과가 보도된 바 있다. 우리 겨레는 긴 겨울 동안 부족하기 쉬운 비타민C를 고추로 버무린 김치를 통해서 섭취했던 것이다. 고추는 비타민C 함유량이 매우 많아 사과의 50배이다. 우리나라의 고추는 다른 나라의 것과 달리 매운맛에 비해 단맛 성분의 감칠맛이 많고, 색소도 강렬하다.

우리의 김치는 종류가 많거니와 김치 하나에 별의별 양념이 다 들어간다. 다만 지리적 여건에 따라 양념을 넣는 방식에 차이가 있다. 북쪽지방은 춥기 때문에 고춧가루나 젓갈 등을 적게 쓰고 싱겁게 담그는 편으로 백김치·보쌈김치·동치미 등이 유명하다. 그에 비해 남쪽지방에서는 짜게 담가야 변질을 막을 수 있는데 소금만으로 짜게 하면 맛이 없으므로 젓국을 많이 쓴다. 그런데 젓갈이 많이 들어가면 곁내가 생기기 쉬우므로 고춧가루를 많이 넣고 찹쌀풀을 넣어 이를 보완한다. 고추에 있는 매운 성분인 캡사이신은 젓갈의 산패를 방지하는 효과가 있다. 요컨대 남쪽은 맵고 짜게 고춧가루·마늘·소금·젓갈 등을 많이 넣는데, 호남지방은 매운 김치, 영남지방은 짠 김치가 특색이다. '아지노모토[味の素]'라는 일제 화학조미료가 우리의 천연조미료를 누르고 양념의 패자가 된 것은 안타까운 일이다.

사람을 살리는 콩으로 장을 담다

한국의 부식류 중 으뜸을 차지
해온 것이 왕비의 혼수품목에도
들어갔던 장류이다. 시(豉)라고도
하는 메주를 띄워 만든 간장·된
장·고추장 등은 부식의 발달을
촉진했다. 장은 삶은 콩을 발효시
켜 만든 메주를 이용해서 만드는
데, 장의 주원료인 콩(大豆)의 원산

사람을 살린다는 콩

지를 알아보면 만주로 되어 있다. 만주는 고구려의 옛땅으로 고구려가 세
계에서 처음으로 콩을 재배하기 시작했음을 말한다. 콩은 보리나 벼에 비
해 토지에 수분이 적어도 되므로 재배하기도 쉽고 가뭄에도 잘 견디므로
많이 재배되었다. 고구려인은 콩을 어두운 곳에서 발효시켜 소금을 섞은
'시(豉)'라는 식품을 만들었는데 이는 일종의 메주다. 장과 관련된 가장
오래된 기록은 중국의 『삼국지』 위서 동이전에 나오는 "고구려인들은 술
빚기, 장 담그기, 젓갈 등의 발효식품을 잘 만든다"는 내용이다. 두부는
고구려가 개발하여 중국과 일본에 영향을 주었으며, 중국에서는 더욱 발
전하여 다양한 형태의 두부가 등장했다.

중국을 비롯한 다른 나라들에서는 해(醢)라는 육장(肉醬)·어장(魚醬)이
발달했지만 한국에서는 시(豉)로 만든 두장(豆醬)이 발달했다. 물론 해 또
는 식해는 고기나 생선으로 담근 젓갈을 뜻한다. 실학자 이익이 "곡식이
사람을 살린다고 보면 콩의 힘이 가장 크다"[69]라고 하면서 국가 유지의
저력이 콩에 있다고 했다. 약 40%의 단백질로 이루어진 콩은 '밭에서 나

---

69) 이익, 『성호사설』 권9, 인사문.

는 쇠고기'라고 불릴 만큼 영양가가 높다. 더구나 콩 속의 단백질은 몸속의 지방을 분해하고 콜레스테롤 수치를 낮춰 혈관을 깨끗하게 해준다. 그리고 항암작용이나 동맥경화예방, 치매예방, 노화방지 등에 탁월한 효능이 있다.

장을 만드는 메주

간이 들어간 장이라는 간장

"음식 맛은 장맛"이라는 말이 있을 만큼 장류인 간장, 된장, 고추장은 우리 음식의 원천이 되는 조미식품이며 특히 국물음식을 만드는 데 꼭 필요한 재료이다. 가정에서 반드시 해야 할 일 중의 하나가 장 담그는 것이었기 때문에 "구더기 무서워 장 못 담글까"라는 속담까지 나오게 되었다. 동짓달 말날(간지 중 누자로 끝나는 날) 해콩을 쑤어 메주를 만들어 두세 달 볕에 말리고 아랫목에서 띄운 다음 독에 넣고 소금과 물을 1대 3의 비율로 부운 후 60~90일정도 지나면 까만빛의 물이 생기는데, 이것을 솥에 달이면 간장이 된다. 물론 달이지 않을 수도 있는데 이런 생간장은 달인 장에서 맛 볼 수 없는 향취가 있다. 간장은 '간이 들어간 장'이라는 뜻으로 붙여진 이름인데, 조선시대에는 간장을 '청장(淸醬)'이라고도 했다. 된장이나 고추장과 달리 액체이자 발그스름하고 맑게 보이기 때문에 붙여진 이름이다. 우리의 전통간장은 달고 짠 맛이나 독특한 향이 뛰어나며 짧게는 1년에서 길게는 몇 년 동안 음식의 기본이 된다. 그 집의 운수를 알려면 장독의 간장을 찍어보면 안다는 것은 김유신 이래 오늘날까지 전통으로 내려오고 있다. 백제와의 전투에 급히 나선 김유신 장군은 자기 집 대문 앞을 지나가면서도 들어가지 않고 시중드는 사람을 시켜 간장을 떠오게 하여 찍어 먹어보고 맛이 변치 않았음에 집안이 평안함을 확인하고 맘 편히 출전했다는 일화가 있다.

'간장이 없어서 소금을 간해서 먹고 산다'는 말이 나올 만큼 간장이 없는 집은 가난한 집으로 여겼었다. 선조들은 간장을 농도에 따라 진간장, 중간장, 묽은 간장으로 나누었다. 담근 지 1~2년밖에 안 되는 묽은 간장은 국물을 낼 때 사용하나, 담근 햇수가 3~4년 정도 된 중간장으로는 찌개나 나물을 무치는 데 쓰고, 5년 이상 묵은 진간장은 약식처럼 색이 짙은 음식을 만들 때 사용했다. 요즘은 양조간장과 화학간장 두 종류가 있는데, 전통적인 양조간장은 도외시하고 주로 왜간장이라는 화학간장을 사용한다. 정작 대부분의 일본인들은 화학간장보다 양조간장을 애용하고 있다.

간장과 된장은 중국·일본에도 있지만 고추장은 우리나라에서만 생산되는 전통식품이다. 외국에 갈 때도 가지고 나갈 정도로 고추장에 대한 애정은 극진하다. 고추장은 곡물로 떡을 안친 후 고춧가루, 메줏가루, 소금으로 버무려 담근다. 고추장은 맵고 달고 구수한 맛이 잘 어우러지며 곡물에 들어 있는 탄수화물, 메주의 단백질, 고추의 비타민 등이 녹아 있어 영양소도 매우 풍부하다. 장류 가운데서도 고추장은 가장 다양한 재료와 조화로운 맛을 가진 식품이다. 10여 년 전 일본에서 한국 고추장 열풍이 일어 매장이 수백여 곳으로 늘어났다는 보도가 있었다. 우리에게 고추를 전해줬다는 일본인들은 국교가 불교이기도 했지만 육식을 하지 않는 체질 때문에 위장에 자극을 지나치게 많이 주는 고추를 즐겨 먹지 않았다. 고추를 고추장에 찍어 먹는 나라는 우리밖에 없을 것이다.

전북 순창고추장은 전국은 물론 해외에까지도 소문날 만큼 유명하다. 문옥례는 순창에서 전통고추장을 담그고 있는 식품명인이며, 그의 3남

우리나라 고유의 고추장

조정현이 순창고추장의 7대 전수자로 등록돼 전통을 이어가고 있다. 『증보 산림경제』(1766)에는 순창지방의 명물인 고추장에 대한 기록과 함께 우리나라 최초로 고추장 담그는 법이 나온다. 순창은 고추장·된장 같은 전통 발효식품 생산량이 전국의 1/3 이상을 차지한다. 순창은 10만 명당 100세 이상 인구비율이 가장 높은 우리나라 대표 장수마을이다. '청정원' 순창고추장은 2009년에 고추장의 주원료였던 밀가루를 국산쌀로 100% 교체함으로서 '우리쌀 고추장시대'를 열었다. 또 국내에서 유일하게 100% 콩메주를 발효 첨가하는 등 전통적인 제조방법을 고수해 오고 있는 청정원 순창고추장은 2010년에 이어 2012년에도 고추장부문 명품 브랜드 대상을 수상했다.

된장은 오덕을 갖춘 식품이다

간장과 된장은 콩과 소금이 주원료이다. 콩을 삶아 뭉쳐 띄워 메주를 만들고 그 메주를 소금물에 담가 발효시키는데, 발효된 소금물이 간장이고 메주를 건져내어 따로 묵힌 것이 된장이다. 다시 말해 간장을 퍼내고 남은 메주만 가지고 하거나 거기에다 메줏가루를 좀 더 넣고 소금으로 간을 맞춰 뙤직하게 삭히면 된장이 된다. '되게 만들어진 장'이라는 뜻으로 붙여진 이름의 된장은 토장이라고도 하는데, 빛깔이 흙처럼 보이기 때문이다. 예로부터 된장은 오덕(五德)을 갖춘 식품으로 일컬어지고 있다. 오덕이란 첫째로 다른 맛과 섞여도 제 맛을 내며, 둘째로 오랫동안 상하지 않으며, 셋째로 비리고 기름진 냄새를 제거하고, 넷째로 매운 맛을 하며, 다섯째로 어떤 음식과도 조화를 이루는 것을 말한다.[70] 국과 찌개에 많이 쓰이는 된장은 구수한 맛과 향이 있고 단백질 공급원이기도 하다. 곰팡이가 콩 단백질을 아미노산으로 분해해 장맛을 구수하게 해줬기 때문에 하얀 곰팡이가 핀 것을 두고 '메주꽃이 피었다'고 좋아했던 것이다.

오덕을 갖춘 된장

된장은 우리의 발효식품 중에도 항암효과가 가장 탁월한 것으로 알려졌다. 된장에서 지방산이 포함된 활성물질을 추출하여 발암물질인 아프라톡신 등을 박멸하는 발암억제효과를 확인한 바 있다. 또 된장은 간기능 증진에도 효과가 크며, 노화방지효과는 더 잘 알려졌다. 된장은 고혈압이나 골다공증을 예방하고 뇌졸중이나 뇌출혈 등 혈액순환장애로 인한 질병을 예방할 수 있으며, 동맥경화나 심장질환의 예방, 당뇨개선에도 좋다. 다만 바실러스균은 열을 가하면 파괴되기 때문에 된장은 날로 먹는 게 좋다. 따라서 된장찌개를 끓일 때는 5분을 넘기지 않도록 해야 한다. 옛날에는 된장이 상처에 바르는 구급약으로도 사용되었다. 신라에 호랑이에게 물린 상처에 흥륜사 된장을 발라서 낫게 되었다는 이야기가 있다. 특히 '절 된장 한 바가지는 보통된장 다섯 바가지와 맞먹는다'고 할 만큼 절에서는 요긴하게 쓰인다. 조선시대 된장으로는 고종이 즐겨 먹었다는 창의문된장을 비롯하여 통도사된장, 남한산성된장, 전주남문된장 등이 유명하나 통도사된장만 현존하고 있다.

동남아 여러 국가들 중에서도 한국과 일본은 현대에 이르기까지 장문화가 크게 발달했다. 2001년 일본은 제네바에 있는 세계지적재산권회의

---

70) 박명희 외, 『한국의 생활문화』, 교문사, 2003, 107면.

달짝지근한 일본된장 미소

에 일본된장인 미소(味噲)를 Miso로 등기하려다가 우리 측의 반발로 실패했다. 우리 된장이 순 콩만을 이용하는 데 비하여 미소는 쌀·보리·밀가루 등을 첨가함으로써 달짝지근하며 고기맛을 내는 특징이 있다. 일본에서 장(醬)이라는 말이 처음 등장하는 것은 『대보율령(大宝律令)』이라는 문헌으로 서기 701년인 데 비해 우리나라의 『삼국사기』에는 신라 신문왕 3년(683) 왕비 폐백품목으로 간장·된장이 나온다. 일본말로 미쇼나 미소는 한국의 메주가 전음(轉音)된 것임을 일본학자들도 인정하고 있다. 송나라 손목(孫穆)이 지은 『계림유사』에서는 "장을 미소라 한다"고 했다.

한편 청국장은 푹 삶은 콩을 반 정도만 으깨지게 살짝 절구질해서 여기에 우거지, 김치, 돼지고기 등을 송송 썰어넣고 소금간을 해서 뚝배기에 끓여낸 것이다. 찌개나 탕을 담는 뚝배기와 같은 질그릇은 뜨거운 음식물을 담아도 그다지 뜨겁지 않고 기름기 있는 음식물도 잘 식지 않으며 그릇 자체에 열을 가할 수 있어 편리하다. 문헌에 기록된 청국장의 원래 이름은 전시에 빨리 만들어 먹을 수 있는 장이란 뜻의 전국장(戰國醬)이다. 청국장의 역사는 고구려시대로 거슬러 올라간다. 만주지방에서 말을 몰고 다니던 고구려인들은 콩을 삶아 말 안장 밑에 넣고 수시로 먹었다. 말의 체온에 의해 자연발효된 콩이 청국장이 됐다는 것이다. 한국이 원조인 청국장문화는 일본은 물론 실크로드를 따라 중국의 서역, 태국, 인도네시아 등 동남아시아로 퍼져나갔다. 우리의 청국장과 비슷한 일본의 낫토(納豆)는 자연발효가 아닌 인공배양된 것이며, 우리 된장보다 더욱 끈끈한 점액성 발효식품이다.

청국장은 우리의 장류 중 유일하게 소금을 첨가하지 않고 40~50°C의 고온에서 속성으로 발효시킨 것이 특징이다. 삶은 콩에 볏짚을 군데군데 꽂아 온돌에서 숙성시키면 2~3일 만에 하얗고 끈적끈적한 실이 생기게 띄워지는데 여기에 영양과 맛의 비밀이 있다. 이 끈끈한 점액의 주성분이 폴리글루탐산으로서 항암능력을 지녔고 노화를 방지한다. 완전건강식품인 청국장의 발효의 주역은 볏짚에 붙어 있는 바실러스균인데, 이 좋

영양가 최상인 청국장

은 세균이 유산균음료보다 1,000배나 많이 들어 있다. 청국장은 고혈압이나 콜레스테롤을 떨어뜨리고 골다공증 같은 갱년기 증상도 없애며, 비타민B_2가 많아 간의 해독기능을 좋게 한다. 한 달만 먹어도 변비가 사라지고 똥배가 들어가는 등 건강효과는 이루 헤아릴 수 없으며, 한겨울의 추위를 막아주는 좋은 음식이다. 청국장 특유의 역한 냄새가 문제인데, 얼마 전부터 볏짚서 발효균만 골라내 냄새가 거의 없는 청국장이 나왔다.

쌈장으로 많이 먹는 막장이란 봄철에 보리나 밀, 메줏가루 등을 적당히 섞어서 소금물을 되직하게 붓고 숙성시킨 장이다. 간장을 뺀 된장과 달리 막장은 감미로우며 간장을 떠내지 않으므로 독특한 맛을 낸다.

장독대는 개방적이고 신성한 곳이다

옛부터 장은 모든 맛의 으뜸이요, 맛 좋은 장이 있으면 반찬 걱정이 없다고 했다. "광 속에서 인심 나고 장독에서 맛 난다"든가 "되는 집안은 장맛도 달다"고도 했다. 장맛을 보면 그 집 주부의 솜씨를 알 수 있다고 했으며, "장맛 보고 딸 준다"는 속담도 있다. 이렇게 집안의 길흉을 가늠하는 척도였던 장인 만큼 장 담글 땐 많은 정성을 들이고 금기를 철저히 지

컸다. "장맛이 변하면 집안이 망한다"[71]는 속담과 같이 가정에서는 장맛에 무척 신경을 썼다. 음식은 "천 가지 재료, 만 가지 재주보다 한 가지 정성"이라고 한다. 법도가 엄한 집에서는 장 담그는 여인의 입을 창호지로 봉하고서 작업을 시켰는데, 침이 튀는 것을 막기 위해서가 아니라 여성의 음기가 건강에 좋지 않다는 속설 때문이었다. 장 담그는 부녀자는 사흘 동안 외출을 삼가며 근신을 했다.

장을 썩지 않게 온도와 습도 등을 조절할 수 있는 장독, 즉 옹기는 집안의 보물과 같다. 옹기 표면에는 공기가 드나들 수 있는 숨구멍이 있기 때문이다. 옹기들은 효율성 높은 단열재로서 외기의 온도변화로부터 음식물을 잘 보호하여 변질을 막아주는 구실을 한다. 더군다나 쉽사리 싫증을 느끼게 되는 매끈한 자기보다 투박하고 거친 미적 감각이 돋보인다. 뿐만 아니라 독성 있는 유약을 써서 빤질빤질하게 광을 낸 그릇에 비해 음식물을 담는 그릇으로서 건강성까지 담보해준다. 최근에는 스테인레스 장독이 등장했으나 발효식품을 담가 숙성시키고 저장하는 데는 역시 옹기임이 과학적으로 증명되었다. 그동안 못난이 그릇으로 하찮게 취급되어 오던 독·항아리·단지들이 다시 각광받고 있다.

가정마다 음식맛을 좌우하는 것이 바로 장이었다. 따라서 장독을 잘못 관리하면 장맛에 이상이 생기고 이것이 가족의 건강에 나쁜 영향이 미칠 수 있기에 신경을 쓰지 않을 수 없었다. "말 많은 집 장맛도 쓰다"고 하는 것도 살림에서 차지하는 장의 위상과 더불어 변치 않는 장맛의 가치를 부각시키는 예다. 그러므로 장독은 볕이 바르고 통풍이 잘 되며 배수가 잘 되도록 약간 높은 곳에 반듯하게 놓고자 했다. 장맛이 변치 않도록 햇볕에 쪼이고 빗물이 들어가지 않게 조심하고 벌레가 꾀지 않도록 애쓰는 일은 주부로서 기본적인 관심사였다. 새벽이면 뚜껑을 열어 맑은 공기를 쐬

---

71) 최래옥, 앞의 사전, 255면.

게 하고 아침볕을 쪼이게 했는데, 새로운 공기와 맑은 햇빛은 장의 숙성과정에 필수조건이기 때문이다. 매일같이 장독을 청결하게 닦아 잡균이 들지 않도록 유의하고, 청소할 땐 반드시 행주로 닦았다. 물을 끼얹으면 '가시가 난다' 했는데, 장맛이 변한다는 말이다.

신성한 공간인 장독대

장독 윗부분에 숯이나 고추 등을 띄우는 것도 장맛이 변치 말라는 뜻이었다. 숯은 냄새와 곰팡이 등을 흡입하고, 고추의 매운맛은 소독작용을 하며 붉은 고추의 비타민이 장의 맛과 영양에 보탬을 주기도 한다. 장독에 부정타지 말라고 금줄을 두르기도 했다. 장독

장독 속의 고추와 숯

대 주변에 빨간 맨드라미나 봉선화를 심었던 것도 잡귀를 막으려는 주술적 의도가 있다. "간장독을 깨뜨리면 집안이 망한다"고도 했다. 장독대는 신성한 공간이다. 어머니들이 칠성신 앞에서 손을 모아 비는 칠성단이 바로 장독대이다. 마을 풍물패는 집굿을 치면서 으레 장독대로 몰려와 철륭굿을 쳐주었다. 철륭신은 장맛을 지켜주는 신이다. 장독대의 모습은 그 집안살림의 격조를 말해주는 척도였다.

우리는 청주를 약주로 불렀다

한국의 대표음식으로 술을 들지 않을 수 없다. 중국에서 전래되었을 것

술과 밥을 팔면서 나그네를 머물게 했던 주막

으로 추정되는 술은 우리에게 평상시 어려운 노동에 흥과 힘을 돋우기 위한 활력소로 쓰였으며, 중국이나 일본과 달리 손님에게도 차보다 술을 대접할 만큼 일상음료에 가까웠다. 고구려는 스스로 술을 빚어 저장을 잘할 정도였다.[72]

우리의 술에 관한 역사는 신화시대로 거슬러 올라간다. 해모수가 하백의 셋째 딸을 유인할 때 그녀가 오는 곳에 미리 술을 마련해놓아 그녀가 돌아가지 못하게 했다는 기록이 있기 때문이다.[73] 고려 성종 2년에는 처음으로 주점이 설치되었고, 이것이 나중에는 주막(酒幕)이 되었다. 주막 외에도 목로집(목로주점)이 있는데, 목로(木壚)란 술잔을 놓기 위해 널빤지로 좁고 길게 만든 상이다. 따라서 목로주점이란 간이주막으로서 선술집(서서 마시는 술집)이라 할 수 있다. 요즘의 포장마차도 일종의 선술집이다. 경북 예천군 삼강주막은 옛 주막의 모습을 그대로 간직하고 있는 곳으로 유명하다.

우리는 저녁식사를 할 때 대체로 반주(飯酒)를 든다. 반주는 밥을 먹기에 앞서 한두 잔 마시는 술인데, 피로를 풀고 식욕을 돋우기 위한 것이다. 조선시대 가정에서는 주부의 솜씨로 술을 빚어 비축해두고 썼는데, 이를 가양주(家釀酒, 가정에서 빚는 술)라 한다. 가양주는 반주에 쓰일 뿐만 아니라 큰 잔치가 있을 때도 사용되었다. 위스키의 본 고장인 영국에서조차 놀랄 만큼 우리는 세계적인 양주 수입국이요, 1인당 술 소비량조차 둘째

---

72) 진수, 『삼국지』 위서 동이전.
73) 최남선, 『조선상식문답』 풍속편, 동명사, 1948.

가라면 서러워할 정도다. 조선시대 문헌에 등장하는 술만 무려 260여 종에 이른다.

일반적으로 술은 크게 둘로 분류할 수 있는데, 소주와 맥주가 증류주라면 와인을 비롯한 각종 과실주는 발효주에 속한다. 특히 농사를 생업으로 한 우리나라의 술은 모두 곡주 계통이며, 주로 멥쌀로 만든 발효주이다. 밀기울 누룩을 재료로 쓰고 술맛이 달다는 우리 술은 먼저 쌀을 쪄서 고두밥(지에밥)을 지은 후에 누룩과 물을 넣고 잘 섞어 발효시킨 것이다. 서양의 과실주는 물론 맥주나 위스키 같은 곡주는 엿기름으로 만들어지는 데 비해 한중일 3국은 누룩으로 술을 빚는다. 보통 누룩은 복중 더운 날에 물로 반죽하여 곰팡이가 피어나도록 바람이 잘 통하는 곳에 걸어서 말린다. 누룩은 밀로만 만드는 것이 아니라 다른 곡식으로도 만드는데, 중국은 찹쌀을 주로 쓰고 일본은 쌀만을 사용하며 한국은 쌀·찹쌀·잡곡을 함께 사용한다.

우리의 발효주는 삼국 이전부터 있어 온 것으로서 청주(清酒)와 탁주(濁酒)로 나눌 수 있다. 청주는 조선 선조 때부터 약주로 불렸는데, 흔히 외국술과 우리 전통주의 차이를 '약'이 되느냐 안 되느냐에 둔다. 우리나라는 집집마다 가문의 유산처럼 전해오는 약주가 있는바, 집에서 빚는 가양주에는 후손의 건강을

맑은 술을 떠내는 용수

생각하는 조상의 뜻이 숨겨 있다. 청주는 밀누룩 같은 곡물을 발효시켜서 만든 밑술 속에 용수를 박아 맑은 술만 떠낸 것이다. 용수란 대나무줄기·버들가지 등으로 엮어서 원통형의 깊숙한 모양으로 만든 소쿠리를 말한다. 술이 알맞게 익었을 때 용수를 술독에 박아놓고 고이는 맑은 술을 떠낸다. 조선시대 발달했던 가양주가 대부분 이 청주에 속했으며 이

술이 제사는 물론 각종 요리에도 쓰였다.

백제왕실이 마셨다는 한산소곡주는 조선시대 가장 많이 알려진 약주이다. 소곡주 이전에 불렀던 '소국주(小麴酒)'란 누룩을 적게 쓰는 까닭에 붙여진 이름이며, 한산소곡주는 충남 한산 건지산 계곡의 물에 찹쌀로 빚은 것으로 맛이 좋아 내키는 대로 들이켜다가 일어나지도 못한다 하여 '앉은뱅이술'로도 불린다. 과거 보러 가던 선비들은 그 맛과 향에 취해 과거 일자를 넘겼고, 도둑은 훔치기를 잊은 채 술을 마시다 잡혔다고도 하는 등 소곡주에 얽힌 얘기는 한두 가지가 아니다. 가야곡왕주는 찹쌀, 국화, 구기자, 솔잎 등을 넣어 백 일 동안 정성스레 익힌 짜릿하고 달콤한 약주다. 약초냄새가 나는 이 술은 조선말 명성왕후의 친정인 민씨집안에서 곡주와 조선중엽에 성행했던 약주를 접목한 술로 왕에게 진상하던 것이다. 조선시대 청주의 대표격은 삼해주로서 이는 고급약주에 속한다. 경주의 법주와 면천의 두견주도 유명하다. 고려시대 이래 가장 애용되어온 백하주(白霞酒)는 흰 아지랭이와 같다고 하여 붙은 이름이다. 이밖에 술에 향미를 더하는 가향주로는 도화주, 죽엽주, 국화주, 구기자주, 오미자주 등이 있다. 1876년 강화도조약 이후 이 땅에 들어온 일본의 정종이 청주의 통칭명이 되기도 했다. 흔히 사케(酒)라고 하는 일본식 청주를 일본에서는 니혼슈(日本酒)라고 부르는데, 이는 청주의 종주국임을 자처하는 용어이다.

주정을 섞어서 빚는 일본식 청주와 달리 전통방식 그대로 제조한 100% 순수발효주인 국순당 '예담'은 오늘날 제례·차례 전용주로 인기가 높다. 두산이 1992년에 처음 내놓은 '설화'는 2009년의 한-아세안 특별정상회의와 세계환경포럼 등 세계적인 회의의 공식 만찬주 및 건배주로 선정되는 등 현재 시판되고 있는 국산 청주 중에서 최고급으로 꼽힌다. 산딸기를 이용해 담근 복분자주는 비타민이 풍부해 몸에 좋기로 유명한 약주로 '한국의 전통와인'으로 통하며, 얼마 전 APEC 및 노벨평화상 수상자 정상회의의 공식 만찬주로 '보해' 복분자주가 선정된 바 있다. 신맛·쓴맛·짠맛·떫은맛·단맛 다섯 가지 맛을 지닌 오미자주는 2012년 핵안보정상회의 만찬에 칵테일로 제공되었다. 한국 토종 작물인 오미자에 과일즙을 넣어 발효시켜 만든 '오미로제 스파클링'이 리셉션 와인으로 선정된 것이다.

다섯가지 맛을 지닌 오미자

가장 한국적인 술은 막걸리이다

탁주는 술이 발효된 상태에서 맑은 술인 청주를 떠내고 남은 술지게미를 자루 또는 체에다 뭉개 걸러내고 받은 술, 또는 청주도 떠내지 않은 술덧(밑술)을 걸러낸 술이다. 특히 막걸리는 청주가 섞이지 않은 탁주나 청주를 떠내지 않고 그대로 짜낸 탁주에 물을 섞어 다시 자루나 체로 걸러낸 술이다. 물론 막걸리를 그냥 탁주로 부르기도 한다.

탁주나 막걸리를 거를 때 쓰는 체

탁주에 물을 섞어 걸러낸 막걸리

막걸리는 누룩의 종류에 따라 밀누룩으로 빚은 것을 일반막걸리, 쌀누룩으로 빚은 것을 순막걸리라 부르기도 한다. 농가에서 직접 만들고 농민들이 즐겨 마신다 하여 '농주'라고도 한다. 제주도에 유배된 인목

대비의 어머니 노씨가 술지게미를 재탕한 막걸리를 팔아 생계를 유지했다고 해서 '모주(母酒)'라고도 불린다. 일본의 주류를 대표하는 술이 청주라고 한다면, 한국을 대표하는 술은 막걸리이다.

밥알이 동동 뜨는 동동주

막걸리와 자주 혼동을 일으키는 동동주라는 술이 있다. 우선 동동주는 막걸리와 분명 다른 술이며, 동동주는 청주처럼 거르지 않는다는 점에서는 탁주라 할 수 있고, 맑은 술이라는 점에서는 청주라 할 수 있다. 연노랑 빛을 띠고 은은한 향기가 나는 동동주는 고려시대 이후 알려진 술이다. 달면서도 콕 쏘는 맛이 있어 더운 여름철에 시원하면서도 입맛을 돋우는 역할을 한다. 발효 상태에서 맑은 술을 따로 떠내지 않아 밥알이 그대로 동동 뜬다 해서 '동동주'요, 그 모양이 개미가 물에 떠 있는 것과 같다 해서 '부의주(浮蟻酒)'라고도 한다. 최근 들어 동동주는 경기지방의 민속주로 정해졌다.

막걸리 속에 포함된 효모균체는 단백질과 비타민의 함량이 높아 영양이 풍부하고 장내 유해미생물의 번식을 억제하는 젖산균과 같은 정장제로 이용된다. 특히 청주에 0.5%, 맥주에 0.4%의 단백질이 들어 있는 데 비해 쌀막걸리에는 1.9%의 단백질이 함유되어 있다. 또 막걸리에는 인체의 조직합성에 기여하는 라이신과 같은 간질환을 예방하는 메티오라는 물질이 있고 톡 쏘는 맛을 내는 유기산에는 장수효과를 갖는 성분이 들어 있기도 하다. 요즘은 '우국생' 같은 막걸리에 항암물질인 '파네졸' 성분이 맥주나 와인보다 10~25배 많이 들었다는 분석이 나오고 있다. 또 고두밥을 짓지 않는 생쌀발효법으로 열량을 낮추고 에너지를 절감하고 온실가스 배출을 줄이는 효과까지 보도되고 있다.

고려시대부터 널리 알려진 대표적인 막걸리로 이화주가 있는데, 막걸리 제조에 쓰는 누룩을 배꽃이 필 무렵에 만든다 하여 붙은 이름이다. 안동이화주, 포천이동막걸리 등이 유명하다. 박정희 대통령이 즐겼다는 이야기를 듣고 김정일 국방위원장이 2000년 우리측에 요청해 맛봤다는 고양쌀막걸리도 유명하다. 국순당에서 만드는 '옛날막걸리'는 마신 후 끝맛이 달콤한 꽃향기가 나고 밀 냄새의 여운이 남는 것으로 알려졌다. 시중의 막걸리는 품질의 균일화를 위해 일본식 누룩을 사용하는 데 비해 국순당에서는 우리나라 전통 누룩인 밀누룩을 사용하기 때문이다. '옛날막걸리'의 알코올 도수는 7%이다.

2012년 핵안보정상회의 만찬에서 정상들은 한국 토종 막걸리로 건배를 했다. 처음엔 맛이 이상하다던 미국 사람들도 이젠 더 달라고 한다며, 미국 국제와인대회에서 3년 연속 수상한 최정관 백세주 USA대표는 K팝에 이어 K막걸리 바람이 불 것이라고 한 바 있다.

대표 소주는 안동소주, 전주이강주, 문배주 등이다

오늘날 세계 3대 증류주라면 중국의 바이저우, 영국의 위스키, 프랑스의 코냑을 든다. 화학이 고도로 발달했던 아라비아에서 시작되었다고 하는 증류주, 즉 소주가 우리나라에 유입된 것은 고려말 몽골군으로부터인데, 쌀 같은 곡류나 감자 등을 발효시킨 밑술을 다시 증류시켜 만든 술이다. 우리나라의 소주산지로 유명한 개성, 안동, 제주도 등이 모두 원나라의 일본정벌과 관련된 지역이었음도 우연이 아니다. 당시 소주 외에도 포도주, 만두, 양고기 등의 음식이 원에서 들어왔다. 본래는 소주가 약용으로만 쓰였으므로 유입 당시 소주잔은 매우 작았다.[74] 일반 양조주는 알콜

---

74) 이수광, 『지봉유설』.

증류장치인 소주고리

도수가 낮아서 오래 두게 되면 대개 식초가 되거나 부패하게 되는데, 이런 결점을 없애기 위해 고안된 것이 바로 증류주이다.

증류장치로 처음에는 '는지'라는 것을 쓰다가 나중에는 좀 더 발전된 '고리'를 사용했으며, 소주 만드는 것을 '소주 내린다'고 한다. 소주고리는 항아리가 아래위층으로 나뉘어 있는 듯이 보이나 허리가 잘록한 채 이어져 있으며, 잘록한 부위에 소주가 흘러나올 수 있도록 '귓대' 즉 아가리가 아래로 향하여 붙어 있다. 소주는 어떤 곡물로 만들었느냐에 따라 찹쌀소주, 멥쌀소주, 밀소주, 보리소주 등으로 나눈다. 밑술을 고아서 이슬처럼 받아내는 술이라 하여 소주를 '노주 (露酒)'라 하기도 하는데, 보통 찹쌀과 멥쌀을 섞어 만든다. 이밖에 소주에 각종 약재를 넣어 만든 술을 '약소주'라 한다. 약소주에

전주이강주

는 죽력고, 감홍로주, 이강주, 매실주, 구기자주 등이 있다. 최남선은 죽력고, 감홍로주, 이강주를 3대 명주로 꼽았다.

우리나라의 대표적인 소주로는 안동소주, 전주이강주, 문배주 등을 꼽는다. 원나라가 일본정벌을 목표로 안동에 병참기지를 만들면서 전파시킨 안동소주는 1987년 경상북도 무형문화재로 지정되었다. 안동지방의 물로 쌀을 쪄서 증류시킨, 알콜도수가 높은 45도 술인데도 은은한 향취와 감칠맛이 있어 인기가 대단하다. 전주이강주는 이 고장의 명물인 배와 생강을 넣어 빚은 술로 전주, 익산, 완주 지방에 전해 내려오는 우리나라 최고급에 속하는 술이다. 중요무형문화재로 지정된 이강주는 원

기회복과 간 보호에 효과가 있고 많이 마셔도 뒤끝이 깨끗한 술이라는 평을 받는다.

가정에서 만들던 소주는 청주나 탁주에 비해 곡식이 많이 들어가고 제조공정이 복잡한 만큼 값이 비싸므로 아무나 즐길 수 있는 술이 아니었고, 주정도수도 매우 높았다. 그러나 1965년부터 양곡관리법의 발효와 함께 증류식 소주제조가 금지되면서 공장에서 대량 생산하는 희석식 소주들이 등장했다. 다행히 요즘에는 '참이슬'을 비롯하여 쌀·보리·고구마 등 100% 천연원료를 발효시켜 증류한 자연산 소주들이 생산되고 있다. '화요'는 한국 증류식 소주의 세계화를 꿈꾸며 밀누룩 대신 100% 쌀을 사용하는 등 전통을 고수하고 있는 자존심 강한 술로 유명하다.

우리의 소주는 일본에도 영향을 미쳤다. 소주에 관한 일본 최초의 기록은 큐슈의 가고시마에 있는 하치한(八幡)신사 기둥에 쓰인 1558년의 낙서이다. 이에 비해, 몽골군의 침입 때 전래된 우리 소주의 경우 『고려사』 열전 최영조에 소주바람에 왜적에게 패배한 사례가 나온다. 일본 『고사기』 응신천황조에는 백제인 수수보리(須須保理)가 누룩으로 술을 빚는 기술을 전했고 그 후 일본의 주신으로 추앙받았다고 한다. 일본의 술이나 된장이 한국에서 건너갔음을 일본의 학자가 단언한 바도 있다.[75] 최근엔 산소주, 진로소주 등이 일본 소주업계에 영향을 미치고 있다.

문배주 면천두견주 경주법주가 국가문화재다

우리의 술은 조선시대의 문헌에 전하는 것만 해도 260종을 넘었었다. 그러나 일본이 주세법을 만들고 밀주단속을 벌이면서 한국을 대표할 만

75) 와타나베 미노루(渡邊 實) 저, 윤서석 외 역, 『일본식생활사(日本食生活史)』, 신광출판사, 1998, 88면, 91면.

김포문배주

면천두견주

경주법주

한 술은 거의 사라져갔다. 1986년 우리의 술 가운데 세 종류가 국가지정 문화재가 되었다.

첫째 전통주 최초로 국가무형문화재로 선정된 문배주는 술이 익으면 문배나무 꽃향기가 난다 하여 붙여진 이름이다. 문배주는 고려 태조 때부터 1000년 넘게 내려오는 유서 깊은 술로 '평양소주'라고도 불린다. 현재 김포양조장에서 생산되고 있는 문배술은 원래 대동강변의 주암산 물로 빚은 북한술이다. 문배주가 남한술이 된 것은 4대째 맥을 잇고 있는 이기춘 명인(대한민국 식품명인7호)의 선친인 이경찬이 1·4 후퇴 때 가족을 데리고 남하했기 때문이다. 4대 이기춘에 이어 그의 아들 이승용이 5대째 가업을 잇고 있다. 밀로 누룩을 띄워 밑술이 만들어지면 조와 수수를 넣어 숙성시키는데, 세계에서 누룩, 조, 수수로만 빚는 술은 문배주가 유일하다. 증류된 술은 엷은 황갈색을 띠며 40도 정도의 알콜도수로 일반 증류주와 달리 매우 부드럽다. 옐친 전 러시아대통령, 클린턴 전 미국대통령 등 외국정상들이 방한시에 즐겼던 술이다.

둘째 면천두견주는 누룩, 찹쌀, 두견화 등으로 만든 술로서 약주 중에 가장 높은 19도이다. 술에 독특한 향이 들어간 두견주는 진달래꽃을 쓴 것으로 진달래꽃에는 꿀이 많아 술에 단맛이 돈다. 고려의 장군 복지겸의 딸 영랑이 아미산에 만개한 두견화 꽃잎과 찹쌀로 처음 빚어 아버지의 병을 낫게 했다고 한다. 기관지염이나 천식에 좋다는 두견주의 명산지로 충남 면천이 알려져 있으며, 찹쌀은 『본초강목』 등 문헌에 따르면 위를 보호하는 식품으로 알려져 있다.

셋째 경주법주는 12대 만석꾼을 자랑하던 경주최씨 집안이 빚는 술로 조선시대 임금이 즐겨 마셨다. 숙성과정이 길고 빚는 날과 방법이 엄격하여 법주(法酒)라는 명칭이 붙었다. 이름 있는 절간 주변에서 빚어지고 있는 술을 모두 법주라고 부르기도 했다. 16도의 등황색 빛을 띠는, 우리 약주를 대표할 만한 술이다. 박지원이 청나라 사람과의 필담에서 우리나라에 법주가 있다고 자랑한 바 있다.[76) 요즘 나오는 경주법주의 '화랑'은 양질의 국산 찹쌀만 사용하여 맛이 매우 부드럽다.

의례를 중시한 만큼 떡이 대접받았다

우리 속담에 "입에 맞는 떡이다"를 비롯하여 "입에 맞는 떡은 드물다", "입에 맞는 떡이 없다", "입에 넣어준 떡도 못 먹는다" 등의 말이 있는 것을 보면 떡이 얼마나 우리와 밀접한가를 짐작케 된다. 우리의 먹거리 중에 빼놓을 수 없는 것이 떡이다. 2012년 보도

백설기

에 의하면 생산품목 중 가장 많은 사업체가 각축전을 벌이고 있는 것이 떡이다.(9742개 업체) 조선시대 문헌에 나오는 것만도 240여 종에 이른다. 특별히 예절을 중시한 우리로서는 의례를 맞게 되면 정성을 다해 복식을 갖춰 입고 음식을 장만하였다. 설날에는 떡국을, 추석에는 송편을 먹듯이 세시명절에는 떡을 먹는다. 명절뿐만 아니라 일생의례시 떡이 필요하다. 돌

---

76) 박지원, 『열하일기』 성경잡지(盛京雜誌).

잔치에서는 백설기와 수수팥떡을 먹고 혼례 때 함을 받기 위해 시루떡을 한다. "떡 본 김에 제사 지낸다(우연히 운 좋은 기회에 하려던 일을 해치운다)", "굿이나 보고 떡이나 먹지"(남의 일에 쓸데없는 간섭 말고 이익이나 챙겨라), "고사떡을 먹으면 재수가 있다" 등의 속담이 있고, 『삼국유사』 「가락국기조」에도 떡이 제수로 나오고 있듯이 떡은 통과의례나 종교의례에서 으뜸으로 꼽히는 특별음식이다. 특히 떡은 불교문화와 밀접하다. 불교에서 말하는 6법공양 가운데는 떡 공양이 있을 정도이다. 굿의 상차림에는 일상적인 밥상이나 제사상과 달리 밥이나 나물이 오르지 않고 떡과 고기가 핵심 자리에 놓인다.

낙원상가의 떡집

최남선은 『조선상식문답』에서 옛부터 '남주북병(南酒北餠)'이라 하여 남산 아래서는 술을 잘 빚고 북촌에서는 떡을 잘 만들었음을 전한다. 북촌에는 부유한 집이 많아 일반적으로 음식 사치가 대단하여 떡 만드는 솜씨가 발달했다는 것이다. 지금도 서울의 종로와 낙원상가를 비롯한 떡집은 불경기가 없다. 의례에 소요되는 떡의 수요가 많기 때문이다. 서울의 유명한 산과 변두리에 있는 굿당에 떡을 비롯한 의례음식을 배달하는 업종이 성업을 이룬다고도 한다. 이제 온라인망을 통해 영업을 하는 곳만도 수십 곳이나 되는 것을 보면 백일이나 돌, 혼례, 제례 등의 의례에 쓰이는 떡의 수요가 만만치 않음을 말해준다. 경기도의 병점(餠店)이라는 지명은 어사또가 남원으로 행차하는 길에 요기차 들렀던 떡전거리, 즉 떡 파는 가게가 즐비했던 곳으로 유명하다.

처음에는 사람들이 음식을 직접 불에 익혀 먹었다. 토기가 등장함에 따라 물로 삶은 요리가 가능해졌다. 그러나 음식물이 토기에 달라붙기 때문에 물과 함께 끓여서 죽처럼 만들어 먹었을 것이다. 그후 음식물을 수증기로 찌는 시루가 등장한다. 고구려 고분벽화에서 시루로 음식을 찌고 있는 주방의 모습을 볼 수 있다. 실제로 삼국시대의 고분에서 떡시루가 발견되고 있다. 이같이 시루가 쓰이던 시기에는 찐밥, 찐떡 등을 평상시의 음식으로 먹었던 것으로 보인다.

시루 이후 솥이 등장하는데, 다리와 귀가 달린 솥을 고구려의 대무신왕이 부여를 공격할 때 사용했다는 것이 최초의 기록이다.[77] 삼국시대 후기쯤에 이르면 무쇠로 만든 가마솥으로 발전하게 된다. 무쇠솥이 일반화되면서 쌀을 솥에다 끓여 밥을 짓게 되었다. 곡물의 조리법으로서 최초의 것은

떡을 찌는 시루

죽이고 이어서 떡으로 진전되고 다음으로 밥 짓기가 이루어졌던 것이다. 밥 짓기는 떡 만들기에 비하여 용이하고 간편한 조리법이다. 이렇게 평소의 주식으로 먹던 떡은 특별음식이 되고 밥이 상용음식으로 자리 잡게 되었다. 한편 이보다 앞서 낙랑 유적지에 발견된 청동시루와 토기시루는 부족국가시대에도 이미 떡을 만들어 먹었다는 것을 짐작하게 한다.

한국 떡은 보통 멥쌀을 쩌서 만든다

떡은 밀가루를 쓰지 않고 쌀로 만드니까 안심이 된다고 한다. 떡은 만드는 방법에 따라 시루에 찌는 시루떡과 시루에 찌지 않고 가루를 물로 반죽하여 모양을 만드는 물편으로 나눌 수도 있다. 그러나 일반적으로 조리법에 따라 떡의 종류를 크게 네 가지, 즉 찐떡(시루떡) · 친떡 · 삶은떡 · 지진떡으

---

77) 김부식, 『삼국사기』 고구려본기, 대무신왕 4년(AD21)조.

로 구분한다.

찐떡은 멥쌀이나 찹쌀을 물에 담갔다가 가루로 만들어 시루에 앉힌 뒤 김을 올려 익힌 것이다. 찐떡 가운데 설기떡은 고물 없이 쌀가루에 간만 하여 그대로 시루에 앉혀 쪄낸 떡으로 '무리떡'이라고도 한다. 설기떡에 아무것도 섞지 않은 것을 백설기라 하며 어린아이 돌상에 많이 낸다. 켜시루떡은 멥쌀가루나 찹쌀가루와 팥, 녹두, 깨 따위의 고물을 켜켜이 안쳐 찌는 떡을 말한다. 팥고물이 들어간 팥시루떡은 가장 대표적인 켜시루떡이다. 찐떡에는 이밖에 떡가루를 술로 반죽하여 찌는 증편을 비

켜켜이 안쳐 찐 팥시루떡

술로 반죽하여 찐 증편(기주떡)

롯하여 송편, 두텁떡 등이 있다. 증편은 일명 기주(起酒)떡, 술떡이라고도 하는데, 멥쌀가루에 막걸리를 섞어 발효시킨 다음 쪄낸 떡이다. 한국 떡 중에서 유일하게 발효시켜 만든 떡으로 약간의 술내와 은근한 신맛과 단맛이 특징이다. 날씨가 더워도 잘 쉬지 않아 여름에 해먹던 떡으로 소화가 잘 될 뿐만 아니라 열량(칼로리)도 낮다. 송편은 멥쌀가루를 익반죽하여 콩, 깨, 밤 등을 소로 넣고 조개처럼 예쁘게 빚어서 시루에 넣고 쪄낸다. 찹쌀을 쪄서 양념하여 중탕을 한 약식도 찐떡에 속한다.

둘째, 친떡은 쌀가루를 시루에 찐 다음 절구나 안반(떡판) 등을 놓고 떡메로 친 것이다. 떡메는 떡쌀을 안반에 놓고 찰지게 치는 도구로서 주로 소나

떡판과 떡메

무나 피나무로 만든다. 멥쌀가루를 쪄서 친 뒤 안반에 놓고 둥글게 가래를 만든 떡을 가래떡이라 하고, 찹쌀을 낱알째로 찐 다음 쳐서 고물을 묻혀 만든 떡을 인절미로 통칭한다. 인절미라는 명칭은 조선 인조가 이괄의 난을 피해 공주땅에 내려갔을 때 백성 중 한 사람이 만들어 올린 떡의 맛에 반한 인조가 천하의 절미라고 하여 '절미'로 이름 붙여주었다는 데서 유래한다. 떡을 바친 사람의 성이 임씨라 하여 임절미로 불렀고 그후 인절미가 되었다는 것이다. 인절미는 황해도 연안·백천의 인절미를 제일로 치는데, 그곳에서 좋은 찹쌀이 나기 때문이다. 친떡으로는 인절미, 절편, 개피떡 등이 있는데, 절편 가운데는 함경도 두메산골의 귀리를 섞어 만든 절편이 유명하다.

셋째, 삶은 떡은 물편이라고도 하며 빚는 떡이라고도 할 수 있다. 단자, 경단 등이 이에 속한다. 단자는 찹쌀가루를 물을 내려서 찌거나, 익반죽하여 반대기를 만들어 끓는 물에 삶아내어 꽈리가 일도록 쳐서 적당한 크기로 빚거나 썰어서 고물을 묻힌다. 단자에는 밤

삶은 떡에 속하는 삼색경단

단자, 대추단자, 유자단자, 은행단자, 석이(버섯)단자 등이 있다. 단자는 친떡에 넣기도 한다. 경단은 찹쌀가루나 수수가루 등을 익반죽하여 동그랗게 빚어서 끓는 물에 삶아 건져내어 콩고물이나 깨고물 등을 묻힌 떡이다.

넷째, 지진떡, 즉 전병(煎餅)은 찹쌀가루를 끓는 물로 개어 둥글납작하게 모양을 만들어 기름에 지지는 떡으로 화전이나 주악, 부꾸미 등이 있다. 산에 만발한 진달래꽃을 뜯어다가 쌀가루에 반죽하여 참기름을 발라 지져 먹

지진떡에 속하는 전병

는 화전은 봄의 미각을 한층 돋워주는 별식이다. 서당 유생들이 화전을 지져 먹느라고 들에 나가거나 산에 올라 하루를 즐기며 보내는 '꽃다림' 이 널리 유행했었다.

떡살

한국의 떡은 보통 멥쌀을 쪄서 만든다. 이에 비해 중국은 밀가루로 만들어 구워 먹고, 일본은 찐 찹쌀가루를 끈기가 있도록 쳐서 먹는 편이다. 한국인에게 떡은 단순한 식품 이상의 의미를 갖고 있다. 떡은 생일잔치, 관혼상제, 세시의례, 무속의식 등 크고 작은 행사에 쓰인다. 또 계절에 따른 절식, 선물용 음식 등으로서의 떡에 는 토착성과 전통성이 깊이 배어 있다. 떡살로는 다채로운 무늬를 내며 소박한 삶의 철학을 담아 수복강녕을 빌며 아름다움을 추구했다. 5월 단 오일에 먹는 수리취절편에는 차바퀴 모양의 떡살을 찍어 장수를 기원했 다. 떡살은 특히 절편의 표면에 꽃무늬를 새기는 용구로 모양이 다양하 며, 나무로 된 것과 사기나 백자로 된 것이 있다.

떡카페

요즘은 전통 향토떡에 현대적인 감각을 가미하여 떡샌드 · 커피편 · 보슬단자 등의 떡들을 개발하여 어른들 뿐만 아니라 젊은이들의 입맛에 다가가고 있으며, 퓨전 스타일의 떡카페까지 생기고 있다. 서울시 종로구 와룡동 국악거리에 위치한 떡박물관과 떡카페인 '질시루'는 각각 한국전통음식연구소 건물에 자리잡고 있다. 그러나 떡을 관광상품으로 개발하고 있는 일본의 지혜와 노력에 비하면 아직 부족함이 많다.

국수는 잔칫날에 먹고, 수제비는 양반이 즐겼다

조선시대에 국수는 주로 정월대보름을 비롯하여 혼례·생일 등 잔칫날에 먹을 수 있었다. 오늘날 '국수를 먹다'는 말이 '결혼하다'라는 뜻으로 쓰이고 있을 만큼 결혼식 때는 국수를 먹는 것으로 아는데, 역사적으로 보면 국수가 결혼식에만 먹는 음식이 아니라 잔칫날에 먹는 특별한 음식이었다. 간단한 손님접대나 생일날 점심에 국수상을 차리는데, 점심은 '낮것'이라 하여 평소에는 마음에 점을 찍을 정도로 가벼운 음식이다. 국수상은 국수 한 그릇만으로 한 끼의 음식이 되도록 차린 것이 아니다. 보통 국수상을 놓을 때는 냉채, 편육, 잡채, 떡, 한과, 과일 등을 함께 차린다. 국수는 고려 때 송에서 들어온 음식으로서 제례 등 우리의 고유한 의례에서는 쓰이지 않다가 생전의 덕을 길이 추모하려는 뜻에서 나중에는 제사 때도 국수를 놓았다.

우리나라의 국수로는 메밀국수와 밀국수가 기본품목이었다. 특히 메밀에 녹두를 섞어 만든 가는 메밀국수를 으뜸으로 친다. 우리나라는 옛날부터 일부 추운 지방에서 메밀을 재배하였지만, 밀은 삼국이 성립되던 시기에

메밀국수

중국으로부터 도입되었으나 기후 때문에 주작물이 아니었다. "잔치때는 면을 성찬으로 하는데, 밀가루가 부족하여 베이징으로부터 수입하므로 비싸다"[78]는 기록이 있다. 국수가 새로운 잔치음식으로 각광받았으며, 밀가루가 수요에 비해 부족했음도 알 수 있다. 봄에는 주로 밀가루로 비빔국수를 만들어 먹었다. 밀가루와 녹두녹말을 섞어 만든 녹말국수도 쓰

---

78) 서긍, 『선화봉사고려도경』 권22 향음.

였으며, 닭고기국물에 밀가루반죽을 얇게 밀어 가늘게 썬 칼국수도 있었다. 칼국수는 여름철의 입맛을 돋구는 데 좋은 음식이었다. 복중에 더위를 피하여 물놀이 갔을 때 물가에서 닭을 푹 고고 그 국물에 미역을 넣고 끓이다가 칼국수를 넣고 끓인다. 6 · 25전쟁 이후 미국의 구호식품으로 밀가루가 들어오기 시작하면서 밀국수가 지금까지 국수의 주종을 이루고 있다. 최근에는 쌀가루로 만든 국수가 생산 · 시판되고 있다.

북한에서는 녹말이나 메밀가루로 만들어 먹는 냉면이 명물이었다. 찬 음식이지만 여름음식이기보다는 차가운 동치미 국물과 함께 먹는 평양의 겨울철 음식이었다. 닭국물 · 양지머리국물 등을 차게 식히고 여기에 메밀국수를 말고 웃고명으로 양지머리편육, 알지단 등을 얹어놓는다. 함흥지방의 비빔 회냉면도 유명하다. 본 고장에서는 감자녹말을 반죽하여 빼낸 국수를 삶아서 위에 가자미를 매운 양념으로 무쳐서 얹는다. 지금은 가자미 대신 홍어살을 새콤달콤하고 새빨갛게 무쳐서 얹는다. 6 · 25전쟁으로 북한에서 냉면 솜씨가 좋은 사람들이 피난을 오면서부터 남한지역에서 냉면집이 시작되었다..

양반들이 먹었던 수제비

수제비는 6 · 25전쟁을 겪은 서민층에게는 굶주림의 고난과 함께 연상되는 추억의 음식이다. 일찌기 530~550년 사이에 중국에서 지은 『제민요술(濟民要術)』에는 '박탁(餺飥)'이라는 이름으로 나오는 오래된 음식이다. 우리나라에는 통일신라 전후에 들어왔다고 보는데 정확한 기록은 없다. 사실 수제비뿐만 아니라 밀가루를 재료로 하는 음식에 대한 기록이 통일신라시대까지 보이지 않는다. 고려시대에 밀가루음식이 등장하나 밀의 생산이 여의치 못해 수제비를 비롯한 밀가루음식을 서민들이 먹기는 힘들었다. 더구나 수제비는 좋은 밀가루에 다진 고기, 기름, 파, 장, 후춧가루 등을 넣고 반죽하여 닭국물에 끓여내고 닭고기를 얹어 먹을 만큼 고급스러운 음식이었다.

차 마시는 풍속이 신라 때부터 성행했다

중국 선종의 역사에서 가장 많은 화두를 남긴 것으로 유명한 당나라 때의 고승인 조주(趙州)선사는 "어떻게 선(禪)을 해야 하느냐?"고 묻는 사람들에게 "끽다거(喫茶去, 차나 한 잔 마시고 가라)"라는 화두를 던졌다. '명선(茗禪)' 또는 '다선일여(茶禪一如)'라 하여 차의 경지와 선의 경지가 같다고 한다. 차를 마시는 것과 마음을 닦는 일이 그만큼 통한다는 뜻이다. 달마선사가 소림굴에서 9년의 면벽수도 중 졸음을 쫓기 위해 뽑아 던진 눈썹이 다음날 차나무로 변해 있었다는 일화도 차 마시는 것이 곧 수행임을 말하는 것이리라. 시서화의 삼절이라 불렸던 조선 후기의 유학자 신위도 시문에서 "차를 마시면 사람의 정신을 환하게 한다"고 했다.

차는 인도 원산의 식물이요, 그 떡잎을 따서 달여 먹는 버릇도 본래 남방에서 시작한 것이다. 중국에서는 당나라 때부터 차가 성행하여 거의 천하를 풍미했다.[79) 우리나라에 차가 전래된 것은 신라 때이다. 『삼국사기』의 "차는 선덕여왕(632~647) 때부터 있었다"는 기록이 이를 뒷받침한다. 또 『삼국유사』에는 승려 충담사가 매년 차를 끓여 경주 남산에 있는 미륵세존께 올렸고 왕에게 차를 끓여 바쳤다는 기록이 있다. 그리고 『삼국사기』를 보면 신라 흥덕왕 3년(828) 당나라에 사신으로 갔던 김대렴이 차나무를 들여와 지리산 일대에 심었고 진감선사가 널리 보급함으로써, 그때부터 차 마시는 풍속이 성행했다고 전하고 있다. 그곳은 현재 쌍계사와 칠불사를 중심으로 한 경남 하동군 일대를 말하는데 정돈된 보

---

79) 최남선, 『조선상식문답』, 풍속편, 동명사, 1948.

국내 최대의 보성 녹차밭

성과 달리 하동은 투박한 야생차밭으로 매력이 있다. 쌍계사 인근 정금리에는 1000년 넘는 국내 최고령 차나무도 있다. 하동 야생차문화축제는 2008년부터 내리 4년간 문화체육관광부가 선정한 최우수축제이다.

전남 보성에서는 우리나라 녹차 잎의 90%가 생산된다. 보성군 회천면 황성산 기슭에 자리 잡은 보성차밭은 국내 최대 규모로 84만여 평에 달한다.

『삼국유사』에 나오는 바와 같이 차는 제사를 지내는 데도 이용되었으며, 『동국여지승람』에 따르면 화랑들도 차를 즐겼다. 그렇지만 우리나라 차의 성쇠는 불교문화와 때를 같이하고 있다 해야 할 것이다. 차는 신라시대 주로 왕가와 절에서 마시기 시작하여 관민 모두가 절을 중심으로 즐겨왔다. 고려 때는 차가 왕실에서 애용되거나 문인들의 벗이 되기는 했으나 귀족들에게는 기호품이었다. 연등회나 팔관회 같은 모든 의식에서 차를 사용할 만큼 고려시대에는 불교적인 관습과 함께 차의 재배가 성행했다. 심신이 합일하는 선경(禪境)에 이르기 위한 좌선의 과정에서 잠을 쫓는 방편으로 카페인이 주성분인 차가 절과 밀착된 것이다. 한국의 차밭이 사찰 인근에만 있는 것도 이 때문이다. 고려시대 차의 성행은 도자기의 발달과 함께 훌륭한 다구(茶具)를 많이 생산하게 되었고 이것이 뒷날 일본에 많은 영향을 주었다.

조선시대에는 승려들이 주로 차를 마실 뿐 양반층조차도 차를 즐겨 마시지 않았다. 사실 우리는 중국이나 일본과 달리 차를 잘 마시지 않는 편이며, 차 대신 숭늉을 마셨다. 우리나라는 수질이 뛰어났기 때문에 차 마

시는 것이 일반화되지
않았다고 할 수 있다.
'다반사(茶飯事)'라는 말
이 우리의 일상용어임
에도 불구하고 차보다
는 술을 많이 마시는 쪽
으로 풍습이 흘러왔다.
따라서 차는 민족의 일
반음료로 보급되지는

차의 본고장이라는 전남 해남의 대흥사

못하였다.[80] 그런 가운데서도 정약용은 전남 강진에서 차를 재배하면서
자신의 호를 '다산(茶山)'이라 했을 만큼 차를 즐겼다. 정약용에게 차에 대
해 가르침을 준 해남 대흥사는 차의 본고장이었다. 대흥사는 다인과 문인
들의 왕래가 그치지 않는 명사들의 집결지로 유명했다. 일찍부터 초의선
사가 이끄는 차모임도 이곳에서 이루어졌다. 1809년 강진에 유배되어 있
던 48세의 다산은 자신을 찾아온 24세의 스님 초의선사에게 차를 가르쳤
다. 그리고 차문화는 다성(茶聖)으로 불리는 초의에 이르러 만개했다. 초
의를 스승 신위는 '전다박사(煎茶博士)'로 치켜세웠다.

추사 김정희는 편지를 주고받으며 초의의 차를 가져다 마시며 교류했
다. 결국 조선 말엽에는 초의선사가 다산 정약용, 추사 김정희 등과 교유
하며 스러져가던 다맥을 되살려내기도 했다. 다산은 "술을 마시면 나라
가 망하고 차를 마시면 나라가 흥한다"는 말을 했다. 추사는 동갑내기 지
기이자 한국차의 중흥조라 불리는 초의스님의 차를 유달리 즐겨 마셨다.

---

80) 이에 비해 『세종실록』에 보이는 바와 같이 중국 사람들은 누구나 기름과 고기를
많이 먹기 때문에 차를 마셔 그 기운을 내려야 했다. 여기서 중국의 실용적 차문
화를 이해할 수 있다.

초의선사의 『다신전』과 『동다송』

초의선사가 지은 『다신전(茶神傳)』과 『동다송(東茶頌)』 등에는 찻잎 따는 법에서부터 마시는 법까지 모든 것이 들어 있다. 초의는 차 안의 신령한 기운을 다신이라 하고, 다신을 불러내기 위해서는 차와 물과 불이 적절히 조화를 이루어야 한다고 했다. 이 시대에는 어린 찻잎으로 만든 작설차(雀舌茶, 잎이 참새의 혀처럼 생겼다 하여 작설이라 함)가 유명했다.

한국차는 볶고 찌는 절묘한 공정을 거친다

불발효차인 녹차

차는 차나무의 어린잎을 달이거나 우린 물을 말하는데, 차는 찻잎의 채취시기, 발효 정도 또는 가공 방법 등에 따라 다양한 종류로 나눌 수 있다. 차는 찻잎을 따는 시기에 따라 우전 · 곡우 · 입하차 등으로 구분되며, 언제 딴 찻잎으로 만드느냐에 따라 품질이 결정된다. 특히 비가 내리고 본격적인 농사가 시작되는 곡우[81](양력 4월 20일쯤) 이전에 따는 첫물차는 '우전(차)'이라고 해서 맛과 향이 가장 뛰어나 더욱 귀한 대접을 받는다. 그밖에 차를 따는 시기와 찻잎의 크기에 따라 세작(細雀), 중작(中雀), 대작(大雀)으로도 분류한다. 찻잎은 모양이 가늘고 광택이 있는

---

81) 백곡을 기름지게 하는 비의 뜻이다.

게 좋으며 손으로 쥐어봐 단단하고 무거운 느낌이 드는 것이 상품이다.

차나무에서 따낸 잎은 보통 인공적으로 가열하여 말린다. 그러므로 발효 유무와 정도에 따라 불발효차, 부분발효차, 발효차로 나눈다. 불발효차는 엽록소의 색깔을 그대로 보존해 만든 차를 말하는 것으로 녹차가 유일하다. 불발효차를 녹차로 부르는데, 녹차는 익히는 방식에 따라 가마에서 볶아내는 덖음차(부초차)와 시루에서 쪄내는 증제차가 있다. 불발효차는 맨 먼저 잎을 화열 또는 증기로 가열하여 타닌성분이 효소에 의해 산화되지 않도록 하여 녹색을 유지시키는 것이다. 중국의 녹차는 찻잎을 가마솥 화열로 볶기만 하고, 일본녹차는 찻잎을 증기를 사용하여 찌기만 한다. 그러나 우리는 찻잎을 볶는 것과 함께 뚜껑을 덮어 열기로 찌는 절묘한 공정을 고안했다. 우리나라의 경우 경남 하동지역은 화열로 볶고, 전남지역에서는 증기로 찌는 편이다. 화열로 볶은 덖음차는 달고 부드러운 맛이며, 증기로 찐차는 쉬 우러나고 카페인의 자극성이 강하며 떫은 맛이 있다.

부분발효차는 잎을 햇볕에 노출시켰다가 그늘에서 말려 시들게 하여 성분의 일부를 산화시킨 다음 향기가 풍길 때 가마솥에 넣고 볶는다. 부분발효차를 오룡차(烏龍茶)라 하는데, 검고 구불구불하다는 뜻을 지닌 오룡차는 60~70% 발효되며, 자스민차는 15~20% 발효된다. 차가운 회를 먹고

부분발효차인 오룡차(烏龍茶)

난 후에는 따뜻한 성질을 지닌 오룡차나 철관음 같은 차가 좋다. 청국장이나 김치찌개 같이 강력한 냄새를 풍기는 음식에는 자스민과 같은 화차(花茶)가 제격이며, 자스민차는 마신 뒤 찻잎으로 얼굴에 20분 정도 팩을 하면 주름살이나 여드름 제거에 효과적이다.

발효차인 홍차

후발효차인 보이차

발효차는 홍차로 부른다. 차 하면 영국의 홍차, 일본의 녹차가 연상될 만큼 영국에서 Tea는 홍차로 통용된다. 발효차는 잎을 덖지 않고 볕이나 그늘에서 말려 잘 비벼서 잎 성분을 충분히 산화시킨 것이다. 1960년대 유행하던 빛깔이 붉고 향기가 진한 홍차가 지금은 녹차에 밀리고 있다. 요즘 인기 높은 보이차(普洱茶)는 찻잎이 완전히 건조되기 전, 곰팡이 번식을 통해 다시 발효시킨다고 해서 후발효차라고 한다. 불고기를 비롯한 육류섭취 후에는 소화를 잘 시켜주는 보이차나 홍차 같은 강발효차가 어울린다. 보이차는 피부미용에도 좋고 몸안의 기운을 돌려주는 효과가 있어 거의 보약에 가깝다. 보이차는 발효기간이 길수록 맛이 부드러워지고, 따라서 오래될수록 비싸다. 20년 이상 숙성한 것을 상품으로 친다.

제조방법에 따라서는 차를 덖음차, 잎차, 떡차, 가루차 등으로도 나눈다. 덖음차는 손으로 덖고 비벼서 만든 차인데, 한국차를 대표하는 것은 이 차다. 잎차는 차나무 잎을 그대로 볶거나 찌거나 발효시키기도 하여 모양을 변형시키지 않고 원래대로 보전시킨 것을 말한다. 떡차는 찻잎을 시루에 넣고 수증기로 익혀서 절구에 넣어 떡처럼 찧어서 틀에다 박아낸 것을 말한다. 가루차는 시루에 쪄서 그늘에 말린 다음 가루를 내어 만든 차이다. 떡차를 가루내서 만든 가루차는 우리나라의 전통적인 가루차이지만, 잎차를 가루내서 만든 가루차는 요즘에 일본에서 유입된 것이다.

흔히 한국차는 덖음차, 중국차는 발효차,[82] 일본차는 찐차라고 한다. 우리의 덖음차 중 좋은 것은 아홉 번 덖어 은은한 연갈색에 연한 푸른빛이 돌며 약간 떫고 구수한 배냇향이 난다. '중국인은 밥은 굶어도 차는 마셔야 한다'는 말이 있을 정도로 차의 발상지인 중국에는 차의 종류가 수백~수천 종인데 그중 반 이상이 녹차이며, 오룡차를 비롯, 자스민차와 철관음이 유명하다. 찐차는 물에 불리면 녹색이 되므로 녹차라 하는데, 우리 고유의 연갈색과는 다르다. 사실 녹차라는 말은 일본의 찐차를 말하는 것으로 최근에 등장한 이름이다. 일본의 대표적인 차로는 잎차인 센차(煎茶)와 가루차인 맛차(抹茶)를 들 수 있는데, 끝맛이 깨끗한 센차는 일본차의 약 80%를 차지한다. 한국차는 맛으로, 중국차

일본의 잎차인 센차(煎茶)

는 향으로, 일본차는 빛깔로 먹는다고 할 만큼 한국차는 깊은 맛이 있다. 그 밖에도 일본차는 식힌 물에 우려 마시는 데 비해, 펄펄 끓는 물인 열탕에 우려 마시는 것이 한국의 전통적인 차문화이다. 한국에서는 다례(茶禮), 중국에서는 다예(茶藝), 일본에서는 다도(茶道)라고 한 데서는 우리가 예를 얼마나 강조했는지 알 수 있다. 다례란 각종 의례의 예물이고 손님을 대접할 때 갖춰야 할 예절로서 다도와 같이 근엄하게 형식화된 것이 아니라 자연스럽고 간결한 것이 특징이다. 다예는 차의 다양함에서 아름다움을 찾고 차를 낼 때 서커스묘기처럼 기예를 보여주는 경우가 많아 생긴 말이라 한다.

요즘은 마실거리를 모두 차라고 부르지만 엄밀히 말하면 차가 아니다. 차 대신 다른 재료를 써서 마시는 음료로서 대용차(代用茶)이다. 대용차로

---

82) 중국사람들은 차의 향을 중시하다보니 발효차를 즐기게 되었다.

대용차인 덩쿨차

는 두충차, 덩쿨차, 율무차, 솔차, 모과차, 생강차, 유자차, 인삼차 등이 있다. 이러한 대용차와 구별하기 위해 차를 따로 작설차, 참차, 고유차, 혹은 전통차라고도 한다. 『해동역사』나 『동다송』에는 차가 수입되기 이전부터 차의 대용으로 백두산에서 생산되는 백산차(白山茶)가 있었다고 하여, 우리 고유의 차가 일찍부터 존재했음을 말해준다.

■ 서울의 음식 ■

술 이름에는 소국주·도화주·두견주가 있는데, 이것들은 모두 봄에 빚는 것으로 가장 좋은 것들이다. 평양의 감홍로주, 황해도의 이강고, 전라도의 죽력고 등은 어느 것이나 선물용으로 쓰이는 좋은 것들이다.

전골 끓이는 냄비 이름에 전립투라는 것이 있다. 벙거지 모양에서 이런 이름이 생긴 것이다. 채소는 그 가운데 움푹하게 들어간 부분에다 넣고 데치고 변두리에는 고기를 굽는다. 안주를 만들거나 밥을 짓는 데도 모두 좋다.

탕평채는 제물묵(청포묵)·돼지고기·미나리싹을 실같이 썰어 초장에 묻힌 것으로 매우 시원하여 봄밤에 먹기 좋다.

막김장은 새우젓을 끓인 국물에 무, 배추·마늘, 고춧가루, 소라, 전복, 조기 등을 독 속에다 섞어 버무려 겨울을 묵힌 것으로 맛이 몹시 맵다.

웅어는 속칭 위어라고도 하는데, 한강 하류의 행주에서 나온다. 늦은 봄·초여름에 사옹원에선 관원이 그물로 잡아다 진상한다. 그러면 고기장수들은 거리로 돌아다니며 웅어를 사라고 소리친다. 이 웅어는 횟감으로 좋다.

복숭아꽃이 떨어지기 전에 복국을 먹는다. 그 독을 꺼리는 사람은 숭어를 대신하여 끓이기도 한다.

『경도잡지』 1권

인용문을 통해서 봄철에 만들어 먹는 술과 음식이 무엇인지를 대강 알 수 있다. 술에 있어 봄의 두견주나 가을의 국화주 외에도 더운 여름에 약주를 맛보기 어려웠던 우리 조상들은 과하주를 만들어 먹었다. 과하주는 여름을 넘기는 술이라는 뜻으로 소주에 여러 가지 과일이나 꽃을 섞어서 알코올 도수를 20° 대로 만들어 오래 두고 마셨다. 쌀과 누룩으로만 빚었음에도 신맛과 단맛이 어우러져 은은한 국화향을 낸다. 특히 경북 김천의 과하주는 조선 초기부터 임금에게 바치던 전국 72종 술 가운데서도 최상품으로 꼽혔으며, 밀주를 단속했던 일제강점기에도 유일하게 생산이 허용됐던 전통주다.

여름에 마시는 과하주

술에는 인용문에서 언급한 바와 같은 유명한 약주나 소주들이 있는데, 죽력고는 대나무 토막을 항아리에 넣고 불을 지폈을 때 흘러내리는 것이다. 즉 푸른 대쪽을 불에 구워서 받은 진액을 섞어 만든 소주에다 꿀을 넣어 만든다. 황현의 『오하기문』에는 전봉준이 순창 쌍치에서 일본군에 잡혀 흠씬 두들겨 맞고 만신창이가 된 상태로 서울로 압송될 때 죽력고를 먹고 기운을 차렸다는 기록이 있다. 한방에서

대나무액으로 만드는 죽력고

최초의 소주라는 감홍로주

는 중풍, 해열, 천식 등의 치료에 죽력고가 쓰인다고 알려져 있다. 감홍로주는 고려시대 평양지역에서 만들어진 우리나라 최초의 소주로 소주에 단맛 나는 재료와 함께 꿀과 자초(紫草)를 넣은 것이다. 숙취가 없는데다

한약재와 어우러져 향이 좋고 맛이 부드러우며 특히 장을 따뜻하게 해 선조들은 구급약으로 상비했을 정도이다. 감홍로주는 평양기생들이 즐겨마시던 술로도 유명하며 북한의 술 가운데 으뜸으로 친다. 배즙과 생강즙을 넣어 만든 이강주는 약술로 이름이 높았다. 전주의 이강주는 배와 생강의 즙을 내어 받친 다음 흰 벌꿀을 섞어 소주병에 넣은 후 중탕한 것이다. 한국 술에서 가장 취약한 부분이 향기라고 하는데, 이강주 한 모금은 알싸한 울금향이 아릿하게 남는다.

전립에 끓여 먹었다는 전골

앞 인용문의 둘째 단락은 우리 고유음식인 전골의 기원을 말해준다. 요즘도 곱창전골, 낙지전골, 두부전골, 김치전골 등 재료에 따라 다양한 이름이 붙는 전골을 즐기고 있다. 그런데 이 전골은 상고시대에 군인들이 야전에서 머리에 쓰고 다니던 전립(戰笠)을 벗어 음식을 끓여 먹던 데서 유래되었다. 조선시대의 전골요리는 '전립투'라는 도구를 사용했고, 그후 전립 모양의 냄비에 조리한 음식을 전골이라 한 것이다.

파란 녹두로 만든 청포묵

묵 중에서 최상으로 치는 것은 녹두묵인데, 노란녹두로 만든 것을 '황포'라 하고 파란녹두로 만든 것을 '청포'라 한다. 묵은 한자로 '포(泡)'라 한다. 점술가들에 의하면 정신이 맑아진다고 하여 청포묵을 먹는다. 저칼로리 음식으로 인체 내부의 중금속과 여러 유해물질을 흡수 배출하는 기능이 있는 것으로 알려진 묵을 패스트푸드로 만드는 등 정부에서는 세계화시키기 위한 계획을 발표한 바도 있다. 묵에다가 여러 부재료를 섞어 만든 요리를 '묵채'라 하는데, 인용문에서와 같이 청포묵에 돼지고기·미나리·김·초장 등을 넣어 무친 것을 '탕평채'라 한다. 조선 영조가 탕평책을 논하던 날 처음 선을 보였기 때문에 붙여진 이름이다. 묵은 원래가 담백한 음식이기에 특별한 맛이 없다. 그래서 '묵 맛은 양념맛'이라고도 한다. 대체로 깨소금, 총총 썬 김치, 삭힌 고추를 썰어넣고 구운 김을 부숴넣은 다음 조선간장으로 맛을 낸다. 냉수 먹고는 체해도 묵 먹고는 체하는 법이 없을 만큼 금방 소화되는 서운 섭섭한 음식이 바로 묵이기 때문에 낱알이 오들오들하게 씹히는 조밥을 곁들여 먹어두어야 나중까지 뱃속이 든든하다. "묵 먹은 배다"라는 속담이 있는데 묵을 먹었을 때는 배가 불러도 바로 소화가 된다는 뜻이다.

한편 인용문의 내용으로 보아 김치에 새우젓을 사용하는 서울·경기지방의 김치제조법이 당시에 정착되었음을 알 수 있다. 또한 봄의 음식으로 탕평채나 막김치나 웅어 같은 것 말고도 여러 가지 음식이 있었다. 가령 떡집에서는 멥쌀로 희고 작은 떡을 만들어 판다. 그 가운데서도 산병이라고도 하는 곱장떡, 증병이라고도 하는 시루떡 등을 많이 빚는다. 이 밖에도 봄철음식으로 한국인의 가장 기본적인 반찬의 하나인 나물을 들 수 있다. 나물류는 일상에서 뿐만 아니라 제사 상차림에서도 반드시 올라가는 음식이다. 조선시대 문헌에 나오는 나물만도 150여 종이나 된다. 김치가 채소를 소금에 절인 음식이라면 나물은 기름으로 채소를 볶거나 무친 음식이다. 콩나물[83]은 우리나라에서 개발한 나물류로 손꼽힌다. 나물은 쓰이는 재료에 따라 날것으로 무친 생채, 익혀서 무친 숙채, 말린 재료로 조리한 진채로 나눌 수 있다. 생채는 날 재료에다 간장·참깨·파·생강 등으로 양념하여 먹는 것으로 달래·도라지·무·미나리·오이 등이 쓰인다. 대체로 신맛이 나게 무친다. 김치처럼 양념을 하지만 '겉절이'도 생채

---

83) 콩을 가공한 콩나물과 두부는 고려시대 처음 나온다.

녹두를 기른 숙주나물

라 할 수 있다. 숙채는 생채와 반대되는 것으로 보통은 숙채를 '나물'이라 한다. 숙채에 쓰이는 채소는 호박·죽순·고춧잎·숙주·두릅·싸리버섯·콩나물 등 수없이 많다. 녹두를 콩나물처럼 시루에 물을 주어 기른 숙주나물은 전라도에서는 '녹두나물'이라 한다. 가을의 숙주나물은 별식이다. 진채는 무말랭이·가지말랭이를 비롯해 버섯·고사리·고춧잎 등을 말려서 저장해두었다가 다시 물에 불려서 요리하는 묵은 나물을 말한다. 이런 나물들을 정월대보름에 먹으면 한 해 동안 질병에 걸리지 않는다는 기록도 있다.

임금이 즐기던 웅어

인용문에서 언급한, 멸치과에 속하는 웅어는 갈대숲에 알을 낳고 한동안 머무르기 때문에 위어(葦魚)라고도 불린다. 웅어는 조선시대 임금이 즐기던 봄의 진미로서 갈치처럼 몸색깔이 은백색이고 깊은 맛이 난다. 한강이나 금강 하류에서 4월 중순서부터 5월 초순에 잡히는데 뼈째로 먹어도 되며 살이 부드럽고 기름져서 고소하다. 웅어를 잘게 토막 내어 회로 먹거나 찌개로 끓여 먹는다.

비타민 B가 풍부한 저칼로리·고단백 식품인 복어국이 언급되었는데, 서민들은 상류층과 달리 육류보다는 해산물을 많이 먹었음을 알 수 있다. 복어에는 혈중 콜레스테롤을 낮추고 시력회복과 빈혈에 효과가 있는 타우린, 숙취해소에 좋은 글루타치온 등을 비롯해 신경계통에 효능이 있는 성분이 다량 함유돼 있다. 복에 파란 미나리와 기름과 간장을 섞어 국을 끓이면 그 맛은 참으로 진기하다. 더불어 독성에 대해서도 지적했는데 사실 복어의 난소와 간에 들어 있는 '테트로도톡신'은 청산가리, 즉 시안화칼륨보다 100배나 강한

귀하고 비싼 복어

독성을 지녀 소량만 섭취해도 호흡곤란을 일으키고 죽음을 부를 수 있다. 한 마리에서 나오는 독으로 33명의 사람을 죽일 수 있다고 한다. '복 한 마리에 물 한 섬'이란 말이 나올 정도로 복어는 손질하기가 힘든데 그만큼 귀하고 비싼 생선으로 정평이 나 있다.

황복이 5월 중순에서 6월 하순에 산란하려고 금강을 거슬러 올라오는데 바다복보다 살이 연하고 감칠맛이 난다. 한강 하류인 김포지방에서도 5~6월 황복잡이가 한창이다. 복어 대신 먹는 숭어 역시 계절생선으로 훌륭하다. 미식가로 소문난 소동파[84])가 양쯔강변 양주의 장관으로 있을 때 황복철이 되면 복 찾아 먹느라 정사를 게을리 했음은 잘 알려진 사실이다.

무엇보다 계절에 맞는 음식[85])이나 풍습을 통해서 느낄 수 있는 것은 조상들이 자연물의 감각을 살리려고 노력했다는 점이다. 사계절의 변화를 담아냈던 한국의 음식문화를 통해 우리나라 사람들의 지혜롭고 아름다운 문화적 전통을 읽어낼 수 있다.

---

84) 정쟁에 휘말려 유배되어 갔던 황강에서 자기가 즐기던 돼지고기를 실컷 먹으며 새롭게 개발한 요리인 '동파육(東坡肉)'으로도 유명하다.

85) 계절에 따라 달리 만들어 먹는 음식을 시식(時食)이라고 한다면, 명절에 만들어 먹는 음식을 절식(節食)이라 하는데, 이 절식은 '세시의례'에서 다루기로 한다.

3) 거주하는 곳

세계에서 한국처럼 인간이 오르내리기에 적당한 높이의 산들이 전 국토의 70%를 차지하는 나라는 없다. 한국인이 살아온 생활터전은 광활하지도 험준하지도 않은 야산지대이다. 그런 고즈넉한 곳에 우리는 나지막한 집을 짓고 온돌방에서 좌식생활을 해왔다. 주택을 포함하는 건축을 논의대상으로 삼을 때 먼저 예술적 접근이냐 혹은 과학적 접근이냐 하는 문제가 대두될 수 있다. 얼마 전 한국의 지배계층의 건축문화를 언급하는 자리[86]에서는 주로 미적인 측면을 강조한 바 있다. 지금부터 말하는 주택은 대체로 실용성과 미학성을 동시에 충족시키면서 건축구조나 생활공간으로서의 의미도 내포하는 개념이 될 것이다.

보통 건축물은 궁궐, 관청, 사찰 등의 공적인 것과 사대부를 비롯한 일반서민이 생활하는 사적인 것으로 나눌 수 있다. 특히 궁궐이란 왕이 살며 활동하는 곳을 가리키는데, 왕이 즉위하기 전에 살던 잠저(潛邸)는 왕이 된 뒤에 별궁이라 하여 계속 왕실이 소유하면서 필요한 대로 사용하였다. 또한 왕이 능에 행차할 때 며칠 머무는 곳을 마련했는데, 이는 행궁(行宮)이라 불렀다. 여기서 다루고자 하는 것은 주로 일반인들이 생활하는 사적인 주택이다.

주택의 경우 신분계급에 따라 규모, 형태, 장식 등을 법으로 제한하였는데, 이를 가사(家舍)규제라 했다. 이 규제는 삼국시대부터 조선시대에 이르기까지 주거문화의 계층적 특성을 이루는 중요한 역할을 하게 되었다. 그러나 조선왕조의 기반이 굳어지면서 주택의 건축이 너무나 자의적

---

86) 이화형, 『한국문화를 꿈꾸다』 – 인문과 예술, 푸른사상, 2011, 386~392면.

으로 행해졌다. 세종대에 이르러 규모나 칸수, 세부장식 등에 있어 엄격하게 제한을 두었던 것도 이 때문이다. 세종 13년(1431)에 건축의 규제를 실시한 뒤, 조선의 법전에 왕자와 공주의 집은 50칸, 3품 이하는 30칸, 일반 서민은 10칸 이상을 짓지 못하게 하고, 건물의 기단이나 계단에 다듬은 돌을 쓰지 못하게 하였다. 그리고 사적인 주택에는 공포를 올리지 못하게 하였다.

건축의 규제는 우리나라 민가가 자연에 동화되도록 만드는 역할도 하였다. 어쨌든 조선시대는 규제가 더욱 심해서 택지의 넓이를 비롯하여 주택의 규모를 규제하기 위해 대들보와 도리의 길이나 기둥의 높이까지 제한하였다. 그러나 규

선교장의 정원인 활래정

제에도 불구하고 세력이 있는 상류계층, 국가의 행정력이 미치지 않는 지방에서는 제대로 지켜지지 않기도 했다. 강릉에 있는 선교장(船橋莊)이 민간주택의 한계선이라는 99칸을 초과하여 120여 칸의 규모를 갖췄으니 '민간궁궐'이라는 말을 충분히 들을 만하다. 18세기 사대부 이은(李溵)처럼 한양에 380여 칸의 대저택을 소유한 자도 있었다.

건축 규제 때문에 우리나라에서는 다른 나라의 봉건호족과 같이 화려한 저택에 거대한 장원을 가질 수 없었다. 조선시대 한양은 기와집이 60%를 차지했다고 하지만, 시골집 대부분은 방이 두세 개 딸린 초가였다. 세 칸이 기본형이었던 데서 옛집을 가리키는 '초가삼간'이라는 말도 생겼다. 그러나 전통한옥이라고 하면 양반의 집을 연상할 수도 있다. 마침내 갑오경장 이후 양반과 평민의 구분이 모호해지면서 주택의 규모와 형태 등에 대한 규제도 사라졌다. 누구나 능력만 있으면 솟을 대문에 사

랑채를 갖춘 집을 지을 수 있었다.

철기시대에 지상가옥이 등장하다

한국민가의 기원이라 할 수 있는 움집

신석기시대 농경을 하면서 사람들은 한 곳에서 정착생활을 하기 시작했다. 이 시기부터 철기시대 초기까지는 강이나 바닷가 근처의 언덕에 땅을 파서 움을 만들고 나무로 지붕틀을 짜서 덮은 움집이 일반적인 주거 형태였다. 땅을 움푹하게 파서 지은 집이기에 '움집'이라고 불렀던 것이다. 서울의 암사동이나 미사리의 유적지는 한강가의 모래땅에서 발견된 움집의 예이다. 신석기시대의 이 수혈식(竪穴式) 가옥인 움집이 한국민가의 기원인 셈이다. 움집의 출현은 이동식 주거의 시대가 지나고 정착 주거의 형식이 자리 잡기 시작했다는 관점에서 한국주거사의 시발점이라고 할 수 있다. 움집은 사람이 자연을 가공하여 만든 최초의 인공주거기술의 산물이기도 하며, 이때도 기둥과 지붕을 잇는 목조기술이 발달했다.

본격적인 농업이 시작되면서 정착생활에 알맞는 영구 주거가 필요하게 되었으며 철제도구를 이용한 목재의 가공과 구조 기술의 발전에 힘입어 보다 튼튼한 구조물을 만들 수 있었다. 우리의 건축기술은 오랜 옛날부터 높은 수준으로 발전해왔다. 돌이나 나무 등의 각종 건축재료들이 풍부했고 수학과 역학이 일찍부터 발달함으로써 우리나라 사람들의 풍속과 감정에 맞는 한국적인 집들이 세워질 수 있었다.

신석기시대에서 청동기시대로 접어들면서 주거지가 물가에서 낮은 구릉지로 옮겨갔다. 바람을 피하고 물을 얻고자 했던 부여 송국리 유적이나 울산 검단리 유적이 그 자취를 말해준다. 청동기시대에는 움집의 바닥 모양이 원형 대신 직사각형이고, 내부에 여러 개의 기둥을 세워 집의 크기를 넓혔다. 다시 말해 청동기시대가 되면 바닥의 깊이도 낮아져서 반움집의 형태가 되고 집의 너비도 커진다. 석기시대와 청동기시대의 주거를 구분하는 대표적인 변화로 수직벽체의 탄생을 꼽을 수 있다. 이는 절반 가까이 묻혀 있던 움집이 지상으로 올라와 반움집의 형식으로 나타나고 내부공간에 있어서도 확실한 분화가 이루어졌음을 말한다. 그러나 반지하의 움집은 비가 오면 침수되는 약점이 있었다.

철기시대가 되면서 삶의 터전이 산 밑으로 이동한다. 그리고 철기시대부터 땅 위에 통나무를 귀가 어긋나도록 우물 정(井) 자 모양으로 쌓아올린 귀틀집 같은 지상 가옥이 등장하기 시작했다. 지금도 강원도 전 지역에서

지상가옥의 시작이라 할 수 있는 귀틀집

흔히 눈에 띄며, 안동시 성곡동, 홍천군 내면 율전리, 구례군 토지면 문수리 등지에서 멋진 귀틀집을 볼 수 있다. 한편 삼한시대에 이르러 우리의 전통적인 가옥의 대표적인 특성인 온돌을 갖춘 초가 형태가 출현하게 되었다. 원시적 주택건축은 그 뒤 철제가 생산되고 그것을 이용하게 되면서 획기적으로 발전하였다. 주춧돌을 놓아 기둥을 받치고 집을 지면보다 높게 할 뿐 아니라 대단히 크고 무거운 집을 세우는 기술도 개발되었다. 철기시대에 흙으로 구운 기와를 쓰는 기와집도 등장했다.

고구려에서는 공포(栱包)와 비첨(飛簷)이 있는 높은 집을 세우기도 했다. 국가라는 큰 단위가 형성됨에 따라 전문적으로 건축업에 종사하는 기

술자들에 의해 그 전에 볼 수 없었던 새로운 건축기법도 개발될 수 있었다. 고구려에는 기와로 지붕을 덮은 왕궁·사찰·관청 등이 건설되었고,[87] 집집마다 부경(桴京)이라는 곡식을 넣어두는 작은 창고도 있었다.[88] 상류계층에서는 온돌로 방을 데우기보다는 화로와 같이 공기 순환의 난방방식을 택하고 좌식이 아닌 입식생활을 했던 것으로도 생각된다. 상류층의 집에는 부엌, 고깃간, 차고, 마굿간 등이 만들어지기도 했다.[89] 삼국시대에 들어서서 사찰건축기술의 도입으로 목재를 복합적으로 조립하여 건축하는 기와집이 등장한 것인데, 이 시기의 건축술은 조선시대의 기법과도 별 차이가 없다. 오늘날 우리가 일반적으로 보는 가옥구조의 기본형이 이때 형성되었다. 삼국시대의 주택건축은 이미 기둥을 세우고 도리와 들보를 거치는 지금과 같은 양식의 확립을 보인 것이다.

주거사의 입장에서 보면 고려시대의 주거 형태는 고대국가시대와 다른 뚜렷한 특징이 없는 편이며, 주택설립에 있어 통일신라시대의 건축기술이나 방법을 전수하면서 장식적인 면을 발전시키는 정도에 그쳤음을 아쉬움으로 지적하는 이들도 있다. 그러나 후삼국을 통일한 태조의 왕권강화책에도 불구하고 개국공신들은 그들만의 귀족문화를 만들어갔다. 귀족들의 주택은 규모나 장식에 있어 사치가 최고조에 달하기도 했는데 이로 인해 건축에 대한 규제를 시행해야 한다는 상소가 일기도 했다. 온돌과 마루가 하나의 건물 안에서 합체를 이루어 현재 우리가 일반적으로 생각하는 집의 구조로 나타나게 된 것도 이 시기라고 할 수 있다.

조선조는 건국과 더불어 주택과 건축방면에 많은 진보적 양상을 보였다. 그러나 조선 중기 이후 한국건축사의 입장에서 보면 큰 발전이 없었

---

87) 유구, 『구당서』 고구려전 / 구양수 외, 『신당서』 고구려전.

88) 진수, 『삼국지』 위서 동이전.

89) 안악3호 고분벽화.

다. 조형의식이 발달되어 있는 불교는 정책적으로 억눌려 있었고 조형에 그다지 관심이 없는 유교가 지배하는 사회인 만큼 건축이 그 이전 시대보다 발달하기 어려웠던 것이다. 조선시대 주거문화를 가장 잘 보여주는 것은 사대부의 주택이다. 조선 초기에 건축된 것으로 알려진 집들은 사랑채와 안채가 완전히 분리된 것은 아니지만 나름대로 공간구획이 정해지기도 했으나 조선 중기로 내려오면서는 공간의 구성 비율이 사랑채가 커지는 쪽으로 변해갔음을 알 수 있다.

일반적으로 우리 주택의 문제는 주거 기능에 따른 공간적 의미와 건축에 따른 구조적 의미로 구분하여 논의해볼 수 있을 것이다. 먼저 공간적 의미에 있어서는 안채·사랑채·별당 등의 가옥(건물), 여러 마당과 정원, 방·마루·온돌 등의 내부공간 등으로 나누어 살펴볼 필요가 있다.

우리가 집을 짓기 위해서는 먼저 좋은 집터를 마련해야 한다. 그리하여 예로부터 집 지을 터를 고르는 방법을 언급하는 저작들은 음양오행과 풍수의 논리를 건축문제의 전반에 적용하여 해석하고자 했다. 서유구는 『임원경제지』에서 다음과 같이 말했다. "『시경』에 '음양을 보고 물이 흐르는지를 살피자'라는 구절이 있다. 이 내용은 춥고 따뜻한 방향을 따져보고 물을 마시기가 편안한지를 살펴보라는 것이다. 실제로는 그렇게만 하면 충분하다. … 어느 겨를에 쇠퇴하고 왕성하며 화를 일으키고 복을 주는 술수를 따지겠는가." 흔히는 배산임수(背山臨水)라 하여 집터를 정하는 데는 남향에 햇볕이 잘 들고 뒤로는 산이 바람을 막아 여름에는 시원하고 겨울에는 따뜻한 곳이어야 좋고 또 생활용수를 쉽게 구할 수 있는 곳을 적격지로 삼았다.

정약용도 좋은 집터의 조건으로, 바닥이 평평하고 주위가 막힘이 없으며, 땅은 기름지고 물은 달아야 하며, 햇빛은 넘치고 대나무 숲에 밝은

대표적인 인문지리서인 이중환의 택리지

기운이 가득 차야 한다[90]고 말했다. 텅 비어 있는 아담한 앞마당은 무엇이든 담는 큰 그릇과 같다. 대청 뒷문을 열면 고즈넉한 뒤꼍 대숲의 사각거리는 소리가 퍼진다. 우리는 이런 집에서 사는 것을 행복으로 여겼다. 좋은 집터에서 살고자 하는 마음은 예나 지금이나 마찬가지이다. 자연을 떠나면 인간은 생명을 잃어버리기 시작한다고 하는 만큼 한국인은 자연과의 조화를 꾀하지 않으면 안 된다고 생각했다.

한편 인간과 자연만이 아니라 인간과 인간의 조화 또한 얼마나 중요하게 인식했는가를 지적하지 않을 수 없다. 이중환은 『택리지』에서 주택지 선정의 네 가지 조건으로 지리·생리(生利)·인심·산수를 들었다. 생리라는 재물의 이익을 비롯한 자연환경의 가치와 더불어 언급한 '인심'의 요소가 예사롭지 않다. 서유구도 『임원경제지』에서 재물을 만들기 위해 토지가 비옥하고 무역과 운송이 중요함을 언급하는 등 주거지 선택의 여섯 가지 자연 조건과 요소를 설명하고 난 뒤 다음과 같이 말했다. "가장 중요한 사실은 마음이 허황되고 말만 번드르르하게 잘하는 자가 주민들 사이에 끼어서 기분을 잡치게 해서는 안 되는 것이다" 속담에 "세 닢 주고 집 사고 천 냥 주고 이웃 산다"고도 했다.

설치작가 서도호는 "집은 개인이 갖는 최소한의 공간으로 자아와 타자, 문화와 문화, 안과 밖 등의 상이한 존재들의 관계가 형성되는 장소"라며 "때로는 정체성을 찾고 편협해진 자아를 일깨워주기도 한다"고 말

---

90) 정약용, 『여유당전서』 「발택리지(跋擇里志)」.

했다.[91] 집이란 것이 관계가 형성되는 곳이고, 자아를 각성하게 한다는 서 작가의 주장은 매우 설득력이 있다고 본다.

가옥(건물)은 소통하는 존재다

가옥은 자연을 향해 열려 있고 가옥끼리도 개방적이어서 소통하고 있다. 상류층 주택의 경우 행랑채(대문채)가 있는 바깥마당을 지나 중문을 열고 들어서면 대부분 사랑채에 도달하게 된다. 이곳은 여성들이 살림채(본채)로 사용하는 안채와 담장이나 문으로 구별되었다. 살림채는 가정의 살림을 꾸려나가는 공간으로 집의 모체에 해당한다. 따라서 이 밖의 사랑채를 비롯한 헛간, 외양간 등은 부속공간으로 딸림채에 속한다.

집에 들어서면서 가장 먼저 닥치는 것이 행랑채라 할 수 있다. 집의 머슴들은 대문에서 가장 가까운 곳에 기거하게 되는데, 중앙에 대문을 두고 하인들의 살림방이나 창고 등으로 구성하여 '행랑채' 또는 '대문채'라고 불렀다. 중문

하인들이 기거하는 행랑채

간 행랑채는 주인의 일을 돌보는 청지기가 기거했다. 하인들이 생활하는 바깥 행랑채는 외부로부터의 방어적인 기능을 하였다.

사랑채는 집안의 가장인 남성 주인이 기거하면서 손님을 맞는 생활공간으로서 가장 화려하고 권위 있게 표현되었다. 사랑채 앞에는 잘 가꾸어진 나무나 연못을 두어 인격을 닦는 데 도움이 되게 하였고 사랑채 안에는 다

---

91) 〈한국경제〉, 2012. 3. 21.

남성주인이 거주하는 화려한 구조의 사랑채

락집으로 만든 누마루를 두어 친구들과 함께 마당을 내려다보며 풍류를 즐기기도 했다. 원효대사와 사랑을 나눈 신라 요석공주의 궁터에 있던 경주 최부자집 사랑채는 한말 의병장 최익현을 비롯해 손병희, 최남선, 정인보, 여운형, 조병옥 등 숱한 인사들이 다녀간 곳이다. 손님이 많을 때는 큰 사랑채, 작은 사랑채 해서 100명이 넘을 때도 있었다.[92]

여성주인이 거주하는 안채

사랑채와 일각대문을 사이에 두고 여성들의 생활공간으로 사용되는 안채는 대문에서 가장 먼 쪽으로 자리 잡아 외부사람이 쉽게 접근하지 못하도록 막았는데, 일반적으로 ㄷ자 모양이나 ㅁ자 모양의 폐쇄적인 형태였다. 외관적으로는 담이 있는 별개의 건물로 보이는 안채와 사랑채지만 실제로는 연결 통로가 있어 뒤쪽 툇마루에 작은 쪽문을 이용하여 큰 불편 없이 부부생활을 할 수 있었다. 특별히 내시들이 대대로 살았던 경북 청도 임당리 고택(중요민속자료)은 임금이 계신 한성을 바라보기 위해 서북향으로 지어졌고, 부인이 바람피울까 봐 사랑채가 안채를 감시하는 구조이다.

안채에 있는 부엌은 특별히 여성들의 영역으로서 남성들의 출입이 금

---

92) 1970년 불에 타 주춧돌만 남았던 이 사랑채를 2006년 말 복원했다.

지되어 있었다. 지금의 주방은 실내의 방이나 거실과 연접되어 있어서 남성들도 마음만 먹으면 주방에서 음식을 준비하고 설거지를 할 수 있게 되었다. 새마을운동이 전개되면서 대대적으로 주택개량을 했는데 부엌은 입식으로 앞서 개량되었다. 주방 곧 부엌은 주택에서 가장 중요한 기능을 한다고 볼 수 있다. 인류는 일찌기 부엌 혹은 화덕을 둘러싸고 먹고 자곤 했으며, 지금도 주방 중심의 주거생활을 하고 있다.

몸채에서 떨어진 공간에 별당이 있으며, 뒷뜰에 조상의 위패를 모신 사당, 즉 가묘(家廟)가 있다. 가장 화려하고 장식적인 별당에는 일반적으로 결혼 전의 딸들이 기거했는데, 그 주인공을 '별당아씨'라 불렀다. 별

미혼의 딸들이 거주하는 별당

당은 은퇴한 노주인이 여생을 즐기는 곳이기도 했다. 사당은 유교를 숭상하는 조선시대에 들어와서 민가에 형성된 것이다.

지역 및 지방에 따라서는 가옥의 형태나 구조도 다르다. 북부지방에서는 외부의 냉기를 막고 내부의 열기를 보호하기 위해 방을 두 줄로 배열하는 겹집구조와 낮은 지붕의 한옥이 발달했다. 건물 평면이 ㅁ자나 ㄷ자 모양인 가옥이 이에 해당한다. 남부지방에서는 바람이 잘 통하도록 방을 한 줄로 배열하는 ㅡ자 모양의 홑집구조가 많으며, 중부지방에서는 그 중간인 ㄱ자 모양의 가옥이 많다. 건물마다 용도와 위치가 다르다고 할 수 있으나 완전히 독립 차단되지 않고 조화를 이루며 소통되고 있다.

뒷간은 통풍이 잘되는 곳이다

내소사의 해우소(전북 부안군)

"처갓집과 변소는 멀수록 좋다"던 속담과 달리 요즘은 처갓집이 가까워졌듯이 변소도 아주 가까이에 있다. 일제시대부터 변소라 했고 요즘에는 화장실이라 부르는 측간(厠間)은 우리말로 '뒷간'이다. 이는 몸의 뒷부분을 씻는 뒷물을 하기 위하여 만든 시설, 곧 뒷일을 보는 곳이라는 뜻에서 나온 말이다. 항문이 뒤에 있기 때문에 항문을 '뒤'라 하는 것이다.

절에서는 '근심을 더는 방'이라는 뜻으로 '해우소(解憂所)' '해우실(解憂室)'이라고 한다. 1907년 이후 양산 통도사에서 주석하며 '선과 차는 하나'라는 선다일미(禪茶一味)의 가르침을 설파하던 경봉(鏡峰) 스님이 해우소라는 말을 만들었다고 한다. 공주의 동학사에는 뒷간에 '해우실'이라는 간판이 걸려 있을 뿐만 아니라 뒷간에 이르는 다리에도 '해우교'라 새겨놓았다. 절 뒷간의 벽면에는 '입측오주(入厠五呪)'라고 하여 뒤를 보면서 세정(洗淨)·세수(洗手)·거예(去穢)·정신(淨身)·무병수(無瓶水) 등의 주문을 외우도록 하였다. 뒷간에 드나드는 일까지 수행과정으로 삼았던 것이다. 정호승 시인은 〈선암사〉라는 시에서 "눈물이 나면 기차를 타고 선암사로 가라/선암사 해우소로 가서 실컷 울어라"라고 했다. 《서유기》에서는 뒷간을 '오곡이 윤회하는 곳'으로 멋스럽게 묘사하고 있다.

이렇듯 뒷간은 신체적 배설과 심리적 안락감을 맛볼 수 있는 해방공간이다. 자연과 소통되는 이러한 해우소는 서양에서 멋스럽지 못하게 '쉬는 방'이라는 뜻으로 'restroom'이라 하는 것, 중국에서 어울리지 않게 세수간(洗手間←water room)이라 부르는 것, 일본에서 지나치게 가식적으로 '화장실(化粧室← dressing room)'이라고 하는 것과 큰 차이가 있다. 하기야 진(晉)나라의 갑부였던 석숭은 변기통에 오리털을 깔고 대변을 보는 동안 여러 시녀들로 하여금 화장

전통 뒷간

품과 향수병 등을 들도록 할 만큼 뒷간에서 사치를 부렸다고 한다.

뒷간이 배설을 위해서 필요했지만 우리 농가에서의 뒷간은 거름을 생산하는 귀한 곳이었다. 밖에 나가 있다가 뒷일을 볼 생각이면 집으로 달려가 일을 보았으며, 농사를 많이 짓는 농가에서는 뒷간의 입구를 길가에 만들어 행인들의 뒷일을 얻고자 하였다. 농가에 따라서는 똥오줌을 거름으로 활용하기 위해 뒷간 문을 거적으로 달거나 아예 달지 않아 통풍이 잘 되도록 하였다.

거적은 거칠고 엉성하여 공예성이 떨어지는 편이다. 그러나 거적의 쓰임새가 다양한 만큼 문화사적 의미는 크다. 거적은 기본적으로는 깔고 앉는 자리이다. 한편 거적문이라는 것이 있는데, 출입구에 제대로 된 문 대신 멍석처럼 짠 거적을 친 것이다. 가난한 서민들이 살던 초가삼간이나 부엌에는 거적문을 달았다. 그리고 뒷간이나 헛간에는 흔히 출입구에 거적으로 가렸다. '석고대죄(席藁待罪)'라는 말을 쓰는데, '석고'란 '자리 석(席)에 짚 고(藁)'이다. 즉 석고는 짚으로 엮은 자리, 바로 거적을 말하는 것이다. 딱딱한 멍석이 아니라 푹신푹신한 거적을 깔고 엎드려 처벌을 기다렸던 것이다. 문짝이 없는 뒷간이 많다보니 헛기침을 통해 의사를 소통하는 풍속이 생기기도 했다. 심지어 변기통에 걸친 널빤지 앞뒤에서 쪼그리고 앉아 일을 볼 만큼 뒷일을 함께 보는 것에 대해 크게 수치스러워하지

않았다. 엄청나게 비싼 사용료를 받는 유럽 도시의 화장실이나 남이 사용하지 못하도록 자물쇠로 굳게 닫아놓는 요즘 우리 화장실의 세태와는 사뭇 다르다.

불국사 극락전 옆에 놓인 대형 돌 변기를 보면 우리도 고대에 수세식 변기를 사용했음을 알 수 있다. 사실 뒷간이 없는 나라도 많다. 유럽의 경우도 17세기까지 뒷간이 없어 담장이나 나무 밑에서 대변을 보고 그걸 마구 버렸다. 그 대변을 피하기 위해 파라솔이 나오고 밟지 않기 위해 굽이 높은 구두가 등장하게 되었다고 한다. 영국의 엘리자베스 1세 때의 발명가인 존 해링턴(John Harington, 1561~1612)이 현대식 변기를 개발한 이래 지금의 수세식 변기가 나올 때까지는 각고의 오랜 세월이 걸렸다.

방에 두고 배뇨를 해결하던
요강

요강은 밤에 뒷간 가는 번거로움을 덜기 위해 방에 두고 소변을 누는 놋쇠나 사기 따위로 만든 작은 단지 같은 그릇으로 이동식 뒷간이라 할 수 있다. 요강은 여자들의 혼수품목에 필수로 들어갈 정도로 귀한 재산이었다. 신부의 가마 속에도 요강을 넣어가는데, 그 안에는 곡물 껍데기를 넣어 신부가 실례를 해도 그 소리가 바깥으로 나가지 않도록 했다. 신부 가마에 배뇨를 위해 요강을 넣은 것은 일반적이나 그 요강에 든 곡식으로 밥을 해서 시부모에게 바쳤다고 하는 것은 요강이 배뇨기능보다는 갈무리기능을 했음을 알려준다.[93]

오늘날 전통뒷간을 찾기는 무척 어려운 일이다. 경제적으로 분뇨 대신 화학비료가 거름으로 쓰이고, 비위생적인 재래변소의 신축이 건축법상으로 금지되고 있기 때문이다. 다만 대변은 수세식 화장실을 거치는 순간

---

93) 정연학, 「일생의례와 물질문화」, 『역사민속학』 37호, 한국역사민속학회, 2011, 94면.

강물을 오염시킨다는 말도 있다. 이에 뒷간과 관련 똥돼지문화가 보여준 생태계의 순환을 고려해볼 필요는 있을 것 같다.

이제 뒷간의 청결함이 그 나라의 문화수준을 평가하는 잣대가 되고 있다. 자방자치단체마다 뒷간을 아름다운 공간으로 만들기 위해 냉난방 시설을 하고 꽃으로 장식을 하며 음악이 흐르도록 애쓰고 있다. 2001년 전 세계 인구에 현대식 화장실 문화를 보급하기 위한 WTO 기구가 탄생 되었고 이후 세계화장실 정상회담을 매년 개최하고 있다.

마당과 정원은 가장 열린 공간이다

'마당발'이라는 말이 인간관계가 넓다는 의미로 쓰이고 있는 것으로 보아 마당은 '넓다'는 뜻을 담고 있다. 판소리 '한마당'이라는 말일 경우 에는 '한 거리'라는 뜻으로 이 또한 펼쳐 보인다는 의미가 있다. 비중이 큰 만큼 마당과 관련하여 마당쇠, 마당출입, 마당굿, 마당극 등의 말들이 있을 정도이다.[94]

건물마다 거기에 딸린 마당 이 있는 편이어서, 마당에는 바깥마당뿐만 아니라 사랑마 당, 안마당, 별당마당 등이 있 다. 서민주택으로서 대문 밖에 있는 바깥마당은 흔히 농산물 을 말리거나 타작하는 장소이 기도 하기 때문에 가장 크다.

다양한 마당의 구조

---

94) 다만 '마당출입'이란 앓거나 늙어서 멀리 나다니지 못하고 겨우 문밖이나 마당가 를 드나드는 일을 가리킨다.

여인들의 공간인 안마당

중류 이상의 주택에서는 바깥마당이 대문 안에 있다. 사랑마당은 손님을 영접하는 장소일 뿐만 아니라 말 또는 가마를 타거나 의식을 치루는 곳으로도 많이 쓰인다. 안마당은 베 삼고 절구질하고 음식을 만드는 등 여인들의 공간으로서 작은 편이다.

물론 마당은 가옥과 긴밀히 연결되지만 무엇보다 바깥세계, 즉 자연과의 소통이 이루어진다는 점에서 특징이 있다. 마당은 외부세계와의 경계지로서 질병과 재해의 근원이라 여겨지는 부정적 사기(邪氣)와 악귀들을 씻어내거나 제압하는 벽사의례의 공간으로 활용된다. 따라서 명절이 되면 조상차례를 지낸 후 마당에 대문을 향하도록 상을 차려 골맥이 어른, 즉 당산신을 대접하기도 했다.

특히 담장 밖에 있는 공간으로서의 마당은 한옥의 꽃이라 할 수 있다. 바깥마당이나 앞마당은 나무도 거의 심지 않고 비워둔다. 이 마당은 일상적인 생활공간으로 매우 유효하며, 특히 혼례나 상례 등 의식이 행해질 때 효과적으로 활용된다. 마당은 일생의례의 공간일 뿐만 아니라 각종 민간신앙의 의례적 공간이 되었다. 그리하여 대문 앞에 있는 앞마당의 경우는 달리 오방지신(五方地神)을 모시기도 했다.

이와 같이 마당은 가옥과 소통되고 가옥과 가옥을 이어주는 기능뿐만 아니라 널리 자연과 소통되고 있다. 마당은 햇빛을 집안에 들이고 바람의 통로가 되는 자체의 열린 공간으로서의 의미로 확장된다. 한옥의 마당은 자유로운 이미지를 노정하며 바깥세상을 지향함으로서 개방과 소통의 중심역할을 하는 것이다.

소쇄원, 조광조의 제자 양산보가 지은
전남 담양에 있는 한국을 대표하는 정원

세연지, 윤선도 문학의 산실인
전남 완도군 보길도에 있는 정원

현재 도처에서 볼 수 있는 옛집은 대체로 조선의 주거양식인데, 집 주위의 동산을 그대로 정원으로 삼고 앞뜰이나 집 안에 정원을 두지 않는 점이 우리나라 주거의 특색이기도 하다. 더욱이 남한에서는 대부분 울타리가 없는 일자(一字) 집으로서 마당 밖이 그대로 정원 구실을 하고 있다. 다만 북한지방은 외양간까지 집 안에 들여놓을 정도로 방한조치가 필요했고, 도시형 양반들의 집은 바깥 추위를 막기 위해 ㅁ자 또는 ㄷ자 집으로 밖과 차단되도록 지어야 했다.

정원을 만들더라도 서양식으로 잔디를 심거나 주변국가들의 인위적인 것과는 달리 우리의 정원은 매우 소박하고 자연스러워 뒤뜰에 나무 몇 그루, 꽃 몇 송이 심으면 된다. 전남 담양의 소쇄원(瀟灑園)이 그 대표적인 예이다. 도덕정치를 부르짖다 처형된 조광조의 제자 양산보가 10여 년에 걸쳐 지은 조선 중기를 대표하는 정원이다. 중국이나 일본 풍수에서는 정원에 연못을 조성하는 경우가 많다. 중국에서는 반건조기후이기 때문에 물이 중시되고 일본은 강수량이 많아 뜰에 물이 고이는 것을 막기 위해서라도 연못을 파야 할 것이다. 그러나 우리나라 풍수에서는 정원에 연못을 파지 않는 게 원칙이다. 연못정원이라도 둘레를 극히 간단한 직선으로 처리하고 연못 안에도 그저 섬 하나만 놓는 경우가 많은데, 전남 완도군 보길도에 있는 세연지(洗然池)를 예로 들 수 있다.

중국 상하이에 있는 위위안   일본 교토에 있는 킨카쿠지

　음양의 상징인 산수를 가까이 하고픈 마음을 '소중현대(小中顯大, 작은 것에서 큰 것을 본다)'의 풍류로 살려낸 것이 우리 전통정원의 기본원리이자 미학이다. 정자를 세우더라도 주위 자연에 녹아들 만큼 안정감 있게 배려했다. 경기도 용인의 호암미술관 권역의 희원(熙園)은 비교적 전통정원의 멋을 잘 살려놓았다. 상하이에 있는 위위안(豫園) 같은 중국식 정원은 인공연못을 파고 기암괴석을 앉히고 담장으로 겹겹이 구획을 지어놓는다. 교토에 있는 황금빛 누각을 뽐내는 킨카쿠지(金閣寺) 같이 일본인들은 모래 한 알과 풀 한 포기까지 다듬고 비틀어 신선의 경지를 연출해낸다.

　중국이나 일본이 울타리나 담장 안에 완벽한 세계를 구축하고 그 안에 있는 것만 내 것이라 인식한다면, 우리는 안쪽의 공간만이 아닌 바깥세상까지도 우리의 세계라는 인식이 강했다. 한국의 정원은 자연과 융합됨으로서 독자적인 이미지를 구축할 수 있었다.

　　오늘날 대부분의 주택은 콘크리트로 짓는데 이 같은 건축재료는 환경 파괴의 주범이 되고 있다. 여름에는 시원하고 겨울에는 따뜻한 한옥은 친환경적인 집이다. 한옥은 나무, 돌, 흙, 종이 등이 주는 포근하고 이상적인 삶의 공간이다. 방의 천장, 문, 벽, 바닥 할 것 없이 온통 종이로 마감하는 나라는 세계 어디에도 없다. 자연 속에서 얻은 재료뿐만이 아니다. 산등성이를 닮은 차분한 곡선, 그리고 과장되지 않은 여백의 미까지 자연을 관조하며 얻은 생의 유연함이 한옥의 구조에 있다. 인위성이 강한 완벽한 정형이나 대칭이 아닌 자연을 닮은 비정형이나 비대칭의 구조도 한옥의 특징이다. 확연하게 대칭적 구조를 이루는 중국의 쓰허위안(四合院)과도 크게 비교된다.

심지어 한옥 속에는 심오한 철학이 깃들어 있다. 우리 조상들은 천·지·인 삼재(三才)사상을 염두에 두고 집을 지었다. 물론 가구나 창호 같은 작은 규모의 목공일을 하는 목수를 소목이라 하는 데 비해, 집 짓는 목수를 대목이라 한다. 둥그런 지붕은 하늘을, 펑퍼짐한 바닥은 땅을, 곧게 서 있는 벽체와 기둥은 인간을 상징하는 것이다. 더욱 주목할 만한 것은 우리에게는 집을 지을 때 이웃사람들과 공동으로 일을 해야 한다는 통념과 관행이 있었다는 사실이다. '우살미'라 해서 경북 문경에서는 신축가옥의 '이엉엮기' 즉 지붕 이기를 마을 사람들이 무보수로 공동노동을 하도록 규정하고 있다.

한옥의 구조적 특성은 다음과 같이 셋, 즉 지붕, 벽(창호, 기둥), 바닥(방, 마루, 온돌)으로 구분하여 살펴볼 수 있다. 한옥은 바닥·벽·지붕의 뼈대를 나무로 짜서 세운 목조가구식 구조이다. 일본은 편백나무를 주재료로 쓰는 데 비해 한국이나 중국의 목조건축은 주로 적송을 사용한다.

지붕은 자연스럽고 아름답다

우리나라 목조건축의 한옥에서 가장 격조 있고 아름다운 것은 지붕이라 할 수 있다. 지붕의 물매와 처마의 곡선이 저마다의 우아한 모양새를 뽐내고 있다. 물론 서민의 집은 볏짚 이엉을 엮어 올린 초가지붕이 보통

벗짚으로 된 초가

용마름, 지붕의 용마루에 얹는 이엉

억새를 올린 샛집

이다. 먼저 이엉이란 짚을 한 움큼씩 나란히 엮어 지붕에 올리도록 만든 짚 묶음을 말하며, 이엉을 엮어 말아놓은 단(다발)을 마름이라 한다. 이 이엉다발을 죽 펴서 지붕을 새로 덮는 것을 개초라고 한다. 개초가 끝나면 이엉마름이 바람에 날아가거나 뒤집히지 않도록 얼기설기 그물처럼 집줄을 매어놓는데, 이것을 '고삿 맨다'고 한다. 볏짚은 구하기 쉽고, 겉이 매끄러워 빗물이 흘러내려 물이 잘 스며들지 않는다. 또한 볏짚은 헤아릴 수 없이 많은 구멍을 함유하고 있다. 볏짚이 보온성, 흡습성(吸濕性), 탄력성이 뛰어난 것은 바로 이 다공성 때문이다.

볏짚 대신 억새를 올린 초가를 샛집이라 하는데, 질감이 성기고 물매가 거친 편이다. 샛집은 산간에서 더러 볼 수 있으며, 경남 창녕 술정리에 300년 된 샛집이 고스란히 남아 있다. 전북 무주군 미천리 점말과 남원군 덕치리 회덕마을에는 각각 이 땅에 남은 샛집 가운데 가장 작은 샛집과 가장 큰 샛집이 한 채씩 있다.[95] 샛집과 유사한 띠집은 띠풀로 이엉을 엮어 올린 집을 말하는데, 제주도 성읍마을을 비롯해 전역에서 볼 수 있다. 제주도는 화산섬이어서 물 빠짐이 심해 무논에서 벼농사를 지을 수 없으므로, 대신 한라산 중산간에서 많이 나는 '띠'라 부르는 억새를 지붕에 이용했다.

볏짚, 억새, 띠풀 등으로 된 초가는 불에 약할 뿐만 아니라 썩기 쉬운 단점이 있다. 그래서 해마다 한 번씩 갈아주어야 하는 불편함이 따른다. 그러나 지붕 위에 얹는 볏짚이 단열효과가 커서 양철이나 기와로 된 집보다 여름에는 시원하고 겨울에는 따뜻하다. 새마을운동과 함께 1970년대 후반 이후 슬레이트 및 함석지붕에 밀려 사라져갔다. 지금은 한옥이라면 대부분 기와집을 가리킨다. 경남 울주군 삼동면 조일리의 정족산(鼎足山) 아래에 있는 보삼마을은 임진왜란 때 형성되어 현재까지 지탱해 오는 자연마을로 지금도 재래식 초가지붕을 유지하고 있다. 이곳은 수 편의 영화가 촬영되면서 영화마을로 불리고 있다

상류층의 집은 지붕을 대부분 기와로 이는데, 기와지붕은 삼국시대부터 있었던 것으로 전해진다. 『삼국유사』에서 신라 헌강왕이 신하들을 데리고 서라벌이 한 눈에 보이는 월상루(月上樓)에 올라 사방을 둘러보니 온통 기와

기와지붕의 처마와 용마루

집이었다고 말하고 있다. 기와지붕의 처마나 용마루[96]의 좌우는 약간 솟아 올라 자연스런 곡선미를 보여준다. 이는 중국의 곡선이 과장되고 일본의

95) 이용한, 『옛집기행』, 웅진지식하우스, 2005, 145면.
96) 지붕마루에는 용마루, 내림마루, 추녀마루가 있다.

직선인 것과도 비교된다. 유홍준은 연꽃 무늬 수막새 와당(瓦當)을 비교하면서 백제의 것은 우아하고 고구려 것은 굳세고 신라의 것은 화려한 느낌을 준다고 하면서 중국기와는 형태미가 듬직하고 일본기와는 디자인이 깨끗하다고 하고, 이는 와당뿐만 아니라 삼국과 동아시아 미술 전반에 나타나는 미적 특징이기도 하다고 말한 바 있다.[97]

처마 끝을 들리게 하는 부연

지붕은 서까래 위에 흙과 기와를 많이 얹는 무거운 구조로 되어 있다. 황토를 쌓은 다음 기와를 얹기 때문에 기와와 그 밑의 흙이 열을 차단해 겨울에는 실내가 따뜻하게, 여름에는 시원하게 만든다. 이 지붕은 벽이 비나 눈을 맞아도 약해지지 않고 더운 여름 햇살이 집안에 들어오지 않게 벽보다 밖으로 튀어나오도록 처마를 길게 돌출시킨 데 특징이 있다. 지붕의 처마를 더 길게 내밀기 위해서는 처마의 서까래 끝에 짧은 서까래를 덧얹어 처마 끝을 들리게 하는데, 이러한 짧은 서까래를 부연(浮椽) 또는 비첨(飛檐)이라 한다.

지붕을 높이 올리고 처마가 앞으로 많이 나올 수 있게 한 것이 바로 삼국시대부터 사용된 공포다. 뿐만 아니라 기둥 위에 공포를 두는 것은 기둥·도리·보를 보다 튼튼하게 엮어주기 위한 것이며, 건물을 아름답게 꾸미기 위한 것이다. 옛날사람들은 이 공포를 기본으로 하는 목조건축에서 귀중한 전통을 남겼다.

지붕의 구조를 보면 먼저 주두(柱頭)라는 기둥머리에 도리를 가로 방향으

---

97) 〈조선일보〉 2010. 10. 7.

로 얹어놓는다. 다음으로 도
리 위에 보를 도리와 직각방
향으로 올려놓는데, 물론 중
앙에 놓이는 가장 튼튼한 보
를 대들보라 한다. 도리와 보
의 구성이 끝나면 그 위에 서
까래를 올리고 마지막에 기
와로 덮어 지붕을 완성한다.

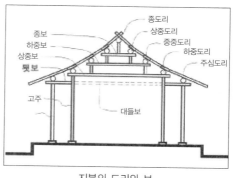

지붕의 도리와 보

다시 말해 지붕의 얼개는
기둥 위에 도리와 보를 걸쳐 그 위쪽에 서까래를 거는 방식으로 이루어진
다. 최초의 주택이라 할 수 있는 움집에서부터 이러한 형태를 엿볼 수 있
다. 즉 기둥 위를 일렬로 묶어주는 도리가 발생되고 여기에 서까래를 걸
쳐 지붕을 만들었을 것으로 추측된다. 그리고 수직의 벽체는 바람의 힘을
많이 받기 때문에 양쪽 벽체를 연결해주는 보가 발생되었고, 보 위에 대
공을 세워 서까래의 경사를 만들었을 것이다. 가장 간단한 삼각형의 지붕
틀을 짜기 위해서는 삼각형의 밑변은 대들보, 높이방향으로는 대공, 양
빗변은 서까래, 그리고 세 꼭지점에는 도리가 설치된다.

지붕을 형태면에서 맞배지
붕, 우진각지붕, 팔작지붕 등
으로 나눈다. 맞배지붕은 옆
에서 보면 마치 책을 반쯤 접
은 것 같은 八자 모양을 하고
있고, 우진각지붕은 지붕면
이 네 면이고 전후좌우로 물
매가 있다. 팔작지붕은 우진

맞배지붕

각지붕처럼 네 면이지만 측면에서 보면 삼각형 형태의 면이 보인다. 대

우진각지붕

팔작지붕

체로 단조롭고 엄숙한 기풍의 맞배지붕에서 날아갈 듯한 화려한 멋의 팔작지붕으로 발전해갔다고 볼 수 있다. 다만 짚으로 이엉을 인 초가의 서민주택은 우진각지붕이다. 처마와 추녀의 곡선을 보면 우아하고 부드러우면서도 힘이 있고 단단하다는 느낌이 든다.

지붕을 재료의 측면에서 초가, 함석집, 기와집, 너와집, 굴피집 등으로 나눌 수 있다. 논이 흔하지 않은 산간마을에서는 볏짚을 구하기 힘들었으므로 나무를 쪼개어 만든 널을 지붕에 얹은 너와집이 많았다. 보통 너와는 질 좋은 소나무나 전나무, 또는 참나무를 길이 60~70cm, 너비

나무조각을 얹은 너와집

30~40cm, 두께 5cm 안팎으로 쪼갠 것을 이어서 얹는다. 나무 재료들은 땅속 1m 정도의 깊이에 1년 정도 묻어 숙성을 시켜야 오래간다고 한다. 소나무 중에서는 송진이 많아 붉은 색을 띠는 것이 더 오래간다. '기와 100년이요, 너와 1000년이라'는 말이 있을 정도로 너와의 수명이 길기도 하다. 돌로 된 너와집도 있는데, 얇게 쪼개지는 성질을

가진 청석과 조석이 많이 나는 지역에서 주로 볼 수 있다. 예컨대, 강원도의 평창·정선, 충북의 청원·영동·보은 등지를 꼽을 수 있다.[98) 현재 너와집은 울릉도나 오대산, 삼척과 정선 등지에 몇 채 남아 있을 뿐이다. 굴피집은 코르크의 재료

굴참나무껍질을 얹은 굴피집

인 굴참나무 껍질을 벗겨 지붕에 얹은 집인데, 굴피는 나무에 물이 오르는 처서쯤 20년생 정도의 참나무를 벗겨서 쓴다. 현재 굴피집은 삼척이나 양양 등지에 몇 채 남아 있지 않다.

삼국시대 이전까지는 백성들이 초가를 짓고 살았으나, 삼국시대 이후부터 궁궐·사당·관청·사찰·서원 등의 건물과 부잣집에서는 기와를 썼다. 특히 조선 태종 때부터 화재의 염려 때문에 초가지붕은 기와지붕으로 바뀌기 시작했다. 상류

새 머리모양의 취두(鷲頭)

계층의 주택이나 궁궐, 사찰 등에는 지붕에 건물의 곡선과 경관을 돋보이게 하기 위한 막새기와(암막새, 수막새)를 비롯하여 벽사(辟邪)의 성격을 지니는 귀면와·현어·취두·치미 등의 장식물로 치장을 했다. 귀면와(鬼面瓦)는 도깨비 무늬를 그린 마구리 기와이고, 현어(懸魚)란 물고기 모양의 목각물로서 지붕 마구리 부분에 늘어뜨린 장식이다. 취두는 용마루 끝

---

98) 이용한, 앞의 책, 42면.

새 꼬리 모양의 치미(鴟尾)

에 거는 장식기와로 잡귀와 화재를 막는다고 한다. 치미란 지붕마루의 양 끝머리에 얹는 새꼬리 모양의 장식기와를 말한다. 불을 방지하고 잡귀를 쫓는 의미에서 추녀마루에 여러 가지 잡상을 만들어 얹기도 했다.

흙벽과 창호는 소통을 강화한다

한옥의 벽은 주로 흙을 이용하여 만들었다. 다만 벽이 무너지지 않도록 속에 가는 기둥을 넣고 대나무나 수숫대나 싸리가지로 살대(외)를 엮어 견고하게 만든 다음 볏짚을 썰어넣은 황토를 이겨 바른다. 황토는 열을 가하면 원적외선이 발생하여 인체의 세포를 활성화시키는 작용을 하며, 공기 정화의 기능도 우수하다. 단열효과가 큰 두터운 흙벽은 낮에 비추는 태양열을 흠뻑 받아들여 차가운 저녁에 실내로 열을 방출하는 역할을 한다. 또 흙으로 만든 벽은 습기를 빨아들이고 한기를 막아주는 역할을 해서 장마 때도 집 안이 습하지 않으며 겨울에는 따뜻한 기운을 잘 유지해준다. 심지어 흙벽은 음식 냄새나 담배 냄새도 흡수한다.

현대에도 열을 차단하고 쾌적한 기압을 유지해주는 흙은 웰빙 건재로 주목받는다. 물론 흙집은 외풍이 있어 춥기도 하다. 그러나 외풍이 있다는 것은 그만큼 자연적인 통풍, 공기의 순환이 잘 된다는 것이며 따라서 건강에도 좋다는 뜻이다. 전통가옥은 지붕 용마루 양쪽에 까치가 드나들 만한 크기의 구멍을 내어 부엌이나 방 안의 연기를 배출시키기도 한다. 아침에 흙집에서 자고 일어나면 머리가 개운한 것도 이 때문이다. 현대의 콘크리트 집에서는 벽지나 시멘트가 내뿜는 독성 화학물질에 건강을 해칠 수 있다. 시멘트는 완전히 굳을 때까지 보통 30~50년쯤 걸린다.

흙은 예로부터 건축자재로 요긴하게 쓰였다. 그러나 철근 콘크리트가 휩쓸고 신소재가 개발되면서 흙은 사용처가 줄어들어 건축과 멀어지는 추세였다. 그러다가 얼마 전 클레이아크(Clayarch) 미술관의 개관이 경남 진해시에서 있었다. 도예작가 신상호가 이끄는 클레이아크는 건축과 예술의 결합이다. 기술에 내맡겼던 흙에 인간 감성이 깃든 예술혼을 불어넣어 '예술건축'의 시대를 열겠다는 야심찬 프로젝트다. 머지않아 건물 자체를 세계 유명상표로 디자인한 건축물도 나올 전망이라 한다. 흙이라는 풍부한 자원과 예술을 통합한 환경친화적 클레이아크야말로 융합과 창조의 개가다.

초가는 이 흙벽과 함께 한지를 사용한 창호지 문이 습도를 조절함으로써 결로현상이 없고 불쾌지수를 낮추어준다. 초가를 황토로 지으면 금상첨화다. 1g 속에 약 2억 마리의 미생물이 살고 있는 황토는 식물의 영양 공급원인 동시에 인간의 질병을 치료하는 약품으로도 활용된다. 황토에는 카탈라아제, 프로타아제 등 인체에 유익한 효소들이 많이 포함되어 있다. 『동의보감』이나 『본초강목』에서도 황토를 약재로 인정하고 있다. 더우기 초가집이 건강에 좋은 이유는 볏짚이 갖고 있는 아스퍼질러스와 황토에 들어 있는 카탈라아제라는 효소가 결합하면서 체내 과산화지질의 분해를 돕기 때문이라는 사실은 잘 알려져 있다. 경북 예천에 있는 삼한 씨원은 황토벽돌로 세계일류기업을 꿈꾸는 대표적인 회사다. 국내 최초로 전통 3D산업인 점토벽돌 생산업종을 최첨단시스템 산업으로 바꾸는데 성공한 사례다.

벽은 우리 건축에서 대단히 합리적인 구조였다. 지붕의 무게를 기둥으로 받도록 되어 있었기 때문이다. 말하자면 기둥과 기둥 사이의 벽은 꼭

휘장을 친 것 같은 간편한 것이었다. 따라서 대개 기둥과 기둥 사이에는 될 수 있으면 많은 문을 만들었다. 물론 기둥과 기둥 사이를 '칸(間)'이라 하는데, 옛날에는 건물의 크기를 이 '칸'으로 따졌다. 칸수를 비롯한 방의 수나 기둥의 치수 등은 홀수라야 좋다고 했다.

부석사 무량수전의 배흘림기둥

기둥은 각기둥과 원기둥으로 나눌 수 있는데, 원기둥에는 원통형기둥, 민흘림기둥, 배흘림기둥 등이 있다. 민흘림기둥은 기둥머리보다 기둥뿌리의 직경을 크게 만드는 것이고, 배흘림기둥은 위아래로 갈수록 직경을 줄여가면서 만든 것이다. 격식이 높은 건물에 배흘림기둥을 사용하는 이유는 기둥의 가운데부분이 가늘게 보이는 착시의 교정과 시각적인 안정감을 주기 위해서이다. 우리나라에 대표적인 배흘림기둥은 가장 오래된 건물이라는 봉정사 극락전과 부석사 무량수전의 것을 들 수 있다. 최순우가 "나는 무량수전 배흘림기둥에 기대서서 사무치는 고마움으로 이 아름다움의 뜻을 몇 번이고 자문자답했다"는 구절은 한옥의 기둥의 멋을 한껏 느끼게 해준다. 대패질하지 않고 자연 그대로의 나무를 쓴 기둥도 있어 눈을 끈다. 강철과 콘크리트로 제작된 현대 건축물보다 목재로 이루어진 한옥은 지진에도 더 잘 견딜 수 있다.

한국의 목조건축에서는 창(窓)과 문(門)·호(戶)를 뚜렷하게 구별하지 않고 혼용하여 쓰이는 편이다. 한옥에는 벽에 붙은 창뿐만 아니라 방문을 비롯하여 마루의 사면에 분합문이 있고 마루와 방 사이의 장지문이 있는 등 창호(窓戶)가 과다할 정도로 많고 좀 큰 편이다. 그만큼 창호, 즉 창과 문이 소통과 개방을 강화하는 기능을 한다. 문이 많으므로 옛날 사람들은 문을 장식하는 데 특별히 관심을 기울였다. 옛날 살림집이나 절에서 아름다운 무늬의 문살을 볼 수 있는데, 소박한 띠살을 비롯하여 빗살, 완자살, 우물살 등이 있는가 하면 화려한 꽃무늬살, 빗꽃살, 소슬빗꽃살 등도 있다. 창호엔 우리나라에서 자라는 소나무가 적격이지만 요즘은 워낙 좋은 나무가 귀해서 수입 적송을 쓴다. 나무살로 만든 창호의 문양은 단아한 조각이나 색채에 뒤지지 않는 소박한 멋을 자랑한다.

들쇠에 걸어 놓으면 분합문

띠살문

물론 창호는 사람이 드나들고 환기시키는 기본 기능 외에 자연을 끌어들이고 경치를 감상하는 통로 역할도 한다. 창은 때때로 변화하는 자연풍경을 담을 수 있는 액자와도 같다. 가령 중국의 창은 큰 것도 많지만 쓰허위안(四合院)의 경우 우리와 달리 창의 크기가 매우 작고 벽체의 꼭대기에 부착되어 있다.

팔각빗살 우물살문

창(窓)은 지역에 따라 크기나 모양이 제각각이지만 일반적으로 환기만을 위해 설치한 붙박이 창이 많다. 옛집에서 가장 흔히 볼 수 있는 창은

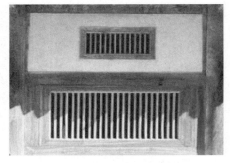
나무 살대로만 이어진 살창

살창이다. 살창은 창호지를 바르지 않고 나뭇가지로 된 살대만을 길게 이어 붙이거나, 가로세로로 짜맞춘 창을 가리킨다. 주로 부엌이나 헛간에 이런 살창을 두었다. 그 다음으로 볼 수 있는 것이 창틀이나 창살이 없는 봉창이다. 부엌이나 광(곳간) 등에는 크기가 작고 성기게 봉창을 뚫어놓았다.

온돌좌식생활로 인해 단절되기 쉬운 실내와 외부세계와의 연결을 우리는 창호를 통해 복원하는 것이다. 심지어 꺾임이 많은 'ㄹ'자 모양의 집까지도 문과 창들을 일직선으로 냈다. 시원한 바람 길에 막힘이 없도록 하기 위해서다. 그러다 보니 집 안인지 밖인지 공간의 안팎 구별이 약한 게 한옥이다. 방문에 바른 한지로 된 창호지는 강렬한 햇살을 순하게 걸러줄 뿐만 아니라 세계에서 가장 우수한 종이로서 눈에 보이지 않는 미세한 구멍이 있어 통풍은 물론 방 안의 온도와 습도까지 조절해준다. 한옥은 하나의 생명체로서 모든 구조와 공간이 제각각 숨 쉬며 서로 소통하고 있다. 심지어 창호지는 집 안팎에서의 언행을 조심하게 만드는 장치이기도 했다.

요컨대 한옥은 자연과의 교감에서 나아가 사람 사이의 교류가 활발할 수 있도록 조장하는 촉매제 역할을 한다. 그만큼 한옥이 자유롭고 개방적임은 두 말할 나위 없다. 실내를 완전히 독립적 공간으로 바깥과 갈라놓는 서양건축과는 다르다.

방은 다목적 소통의 공간이다

방은 다목적 소통의 공간이다. 조선의 선비는 "십 년을 계획하여 초가

삼칸 마련한 뒤/나 한 칸 달 한 칸에 청풍 한 칸 맡겨두고/강산은 들일 데 없으니 둘러 두고 보리라"[99]고 읊었다. 송순이 말년에 벼슬에서 물러난 뒤 고향인 전라도 담양에 내려가 '면앙정'이란 정자를 짓고 자연에 파묻혀 지낼 때 지은 작품이다. 조상들은 방이 세 칸밖에 안 돼도 이렇게 두 칸을 달과 청풍에게 배려해주었다. 허름한 집에 살아도 자연과 교감하며 살았다.

우리나라 전통주택의 좌식생활에 알맞은 다용도의 방에는 안방을 비롯하여 사랑방, 건넌방, 윗방, 마루방, 주방 등이 있다. 삼국시대까지는 여러 개의 방으로 나뉘어지지 않았다. 주택의 내부가 벽체가 아닌 발이나 병풍·휘장 등으로 잠자는 곳을 가리웠을 정도며, 기능에 따라 건물별로 나뉘어졌다고 본다. 고려시대에 들어와서 하나의 건물 안에 여러 개의 방으로 구획되었다.

한국의 가옥은 서양처럼 두터운 벽과 문으로 철저히 단절된 구조가 아니다. 마루와 방, 방과 방이 종이미닫이나 장지문짝으로 차단되어 있을 뿐이다. 살짝 밀면 열리고 닫아도 말소리가 다 들린다. 한국의 집은 가족집단의 공동공간으로서 항상 '우리 집'으로 불리는 것이다. 그러므로 우리 공간 속에 있는 자신의 존재를 알리기 위해 건기침문화도 발달했다. 특히 안방은 출생의 공간이며 운명을 맞이하는 공간이다. 전통적인 문화유산에서 여성들의 상속제도로 '안방물림'이란 것이 있다. '안방물림'은 안방을 점유하던 시어머니가 일정한 연령이 되면 며느리에게 집안의 주부권을 인계하고 건넌방으로 물러앉아 며느리에게 안방을 사용하게 하는 것이다.[100] 안방물림을 한다는 것은 집안살림, 즉 경제권을 이전한다는 의미를 담고 있을 만큼 상징적인 의미가 강하다. 시어머니는 광, 곳간, 뒤

---

99) 김천택, 『청구영언』.
100) 강현모, 『한국민속과 문화』, 비움과채움, 2011, 39면.

주 등의 열쇠를 넘겨주게 되며 이로써 며느리는 그 집안의 확실한 지위를 보장받을 수 있게 되는 것이다. 자식이 결혼 초에는 주로 건넌방을 사용하다가 자녀를 낳게 되면 시어머니는 안방을 자식과 며느리에게 물려준다. 안방도 물려주고 물려받고 건넌방도 서로 바꿔가며 사용하는 데서 알 수 있듯이 방은 공동의 공간이라 할 수 있을 것이다. 이렇듯 방은 개방적 공간으로서의 의미가 강하며, 방은 다른 방이나 마루 등과 조화를 이루는 가운데 가옥 속에 있는 사물과 사물의 융합방식을 적절히 보여주고 있다.

방의 특징은 무엇보다 방안의 조명이 대단히 과학적이라는 점이다. 조도가 일정한 은은한 빛이 방 안 구석구석까지 꽉 찬다. 이러한 간접광의 효과를 강화하기 위해 기단(基壇, 토방, 봉당, 뜰팡)을 높이고, 처마를 길게 빼며, 마당에 모래질 계통의 백토를 깔고, 방문에 창호지를 발랐다. 한옥은 이웃나라의 전통가옥이나 양옥과 달리 기단이 높아 지표로부터 올라오는 습기를 막아준다. 서민주택에 비해 중인 또는 양반 등 사회적 신분이 높은 사람의 주택일수록 기단이 높아지는 경향을 보인다. 특히 지붕 밑에 처마를 두어 햇빛량을 조절했다. 처마는 여름이면 직사광선을 막아 실내를 시원하게 하며 찬공기를 간직하는 구실도 한다. 그늘진 곳은 뙤약볕을 받는 마당보다 시원하다. 기온차에 의해 바람이 생겨 여름날의 더위를 식혀준다. 겨울철에는 낮게 뜬 태양볕이 방 안 깊숙이 들어 집안이 따뜻해질 수 있을 만큼 처마를 길게 빼냈다. 따뜻해진 공기는 위로 올라가 찬바람에 밀려 나가다가도 깊은 처마에 걸리면 머문다.[101]

---

101) 처마의 길이는 여름과 겨울에 해가 뜨는 높이를 면밀하게 고려한 결과라는 점이 놀랍다. 비가 들이치는 것을 막아주고 계절에 따라 햇볕의 양도 조절해주는 것이 처마였다. 양옥을 지으면서 처마를 없애버렸는데, 이에 따라 냉난방비가 훨씬 많이 들게 되었다.

장판은 한지를 여러 겹 포개어 기름을 먹여 만든 유지를 바르고 그 표면에 '콩댐'을 하여 때가 타지 않도록 청결하게 만들어져 있다. 콩댐이란 물에 불린 콩을 갈아 들기름을 섞은 혼합물을 무명주머니에 넣어 유

콩댐을 한 종이장판

지장판에 바르는 일로서 장판이 오래갈 뿐만 아니라 윤과 빛이 나도록 한다. 주한공사를 지낸 앨런(H. N. Allen)도 『조선견문기』에서 소작인이나 품팔이노동자의 오막살이에 있는 온돌도 갈색의 기름종이로 덮여 있는데 이 점이 중국이나 일본과 달리 훌륭하다고 했다. 창호지와 기름종이 같은 천연소재로 된 내장재를 가진 한옥은 화재시에도 유독가스 발생률이 현저히 낮다.

방 안에 들어갈 때는 토방에 올라서서 댓돌(섬돌) 위에 신발을 벗어두고 툇마루로 이동한 다음 높은 문지방을 넘어서 방 안으로 들어선다. 문지방이 높은 것은 내외 공간의 격리기능 때문이다.

신발을 벗어놓는 댓돌

마루는 연계와 공유의 장이다

무더운 여름을 나기 위한 시원한 마루와 추운 겨울을 따뜻하게 보내기 위한 온돌이 결합된 건축양식은 가장 한국적인 주거문화의 성격을 나타낸다. 더욱이 고려시대부터 시작된, 마루와 온돌이 한 집에 공존하는 이

중구조는 사계절이 분명한 우리의 기후와 생태에 꼭 맞는 발명이었다. 또한 한 지붕 아래 부엌바닥은 아주 낮게 파내고 방은 부뚜막보다 높게 구들을 놓고 대청은 그보다 더 높게 마루를 깔았다. 이렇게 한 건물에서 내부공간의 고저를 다르게 설정하는 예는 다른 나라에서 볼 수 없다.

요컨대 우리 주택은 마루와 온돌이 공존한다. 대륙성 기후와 해양성 기후가 공존하는 한반도의 더위와 추위를 해결하기 위해 한옥에는 마루와 온돌을 갖췄다. 마루를 사용하는 것은 마루 밑의 공간으로 바람이 잘 통하게 하여 냉방의 효과를 가져오기 위한 것으로 주로 남방건축의 특징이다. 그리고 온돌은 북방의 한대지역에서 사용하는 난방방식이며 이러한 특징은 우리나라로부터 중국의 동북지역에 광범위하게 펼쳐져 있다. 한옥처럼 구들과 마루가 갖춰진 집은 세계 어느 나라 가옥에서도 찾아보기 힘들다.

열린 공간으로서의 대청마루

한옥의 개방과 소통의 기능은 마루, 특히 대청마루에서 잘 드러난다. 대청마루는 스스로 열린 공간이면서 방과 방을 이어줌으로써 폐쇄적인 공간마저 열린 공간으로 전환 확장시키기 때문이다. 특히 대청마루는 벽 전체를 차지할 만큼 뒷벽에 큰 문을 내고, 앞은 기둥만 세워 완전히 개방한다. 이처럼 전통주택에서 마당과 대청마루는 사용하지 않을 때는 주위의 것들을 개방으로 끌어들이는 존재로서의 넓고 빈 공간이며, 필요에 따라서는 다양하게 쓰이면서 열린 공간의 의미를 극대화시키는 존재이다. 현대 우리나라 아파트의 거실은 서양에서의 독립적인 공간으로서의 성격과 다른, 한국 전통주택의 마당이나 대청마루와 같은 소통적 공간 구실을 한다고 할 수 있다.

대청마루는 뒷벽에 벽 전체를 차지할 만큼 큰 문을 내고, 앞은 기둥만 세워 완전히 개방했다. 섬뜩할 정도로 차가운 대청마루는 습기를 피할 수 있고 통풍이 잘 되기 때문에 여름철 주거공간뿐만 아니라 곡물창고로서도 유용하게 사용될 수 있다. 대청이 시원한 공간이 될 수 있도록 방처럼 천장에 종이반자[102]를 쓰지 않고 서까래가 그대로 드러나도록 공간을 높게 하여 지붕에서 내리쬐는 열기를 흩어지게 했다. 대부분 우물마루로 되어 있는 대청마루는 평소에는 여름을 위한 공간이지만 제례, 혼례 등 집안의 큰 행사를 치르는 곳이기도 하다. 한옥의 천장은 높낮이가 달라 앉아 있는 방에서야 천장이 높을 필요 없지만 서서 일하거나 왔다 갔다 해야 하는 마루나 부엌 쪽은 천장이 높아야 답답하지 않고 기(氣)가 소통된다.

한옥의 모든 구조는 우리의 몸과 직결되어 있으며, 우리 몸과 맞는 조화로운 크기로 설정되어 있다. '땅에 가까워야 대지의 기를 흠뻑 받을 수 있음'을 터득하고 살았던 조상들의 지혜를 확인할 수 있다. 비가 오면 문 닫고 지내야 하는 아파트와 달리 한옥은 마루에 있는 큰 창에 처마만 달면 비가 와도 문을 열 수 있는 구조이다. 여름철 대청의 분합문을 천장에 달려 있는 들쇠에 걸어 올려놓으면 통풍이 잘 될 뿐만 아니라 닫혀 있던 공간이 자연과 접할 수 있는 개방적인 공간으로 변화된다.

마루에는 방과 방 사이에 있는 큰 마루인 대청마루를 비롯하여 사랑방 가까이 누각처럼 높게 만든 누마루, 방 앞으로 좁게 달아낸 툇마루

툇마루

102) 우리나라 천장은 대부분 반자천장으로서 화장종이를 반자틀에 붙인 것이다.

쪽마루

병사서원 만대루의 멋스러운 누마루

와 쪽마루 등이 있다. 건축가 김개천은 서애 유성룡이 후학을 양성하던 병산서원 만대루의 멋진 누마루를 보고, 바람과도 같은 무색의 질료성은 오히려 청빈하나 범접할 수 없는 성인을 마주한 듯하다[103]고 했다. 평상처럼 장소를 옮길 수 있는 이동용 들마루도 있다. 한편 마루에는 나무 널을 깐 널마루, 긴 널을 죽죽 깔아 만든 장마루, 긴 장귀틀 사이에 짧은 동귀틀을 건 후 그 사이를 넓적한 마루 널인 청판을 끼워넣은 우물마루 등이 있다. 귀틀(耳機)은 마루를 놓기 전에 먼저 가로 세로 짜놓는 굵은 나무로서 가로로 들이는 것을 동귀틀, 세로로 들이는 것을 장귀틀이라 한다.

특히 장마루가 외국 대부분의 것 인데 비해, 정(井) 자 모양의 우물마루는 우리나라 고유의 마루구조이다. 흔히 마루에 오르기 위해서는 마당과 마루 사이에 봉긋하게 단을 높인 디딤턱, 즉 봉당을 거치게 된다. 봉당 위에 신발을 벗는 댓돌을 놓아 마루를 오르내리기 쉽게 한다. 마루든, 댓돌이든, 봉당이든 서로를 이어주는 소통의 구실을 한다.

이상에서 알 수 있듯이 개방적인 성격이 강한 마루는 무엇보다 폐쇄적일 수 있는 방과 소통함으로서 융합의 효과를 극대화하고 있다.

---

103) 김개천, 『명묵의 건축』, 컬처그라퍼, 2011, 22~35면.

온돌은 소박하고 과학적인 난방방식이다

　고대 온돌유적은 주로 추운지역인 중국 동북지방에서 컹(坑)이라는 이름으로 많이 발견되었다. 문헌상으로 온돌을 처음 암시한 『구당서』와 『신당서』에 컹이 등장한다. 그러나 온돌은 한옥구조에서 가장 한국적인 문화요소로 인정받고 있다. 프랑스 가톨릭 전도사 달레는 『조선교회사』라는 책에서 "조선 사람들은 우리보다 훨씬 전에 난방장치를 사용하고 있었던 셈이다"라고 우리의 온돌이 자기들 난방보다 빨랐음을 고백하고 있다.

달레가 지은 『조선교회사』

　고조선 시기의 온돌유적이 발견됐다고도 하며, 오늘날과 같은 형태는 아니지만 온돌은 삼국시대부터 있었고, 고려를 거쳐 조선에 들어와 전국적으로 확대되었다. 고구려 때 귀족들은 의자나 침상에 걸터앉는 입식생활을 했으나 가난한 사람들은 겨울을 보내기 위해 온돌시설인 긴 굴, 즉 장갱(長坑)을 만들어 따뜻하게 난방했다.[104] 고려시대에도 서민들은 주로 흙침대를 만들고 땅을 파서 화갱(火坑)을 만들어 잠을 잤다.[105] 조선시대에 이르러서야 비로소 상류계층의 주택이나 공공건물에서도 온돌이 사용되었다는 기록이 있다. 온돌 보급 후 장시간의 가부좌가 가능할 만큼 온돌은 좌식생활의 정착에 결정적 환경요소를 제공했다.

　온돌은 납작하고 길쭉한 돌을 세워 고래(골, 도랑)를 만들고 그 위에 구들(구들장, 판돌)을 놓아 아궁이를 통하여 받아들인 열을 구들(←구운

---

104) 유구, 『구당서』/구양수 외, 『신당서』.
105) 서긍, 『선화봉사고려도경』 권3.

돌)에 저장했다가 서서히 복사열을 방출하여 방바닥이 따뜻해지도록 고안된 난방구조이다. 구들에 까는 판돌로는 양주 수락산에서 산출되는 돌이 가장 좋다고 했다. 여성들이 아궁이에 불을 땔 때에 받는 열기가 생식기를 튼튼하게 만든다는 것은 잘 알려진 일이다.

가마솥을 걸고 불을 지펴놓은 아궁이

옹기로 만든 굴뚝

아궁이에 불을 때면 뜨거운 열기가 고래를 타고 구들장 밑을 지나면서 난방이 되고, 연기는 구들장 끝과 연결된 굴뚝을 통해 빠져나간다. 불이 구들로 잘 전달될 수 있도록 굴뚝의 위치와 높이도 적절히 조정했다. 물론 우리의 굴뚝은 매우 낮은 편이다. 굴뚝의 연기는 취사와 관련되며 식사는 인간의 본능적 행위로서 억제 은폐되기 마련이었다. 더우기 주위의 어려운 사람들을 생각하여 밥 짓는 걸 드러내지 않기 위하여 굴뚝을 처마 밑으로 세웠다. 안동 하회마을에 있는 어느 대갓집의 굴뚝은 툇마루 높이에 불과하다. 전남 구례의 운조루에 있는 굴뚝의 경우 첨탑처럼 높이 쌓았는데 이는 밥 짓는 연기가 넓게 퍼지는 것을 막기 위한 것이다. 한옥의 굴뚝은 북에서 남쪽으로 내려올수록 낮아지는 경향이 있다. 온화한 남방에서는 연소목적이 취사에 국한되는 경우가 다반사인데, 북방은 추워서 취사 외에도 난방시간이 길므로 굴뚝을 높여 불길이 잘 들도록 했다.[106] 툇마루 밑에 구멍을 뚫어 배기하는 간이형 굴뚝이 있는가 하면 아예 굴뚝이 없는 경우도 있다. 독특한 구들구조는 그을음을 잡아 떨어뜨려 굴뚝으로 하얀 연기만 배출되게 하는데, 이 굴뚝의 연기는 파리 모기와 같은 해충을 쫓는다. 물론 아궁이의 불이 고래를 잘 통과하지 못하는 경우, 특히 ㅁ자형 집에서는 통풍할 데가 없어 연기가 집 안을 덮을 때도 많다.

온돌의 원리는 열의 전도를 이용한 복사난방방식에 속한다. 이는 이웃의 중국이나 일본의 난방법과도 전혀 다른 우리 고유의 것이다. 입식생활을 하는 외국처럼 한쪽 벽에 라디에이터(radiator)라는 방열기를 설치하여 온도를 높이는 대류

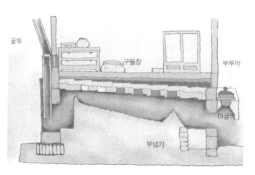

온돌의 원리

난방방식의 경우, 바닥은 온도가 낮지만 천장 밑은 가장 온도가 높다. 따라서 고온의 공기를 호흡하면 심폐 내 산소분자의 수가 줄어들기 때문에 건강상 좋지 않다. 그러나 온돌은 발바닥을 포함한 신체가 직접 온돌에 접촉하므로 혈액순환을 촉진시키는데, "구들장이 펄펄 끓는다"느니 "구들에 몸을 지진다"는 말들도 이와 관련이 있다. 뿐만 아니라 온돌은 방바닥의 온도 차이로 인해 쾌적한 생활을 할 수 있게 하므로 과학적인 난방방식이다. 다만 불을 때도 방이 고루 따뜻하지 않다는 것이 결점일 수 있고, 아궁이의 불이 고래로 잘 들어가지 못해 연기가 집 안 가득할 수도 있다. 그럼에도 불구하고 온돌은 장점이 크며 일반적으로 온돌을 사용할 경우 입

---

106) 장혜영, 『한국전통문화의 허울을 벗기자』, 어문학사, 2010, 81면.

식생활에 사용되는 강제 환기식 난방법보다 약 20% 이상의 에너지가 절약된다.

지금은 장작불의 열기 대신 뜨거운 물을 바닥에 순환시키는 방식으로 바뀌었지만 바닥부터 따뜻하게 데우는 방식의 장점은 고스란히 남아 있다. 다시 말해 오늘날 보일러라는 새로운 난방장치가 도입되었다고 해도 서양에서처럼 벽이 아닌 방바닥에 온수파이프가 깔린 개량온돌을 설치함으로써 여전히 온돌의 효과를 얻고 있다. 바닥에 파이프를 골고루 깔고 파이프의 물을 보일러로 데워서 난방하는 방식을 패널히팅(panel heating)이라고 한다. 바닥을 데워 실내 온도를 높이는 원리는 예나 지금이나 같으나 바닥을 데우는 방법은 과학적으로 간편하게 바뀌었다. 현대식 온돌인 패널히팅은 주어진 실내공간을 최대로 활용할 수 있다.

양옥이나 아파트가 우리 한옥으로서의 전통을 벗어나지 못했음을 확실하게 말해주는 것은 바로 온돌이다. 온돌의 설치방식, 연료 등은 모두 바뀌었지만 온돌이 지닌 기본적인 난방방식과 그로 인한 주거생활은 여전하다. 온돌의 방식이 구들이든 보일러든, 연료가 연탄이든 기름이든 전기든 밑면난방방식의 하나라는 점에서 같다. 방바닥이 따뜻하기 때문에 좌식생활을 주로 한다는 점에서 기본적인 주거양식이 양옥이나 아파트에서도 고스란히 관철되고 있는 것이다. 비록 거실에 소파를 들여놓고 식탁을 사용하며 침대를 들여놓아 입식생활을 한다고 하더라도 밑면난방시설을 하고 장판을 깔았다. 그리하여 물걸레 청소를 하여 아이들이 거실바닥에서 뒹굴고 놀며 어른들도 방 안에 앉아서 편안하게 쉴 수 있도록 했다. 먼지가 풀풀 나는 서양의 카펫과 다른 온돌의 청결한 생활이 한옥의 주거문화의 장점으로서 여전히 언급되고 있다.

1999년 영국의 엘리자베스 여왕이 경북 안동 하회마을을 방문하여 충효당 안방에 들어가고자 툇마루에 오르면서 하이힐을 신고 올라갔던 것도 신발을 벗지 않는 서구식 주거문화의 전통 때문이다. 이때 서구의 언론들은 그녀의 맨발에 촛점을 맞추었는데, 그 때까지 아무도 여왕의 발을 본 일이 없었다는 사실을 기사화하면서 특종으로 다룰 정도였다. 최근에는 침대까지 구들장처럼 돌이나 흙

경북 안동의 하회마을에 있는 충효당 전경

을 이용하여 따뜻하게 밑면난방을 하고 있다. 이른바 온돌침대가 등장한 것이다. 돌침대업계의 선두주자인 장수돌침대는 천연석이 발열시스템 위에 떠 있는 전통 구들장방식인 히팅플로어(heating floor)라는 신기술을 적용하여 복사열방식을 채택하였다. 2000년대 들어 중국과 일본 등 아시아 시장을 공략한 데 이어 최근에는 미국 애틀란타에 미주지사를 설립했다.

온돌은 김치, 한글, 양반, 막걸리 등 12개의 한국 관련 어휘와 함께 영국의 권위 있는 『옥스퍼드사전』에 실릴 정도로 국제적으로 인정받고 있는 것으로 한국문화 세계화의 선두주자라 하겠다. 특히 세계에서는 우리의 온돌을 한글, 금속활자와 더불어 한민족 3대 발명품 중 하나로 꼽으며 찬사를 아끼지 않고 있다. 유럽의 상당수 새로 짓는 건물에서는 우리 온돌의 난방방식을 도입하고 있다.

혹자는 바닥에 깐 돌 사이에 온수 파이프를 통하여 난방을 하는 외국의 최신식 패널히팅이 바로 우리의 구들문화와 같은 뿌리임을 볼 때 자괴감이 느껴지며, 지그문트 그루페 같은 독일기업은 아예 우리의 옛 구들 형식을 이용한 온수순환난방(에어코노미)을 보급하고 있고, 일본에서도 전

---

107) 주강현, 『우리문화의 수수께끼2』, 한겨레출판, 2004, 297면.

기구들을 전 세계에 수출하고 있다[107]고 걱정을 했다.

2011년 10월 21일부터 22일까지 서울기술대학교 백주년기념관에서 '건강건축과 온돌'을 주제로 국제온돌학회 창립 10주년 기념행사가 열렸다. 참석자들은 한국이 온돌문화의 종주국임을 인정하며 토론회를 마무리했다.

중요민속자료 중 한옥이 가장 많다

228점의 중요민속자료의 내용을 살펴보면 가옥 135점, 복식 55점, 자수 8점, 신앙자료 20점, 민속마을이 3점, 기타 7점으로 대별된다. 중요민속자료로 지정된 것 중에는 가옥이 가장 많다.

현재 중요민속자료로 지정되어 있는 대표적인 한옥을 들어보자. 강원도 강릉시 운정동에 있는 선교장은 예전에 경포호수를 가로질러 배로 다리를 만들어 건너 다녔다 하여 붙여진 이름이다. 조선 영조 때 효령대군의 후손인 이내번이 지은 양반가옥으로 상류사회의 전형적인 주거양식을 보여주고 있다. 그리하여 민간주택으로는 처음으로 국가지정 문화재가 되었으며, 건축전문가들에 의해 '한국에서 가장 아름다운 집'으로 선정되기도 했다. 특히 사랑채인 '열화당(悅話堂)'과 연못가의 정자인 '활래정(活來亭)'이 유명하다.

아산에 있는 맹씨행단

충남 아산에 있는, 일명 맹씨행단(孟氏杏壇)은 조선 초의 재상으로 청백리의 대명사였던 맹사성의 고택이다. 이 집은 고려말에서 조선초에 걸치는, 우리나라에서 가장 오래된 민가 가운데 하나로 대표적인 북향집이다. 설아산(雪峨山)에서 내려온 지맥(地脈)에 집을 맞추다 보니 북쪽을 향할 수밖에 없었다. 이 가옥은 본래 최영 장군이 살던 집이었으나 손녀사위가 된 맹사성에게 그 집을 물려주었다고 한다.

전남 구례의 운조루(雲鳥樓)는 구름 속의 새처럼 숨어 사는 집이라는 뜻을 지녔다. 운조루는 도연명의 〈귀거래사〉에 나오는 것으로 이 집의 특징으로는 굴뚝이 없는 것과 뒤주뚜껑에 '타

전남 구례의 운조루

인능해(他人能解)'라 쓰였음을 들 수 있다. 뒷산이 지리산 노고단이요, 앞에는 섬진강이 은하수처럼 흐르고 있는 운조루는 영조 52년(1776)에 삼영부사였던 유이주가 건립한 조선 양반가의 대표적인 가옥이다. 경주시 탑동 김헌용 가옥은 400여 년 전에 세워져 민가로서는 가장 오래된 건물 가운데 하나다.

강릉시 죽헌동에 있는 율곡의 생가인 오죽헌(烏竹軒)도 조선 초기의 집으로 우리나라에서 가장 오래된 민가 중의 하나이다. 최근 발행되는 5000원 권 지폐의 배경이 바로 오죽헌이다. 서울의

강원 강릉의 오죽헌

청계천과 종로의 윗동네인 북촌한옥마을은 서울 최고의 관광지로 재정비된 역사적인 곳이다. 조선시대 상류층의 주거지로 시작해 1930년대 중산층들이 모여 살았던 마을로 마치 중국 베이징 최고의 관광지로 꼽히는 후

서울 북촌한옥마을

세계문화유산이 된 경주 양동마을

충남 아산 외암리 민속마을

통(胡洞)과 같은 곳이다. 1930년대 일본의 세력 확장에 대한 반발로 짓기 시작한 650여 채 되는 전주의 교동·풍남동의 한옥마을은 중인층이 살던 곳으로 전주의 근대사가 고스란히 살아 있다.

경북 안동의 하회마을에 있는 풍산류씨 종가인 양진당이나 류성룡 생가인 충효당도 간과할 수 없는 조선 중기의 건물이다. 특히 양진당의 우뚝 솟은 솟을대문, 높은 기단의 사랑채, 좌우로 쭉 뻗은 행랑채 등은 멋스럽기 그지없다. 하회마을과 함께 세계문화유산이 된 경북 경주 양동마을의 이언적이 살던 조선 중기의 주택 향단(香壇)도 가옥의 공간구성과 건축 형식이 빼어난다. 이 밖에도 경주 교동의 최씨고택, 충남 논산의 명재고택, 경남 함양에 있는 정여창의 고택도 유명하다.

현재 초가는 아산의 외암리마을, 안동의 하회마을, 순천의 낙안읍성,

제주의 성읍마을, 경주의 양동마을 등 우리나라의 대표적인 민속마을에서 흔히 만날 수 있다. 무엇보다 외암리마을은 예안이씨 집거촌으로 기와집과 초가들이 옛 모습 그대로 보존되어 있다. 안동의 하회마을이나

전남 순천 낙안읍성

낙안의 민속마을에 비해 상업화되지 않고 비교적 한적한 분위기를 보존하고 있는 곳이다. 65가구 중 50여 가구나 되는 초가는 보는 이로 하여금 삶의 긴장을 풀어주기에 충분하다. 외암리의 아름다움은 가는 곳마다 초가를 에두른 돌담에서 두드러진다.

흙으로 담을 쌓고 볏짚으로 이엉을 올린 초가들은 보통 40년 정도 유지된다고 한다. 그러나 잘 지은 기와집 한 채는 견고할 뿐만 아니라 문 한 짝, 주춧돌 하나에도 장인의 손길이 구석구석 미치지 않는 곳이 없다. 그야말로 집 전체가 수공예로 꾸며지는 엄청난 고급집이다. 한옥의 전통을 이은 흙집과 나무집은 이제 예사 양옥보다 한층 값나가는 고급주택으로 떠오르고 있다. "집과 여자는 가꾸기 나름"이라는 속담이 있듯이 한옥은 사람이 살면서 정성스레 가꾸면 생기가 돌고 수명이 1000년도 가지만 빈집으로 놔두면 급속히 낡아 2~3년 안에 폐가가 되고 만다. 이처럼 한옥은 사람의 애정과 함께 숨 쉬는 생명을 지닌 집이다.

그리고 환경 파괴의 주범이 양옥의 콘크리트라고 하는데, 한옥은 폐기되면 사람처럼 흙으로 돌아가기 때문에 친환경적이다. 하지만 생활하기에 불편하다는 점은 극복되어야 한다. 이제 서양건축의 장점을 수용하면서 한옥의 새로운 미래를 열어 나가야 할 것이다.

사대부는 그의 집의 문을 높고 크게 할 수 있으나 서민들은 금지되어 있
다. 집 앞에 짧은 서까래를 덧얹어 달고 그 끝을 끌어올려 호로산(葫蘆傘)이
나 날아가는 학의 모양을 만든다. 이것을 노송취병(老松翠屛)이라 한다.

그리고 방 안에는 기름 먹은 누런 빛깔의 종이로 장판을 했는데 매끄럽기
가 기름이 엉긴 것 같다. 그 위에 골풀을 깔았는데 '수복(壽福)'이라는 글자
가 새겨져 있다. 자리에는 화문석과 목침 같은 것이 있다.

창에는 완자겹창으로 마음대로 열고 닫는다. 거기에다 창호지를 바르고
기름을 칠하여 마치 은가루를 뿌린 듯이 깨끗하다. 그리고 유리를 붙여 그
유리로 밖을 내다 본다.

항간에서는 새로 흰 널조각으로 문을 만들고 '경신년 경신월 경신시 강태
공 만듦'이라고 쓴다.[108] 이는 오행의 운행에 있어서의 금(金)이 목(木)을 이
긴다는 뜻을 취한 것이다.

『경도잡지』 1권

우리나라의 민간주택은 궁궐, 관청, 사찰 등 다른 대부분의 건축과 마
찬가지로 목조로 된 건축이다. 이 주택의 건축에 따른 구조적 특성을 고
찰하려면 기단, 벽체, 지붕, 천장 등으로 나누어 살피는 것이 편리하다.
기단이란 집터 위에 한층 높게 쌓은 단으로 월대도 이에 속한다.

인용문은 주택의 구조적인 측면에 대해 간략하게 보여주고 있다. 문
높이의 높고 낮음에서부터 서까래를 덧붙이고 처마를 약간 올려 지붕의
모양을 내는 설명은 건축의 구조적인 문제이다. 삼국시대부터 신분에

---

108) 강태공(姜太公)은 중국 주나라 초기의 정치가이다. 문왕이 위수(渭水) 가에서 처
음 만나 스승으로 삼았으며, 뒤에 무왕을 도와 은나라를 멸망시키고 천하를 평
정한 공으로 제(齊)나라의 시조가 되었다. 경(庚)과 신(申)은 금(金)에 해당하는
간지이다. 나무에다 금에 해당하는 간지의 연·월·일·시를 새겼으니 금이 목
을 이기고도 남음이 있다.

따라 주택의 구조는 물론
대문이나 담장까지도 차이
가 있었다. 신분의 구별이
엄격한 조선사회에서 양반
의 권위를 지키기 위해서
는 가족의 일상생활이 밖
으로 노출되는 것을 꺼려
했기 때문에 폐쇄적인 형
태가 필요했으며, 솟을대
문이나 화려한 담장으로
권위를 나타내었다.

솟을대문

솟을대문은 가마를 탄 채
드나들 수 있도록 가운데 부
분을 더 높게 만든 대문이
다. 대문이 너무 크면 집이

제주도의 대문인 정낭

작아 보이고, 대문과 중문이 한 줄로 서면 집 안이 훤히 들여다 보이는109)
등의 이유 때문에 대문의 높이나 크기, 위치 등에 신경을 많이 썼다. 그러
나 대문을 겹겹으로 만들지 않았을 뿐만 아니라110) 우리 서민들이 사는
집의 대문은 아예 없거나 제주도의 정낭 같이 나무토막이나 걸쳐놓는 경
우도 있다. 정낭을 가로지르면 주인이 없다는 뜻이고, 치워져 있으면 주
인이 있다는 것이고, 비스듬히 걸쳐져 있으면 곧 돌아옴을 나타낸다는 것
이다. 흔히는 나뭇가지로 엮은 사립문을 다는 경우가 대부분이다.
　담은 대체로 사람 눈높이 정도로 쌓아 까치발 서면 집 안이 훤히 들여다

---

109) 홍만선, 『산림경제』.
110) 중첩적으로 이어지는 중국의 대문은 건축의 폐쇄성을 가중시킨다.

보인다. 대문과 마찬가지로 낮은 담장은 내외를 엄격하게 차단하는 기능을 갖지 않는다. 중국과 같이 벽돌로 아주 두꺼운 담을 쌓아 내부와 외부를 분명하게 갈라놓지도 않는다. 요즘같이 가시철망이나 고압선 장치로 요새처럼 꾸민 담이 아니라 집에 조화를 이루며 사람을 겁주지 않도록 밝게 열려진 공간으로 구성되었다. 이렇듯 낮은 대문과 담장은 보는 이로 하여금 위압적이거나 답답하지 않고 편안하면서 여유로움을 느끼게 한다.

수수하고 다소곳한 돌담

일반적으로 벽돌을 이용하여 쌓는 중국의 담장과 달리 우리의 담은 재료에 따라 돌담·흙돌담·흙담(토담) 등으로 나눌 수 있다. 벽에다 돌이나 기와조각으로 온갖 무늬를 넣어 한껏 아름다운 자태를 뽐내기도 하는 꽃담도 있다. 물론 돌이 흔한 제주도에는 거친 바람을 막아내기 위한 돌담이 많다. 하지만 뭍에 있는 우리네 돌담은 밭 갈다 쟁기에 걸려 나온 돌로 쌓은 것이다. 갖가지 돌들이 생긴 대로 서로 받치고 틈을 메워 균형을 잡는다. 재고 다듬어 끼워 맞추는 게 아니다. 돌끼리 부딪치고 양보하며 비비고 어울린다. 건축학자 임석재는 이를 '이타적 어울림'이라고 했다. 수수하고 다소곳한 돌담은 가로막는 장애물이 아니라 그어 놓은 금일 따름이다. 외암리마을이 유명한 것도 돌담의 정취 때문이라 본다. 막돌을 쌓아 집과 집을 나누고 길과 밭을 나눈 자연스러운 돌담은 십리가 훨씬 넘는다.

아예 담을 쌓지 않고 울(울타리)을 치기도 한다. 얼기설기 짚·갈대·싸리·댓가지로 발처럼 엮은 바자울, 소나무·참나무 등 나뭇가지를 땅에 박아 둘러친 섶울, 싸릿가지를 둘러친 싸리울, 탱자나무·측백나무 등

산 나무를 빙 둘러 심은 생울타리가 전부인 경우도 있다. 우리의 울이나 담은 외부인의 침입을 막기 위한 것이기보다는 단순한 영역의 구분에 지나지 않는다. 최소한의 사생활을 가리기 위한 것으로 이웃

싸릿가지로 둘러친 싸리울

이 소통하는 정서적 공간을 내준다. 사립문이나 생울타리 사이로 마당은 물론 집마저 훤히 들여다보이는 게 우리가 사는 한옥이다.

방 안의 장판이나 자리 등 집의 바닥에 관한 설명도 한옥의 구조적 특징을 말해준다. 인용문에서 언급한 왕골로 짠 화문석(花紋席)이라 함은 꽃 무늬가 있는 돗자리라는 뜻이다. 화문석은 촉감이 부드럽고

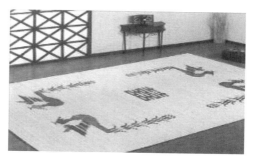

꽃무늬가 있는 돗자리인 화문석

물기가 스미지 않는 실용성과 더불어 다양한 색상과 무늬의 예술성까지 갖춘 우리 고유의 생활용품이자 공예품이다. 화문석에는 왕골을 재료로 하여 색칠하고 수를 놓아 만든 꽃자리와, 골을 재료로 하여 문양을 넣어 만든 등메가 있다. 꽃자리는 왕골껍질을 손으로 엮어 짜는 것이 특징이고, 등메는 골을 한 올씩 가마니 치듯 바디로 다져서 짜는 것이 특징이다. 화문석은 두 명이 15일간 꼬박 일해야 한 장이 완성된다고 하는 아주 귀한 돗자리로서 강화를 비롯한 함평·보성의 것이 아직까지도 유명하다. 조선시대의 돗자리 생산량은 엄청난 규모였으나 대부분 외수에 소비

되었다. 주변국가에서 우리 화문석은 대단한 인기품목이었다. 중국은 조공품으로 화문석을 수시로 요구했고, 일본·유구국은 사절이 올 때마다 선물로 원했다.

뭉뚱그려 화문석이라고 하지만 크게 세 종류로 나누면 화(花)문석·용(龍)문석·호(虎)문석이 있다. 이 가운데 진상품으로 가장 인기가 높던 것은 용문석이다. 등메·화문석 같은 고급돗자리는 상류계급이 장판바닥이나 대청마루·평상에 깐 자리이고, 삿자리, 대자리, 기직 등은 일반서민들이 새벽질한 흙바닥에 장판 대신 깐 자리이다. 삿자리는 갈대로 엮은 것이다. 한편 방석이란 돗자리와 달리 크기를 작게 만들어 혼자 깔고 앉게 만든 것이다.

다른 나라들의 주택은 비교적 자연에 거슬릴 만큼 화려하고 사람을 압도할 만큼 웅대하다고 할 수 있다. 중국은 대륙적 기질 그대로 장엄하면서도 인공적이어서 호수를 파서 산을 만들고 다시 호수나 산도 옮겨 버리는 식이다. 섬나라 일본은 깨끗하고 정제되어 있으며 직선적인 분위기가 돋보인다. 이에 비해 우리는 자연스런 건물 배치와 건축 재료를 비롯하여 자연에 어울리는 아담한 건물의 크기와 모양 등 모든 것이 조화롭고 소박하다. 같은 동양권이라도 한옥은 중국의 집같이 권위적이거나 일본의 집처럼 기교를 부리지 않는다. 다시 말해 한옥은 중국집처럼 밀폐적[111]이거나 장대한 호화미도 없고, 일본집처럼 섬세하거나 근시안적인 미도 아니라고 할 수 있다. 특히 중국은 외적의 침입을 막아야 하고, 넓기 때문에 가리기 위해서는 투러우, 쓰허위안, 야오동[窯洞] 등의 폐쇄

---

111) 객가(客家)의 집단주택 투러우[土樓]를 비롯하여 사방의 건물이 하나의 뜰을 향하는 'ㅁ'자 모양의 쓰허위안 같은 중국 전통가옥은 사면이 높은 담으로 둘러싸여 바깥과 완전히 차단된 느낌을 준다. 중국의 전통가옥은 구조면에서 서양집에 가깝다.

적인 주택이 필요했다. 이
런 건축구조의 폐쇄적인 속
성과 배타적 지향은 중화적
자부심의 발로이자 개인주
의의 극치라고 할 수 있다.
건축의 폐쇄성과 배타성을
자신의 능력을 숨기고 남의
동태를 살피는 도광양회(韜

중국 객가의 집단주택인 투러우

光養晦, 빛을 감추고 어둠을 키우다) 정신의 원조로 보기도 한다.

한국의 전통주택은 자연환경에 조화롭게 단아하고 소박하며 가식이나
허세를 부리지 않는 겸허한 미를 지녔다. 우리 지붕의 기와, 처마, 기둥에
서 보여주는 완만한 곡선도 매력으로 다가온다. 창덕궁, 창경궁 등의 궁
궐이나 종묘의 지형과 건물배치 등에서조차 비규격적이고 자연스러운 미
를 엿볼 수 있다.

이제 전통적인 주택을 어
떻게 현대생활에 접목시키
느냐가 문제다. 최초의 한
옥 동사무소인 서울시 혜화
동 주민센터의 설립이 좋은
사례이다. 한국의 전통가옥
스타일을 공공건물에 도입
해 미학적이며 실용적으로

서울시 혜화동주민센터

성과를 나타냈을 뿐만 아니라 외국인들에게도 한국의 전통문화를 알리는
기회가 되었다. 일본 도쿄 하네다공항의 여객터미널 4층에 에도시대의
길을 모티브로 레스토랑 등 여러 가게를 만들어놓았다. 우리 인천국제공
항에도 있었으면 좋겠다.

제2장

노동

— 무슨 일을 하면서 살았는가

　연휴나 주말만 되면 놀러가는 사람들로 거리는 온통 차량행렬이요 관광지는 북새통을 이룬다. 현대인들은 놀기 위해서 일을 한다고 할 수 있다. 물론 과거에도 일을 열심히 하지 않은 사람들이 있었다. 체면을 중시하는 양반들 사이에서는 "양반은 굶어 죽을지언정 구걸은 하지 않는다"라든가, "양반은 물에 빠져도 개헤엄은 치지 않는다"는 속담이 있을 만큼 체면을 우선시하기도 했다. 그러나 우리의 조상들은 일을 위해 놀았다고 할 만큼 일에 주력하였다. 놀이와 축제를 즐기면서도 해야 할 일에 대해서는 시기를 놓치지 않고 철저하게 해냈다. 마을에 따라서는 규정에 의거 '게을러 농사를 망치는 자'는 벌을 주기까지 했다.

　우리 민족은 생활하면서 "늦잠이 많으면 가난해진다"고 나태함을 스스로 경계했고 "물동이에 물이 마르면 복 나간다"든가 "집 안에 거미줄이 많으면 가난해진다"고 근면을 독려하며 살아왔다. 부지런하면서 정직하게 살고자 했던 조상들의 지혜는 오늘에 더욱 요구되는 미덕이다. 더구나 자연의 이치를 거슬리지 않고 겸허하게 인간적 소임을 다하고자 했던 옛

사람들에게서 미래적 가치를 발견하게 된다. 비록 여가생활의 중요성과 더불어 근로자들의 삶의 질이라는 문제는 있지만 그동안 산업화과정을 성공적으로 이끌어 경제적으로 선진국 반열에 올라선 것도 우리의 근면함과 성실함을 기반으로 한 노동의 결과이다.

한편 전통적으로 조상들은 이웃과 함께 일을 하는 가운데 한 마음이 되고 돈독한 관계가 되었다. 남성들은 사랑방이나 정자나무 밑에 모여 새끼를 꼬면서 이야기를 나누는 가운데 친근해질 수 있었고, 여성들은 함께 물을 긷고 바느질을 같이하면서 서로를 이해하기도 하였다. 이와 같이 생산과 노동 속에서 우리 민족의 융화의 미덕과 공동체정신을 쉽게 발견하게 된다.

오늘날 무절제한 생산과 더불어 과도한 소비는 도를 넘어 인간적 삶을 위협하고 있다. 자원의 고갈은 물론 환경의 파괴라는 극단적인 상황에 치닫고 있음을 부인하기 어렵다. 일도 중요하고 생산도 중요하다. 그러나 그 모든 것이 무엇을 위한 것인가를 따져볼 때 인간밖에는 아무것도 아니다. 무한경쟁이라는 현실 앞에서 우리는 조상들의 일에 임하는 성실한 태도와 삶의 대한 진지한 모습에 숙연하기까지 하다. 새삼 잃고 있었던 부지런함과 유유자적함을 배우고 올바른 인간성을 되찾는 장이 되었으면 한다.

1) 농사와 농기구

공자의 제자인 번지(樊遲)가 스승에게 농사일을 가르쳐 달라고 청하자 공자는 "그 일은 내가 늙은 농부보다 못하다"[112]고 했다. 농사는 농부에게 물으라는 이 겸양의 말은 어느 분야든 전문가가 있고, 또한 전문가를 중시해야 함을 생각하게 한다.

우리의 삶 속에 차지하는 농업의 비중이 큼에도 불구하고 사실을 망각하거나 소홀히 하는 경우가 있어왔다. 다행히 쌀 소비량이 급격히 줄다가 요즘은 쌀밥을 중심으로 한 식사가 비만과 성인병을 막는 자연건강식이라는 인식의 확산, 즉 웰빙 바람을 타고 감소율이 둔해지고 있다.

일반적으로 명절, 생일, 제삿날 등은 모두 음력을 썼지만 한 해의 농사는 태양의 움직임에 따라 정한 24절기에 맞추었다. 우리나라는 4계절의 변화가 뚜렷한 가운데 각 철에 맞는 농사일을 해왔다. 대체로 6~8월 석 달간 비가 많이 오는데, 평균 잡아 1년 내리는 비의 2/3 이상이 이 동안에 내리는 셈이다. 이렇듯 곡식이 한창 자라는 시기에 비가 잦고 또 많아서 농업에 크게 도움이 되었다.

조선 후기까지도 우리나라 백성들의 8할 이상이 농민이었다. 농사를 지으며 살아온 우리 민족이야말로 다양한 계절의 조화, 즉 천혜의 자연환경 속에서 온유한 삶을 유지할 수 있었다. 아랍사람들이 사는 고원지방만 하더라도 혹서와 혹한을 완충하는 봄과 가을이 없다. 때문에 그들은 매사에 극단적이고 과격하다고 한다. 다마스쿠스에서는 북부인이 남부인의 밭에서 오이 하나 훔친 것이 발단이 되어 7년에 걸친 오이전쟁을 했다 하

---

112) 오불여노농(吾不如老農)(『논어』 자로편).

니 놀라지 않을 수 없다.

노벨문학상 수상자이자 인권운동가인 미국의 펄 벅(Pearl Sydenstricker Buck) 여사가 1960년 한국을 방문했다. 그녀는 볏가리 지게 짐을 지고 볏단을 가득 실은 달구지를 끌고 가는 농부의 모습에서 한낱 짐승과도 짐을 나누어지며 살아가는 인간의 원초적인 마음, 곧 한국인의 마음을 발견했다고 한다.

1960년 한국을 방문했던
인권운동가 펄 벅 여사

농민들은 자연에 의지하여 '콩 심은 데 콩 나고 팥 심은 데 팥 난다'는 믿음 하나로 살아왔다. 그러기에 농민들의 생활문화는 넉넉하고 정직하며 평화롭기 그지없다. 더구나 농사를 생업으로 삼은 농민들은 농토가 부족하고 자연재해가 빈번한 가운데 서로 돕는 길만이 힘든 삶을 이겨내는 지혜임을 터득하고 있었을 것이다.

농부는 철을 알아야 한다

우리는 농사를 짓는 시기의 기준을 태양력의 하나인 24절기로 삼았다. 농사를 짓는 데는 계절의 변화가 중요하므로 우리는 음력에다 양력을 결합해 썼다. 음력은 달의 위상 변화에만 의존해서 엮은 역법이므로 실제로 계절과 달이 완전히 일치하지 않기 때문에 3년에 한 번씩 윤달을 두어 대략 계절에 맞추기

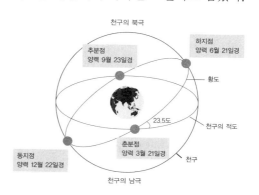

1년 동안의 태양의 움직임을 절기로
나누어 나타낸 24절기

도 한다. 24절기는 태양운동을 24등분한 것이므로 각각 계절에 정확히 상응할 수밖에 없다. 일반적으로 명절·생일·제삿날 등은 모두 음력을 썼지만, 한 해의 농사는 태양의 움직임에 따라 정한 24절기에 맞추었던 것이다.

〈농가월령가〉와 같은 작품으로 표현되는 월령에서 월별·절기별로 농가에서 진행해야 할 일을 지적하면서 농사에 활용되는 역법이 양력적인 24절기임을 부각시키고 있는 점에서도 그러하다. 24절기는 계절을 세분한 것으로, 계절은 태양의 위치를 나타내는 황경(黃經)에 따라 변동하기 때문에 24절기의 날짜는 해마다 양력으로는 거의 같게 되지만 음력으로는 조금씩 달라진다. 따라서 적절한 때를 맞춰 지어야 하는 농사는 태음력보다 정확한 태양력을 활용하고 있는 것이다. 다만 어촌에서는 밀물과 썰물의 변화가 음력 날짜와 관련이 있기 때문에 음력이 유용하게 쓰인다.

농부들은 '춘생 하장 추수 동장(春生夏長秋收冬藏)'의 원리를 깨닫고 있었다. 그들은 농작물의 생산주기에 따른 농경의례적 질서를 존중했다. 농사란 봄(양력 2~4월)에 싹을 틔우고 여름에 길러서 가을에 거두고 겨울에 갈무리하는 것이다. 실제로 1년 농사의 준비는 농한기인 음력 11월부터 다음 해 2월경까지다. 대개 입춘·우수가 들어 있는 정월에 농사를 준비하고 경칩·춘분이 들어 있는 2월에는 논밭의 봄갈이를 해준다. 파종은 대개 청명·곡우가 들어 있는 3월부터 입하·소만이 들어 있는 4월까지고, 모심기는 4월에서 망종·하지가 들어 있는 5월 초까지다. 북돋우기나 김매기 등의 성육관리는 여름인 동시에 우기인 5월부터 입추·처서가 들어 있는 7월경까지이고, 백로·추분이 들어 있는 8월부터 10월에 걸쳐 수확한다.

제대로 농사를 짓기 위해서는 작물별로 갈이·파종·김매기·거름주기·물대기·수확 등을 언제 해야 할지 24절기에 따라 실천해야 했다. 그래서 성숙한 농군이 되고 성인이 되는 것을 "철이 들었다" 또는 "철을 안다"라고 했던 것이다. '철'은 '절(節)'로서 계절이라는 마디며 절기다. 네 계절이 갖는 상징성은 계절의 순환뿐만 아니라 생물의 성장과 쇠락, 발아

와 수확 등과 무관하지 않
다. 따라서 자연의 섭리
에 순응하고 계절 감각이
몸이 밴 사람이 '어른'이
됨은 자연스런 이치다.

봄은 농사를 시작해야
하는 때다. 농가에서는
볍씨뿌리기, 감자심기,
목화파종 등을 한다. 여

논 한 가운데서 들밥을 먹는 장면

름은 만물이 성장하고 양기가 성한 때이다. 농촌에서는 모내기, 거름주
기, 물대기 등 정신없이 바쁘다. 오죽 바쁘면 "발등에 오줌 싼다"는 속담
까지 있는가. 농번기에는 들판에서 식사를 했다. 일하는 사람들에게 날라
다주는 음식차림을 '들밥'이라고 한다. 들밥차림에는 반드시 막걸리를
곁들이며, 점심과 저녁 사이에 먹는 밥을 '새참'이라 한다. 가을에는 수확
을 하게 된다. 8월은 농사일도 거의 끝나 수확을 앞두고 있으므로 "5월
농부 8월 신선"이라는 속담도 생겼다. 겨울이 되면 다음 해 농사를 대비
한다. 농사준비는 쟁기를 소에 메워서 하는 논밭갈이로부터 시작되었다.
농토관리에서 가장 중요한 것은 토양을 걸게 하는 것이다. 여러 번 갈아
서 햇볕을 쪼이면 거름을 준 것처럼 토양이 기름지고 잡초가 적어지게 되
므로 2~5회에 걸쳐 갈아야 한다.

거름은 농사의 핵심가치다

농사에 필수적인 거름 장만에는 주로 아궁이에서 나오는 재, 사람의 똥
과 오줌, 외양간 · 마굿간 · 돼지우리의 두엄(퇴비)을 이용한다. 그밖에도
질소성분이 풍부한 깻묵을 비롯하여 흙, 멸치, 정어리, 개똥 등도 거름으

발효를 위해 보관하는 분뇨통

로 유용하게 쓰인다.

재로는 볏짚을 태운 것이 좋다. 이것은 알칼리성분이 강해서 습기가 많은 밭이나 산성의 토질을 개량하는 데에 매우 효과적이기 때문이다. 특히 재와 두엄은 비를 맞추면 효과가 떨어진다 하여 잿간에 보관했다. "한 사발의 밥은 남에게 주어도 한 삼태기의 재는 주지 않는다"는 속담이 있고 "이웃집에 놀러가도 대소변은 자기 집에 와서 본다"라는 말이 있을 정도로 거름 장만은 중요하게 인식되었다.

비료가 등장하기 전까지 똥이나 오줌은 농가에 필수적인 양질의 거름이었다. 화학비료는 오히려 시간이 경과하면 지력을 떨어뜨려 작물을 재배하기 곤란하게 만드나 똥과 오줌은 땅을 기름지게 하며 지력을 향상시켜 지속적으로 작물의 재배가 가능케 한다. 농가에서는 다른 집의 분뇨를 거두기 위해 얼마간의 돈을 지불하기도 했다. 안뒷간의 똥은 사랑뒷간의 것에 비해 거름으로써 가치를 세 배나 더 쳐주었는데, 이는 아이를 낳는 여성이 남성에 비해 생산적인 위력을 지닌다는 믿음 때문이었다.

똥과 오줌은 바로 거름으로 이용할 수 없다. 일정기간 분뇨통에 보관하여 발효의 과정을 거쳐 사용해야 한다. 뒷간에 지붕이 없거나 대문을 달지 않은 것도 발효가 수월하도록 배려한 것이다. 심지어 뒷간 옆에 잿간을 두어 뒷일을 본 후에 쌀겨나 재로 덮는 지혜를 발휘했다. 그리하여 재가 지닌 산성과 분뇨의 알칼리성이 조화를 이룬 최상의 거름을 생산할 수 있었다.

똥돼지(→흑돼지)나 똥개가 존재하는 이유도 이와 관계가 깊다. 우리나라 제주도나 지리산 등 거의 모든 지역에서 똥으로 돼지를 키웠으며, 중국·일본·필리핀 등지에도 똥돼지를 키우는 것으로 보고되고 있다. 전북 남원, 경남 함양·산청 등지에서 아직도 똥돼지간을 만날 수 있으며, 중국의 산둥성(山東省)·허베이성(河北省) 등지에서 지금도 똥돼지를 키우고

두엄을 생산하는 돼지우리

있다. 『삼국유사』에 "두 마리의 개가 북만큼 큰 똥덩어리의 양끝을 물고 늘어져 있는 것을 보고 그것이 행여 여성의 것이었으면 얼마나 좋겠느냐" 하는 내용이 나온다. 이와 같이 삼국시대부터 개가 사람의 똥을 먹는 식성이 있었음을 이용하여 개에게 어린아이의 똥을 먹이는 풍속이 시작되었을 것임을 쉽게 짐작할 수 있다.

먹거리가 충분하지 못하던 시절 사람 똥은 돼지나 개에게 고단위 영양식품이었다. 우리 선조들은 돼지에게 똥을 먹임으로써 사료문제의 심각한 위기를 자연스럽게 모면할 수 있었다. 오늘날 이슬람교도들이 돼지고기를 먹지 않는 이유가 사실 사료 부족 때문이었다[113]고 하니 의아하기까지 하다. 사람이 섭취한 음식의 70%는 몸 밖으로 배설된다고 하는 만큼 이 배설물은 영양덩어리이다. 그러나 똥은 그대로 거름으로 쓸 수 없기에 뒷간에 붙여 돼지우리를 만들어야 했다. 거름 생산을 위해 똥돼지를 키운 것이다. 돼지는 사람의 똥을 먹을 뿐만 아니라 받아먹기 위해 돌아다니면서 자신이 배설한 똥과 주인이 넣어준 짚을 밟고 뭉개게 된다. 이 뭉개진 두엄이 바로 양질의 퇴비가 되는 것이다.

---

113) 주강현, 『우리문화의 수수께끼1』, 한겨레출판, 2004, 278면.

철제농기구가 널리 보급되다

산업화 이전까지 농업은 우리의 경제생활에 결정적인 영향을 미친 기본 산업이었다. 신석기시대 중기에 이미 사람들은 안정된 씨족사회를 형성하고 농기구를 사용하여 농경생활을 할 수 있었다. 이 시기에는 주로 피, 기장, 조 등의 작물이 재배되었다. 신석기시대 후기부터 전래된 벼와 함께 논농사가 시작된 청동기시대에 이르러 농경문화는 한층 발전하였다. 청동기시대에는 수수, 콩, 팥 등이 재배되었으며, 철기시대에 이르러서는 농업생산과 사회발전에 큰 변혁이 일어났다.

수확에 혁신을 가져온
농기구, 낫

농업이 크게 발달할 수 있는 직접적인 계기가 된 것은 철제농기구의 활발한 보급이었다. 철제농기구의 경우 처음에는 간단한 것에서부터 나중에는 세련된 농기구로서의 낫이나 쟁기 등이 생산되었다. 철기시대 농경면적이 확대되면서 한꺼번에 대량으로 수확할 수 있는 낫이 등장했다. 소를 이용하는 쟁기갈이법이 도입되면서 노동력이 엄청나게 절감되었고 땅을 깊이 갈게 되면서 지력을 크게 증진시키고 농업생산력도 증대되었다.

철제농기구의 사용 및 중국농법의 전래에 따르는 농업생산력의 발전은 생산자층과 지배자층의 사회적 분화를 낳아 고조선·부여·삼한 등의 초기 고대국가를 형성케 하였다. 이처럼 벼농사가 본격적으로 발달한 것은 삼한시대에 들어와서이다. 김제의 벽골제, 밀양의 수산제, 제천의 의림지 등의 저수지가 축조된 것에서도 벼농사의 발달 상황을 엿볼 수 있다. 특히 마한은 지리적 조건이 평탄하고 기후가 온난한 농업지대에 위치하면서 외래종족으로부터 유입되는 금속문화를 농기구의 개량에 이용하여 농업생산력을 높였다.

집약농경에서 가장 중요한 것 중의 하나가 제초인데, 통일신라 이후 김
매기의 전형적 도구인 호미의 자루가 짧아지고 날이 좁아지면서 보급량
이 증가된 사실로 보아도 농사기술이 크게 향상되었음을 알 수 있다.

소로 농사짓기를 시작하다

생산력의 발전과 함께
사회분화가 한층 더 촉진
되고 국가권력에도 커다
란 변화가 일어나면서 고
대국가체제의 삼국시대
가 열리게 되었다. 이 시
기에 이르러 잡곡과 벼농
사가 크게 발달하였다.
삼국시대 초기까지는 콩

소를 이용해 쟁기로 논을 가는 농부

과 보리를 주로 재배하다가 6세기 이후 벼를 더 많이 재배하게 되었다.
중국이나 일본과 달리 필요에 따라 논농사를 짓기도 하고 밭농사를 짓기
도 하는 우리 특유의 수륙겸종의 농사법을 개발하기도 했다. 또 양잠·약
초·과일 등의 생산도 더욱 활발해졌으며, 가축의 힘이 농업에 본격적으
로 이용되기도 했다.

『삼국사기』에 따르면 소를 가지고 농사를 짓기 시작한 것은 신라 지증
왕 3년(502)으로, 우경(牛耕)은 작업의 능률, 생산량 증대 등 농업기술상
혁명적 발전을 가져왔다. 『금양잡록』에 의하면 한 마리의 소는 농부 9명
의 노동력을 지닌다. 소는 쟁기질·써레질처럼 힘든 작업은 물론 달구지
를 끌고, 연자방아를 돌리며, 거름이 되는 퇴비를 생산한다. 토지생산성

과 노동생산성 향상에 크게 기여한 가장 중요한 농가의 자산인 셈이다. "바늘 도둑이 소 도둑 된다"는 속담도 소의 재산적 가치를 반증하는 것이다. 이렇듯 소는 죽도록 일하고 나서 자리까지 내주고 죽어서는 몸을 통째로 바치는 가축으로서 농업과 축산업의 발달을 촉진시켰다.

현 서울시 동대문구 제기동에 있는 선농단 자리

신라시대부터 농사의 신을 모시는 선농제·중농제·후농제를 지내왔다. 그중 선농제는 한말까지 지속되다가 1909년(융희3)을 마지막으로 일제하에서 폐지되었다. 조선시대 해마다 경칩 후 풍년을 빌기 위해 서울 교외인 지금의 동대문구 제기동에 있던 선농단에서 임금이 친히 선농제를 지냈다. 이때 제물로 쓰인 소고기로 탕국을 만들어 많은 사람이 나누어 먹었는데, 이를 오늘날 '설렁탕'이라 부른다. 한편 설렁탕은 원에서 들어온 음식이라고도 하는데, 최남선에 의하면 몽골어의 '슐루'에서 왔다고 한다. 불교의 영향으로 채식 위주였던 고려의 식생활이 설렁탕의 도입을 계기로 차차 육식으로 변화되어갔다.[114]

최남선은 『조선상식문답』에서 조선의 소는 체질이 퍽 강건하여 결핵에는 저항력을 가졌고 성질이 온순하여 부리기에 좋고 마구 길러도 잘 번식하고 농경용이나 운반용 어디든 적당하고, 또 고기 맛이 좋아 식용으로도 썩 좋으니 이런 여러 장점을 모두 가진 점에서 거의 세계 제일이라는 정평이 있다고 하였다. 오늘날까지도 소의 쓸개가 병들어 딱딱하게 굳어진

---

114) 강인희, 『한국식생활사』, 삼영사, 1990, 178면.

것을 '우황(牛黃)'이라 부르며 우리는 천하의 영약으로 여기고 있다. 우리는 이러한 소를 가족처럼 생각하여, 한 집에 사는 하인을 가리키는 '생구(生口)'라 부르기도 했다. 지역에 따라서는 외양간이 부엌과 붙어 있거나 부엌 안에 있어 사람과 소가 공생하는 구조를 보인다. 주로 날씨가 춥거나 산짐승의 습격 때문에 소를 보호하기 위해서 취한 조치였다. '희생(犧牲)'이라는 말 속에 소가 들어가는 것도 예사가 아니듯이 소는 인간에게 있어 대단히 고마운 존재다. 심지어 소는 우리의 정신적 귀의처가 되기도 한다. 불교에 진리를 찾아가는 그림으로 〈심우도(尋牛圖)〉가 있고, 지눌은 자신의 호를 '목우자(牧牛者)'라 했으며, 한용운은 자기 집을 '심우장(尋牛莊)'이라 칭하였다.

통일신라시대 이후 농업노동에 소나 말 등의 축력이 더욱 많이 이용됨으로써 거름을 주는 시비(施肥)가 용이하였고 쟁기경작이 본격적으로 행해졌으므로 지력의 회복이 빨라 농토를 쉬게 하지 않아도 되었다.

농업기술이 확대 발전하다

고려시대에는 논의 벼농사가 대폭 확대되고 과학적인 모내기법이 일부 지역에서 행해졌다. 조선시대에 이르러 휴경을 통한 농지경영에서의 소출을 넘어서는 토지생산력의 발전이 요청되었다. 거름을 주는 방법의 발달에 따라 농지를 놀리지 않아도 되었다. 세종 때 국가정책에 따라 쓰여진 정초의 『농사직설』이나 성종때 간행된 강희맹의 『금양잡록』 등은 선진적인 농법을 경험적으로 가르쳐주는 주요한 문헌이라 할 만하

한국 최초의 농서라는
『농사직설』

다. 특히 『농사직설』은 한국 최초의 농서로서 독자적인 농법체계를 확립

한 의의가 있다. 다만 소출의 차이는 여전했으므로 이때가 되면 일정량의 소출을 올릴 수 있는 면적을 1결로 정함으로써 결의 실면적은 농지의 비옥도에 따라 달라지게 되었다. 조선 초기의 활발하던 농업도 연산군의 폭정을 맞게 되고 그 후의 전란으로 농민의 이산, 농지와 수리시설의 황폐화 등 심각한 지경에 이르게 되었다.

농지개간이 주로 지배층에 의해 수행된 데 반해서, 농법개량은 대체로 농민들에 의해서 추진되었다. 이앙법(논)과 견종법(밭)은 노동력을 덜 들이고도 더 많은 소출을 올릴 수 있는 장점이 있었다. 모를 옮기

이앙법의 도입으로 벼의 수확량이 폭발적으로 증가했음

는 이앙법, 즉 모내기는 김매는 횟수를 줄일 수 있을 뿐만 아니라 이모작을 가능하게 했다. 두 농법의 보급은 마침내 전란으로 입은 생산력의 파괴를 말끔히 씻을 수 있었고, 한 걸음 더 나아가서는 조선 후기 농업생산력의 급속한 발전을 가져올 수 있었다. 농법과 농기구의 개선을 통한 생산력의 발전에는 이앙법을 강조했던 정부 편찬의 『농가집성』을 비롯하여 『색경』, 『산림경제』, 『북학의』, 『과농소초』, 『임원경제지』 등 대부분 실학자들에 의한 농서의 학문적 뒷받침도 있었다. 농법의 전환은 저수지나 보(洑)와 같은 수리시설의 확충에 힘입어 더욱 급속하게 전개되었으며, 농업생산력의 향상은 대동법·균역법 등의 세제개혁이나 농기구의 발달을 통해서도 크게 자극되었다.

이렇듯 18세기경에는 농업기술이 발달하고 농업생산력이 크게 증대되

면서 농민층의 경제력도 성장해갔다. 물론 그 이전에 고구마, 감자, 옥수수 등의 구황작물들이 도입되면서 농민들의 생활이 나아질 수 있었으며, 17세기에 전래된 담배·인삼·고추 등이 상업작

경남 창원시의 주남저수지

물로 재배됨으로써 농민의 경제력은 크게 향상되기도 했다. 농업에서의 변화는 다시 상업과 수공업에 영향을 미쳤다. 전국적으로 시장이 확대되고 도매상인 도고가 나타났을 뿐만 아니라 민영수공업이 발달하는 등 경제가 크게 성장했다.

노동 협력방식을 채택하다

농업은 대단히 힘들고 고단한 일이다. 따라서 농사를 지을 때 농민들은 두레나 품앗이와 같은 노동 협력방식을 채택하여 어려움을 이겨나갔다. 특히, 벼농사에서 모내기나 김매기 때는 단시간에 집약적인 노동력을 필요로 한다. 적기를 놓치면 폐농할 우려가 높기 때문이다. 우리나라를 비롯한 동아시아는 고온다습하여 제초작업이 농사의 아주 중요한 위치를 차지한다. 파종이나 수확보다 김매기에 가장 많은 노동력을 투여해야 했다.

종래의 자연의 힘과 작용에 내맡기던 조방(粗放)농업은 조선 중기 이후 인구가 급증하면서 집약농업으로 변하였다. 자본뿐만 아니라 많은 노력이 요구되었다. 단위면적당 많은 자본과 노동을 들이더라도 생산량을 많

게 하여 늘어난 인구의 식량문제를 해결하기 위한 방법을 찾은 것이다. 그러나 우리의 집약농업은 대규모 자본을 투입하는 서구식의 자본집약적인 것이 아니라 품을 많이 들이는 노동집약적인 것이었다.

"먹기는 혼자 먹어도 일은 혼자 못한다"는 속담이 있다. 이는 힘든 일을 혼자서 하는 것보다 여럿이 함께 하는 것이 더 빠르고 능률적이라는 뜻이다. 농촌에서는 두레, 품앗이, 고지, 계, 향도 등 다양한 형태의 노동협력 방식이 전통이 되었다. 노동력을 동원하는 방법에는 여러 가지가 있을 수 있는데, 사람들끼리 서로 도와가며 함께 일하는 협동관행이 가장 일반적이다. 가축인 소를 통해서도 노동협력이 이루어지기도 한다.

1970년대 이후 자본주의의 확산, 기계화 그리고 화학농업의 도입 등으로 임금노동 내지는 기계화학농업으로 바뀌었다. 제초제의 도입으로 김매기가 사라지자 노동력은 모심기에 더 필요하게 되었다. 그래서 정부에서는 새마을사업의 일환으로 모심기를 위한 공동작업단을 마을별로 조직하게 하였다. 일견 정부가 주도한 두레 결성이라 할 수 있다. 요즘 농민들의 자발적인 농기계 이용조직이 활성화되고 있다. 이는 소를 공동으로 이용하던 전통적 노동관습의 맥락과 통하는 것으로 농기계 중심의 현대식 두레 형태라고 할 수 있다.

한편 상품판매를 목적으로 한 환금작물 재배의 증가는 같은 작물을 재배하는 농가끼리 쉽게 노동교환이 이루어지고 있다. 작목반을 통해 영농기술을 공유하고, 영농자금을 조달하며, 농자재의 공동구입과 생산물의 공동판매 등 개별농가 중심으로 두레가 행해지고 있는 것이다. 농업의 기계화, 현대화가 이루어진 상태에서도 공동으로 기계를 이용하고 같은 작물을 재배하는 사람들끼리 돕는 새로운 노동 협력방식이 전개되고 있다.

특별히 2002년 월드컵대회 같은 데서 확인되는 우리의 단합된 모습은 바로 전통적으로 내려온 두레. 품앗이, 계 등의 혈연 또는 지연 공동체 특성의 소산이라 하겠다.

① 두레

두레는 마을을 단위로 하여 이루어진 공동 생산조직으로서, 주로 논농사 특히 김매기 작업과 관련한 노동력 동원방식이었다. 처음에 두레조직은 모심기와 김매기 등에 동원되었지만 후기로 갈수록 김매기에 집중되었다. 모내기를 한 논에서 김매기는 대체로 세 번 하게 되는데, 두 벌 논매기에 두레패가 동원되는 예가 많았다. 애벌은 모를 심고 뿌리가 내린 직후 하게 되며 이때는 아직 잡초가 무성하지 않은 상태라 농가에서 자체적으로 김매기를 하거나 품앗이 정도로 끝낼 수 있다. 하지만 두 벌 논매기는 그렇지 못했다. 애벌 후 보름 뒤쯤에 두 벌 논매기를 하게 되는데, 이 시기는 기온이 올라가기 때문에 풀이 무성해진다. 이때는 일일이 호미로 논바닥을 맨다. 그렇기 때문에 품이 많이 드는 것은 물론이고 그래서 두레노동이 동원된다.

17~18세기에 들어와 벼 재배방식이 모내기를 하여 옮겨 심는 이앙법으로 발전하고, 이것이 남부지방을 중심으로 널리 보급되면서 이들 지역에서 유행한 노동력 동원방식이 바로 두레였던 것이다. 물론 두레 결성 자체를 가능케 하는 주된 요소는 인구요, 이의 기반이 되는 마을사회의 형성이라 하겠다. 두레는 마을의 모든 구성원들이 의무적으로 참가하는 작업공동체였다. 두레는 농민들을 하나로 모으고 노동의 효율성을 높이는 데 크게 기여했다. 두레는 공동노동, 공동식사, 공동유희의 특징을 지닌다.

두레의 조직은 보통 20~30명부터 50여 명까지로 이루어진다. '두레꾼' 또는 '두레패'라고 불리는 두레의 성원은 한 마을의 농가당 1명씩 참여하여 구성된다. 이들의 자격은 노동력이 왕성한 성인남자이며, 미성년자나 여성이나 노인은 제외된다. 임원진을 보면 전체의 통솔자는 행수

(行首)이며, 그 보좌역으로 도감(都監)이 있다. 작업의 총지휘는 수(首)총각이 하고, 규약의 감시자인 조사총각, 전답을 보호하는 방목감(放牧監) 등이 있다.

노동력이 왕성한 두레패

두레는 성격상 구성원들의 공동노동과 상부상조하는 연대조직으로 마을신을 중심으로 한 신앙 공동체이기도 하다. 마을 또는 마을의 풍요를 상징하는 두레기 즉 '농자천하지대본(農者天下之大本)'이라 쓰인 농기와 풍물패를 앞세우고 논으로 나가 김매기를 한다. 마을의 노동력이 총 집결하여 공동노동을 하며 대동회의와 대동놀이가 펼쳐진다. 두레패는 농기를 제작하여 자신들의 위상을 나타내었고, 농기고사를 통해 농신을 받았으며,

우물 속의 두레박

농기에 예를 갖추는 기세배의 풍속까지 있었다. 이들 두레패는 1년에 정기적으로 모여 '두레먹기'라는 잔치를 벌이기도 했다. 두레 노동시에는 두레의 상징인 농기를 앞세우고 들판으로 나가서 풍물굿에 맞춰 일했다.

두레에는 농사두레뿐만 아니라 꼴을 베는 풀베기두레, 여성들만으로 조직되는 길쌈두레 등도 있다. 두레의 소중함은 생활 곳곳에서 두루 나타

났다. 마을의 공동우물에서 함께 쓰는 바가지를 '두레박'이라고 하며, 여러 사람이 함께 둘러 앉아 음식을 먹는 상을 '두레반' 또는 '두레상'이라고 했다. 두레는 1970~80년대 공동체문화를 지향하는 민주화운동의 화두가 되기도 했다.

② 품앗이

품앗이는 부족한 노동력을 확충하기 위한 노동협력방식의 하나로서 마을공동체의 인구증가와 관련해 집약적인 농업이 발달하면서 생겼다. 두레가 마을단위로 이루어지는 것으로서 거의 의무적으로 가입해야 하는 작업

품앗이로 김장 담그기를 하고 있는 모습

공동체라고 한다면, 품앗이는 이웃사람들끼리 편의와 필요에 따라 품(수고, 노력)을 교환하는 임의적 노동조직이다. 두레가 공동체 구성원들간의 이해타산이 거의 없이 이루어진 반면, 품앗이는 개인적으로 남의 품을 빌렸으면 언젠가는 갚아야 하는 철저한 노동력 교환형식이다. 즉 두레가 마을의 이익을 우선시한 공동체조직이라면, 품앗이는 개인적 이익을 먼저 고려한 임의조직이라 할 수 있다.

일반적으로 두레가 농번기에 집중적으로 이루어지는 데 비해, 품앗이는 시기를 가리지 않고 조직되었다. 두레가 논농사 특히 벼농사를 중심으로 조직된 것이라면, 품앗이는 밭농사를 중심으로 조직되었다. 그리고 김장하기, 우물파기, 방아찧기, 집짓기, 길쌈하기 등 거의 모든 작업에 걸쳐 다 행해졌다. 예전엔 김장을 '반년 양식'이라 했다. 11월 말이면

마을의 주부들이 품앗이로 돌아가며 김장을 담갔다. 김장김치를 항아리에 담아 땅에 묻어두면 이듬해 여름까지 든든한 양식이 됐다.

"오뉴월 품앗이는 당일로 갚으랬다"라는 속담이 있듯이 품앗이는 받는 즉시 갚는 것이 원칙이다. 두레가 일제강점기부터 소멸되기 시작한 데 비해 품앗이는 지금까지도 계속되고 있는 실정이다. 물론 임금노동 같은 자본주의화와 농업의 기계화 등에 밀려 품앗이 관행이 다소 줄어들긴 했다. 하지만 오늘날에도 남의 집에 가서 농사나 사사로운 일을 거들어주는 품앗이가 이루어지고 있다.

산업화는 우리 사회의 놀라운 변화를 이끌었다. 전통적 두레노동이 사라지는 대신 품앗이를 통한 노동교환방식이 중심을 이루고 가족노동이 두드러졌으며, 기계에 대한 의존도가 커지게 되었다. 절대적인 농업노동력의 부족으로 인한 농업노임의 상승, 그리고 고용노동의 감소에 의해 가족노동의 비중이 증가하면서 가족노동의 연장형태로서 품앗이 관행이 강화된 것이다. 농촌의 인구가 도시로 이동하고 농업노동인구의 절대부족은 부녀자들을 농업현장으로 불러냈다. 특히 청장년층이 도시로 떠나고 없는 농촌사회는 노인들로 채워지게 되었다.

결과적으로 농업방식 자체도 많이 바뀌어 노동력 중심으로 이루어졌던 농경작업은 많은 경우 기계로 대체되었으며, 화학약품을 이용한 농업방식이 많아졌다. 비료나 농약의 과다 사용은 환경오염이나 생태계 파괴라는 병폐를 낳아 사회적인 문제가 되고는 있으나, 일손을 덜어주고 토지생산성을 높여주는 계기가 되었다. 무엇보다 제초제 덕분에 김매기의 과정이 거의 생략됨으로써 협력노동방식이 급격하게 줄어들었다.

현대에도 품앗이는 여러 형태로 전승되고 있다. 지역주민들 간에 아이 돌보기, 김치 담그기, 할인점 장보기 등 품앗이를 하고 있다. 1999년 서울시 동작구에서 최초로 도입한 이래 현재 전국 50여 개 지방자치단체에서 실시하고 있는 '품앗이 자원봉사은행제'도 있다. 이는 자원봉사

자에게 통장을 발급해 봉
사기간을 기록해 두었다
가 본인이나 가족이 어려
움에 처해 이를 필요로 할
때 되돌려 받을 수 있는
제도이다.115)

품앗이 자원봉사은행제 시행

한편 고지(雇只) 형태의
노동방식이 있는데, 이는
훨씬 자본주의적인 성격을 띤 것으로 2명 이상 50명 이하 규모의 구성원
이 주로 논농사 같은 데 동원되었다. 일제강점기 두레 관행이 약화되기
시작한 이후에 출현한 고지의 특징은 임금을 선불로 받는다는 데 있다.
고지는 점차 도급제로 바뀌어갔고, 농업노동인구가 줄어들고 기계화가
진전되면서 그 규모도 위축되는 가운데 사라져갔다. 이렇듯 전통사회의
협력노동관습은 개략적으로 두레에서 품앗이 형태로, 다시 고지 형태로
변화되어 갔다.

그러나 대부분의 전통적 협력노동관습은 일제강점기와 근대화의 과정
을 거치면서 거의 소멸하거나 노동력을 사고파는 임금노동 형태로 변화
되어 갔다. 특히 일제강점기 이후 농민들의 자발적인 생산조직들은 붕괴
되어 갔고, 노동에 대한 대가를 정확히 계산하려는 의식이 싹텄다. 그래
서 함께 일하고 함께 나누어 먹으며, 풍물놀이와 들노래를 통해 함께 즐
긴다는 두레의 공동체정신은 더 이상 유지되기 힘들게 되었다.

③ 계

집단 공동의 노동력이 필요할 때 동원되는 협동조직으로서 계(契)라는

---

115) 박명희 외, 『한국의 생활문화』, 교문사, 2003, 182면.

것도 있다. 우리나라의 계는 오랜 역사를 가지고 있다. 신라 때 여성들의 길쌈대회인 가배(嘉俳), 화랑들의 향도(香徒) 등이 있고, 고려시대에는 향도계를 비롯하여 친목적, 사교적인 계가 많이 있었다. 성현은 『용재총화』에서 "향도만은 아름다운 풍속을 간직하고 있다"고 말할 정도였다. 계가 고려 때도 성행했으나 조선시대 16~17세기에 이르러서는 전국적 범위로 널리 보급되었다.

계는 마을 구성원들 사이에서 크고 작은 단위로 구성되는 상부상조의 모임으로서 김장계, 대동계, 상여계 등 종류가 매우 다양하다. '하장동저(夏醬冬菹)'라는 말이 있듯이 여름의 장이나 겨울의 김장을 담그는 일은 매우 고된 일이다. 무엇보다 겨울에 김장을 담그는 일은 우리네 가정에서 가장 일손이 요구되고 중요한 일로서 마을 사람들이 도와주지 않으면 힘

안동에 있는 상여집

들 것이다. 이에 김장계 같은 것을 조직하여 서로 도울 수 있었다. 과거 마을에서는 상여계가 따로 조직되어 있었는데, 이는 상이 났을 때 상여를 꾸며주고 메는 일을 순번제로 하기 위함이었다. 일부 마을에서는 필요할 때 상여를 이용하고 다시 상여집(곳집)에 보관하는 일 등을 전담하는 색정을 따로 두기도 했다. 조선시대 시골의 서민들은 아이들 교육을 위해 서당계를 들어 서당을 차려놓고 훈장을 모시기도 했다.

현대까지 면면히 이어오고 있는 계의 가장 큰 기능은 친분이 있는 사람들끼리 매달 일정액을 모아 순번대로 한 사람에게 몰아주는 형태로서 일종의 '무담보신용대출'이었다고 할 것이다. 특히 금융기관이 발달하지

않았던 시대의 계야말로 가정의 대소사에 결정적 도움을 주는 가장 보편적인 재테크 수단이었다. 금융기관이 성황을 이루고 있는 오늘날도 경제적인 목적이 아닌 정서적 차원에서 계는 친목을 도모하는 중요 수단이 되고 있다.

④ 향도

삼국시대부터 있었다는 향도는 상부상조, 협력노동하는 전통의 기반이 되었다. 『용재총화』에 기록된 향도에 관한 내용은 다음과 같다. "대체로 이웃의 천민들끼리 모여 회합을 갖는데, 적으면 7~9인이요, 많으면 100인이 된다. 돌아가면서 술을 마시고 상을 당한 자가 있으면 같은 향도끼리 상복을 마련하거나 관을 준비하고 음식을 마련하며, 혹은 상여줄을 잡아주거나 무덤을 만들어 주니 참으로 좋은 풍속이다." 여기서 향도가 주로 상례 때에 서로 돕는 신앙 조직체임을 알 수 있다. 역사서에는 상여꾼을 대부분 향도로 기록하고 있다.

역사적으로 향도는 삼국시대 불교가 수용된 이후 신앙활동을 목적으로 조직된 결사체로서 유행했다. 향도라는 명칭은 신라 진평왕 3년(609) 김유신이 화랑이 되자 그를 따르는 낭도들을 '용화향도'라 부른 데서 유래한다. 이것은 화랑도가 불교의 미륵신앙과 결부되어 있음을 암시해준다. '용화(龍華)'는 내세불(미래불)인 미륵이 후세에 인간세계에 태어나 용화수(龍華樹) 아래에서 인연 있는 사람들에게 3회에 걸쳐

미륵으로 간주되었던 김유신 장군

설법을 행한다는 데에서 나온 말이다. 이 같이 용화향도는 미륵을 좇는 무리라는 뜻으로, 화랑인 김유신은 도솔천에서 내려온 미륵으로 간주되

었음을 알 수 있다. 고려시대 향도의 분포는 전국적으로 크게 확대되었으며, 향도는 사찰·불상·탑의 조성 또는 보시·법회·매향 등 불교적 신앙활동을 주로 했다. 조선에 이르러서는 지역민들이 자발적으로 모여 향도를 구성할 만큼 방방곡곡으로 조직이 커졌다. 기능면에서도 신앙 결사체에서 나아가 장례시의 부조행위 등 마을 공동체적 활동으로 확장되었다. 향도의 세력이 증폭되는 17세기경에는 조정의 통제가 어려울 정도였다.

농기구의 종류가 매우 많다

다양한 용도로 쓰이는 경운기

한국인의 경제생활에서 농업의 비중이 가장 컸었다. 농업에 사용된 농기구는 농사 기술 발달의 산물이자 농업 생산성의 향상을 가져온 매우 중요한 매체이다. 1960년대 산업화 이후 농가에는 경운기를 비롯한 농기계가 보급되기 시작했다. 경운기는 농가의 대표적인 농기구로서 갈이, 정리, 운반, 양수, 방제, 탈곡 작업 등 다양한 용도로 쓰였다. 농사에 기계가 본격적으로 사용된 시기는 1970년대이다. 이때는 주로 발로 밟아서 탈곡하는 족답식(足踏式) 탈곡기나 원동기류의 소형 농기계가 중심이 되었다.

마침내 1980년대에 들어서면서 콤바인·트랙터 등의 중대형 농기계가 도입되었다. 1990년대 말 이미 경운기는 95만 대, 트랙터는 17만 대를 넘어섰다. 농가 1가구당 경운기가 1대, 6가구당 트랙터가 1대인 셈이었다.

오늘날까지 농부들이 사용해온 농기구를 경작의 목적과 특성에 따라 나누어 살펴보도록 하자. 우리 농기구의 가장 큰 특징은 다양성에 있는데, 이는 농기구의 발달을 보여주는 동시에 만든 사람들의 개성이 뚜렷하게 드러난다는 점에서 농기구는 한국문화의 폭과 질을 가늠하게 하는 소중한 자산이다.

농작물을 수확하는 콤바인

농기구는 농사짓는 수단으로만이 아니라 농부의 꿈과 보람, 생각과 현실이 모두 담겨 있다는 점에서 농사를 생업으로 삼는 국가들 간의 문화적 동이성도 잘 드러낸다. 특히 농기구는 벽사와 풍요의 기원, 성풍속, 통과제의 등과 관련이 있다는 점에서 주의 깊게 살펴볼 만하다. 혹자는 우리가 수확을 하는 도구를 많이 응용한다면 중국은 저장하는 나락창고를 중요하게 여기며 우리보다 중국이 농기구를 보다 더 신적인 존재로 부각시키고 있다[116]고 지적한다.

① 땅을 가는 도구

땅을 가는 연장으로는 철제의 쟁기와 목제의 극젱이가 대표적이다. 쟁기는 농사의 시작을 알리는 상징성이나 연장의 크기 등으로 인해 신성시되며, 농기구 가운데 으뜸으로 친다. 한중 두 나라의 풍

쟁기질

---

116) 정연학, 「농기구에 반영된 한중 문화 비교」, 『비교연구를 통한 한국민속과 동아시아』, 민속원, 2004, 616면.

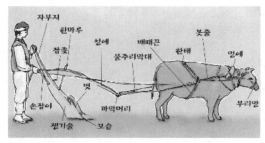
쟁기구조

년기원 의식에서도 가장 두드러지게 보이는 농기구가 쟁기이다. 농촌 젊은이들의 '장가들 만한 자격'의 기준을 쟁기 부리는 기술에 두고, 쟁기질을 할 줄 아느냐에 따라 머슴의 대접이 달라졌던 만큼 과거에는 쟁기가 차지하는 비중이 컸다.

쟁기는 땅을 가는 보습과 흙을 뒤집는 볏을 지탱하는 술과 연장을 부리는 자부지, 술을 견인력과 연결하는 성에, 술과 성에를 고정하면서 갈이의 깊이를 조절하는 한마루로 구성되어 있다. 성에는 봇줄을 매는 앞으로 뻗친 긴 나무고, 쟁깃술은 몸체를 이루는 나무며, 한마루는 성에와 쟁깃술을 연결하는 나무를 말한다. 쟁기에는 쟁깃날이라는 보습 위에 볏을 다는 여부에 따라 호리쟁기와 겨리쟁기가 있다. 논농사에 널리 쓰이는 호리쟁기는 보습 위에 볏을 단 것으로 흙밥이 한쪽으로 넘어가게 되어 있다. 술의 모양에 따라서는 쟁기가 선쟁기, 눕쟁기, 굽쟁기로 구분된다. 극쟁이는 쟁기와 비슷한 구조를 가졌지만 크기가 작고 가벼우며 보습이 쟁기보다 조금 큰 편이고 볏이 없다.

② 땅을 고르는 도구

써래

갈아놓은 땅을 삶고(썰고) 고르는 연장에는 써레, 곰방메, 고무래 등이 있다. 써레는 흙덩이를 잘게 부수거나 땅바닥을 판판하게 고르는 데 쓰인다. 쟁기로 갈아놓은 논을 모내기 전에 물을 대고 써레로 쟁깃밥을 부수고 평평하게 고르는 것이다. 요즘에는 대부분 경운기를 사용하여 흙을 부수지만 기계가 들어갈 수 없는 곳에는 아직도 써레를 쓰고 있다. 곰방메는 주로 밭에서 흙덩이를 깨부수거나 씨알을 묻을 때 쓴다. 둥글고 길쭉한 나무토막에 기다란 자루를 끼워놓은 모양이다. 고무래로는 주로 밭의 흙을 고르는데, 밭의 흙을 고르는 연장에는 쇠스랑이나 괭이도 있다.

③ 씨를 뿌리는 도구

논밭에 씨를 뿌리는 연장으로는 망태, 종다래끼 등이 대표적이다. 망태는 망태기의 준말이라 할 수 있으며, 다래끼는 바구니의 다른 명칭이다. 이것들은 파종할 때 씨앗을 담는 그릇으로서 보통 짚이나 싸리나 덩굴 등으로 만든다. 씨를 뿌릴 때 대개 이 도구들에 멜빵을 달아 어깨나 허리춤에 메고 사용한다.

망태로는 씨앗만이 아니고 비료도 담아 뿌린다. 망태기는 일상생활에 필요한 모든 것을 담는 데 쓴다. 소나 말의 먹이인 꼴은 꼴망태에 담고, 가랑잎이나 섶나무는 나무망태에 담는다. 나무망태는 망태기 중에서 가장 크고 엮음새가 엉성하다. 감자나 고구마를 나르거나 간단한

망태기

물품을 옮기는 데에도 망태기를 사용한다. 망태기는 종다래끼보다 훨씬 크고 반드시 어깨에 멜 수 있도록 긴 멜빵을 단 것이 특징이다. 망태기의 가장 일반적인 형태는 네모꼴에 너비가 좁고 울이 깊은 자루 모양이다. 20여 종이나 되는 망태기의 주된 재료는 볏짚이다. 일명 구럭이라고도 하는 망태기는 보통 가는 새끼나 노를 엮어 만든다.

종다래끼는 씨 뿌릴 때 허리에 차는 작은 바구니다. '종'이란 작다는 뜻이요, 허리에 붙게 약간 납작하게 만들고 찰 수 있도록 긴 끈을 달았다.

다래끼는 넝쿨, 대, 싸리, 짚으로 짜는데, 주둥이는 좁고 밑바닥은 넓게 짠다. 밭에 뿌릴 씨를 여기에 담아 나르기도 하며 산나물을 캐거나 밭의 고추 등을 따서 이것으로 운반하기도 한다.

④ 거름을 주는 도구

장군

삼태기

토지를 비옥하게 만들기 위해 거름을 주는 도구로는 장군과 삼태기가 대표적이다. 장군은 사람이나 가축의 오줌 또는 똥을 담아 나르는 용기이다. 장군은 뚜껑이 있고 아가리가 붙은 동이라고 생각할 수 있는 모양이다. 아가리가 몸통 허리에 있는 것과 머리 쪽에 있는 것이 있는데, 몸통에 있는 것은 눕혀서 쓰고 머리에 있는 것은 세워서 쓴다. 장군에는 나무로 만든 것과 오지로 만든 것이 있다. 장군은 지게에 얹어 운반하는 것이 보통이나 지역에 따라서는 나무장군 여러 개를 달구지에 실어 나르기도 한다. 삼태기는 거름 가운데 주로 재나 두엄을 나르는 데 쓰는 도구이다. 삼태기는 싸리, 대, 칡, 짚, 새끼 등으로 엮어서 만든다.

⑤ 풀을 매는 도구

여름철 가장 고된 일은 김매기다. 힘든 노동을 상징하는 대표적인 농기구를 호미라고 하는 것도 이런 이유에서이다. 〈호미걸이〉라는 풍속이 있는 것도 쉽게 이해할 만하다. 김매는 연장에는 호미가 대표적이다. 호미는 한국 고유의 연장으로서 논밭의 김매기에 주로 사용된다. 호미는 종자를

심는 데도 많이 쓰인다. 호미는 기능
과 모양에 따라 논호미와 밭호미로
나뉘는데, 논호미는 자루가 긴 것이
특징이다. 자루가 짧은 밭호미는 오
늘날에도 널리 사용되는 전형적인
김매기 도구이다.

호미

　호미날의 너비와 두께는 토질에 따라 달라지기도 하는데, 남쪽지방의
호미는 얇고 가늘며, 북쪽으로 갈수록 날이 넓고 두터워진다. 한편 호미
의 날 끝이 평평한 것과 뾰족한 것이 있다. 날 끝이 평평한 것은 고구마,
감자, 당근과 같이 알뿌리를 다쳐서는 안 되는 작물류의 김을 맬 때 주로
쓰고, 끝이 뾰족한 호미는 고추밭, 콩밭, 깨밭 등 잡풀이 많을 때 쓰는 편
이다.

　⑥ 물을 대는 도구

　물을 대는 연장, 즉 낮은 곳의 물을 높은
곳으로 퍼올리는 도구로는 두레가 대표적
이다. 두레에는 두레, 맞두레, 용두레가 있
다. 두레는 긴 장대 한쪽에 10~20리터 크
기의 두레박을 달고 장대 가운데를 삼각대
나 둔턱에 걸친다. 맞두레는 무넘이가 높아
서 용두레를 쓸 수 없는 곳에서 사용하는
데, 두 사람이 마주 보고 네 가닥의 줄을 맨

용두레

두레박으로 물을 퍼 올리는 기구다. 용두레는 물을 대량으로 퍼 올릴 때
사용하는 것이다. 용두레는 깊이 1.5m 되는 통나무를 앞쪽으로 넓고 깊
게 파고 뒤쪽은 좁고 얕게 파낸 다음 뒤쪽에 자루를 달거나 아예 자루까
지 통나무를 다듬어 만들기도 한다.

⑦ 곡물을 거두는 도구

곡물을 거두는 연장으로는 낫이 대표적이다. 낫은 풀을 베거나 벼 같은 곡식의 대를 벨 때, 또는 나뭇가지를 치고 꺾어 넘기는 데 쓰는 ㄱ자 모양의 연장이다. 농기구들은 놀이의 도구나 점치는 도구로도 쓰였다. 목동들은 낫치기를 했는데, 나무를 네 움큼씩 모은 후 일정한 거리에서 낫을 던져 땅에 박히면 승리하는 것이다. 던진 낫이 공중에서 돌아가는 수가 많은 쪽이 이기기도 한다. 흔히 무쇠를 담금질해서 만든 한국낫과 주물로 찍어낸 일본낫으로 나뉘는데, 비교적 묵직하고 목에도 날을 세운 한국의 낫은 나무를 하는 데 알맞은 편이다. 중부 산간지방에서는 우리 낫을 많이 쓰고 있으며, 남쪽지방에서는 일본 낫을 많이 쓴다. 한편 낫에는 자루가 짧은 것과 긴 것이 있다. 지금은 콤바인에 밀려났지만 10년 전만 하더라도 낫은 수확 작업에서 선구적 역할을 했다.

⑧ 곡물을 터는 도구

족답식탈곡기

곡식을 터는 연장 가운데 가장 편리하고 효과적인 것은 족답식탈곡기이다. 이는 철사를 구부려 박은 원통이 앞에 달려 있고, 발로 밟는 궁글통이 아래 달려 있다. 물론 궁글통을 밟으면 앞에 있는 원통이 돌아가게 되어 있다. 여럿이서 이 궁글통을 밟아가며 앞쪽에서 돌아가는 원통에 벼포기를 갖다 대자마자 맥없이 알곡이 떨어져 나간다. 통이 돌아갈 때 와랑와랑 소리가 난다 하여 '와랑기'로도 불렸다.

도리깨를 비롯하여 홀테, 탯돌, 개상 등도 탈곡하는 데 쓰이는 도구다. 도리깨는 보리, 콩, 깨, 조 같은 잡곡의 이삭이나 껍질을 두드려 그 속에

있는 알곡을 떨어내는 데 사용하는 연장이다. 사람이
장치를 들고 도리깻열이(아들)를 뒤로 돌려 아래로 내
리치면서 마당에 깔아놓은 곡식을 두드린다. 도리깨
의 아들은 가늘고 길면서 질긴 닥나무나 물푸레나무
를 쓰는데, 아들은 칡넝쿨이나 가죽끈으로 잡아맸다.
장치를 잡고 휘두르는 힘은 고들개에 의해 회전력으
로 바뀌어 아들에 전해진다. 홀테는 탈곡기가 생겨나

도리깨

기 전에 벼나 보리 등을 훑어서 타작을 하던 도구다.
홀테에는 촘촘하게 쇠날 톱니가 나 있고, 여기에 나락을 끼워 훑으면 알
곡이 떨어진다.

⑨ 곡물을 말리는 도구

곡물을 말리는 연장으로는 멍석이
대표적이다. 멍석은 탈곡한 곡물이
나 채소와 같은 농산물을 말리는 데
사용하는 일종의 자리를 말한다. 가
는 새끼로 날을 세우고 그 사이를 볏
짚으로 엮어 짠다. 멍석 한 장에는
보통 벼 한 가마를 넌다. 큰 멍석 한
닢을 엮는 데는 숙련자 한 사람이 꼬
박 10일 가량 걸린다. 멍석은 쓰임새
가 다양하여, 집안에 혼사·상사 등
큰 일이 있을 때 차일을 치고 멍석을

멍석

맷방석

깔면 웬만한 내방객은 모두 수용할 수 있다. 이 멍석은 직사각형으로 되
어 있는데, 도래멍석은 원형이다. 이밖에 맷방석은 도래멍석처럼 둥글긴
하지만 크기가 작고 둘레가 약간 올라간 것이 특징이다. 특별히 전을 올

린 것은 맷돌이나 매통을 올려놓고 곡물을 갈 때 곡물이 밖으로 튀어나가지 않게 하기 위해서이다.

⑩ 알곡을 고르는 도구

키

쭉정이를 날려 보내고 알곡만을 고르는 연장으로는 키, 체, 풍구, 바람개비 등이 있다. 키는 검불, 잔돌 등이 많이 섞인 콩·팥·깨 등의 곡물을 까부를 때 쓰는 도구로서 주로 버들가지나 산죽을 엮어 만든다. 과거 오줌싸개 아이들에게 이 키를 씌워 소금을 얻어오도록 했다. 키는 기우제의 수단으로 쓰이기도 했다. 가뭄이 들면 여인네들이 키에 물을 담아 공중으로 흩뿌리면서 "장마요"라고 외쳤다. 키는 절구와 함께 농사의 풍년을 점치는 대표적인 도구이기도 하다. 섣달그믐날 부엌을 깨끗이 청소한 뒤 키를 엎어두었다가 새해 첫날 뒤집어서 땅바닥을 살펴보아 쌀이 있으면 쌀이, 조가 있으면 조가 풍년이 든다고 여기는 것이다. 죽은 자의 이승에서의 원한을 풀어주어 극락왕생하도록 기원하는 굿에서도 키가 등장한다. 전라도의 씻김굿에서 키에 밀가루를 담고 평평하게 고른 다음 천으로 덮어두고 굿이 끝난 후 키 안을 들여다보아 밀가루에 사람 발자국이 있으면 망자가 다시 사람으로 태어난 증거로 여기는 것이다. 한편 사자밥과 망자의 옷을 키 위에 올려놓는데, 이는 키가 저승사자 또는 망자의 혼이 집 안으로 들어오는 것을 막는 역할을 하는 것이다.

가루를 고르게 쳐 내릴 때 쓰는 도구로는 체가 있다. 체는 고운체, 도드미체, 어레미체로 나뉜다. 우리나라와 중국에서 체는 잡귀를 쫓는 벽사물로 이용되는데, 『동국세시기』에 나오는 야광귀를 물리치는 내용이 이에 해당한다. 중국에서는 지금도 체나 키를 건 집을 손쉽게 볼 수 있는데, 아이나 송아지를 낳으면 한 달 동안 대문에 체를 걸어두고, 혼례 날에도 대문에 체를 걸고 신부가 가마에서 오르내릴 때 그의 머리에 체를 씌운다[117]고 한다. 체의 무수한 구멍, 즉 눈이 악귀의 침입을 막아준다고 여기기 때문이라는 것이다. "임산

체

부가 체를 넘으면 말처럼 열두 달 만에 아이를 낳는다"고 할 만큼 체를 신성시했음을 알 수 있다.

풍구는 공기의 흐름을 이용하여 곡물을 선별하는 연장으로 비교적 근대적인 기계기구의 구조를 갖추었다. 풍구는 송풍장치, 곡물투입부, 투입량조절장치, 곡물배출구, 검불배출구 등으로 구성된다. 송풍기(바람개비)를 개량하여 작게 만든 철제풍구가 농가에 많이 보급되기도 했다.

⑪ 방아를 찧는 도구

찧는 연장은 곡물의 껍질을 벗기거나 알곡을 가루 내는 데 쓰는 도구로서 방아(디딜방아, 연자방아, 물레방아 등), 절구, 매통, 돌확, 맷돌 등이 이에 해당한다. 디딜방아란 사람이 방아다리를 밟고 오르면 사람의 몸무게로 공이가 위로 들리고 발을 떼면 아래로

사람이 밟아 찧는 디딜방아

처박히면서 공이 밑의 확 속에 넣은 곡식을 찧는 것이다. 방아찧기가 다

---

117) 정연학, 앞의 논문, 2004, 594면.

소나 말이 돌리는 연자방아

물받이통에 물을 받아 그것이 쏟아지는
힘을 이용하여 곡식을 찧는 물방아(통방아)

산과 풍요를 위한 성교를 상징하는 것으로 인식되어 전염병이 돌거나 가뭄이 들면 디딜방아를 마을 입구에 세워놓고 제를 올리기도 했다. 디딜방아에 상량문을 써넣는 것은 집을 짓는 것만큼 중요하게 여기기 때문이다. 방아에는 강태공이 제작했다고 적었는데, 강태공은 잡귀를 물리친 도사로서 그의 이름은 중국의 대들보 상량문에도 보인다.

고구려 담징이 일본에 전했다고 하는 연자방아는 소나 말로 하여금 돌리게 하는 것이다. 18세기까지 거의 보급되지 않을 만큼 연장을 돌릴 소가 필요한 연자방아는 개인이 소유하기 힘들었다. 물방아, 일명 통방아는 물받이(물통)에 물을 받아 그것이 쏟아지는 힘으로 곡식을 찧는 시설이다. 물방아는 수량이 적은 곳에 설치되며, 이 물방아가 곡식을 찧는 가장 우수한 농기구였다. 청에 갔던 박지원에 의해 도입된 물레방아는 물의 힘으로 물레바퀴를 돌려 그 동력으로 곡식을 찧는 것이었다. 1782년 경상남도 함양 현감으로 부임한 박지원은 용추계곡의 물을 이용하여 물레방아를 만들었다. 최초의 물레방아였던 것이다. 1980년대만 해도 전국에는 150여 개의 물레방아가 있었으며, 경남지역에 무려 50여 개가 있었다.

절구는 통나무나 돌을 우묵하게 파서 사람이 선 채로 절구공이로 쌀이나 보리를 찧도록 만든 것이다. 부엌에서 쓰는 아주 작은 양념절구 같은 것은 쇠로 만들기도 했다. 매통은 벼 껍질을 벗기는 데 쓰이는 것으로 통나무를 높직하게 두 토막으로 잘라 아래 위를 중채로 연결시킨 다음 윗부분과 아랫부분이 서로 이가 맞게 잔 홈을 파서 맷돌처럼 갈릴 수 있게 만들었다. 돌확은 돌의 가운데를 파서 갈돌을 돌려 갈 수 있도록 만든 것으로 돌확의 높이는 앉아서 갈 수 있을 정도의 높이인데, 흰죽을 쑬 쌀, 콩비지를 만들 콩, 풋김치를 담글 고추를 가는 데 쓴다.

통나무로 만든 절구통과 절구공이

맷돌은 윗돌을 아랫돌 중심에 박힌 중쇠로 연결하고, 윗돌에 파여 있는 구멍으로 갈 것을 넣어, 윗돌 옆에 붙은 나무 손잡이로 돌리면서 사용한다. 곰보돌로 불리는 현무암으로 만든 맷돌은 강원도 철원과 제주도에서 나왔다. 맷돌은 보관할 때 절대로 포개어 놓지 않는다. 포개

현무암으로 만든 맷돌

어두면 집안의 모든 곡물을 갈아 가난해진다고 믿기 때문이다. 보관할 때는 위짝을 아래로 두고 아래짝이 위로 올라가도록 한다. 그렇게 하면 실제로 맷돌의 손잡이인 '어처구니'도 부러질 염려가 적다. 맷돌은 한국과 중국에서, 큰 홍수가 나서 사람들은 모두 죽고 오누이만 살아남게 되어 하늘의 뜻을 물어 결혼했다는 〈홍수설화〉와 관련된 것으로 현재 인류가 존재하는 데 기여한 영물로 전한다.

⑫ 곡물을 나르는 도구

실학자 박지원은 "나라가 가난한 것은 수레가 다니지 못하기 때문이라"고 한 바 있다. 나르는 연장으로는 달구지, 지게가 대표적이다. 다시 말해 재래 운반기구는 달구지 등과 같이 마소에 사용하는 것과, 지게 등과 같이 사람이 직접 사용하는 것 등 크게 두 종류가 있다. 달구지는 일반적으로 소나 말의 힘을 빌려 짐이나 곡물을 운반하는 수레다. 가축의 힘을 빌리지 않고 사람의 손으로 끌거나 미는 수레의 경우 이를 손수레라 한다.

달구지

달구지는 주로 산골에서 쓰는 바퀴가 두 개인 것과 평지에서 쓰는 네 개인 것이 있는데, 기동성 때문에 두 바퀴 달구지가 대부분이었다. 박지원이 국가의 궁핍이 수레가 자유롭게 다니지 못하는 데 있다고 했을 만큼 조선의 도로 사정은 좋지 않았다. 달구지를 채워서 짐을 옮기는 일에 종사하는 말은 모두 제주도에서 나는 재래종인 조랑말이다. 예전에는 도회지에서도 대부분의 짐을 달구지로 운반하였으나, 이제 경운기의 출현으로 농촌에서조차 달구지를 사용하는 일은 드물게 되었다.

지게

농기구의 대부분이 중국에서 들어왔다고 하는 가운데 지게는 우리 민족이 만든 대표적인 농구가 될 것이다. 이 지게는 짐을 얹어 어깨와 등에 메고 나르는 데 사용하는 연장이다. 따라서 지게의 몸체는 지게를 멜 사람의 체구에 알맞도록 만들어야 한다. 지게는 가지가 위로 잘 뻗은 소나무나 삼나무를 반으로 갈라 두 짝의 몸통으로 만든다. 몸체는 소나무를 쓰지만 세장은 밤나무나 박달나무 같은 단단한 나무를 쓴다. 흩어지기 쉬운 흙이나 비료, 감자, 고구마 등 자잘한 짐을 나를 때는 발채(바소거리, 바지게, 발대)를 지게에 얹어 사용했다. 발채는 싸리나 대오리로 둥글고 넓게 짜서 접었다 폈다 할 수 있도록 만든 것이다.

⑬ 곡물을 저장하는 도구

곡물을 보관 저장하는 데 사용하는 도구로는 대나무로 만든 소쿠리를 비롯하여 바구니, (멱)둥구미, 광주리, 가마니, 독 등이 대표적이다. 소쿠리, 채반 등은 기름에 부친 전, 빈대떡 등을 담아 공기가 잘 통하고 기름도 잘 빠져 음식을 덜 상하게 한다. 바구니는 둥글고 속이 깊게 만든 그릇으로 테두리에는 대나무를 서너 겹 돌려서 손잡이로 쓴다. 바구니를 걷는 데 쓰는 재료 가운데 가장 많이 쓰인 것은 대나무와 싸릿가지와 버들가지다. 볏짚으로 엮은 울이 깊은 둥그런 그릇은 바구니라 하지 않고 따로 둥구미라 했

대나무로 짠 바구니

볏짚으로 엮은 둥구미

다. 둥구미는 전국적으로 가장 많이 쓰인 바구니다.

광주리는 싸리나무나 산죽을 둥그렇게 엮어서 만든 것으로 곡식, 나물 등을 담고 더러는 새참을 내갈 때 머리에 이고 가는 데 쓴다. 광주리

일본에서 들어온 가마니

짚독, 짚으로 엮은 독이라는 뜻을 지녔음

씨오쟁이, 이는 종자 씨를 담는 그릇으로서
종다래기라고도 함

와 비슷한 것으로 물구덕, 애기구덕 등 제주도에서는 구덕을 많이 쓴다. 가마니는 일본에서 들어온 것이다. 가마니라는 명칭도 일본말 '가마스'에서 왔다. 우리나라에서 예전부터 써온 섬은 짜임새가 엉성하여 곡식을 일본까지 수송하는 데 적합하지 않았을 것이다. 섬보다 올이 촘촘한 가마니는 해방 후 얼마 뒤 삼실로 짠 마대가 대량 생산되면서 점차 사라졌다.

곡물의 낟알은 섬·멱서리·짚독·채독·가마니 등에 저장했다. 짚독이란 짚으로 엮은 독이라는 뜻에서 붙여진 명칭이며, 가을에 수확한 곡식을 보관하는 짚독에는 독과 똑같이 뚜껑까지 덮게 되어 있다. 섬·멱서리·짚독이 모두 볏짚으로 엮은 반면 채독은 싸릿가지로 엮은 것이다. 채독은 벼농사를 짓지 않는 산간지방에서 많이 쓰였다.

다음해 심을 씨앗은 씨오쟁이에 담아 보관했다. 씨오쟁이는 어느 것이나 끈이 달려 있어 추녀 끝에 매달아 쥐가 파먹지 못하게 보관했다. "굶어죽어도 씨오쟁이는 베고 죽어라"라는 속담이 있듯이 농경사회에서 씨앗은 무엇보다 중요했다. 아이들의 이름에 '오쟁이'가 많은데, 오쟁이라 부르면 명이 길다고 믿었기 때문이다. 쪼개지 않고 꼭지 근처에 주먹만 한 구멍을 뚫고 속을 파낸 뒤웅박에도 씨앗을 담아 보관했다.

2) 기술과 제품

과학과 기술은 크게 지배계층의 문화와 서민계층의 문화 양쪽에서 다 다루어질 수 있다. 과학과 기술 가운데 문헌적, 국가적인 측면의 천상열 차분야지도(천문도), 혼일강리역대국도지도(지도), 무구정광대다라니경 (인쇄물), 측우기(우량계), 신기전(무기), 창덕궁(궁전), 해인사(사찰), 금 동미륵보살반가사유상(불상) 등은 지배계층의 문화 쪽에서 이미 다룬 바 있다. 민속문화 분야인 여기서는 서민 중심의 생활용품인 그릇, 옷감, 가 구 등을 다루고자 한다.

누구나 살아가면서 생활에 필요한 여러 가지 도구나 물품을 사용한다. 그런데 이 도구나 물품들을 가급적이면 실용적이면서도 아름답게 만들려 고 하는 것이 사람들의 일반적인 욕구이다. 민속공예란 서민사회에서 이 름 없는 기술자들의 손으로 가식없이 만들어져서 서민들의 일상생활에 쓰여지는 물품들을 말한다. 오늘날 전하고 있는 민속공예의 상당수는 조 선시대의 것이라 할 수 있다. 공예라고 하면 대개 만들어진 물건을 가리 키는 경우가 많으나, 그 이전에 공예는 물건을 만드는 데 필요한 기술을 포함하는 말이기도 하다. 물건의 실용성에 비중을 둘 경우는 과학이자 기 술의 문제가 부각될 것이고, 아름다움에 가치를 부여할 경우는 예술분야 에서 다루는 것이 적절하다고 하겠다.

필자는 민속공예를 비교적 감상적 또는 미적 차원의 예술보다는, 생활 을 중시하는 공업 쪽에서 다루고자 한다. 즉 제품의 개발과 생산이 무엇 보다 먼저 실생활의 편리함을 위해 이루어졌다고 보기 때문이다. 따라서 그들이 필요에 따라 만들고 주로 사용했던 제품들을 중심으로 논의해볼 것이다. 물론 우리나라 무형문화재 지정기준으로도 공예는 금속, 도자기,

나무, 화각, 유리, 종이, 가죽, 짚, 섬유, 매듭, 수(繡), 장신(裝身), 죽공예 등 다양하게 분류될 수 있다. 여기서는 한국 공예기술상의 대표적인 경우만을 들어 설명해보기로 한다. 우리 공예의 특징은 무엇보다 자연과의 친화(동화)에 있다 하겠다. 돌, 나무, 흙 등의 자연물을 이용한 제품이 많고, 자연의 형태와 색상을 재현시키는 물품이 많으며, 따라서 자연의 미가 돋보이는 소박하고 검소한 조형물이 많다고 할 수 있다.

공예제품 대부분은 기계로 찍어내듯 만들면 몇 초면 될 듯한 것들로 그다지 만들기 어려울 것 같지 않아 보인다. 그러나 우리의 제품들은 웅장함이나 화려함 등으로 설명되는 서구의 것들과 다르다. 우리는 공예품의 제작에 엄청난 정성과 시간을

대장간

들인다. 거기에는 우리의 땀과 손때와 함께 정신적 원형이 깃들어 있기에 더없이 소중하다. "송곳 하나를 벼려도 하루 걸린다"라는 말이 있듯이 대장간에서는 순서를 무척 중시한다. 그러다 보니 손님들 가운데에는 대기하는 사람들이 많고 손수 메질을 하여 대장을 돕는 경우도 있다. '대패질하는 시간보다 대패 날을 가는 시간이 길다'는 것을 알게 된 것도 전통적 과학기술 세계가 우리에게 가져다 준 지혜라 하겠다. 물론 우리의 민속공예는 최첨단의 공업기술과 현대화된 물질문명을 통해 새롭게 창조되어야할 것이다.

이 시대, 아니 어느 시대든 핵심가치는 정직일 수 있다. 정직과 정의에 기반한 창의정신이 국가의 미래를 결정한다. 이탈리아가 세계적인 문화 강국이 될 수 있었던 것도 장인(匠人)의 숨결이 살아 있었기 때문이다. 일본이 지역문화를 특성화시키면서 세계적인 경제 강국이 될 수 있었던 것

도 장인을 국보로 대접하는 사회적 풍토가 있었기 때문이다. 독일에서는 장인을 뜻하는 마이스터(Meister)가 박사·의사를 뜻하는 독토르(Doctor) 와 마찬가지로 대우를 받는다.

세종 당시 99명의 학사들 가운데 21명의 과학자들이 일했던 집현전

1983년 일본의 도쿄대 연구진이 편찬한 『과학 사기술사사전』에 의하면 1400~1450년 세계과학기술 업적 62건 가운데 조선이 29건, 중국 5건, 일본 0건, 기타 전 지역의 국가가 28건으로 되어 있다. 15세기 조선은 세계 최고의 과학기술 강국이었음을 알 수 있다. 잘 알려진 바와 같이 세종은 당시 싱크탱크라는 집현전에 학사 99명을 두면서 21명을 과학기술자로 채웠다. 장영실은 귀천이 엄존했던 전제정치시대에 신분의 벽을 뚫고 조선 최고의 과학자가 되었다. 천민이었던 장영실이 당하관인 종3품의 대호군까지 승진할 수 있었던 것이다.

한편 『성학집요』에서 "백성들이 하늘로 여기는 것은 먹을 양식이다"라고 했던, 율곡 이이는 대장간을 운영하고 물건을 시장에 내다 팔았다. 과학을 존중하는 지도자들과 함께 기술자들의 구체적 실행이 과학기술의 발전을 이룩한 것은 당연한 논리라 하겠다.

장인들의 공고했던 입지가 쇠락해가다

공장(工匠), 즉 장인에는 야장(冶匠), 철장(鐵匠), 수철장(水鐵匠), 목장(木匠), 지장(紙匠), 석장(石匠), 사기장(沙器匠), 옹기장(甕器匠), 이장(泥匠), 주자장(鑄字匠), 약장(藥匠), 화장(花匠) 등 여러 종류가 있다. 공업의 발달은 주로 이들의 손에 달려 있었던 만큼 장인들의 역할과 지위를 살펴보는 일은 매우 중요하다.

588년 백제의 위덕왕이 일본에 와박사를 보내 절을 지었다는 기록이 있다. 이렇듯 일찍이 기와를 만드는 장인을 와박사라 불렀을 만큼 장인을 높게 대우했다. 장인에 해당하는 대장장이는 원래 높은 신분이었다. 『삼국유

조상이 대장장이였음을 주장했던
탈해왕의 능(경주시 동천동)

사』에는 신라 제4대 탈해왕(57~80년)이 초승달 모양의 산봉우리에 자리 잡은 호공(瓠公)의 집을 빼앗기 위해 몰래 숫돌과 숯을 그 집에 묻고 '자신의 조상이 대장장이(我本冶匠)'였음을 주장한다. 우리나라 첫 대장장이는 신라의 왕 석탈해였던 것이다. 『삼국사기』의 기록을 통해 신라의 박혁거세도 제철기술자였음을 알 수 있다. 중국 허난(河南)성 뤄양(洛陽)의 베이망(北邙)에서 출토된 연개소문의 아들인 천남생(泉南生)의 묘지(墓誌)에도 "할아버지와 아버지가 모두 쇠를 잘 부리고 활을 잘 쏘아 병권을 아울러 쥐고 모두 나라의 권세를 독차지 하였다."라고 기록되어 있다. 한편 불교사원들이 수공업기술자를 보유하고 있었고, 이들이 제조하는 불교수공예품이 높은 수준에 이르고 있었음을 감안하더라도 삼국시대 수공업자는 비교적 사회적 지위를 누렸다고 하겠다.

6~7세기에 접어들면서 기술자들의 신분은 쇠락의 길로 들어섰다. 고대사회의 장인들은 왕족이나 귀족 등 지배계급의 일원이었지만 국가체계가 바로잡히고 사회가 다변화되면서 장인들의 신분은 달라지기 시작했다. 관영수공업에 종사하는 자들은 노비 신분으로 전락했고 민영수공업 종사자들은 양인이지만 사회적으로 천대받는 신세가 되었다. 그럼에도

불구하고 고려시대 12세기 전후한 시기까지는 기술자의 대우가 괜찮았다. 경공장이나 훌륭한 기술자에 대한 사회적 대우는 좋은 편이었다.

그러나 전반적으로 고려시대에는 수공업에 종사하는 기술자들의 신분이나 지위가 삼국시대에 비해 낮아져 소(所)라는 천민집단 거주지에서 생활해야 했다. 다만 관영수공업자들이 임금을 받는 자유수공업자나 임금기술자의 형태로 변하고 있었다. 그들에게는 국가로부터 일정한 현물급료와 토지가 지급되었다. 이전 시기에 비해 부업적인 수준이 아닌, 종이 · 도자기 · 철 · 모피 · 선박 · 무기 등을 제조하는 전문적인 수공업이 현저하게 늘어났다는 점이 특징이라 하겠다. 이 시대의 사원은 국가의 보호 아래 대부분 자체적으로 수공업장을 가지고 있었으며, 제품생산이 대단하여 고려 경제의 막중한 비중을 차지할 정도였다. 사원이 취급한 업종은 주로 요업(窯業), 직조업, 양조업이었다. 고려시대의 장인계층은 고려가 멸망한 뒤 유민으로 전락했고 양수척이나 재인들처럼 백정 취급을 받았다.

조선의 수공업 기술자들은 봉건적인 체제 아래 묶여버렸기 때문에 지배층의 수요와 공급에 맞춰 물건을 생산했다. 조선 초기에 기술자들은 모두 국가에서 관리했다. 한양에서 일하는 경공장은 2800여 명, 지방의 외공장에는 3500여 명이나 되었는데, 경공장은 무기제조, 인쇄, 궁궐건축 등 관청에서만 할 수 있는 전문업을 비롯하여 여러 분야에서 일하는 솜씨 좋은 장인들이었다. 그래서 경공장의 수가 외공장 수보다 적으나 외공장의 직종이 29개인 데 비해 경공장의 직종 수는 129종이나 되었다. 기술자들의 솜씨는 조선 후기에 민간수공업으로 이어졌고 지금은 중요무형문화재의 공예기술 분야에서 맥을 잇고 있다.

임진왜란을 겪고 나서 경공장은 줄이는 대신 외공장의 수를 늘려서 나라에서 필요로 하는 최소한의 수요를 충당케 했다. 또한 수공업은 봉건적 과정에서 한 걸음 나아가 분업화현상을 나타내었고, 일부 관청 소속으로부터 벗어난 기술자들은 이른바 사기업주로서의 독자적 지위를 확보했다. 자유로운 개인기술자들은 시전을 통하지 않고 물건을 몰래 판매하는 일이 많아졌다. 특히 소반은 어느 가정에서나 적잖게 소요되는 물건이어서 기술자들이 직접 판매에 나섰다.

16세기 이후 봉건적 생산체제인 관영수공업은 특수물품을 빼고는 폐쇄 상태에 이르렀다. 관청에서 물품이 필요한 때에는 사기업주인 개인기술자들을 고용하여 생산하는 체제로 전환되었다. 이러한 독립생산자의 출현을 조장한 것은 대동법의 영향이라 할 수 있다. 기술자들은 각종 수공업제품을 공인들로부터 주문 받아 생산하게 되어 자신들의 기반을 굳혀갔다. 18세기 조선의 숙련기술자의 돈벌이 수준은 당시 영국인의 수준과 비슷했다고 한다.[118] 기술자들은 얼마 되지 않아 시장상품 생산에 종사하게 되었고, 소규모나마 도시수공업의 출현을 보게 되었다. 실제로 평양·대구·강경 등의 3대시장에는 여러 기술자가 조업을 하고 있었고, 유기·토기·저포 생산은 성황을 이루었으며, 이것들은 서울뿐만 아니라 지방 시장에도 대량 공급되었다.

서유구는 『임원경제지』를 통해 당시 조선사회의 현실을 냉엄하게 지적했다. 그는 경성 내의 목수와 미장이를 비롯하여 쇠붙이를 다루고 석재를 가공하는 장인은 모두 합하여 수백 명에 지나지 않는다며, 게다가 이

조선에 장인이 적었다고 지적하는
서유구의 임원경제지

들은 모두 관아에 소속되어 있어서 유력한 사람이 아니면 그들을 불러 일을 시키지 못한다고 했다. 물론 조선시대 오늘날의 인쇄소에 해당하는 교서관에 초기부터 140명의 인쇄공이 배치되었다는 견해와 차이가 있어

---

118) 전성호, 〈조선일보〉, 2006. 12. 12. 27면.

나전칠기의 이칠용 장인

보인다.

오늘날 안타깝게 하는 것 중의 하나가 장인들의 이름이 제대로 전하고 있지 않다는 점이다. 다행히 2012년 4월 민간이 주도하는 최초의 공예정보센터가 전북의 무주군에 만들어진다고 들었다. 나전칠기의 장인인 이칠용은 박물관에 전시된 수많은 공예품을 보면서 제작자의 이름이 없음을 불만스럽게 생각하고 지난 40년 동안 전국을 누비며 자료를 모으기 시작 장인 850여 명에 대한 자료를 수집했다고 한다.

직물류의 생산이 뛰어나다

삼국시대의 민영수공업 생산품 중 가장 중요한 것은 가내수공업으로 생산되는 삼베·모시·명주 등의 직물류였다. 협의로 베(布)라 하면 삼베를 가리키며 광의로 베라 할 때는 모시·명주 등이 모두 포함된다. 따라서 삼베는 마포(麻布), 모시는 저포(紵布), 명주는 주포(紬布) 또는 견포(絹布)라 했다. 고려시대에도 민영수공업의 중요생산품은 마직·저직·견직 등의 직조류였다. 조선 초기 물품생산과 교류에 있어 가장 성황을 이룬 것 역시 섬유계통이었다. 의류가 광범하게 상품으로 유통되었고, 일본과의 교역에 있어 매년 수만 필을 수출하였다. 조선 농촌의 민영수공업 가운데 한 가지 큰 변화는 면직업이 발달한 점이다. 종래 농촌 가내공업으로서의 직조업은 대체로 마직과 저직과 약간의 견직에 한정되어 있었다. 그러나 14세기 후반에 원에서 수입된 목화씨의 재배가 점점 확대되어 조선초에 이미 의복의 재료로서 일반화되고 있었다. 물론 문익점이 목화씨를 들여온 것으로 알려진 시점보다 800년 전에 이미 목화를 길렀다는 2010년의 학계 보고

가 있기도 하다. 면직은 군수
품 혹은 무역품으로서도 수
요가 많아지는 한편 화폐로
서의 기능을 가지게 됨으로
써 농가에서의 생산량은 급
격히 증가되기에 이르렀다.

무엇보다 모시는 삼국시대
부터 있었고 조선시대 땐 한

인류무형유산에 등재된 한산모시짜기

양 육의전에 저포전이 포함됐을 만큼 널리 쓰였다. 2011년 〈한산모시짜
기〉가 마침내 유네스코 인류무형유산에 등재되었다. 모시풀이 잘 자라는
충남 한산의 중년여성들에 의해 모시짜기가 가내작업 형태로 이루어지고
있다. 베틀은 개량됐지만 모시를 째고 삼고 짜는 직조과정은 1500년 전 그
대로 유지돼 온 것이 인정되었다. 함께 작업하는 가족과 이웃들의 공동체
정신이 더욱 빛을 발한다. 중요문화재 제14호인 〈한산모시짜기〉 기능보
유자 방연옥은 "예전엔 품앗이하듯이 모시를 짰기 때문에 한산모시짜기
엔 분명히 공동체 유대를 강화하는 기능이 있다"고 강조[119] 한 바 있다.

석기와 목기가 수수하고 실용적이다

'죽은 진시황이 살아 있는 13억을 먹여 살린다'는 말은 돌로 쌓은 만리
장성을 찾는 관광객들 덕분에 나온 중국의 이야기이다. 비교적 중국의 돌
제품은 마오쩌둥이 "장성에 가보지 못한 사람은 대장부가 아니다"[120]라
고 했던 거대한 국가적, 공익적 축성의 돌이라 한다면 우리의 돌에는 사

119) 〈중앙일보〉 2012. 9. 28.
120) 부도장성비호한(不到長城非好漢).

적인 생활용품이 많다고 할 수 있다. 한국인은 사냥과 낚시로 생활하던 선사시대부터 돌을 다듬는 기술을 이용하여 도구를 만들어 썼다.

맷돌은 구석기시대부터 있었던 것으로 보이는데 그만큼 오래됐으면서도 기본적인 생활도구였다. 맷돌의 모습은 단순하면서도 실용적이다. 같은 크기의 둥그렇게 생긴 돌짝을 위아래로 포개어놓고 아랫돌은 고정하고 윗돌을 돌려 곡식을 간다. 두 짝이 떨어지지 않도록 아랫돌의 가운데에는 쇠를 박고 윗돌의 밑 부분에 작은 홈을 파서 그 쇠에 맞물리도록 한다. 그리고 윗돌에는 가운데를 조금 벗어난 곳에 적당한 크기의 구멍을 내어 곡식들을 그리로 넣으면서 끝자락에 나무로 된 자루를 달아 맷돌을 돌리게 되어 있다. 일반적으로 혼자서도 맷돌질을 할 수 있을 만큼 그리 크지 않다. 돌의 표면은 곡식을 갈기에 적절하도록 오톨도톨 질감이 거칠다. 맷돌은 일상적인 생활에 필수적인 것으로 흔히 콩을 갈아 두부나 콩국을 만드는 데 쓰이며, 빈대떡을 만들기 위해 녹두를 가는 데도 많이 쓰인다.

돌절구

한편 돌절구는 돌의 속을 파서 거기에 곡식을 넣고 찧거나 빻는 데 쓰는 도구다. 통으로 된 돌속을 둥글고 우묵하게 팠고 허리부분을 잘룩하게 만든 돌절구의 모습은 앙증맞기까지 하다. 또 돌절구는 상부에 비해 하부를 약간 좁게 하고 아랫부분을 정교하게 다듬고 무늬를 새기는 것이 보통이다. 미적 가치도 그러하거니와 돌절구야말로 나무절구에 비할 수 없이 견고한 것이 특징이다. 이와 관련하여 "돌절구도 밑 빠질 때가 있다"는 말이 있어 재미를 더한다. 말할 수 없이 튼튼한 돌절구라 할지라도 상황에 따라 밑이 빠질 수 있듯이 아무리 번창한 집안이라도 쇠퇴하지 않는 법은 없다는 뜻으로 흔히 사용하는 것이다.

목판은 떡, 과일, 마른 음식을 담아두 던 그릇이요, 찬합은 밥, 반찬, 술안주 등을 담아 간수하거나 운반하던 그릇이 다. 함지박은 통나무 속을 파서 만든 음 식물을 담는 그릇이요, 이남박은 함지박 의 하나로 둥그런 안쪽에 여러 줄의 골 이 나 있어 쌀 같은 것을 씻어 일 때 쓰

소나무 함지박

던 그릇이다. 사찰에서 쓰고 있는 바리때는 현존하는 목제식기류의 본보 기가 될 것이다. 바리때는 부드럽고 가벼운 나무로 아주 얇게 깎아 안팎 으로 옻칠을 하였기 때문에 밥과 국 및 반찬그릇을 모두 겸하며, 그것을 한데 포개어 바랑 속에 집어넣으면 항시 여정에 오를 수 있는 기본적 차 비가 된다. 그런데 이 바리때는 갈이틀로 깎지 않는 게 상식이며 일일이 옥낫으로 내부를 후벼 깎아 만든다. 목기용 재목으로는 피나무, 오리나 무, 물푸레나무, 버드나무 등이 좋다. 쌀바가지, 물바가지 등 바가지는 서 민들이 박을 타서 가장 손쉽게 만들어 쓰던 다목적용 그릇이다.

우리의 전통 소반은 요즘에 인테리어 소품으로 더 많이 쓰인다. 무늬가 화려 하지 않으면서도 은은한 나뭇결이 살아 있어 어디에도 잘 어울린다. 황해도의 해주반, 전남의 나주반, 경남의 통영반 은 전국의 3대소반으로 정평이 나 있다. 특히 해주반은 다리에 문양을 새긴 게 특징이고, 나주반은 쭉 뻗은 날씬한 네

호랑이다리모양의 호족반

다리가 매력이며, 통영반은 외양이 가장 화려한 편이다. 이밖에 버선코처 럼 살짝 올라간 끝부분이 앙증맞은 호랑이다리 모양의 호족반(虎足盤), 상 판의 꽃 모양이 아기자기한 맛을 풍기는 화형반(花形盤) 등도 있다.

금속제품의 생산이 선구적이다

청동거울인 다뉴세문경

한민족은 일찌기 용융점이 매우 낮아 900도에 끓으면서 날아가기 쉬운 아연을 기술적으로 잘 이용하여 세계적으로 놀라운 청동기문화를 발전시킨 바 있다. 구리와 주석의 합금인 청동은 1000도까지 가열해야 녹는데 우리는 여기에 아연을 포함시킨 것이다. 다뉴세문경이라는 청동거울이나 성덕대왕신종을 비롯한 범종이 이를 잘 증명한다.

지배계층의 문화에서 살펴보았듯이 삼국시대 금관의 제작은 금속가공기술의 꽃이라 할 만하다. 삼국의 세 나라는 모두 황금으로 장신구를 많이 만들었다. 특히 아라비아사람들이 신라를 '황금의 나라'라고 불렀을 정도로 한반도의 지하자원 가운데 가장 중요한 것 중 하나가 금이었다. 19세기 열강들이 벌였던 조선에서의 이권 다툼도 금광을 목표로 했다고 해도 과언이 아닐 것이다. 일본의 조선침략마저 자국 내에서 변변히 금이 생산되지 못하는 대신 국제화폐에 해당하는 금을 조선에서 가져가야 할 형편 때문이었다고 분석한다.

우리는 일찍이 제철기술에서도 탁월한 면모를 보였다. 유럽에서 선철이나 강철이 널리 사용된 것은 14세기경 이후다. 그러나 고조선 사람들은 기원전 수백 년 전에 연철과 선철을 제련하고 강철도 제련하여 사용했다. 철에 대한 가공기술이 매우 뛰어났던 것이다. 기원전 562년경 가야는 철을 전혀 다룰 줄 모르던 일본이나 중국 등지에 수출할 정도로 철의 제조에 첨단기술을 보유하고 있었다. 그리고 가야는 제철기술을 바탕으로 훌륭한 철갑옷을 제작하여 입었다. 갑옷을 만들려면 몸을 움직일 때 불편하지 않도록 철 조각들을 입체적으로 연결하는 것이 문제이다. 오

늘날 리베팅(riveting) 기법이
라 부르는 철판연접기술을 일
찍이 가야 사람들이 개발한
것이다.

철갑옷(드라마 〈주몽〉)

한국인은 청동기시대를 거
치면서 이미 철의 효용과 장
점을 인식하였고 그 생산 제
조에 착수하였다. 변한에서는 국제적으로 유명한 철이 생산되어 마한·
예·왜·중국 등지에 수출하였고 시장에서 물건을 사는 데 돈처럼 쓸 만
큼 주철의 기술을 지니고 있었다. 철기시대에 돌입하면서 우리는 병기,
농기구, 장식품, 생활도구 등을 만드는 기술을 발휘해가며 살았다. 드라
마 〈주몽〉에서 야철대장 모팔모는 독창적인 초강법기술로 철제무기와 철
갑옷을 만들어 고구려 건국을 앞둔 주몽이 부여군과 한나라군을 제압하
는 데 크게 공헌하였다.

통일신라시대에 금속가공기술이 한층 발전할 수 있었는데, 이는 철유
전(鐵鍮典)을 비롯한 각종 관립 전문제작소를 두어 기술자의 수공업을 국
가적 규모로 확대한 데 있다. 고려시대에는 안장, 발걸이, 재갈, 방울 등
의 마구류, 토기, 목칠기, 금속그릇 등의 용기류 제작의 기술도 뛰어났었
다. 무엇보다 야금기술이 뛰어나 『송사』 고려전에서 민가의 그릇은 모두
구리로 만들어져 있다고 할 정도였다. 고려시대가 되면 장신구는 쇠퇴하
지만 금입사(金入絲)나 은입사 등 금은상감을 한 구리거울, 범종, 향로 등
불교의식구를 중심으로 금속공예가 발전하며, 이 밖에 합금기술의 발달
과 함께 금속활자나 금속화폐가 주조되기도 했다. 이 같은 금속공예의 발
달로 주조기술과 담금기술이 점차 다양해져 여러 분야의 금속제품이 만
들어졌다. 고려를 왕래했던 중국의 사신 서긍이 고려의 기술이 지극히 정
교하다고 감탄했던 사실로도 금속가공기술의 우수성이 인정된다.

조선시대에는 금속가공기술이 활발하여 수철장, 은장, 동장 등의 전문 기술자들이 금속제품을 만들었고, 입사장(入絲匠), 풍물장 등의 금속공예 기술자가 있어 고도의 예술성을 발휘하였다. 중종 무렵 김검동, 김감불이라는 무명의 기술자들은 아연과 은을 분리하는 제련법을 창안했다. 조선시대는 장도, 비녀와 같은 장신구의 제작과 함께 목가구를 장식하는 금속제품이 개발되었다.

최남선은 『조선상식문답』에서 "조선에서는 일찍부터 철광이 개발되어 고대 동아시아에 있는 철의 공급원 노릇을 하니 …… 재령 철광은 조선뿐만 아니라 중국 사람들에게 크게 이용된 것이요, 진한에서 나는 철은 물 건너 일본 사람들의 생활문화에 중대한 자원이 되어 그들로 하여금 우리 반도를 '보배의 나라'라고 찬미하게 하였다"고 말한 바 있다.

철은 흔히 각종 무기나 연장을 만드는 재료로 쓰였는데, 이 중 주물이 가능한 무쇠로는 주로 생활도구를, 무쇠를 시뻘겋게 달궈 만든 시우쇠로는 여러 생활용품을 만들었다. 쇠를 달구어 온갖 물건을 만들어 온 대장간은 이 나라 민중의 얼과 땀이 서린 곳이다.

놋그릇이 중국·일본 등을 매료시켰다

삼국시대는 어느 나라를 막론하고 금속을 가공하여 각종 농기구를 비롯한 생활용품, 장신구, 무기 등을 대량으로 생산했다. 특히 구리와 주석 및 아연 등으로 만든 놋그릇, 즉 유기(鍮器)는 우리만이 가졌던 합금기술이 빚어낸 쾌거였다. 놋그릇 기술의 시원은 청동기시대로 거슬러 올라간다. 이때부터 청동제품이 순동제품보다 널리 쓰이게 되고 석기로 만들어 쓰던 무기나 일상용품이 청동기로 바뀌게 된 것이다. 역사적 기록에서도 기원전부터 각종 장식품, 일용품, 무기를 중국과 일본에 수출했음을 전한다.

신라의 대표적인 수출품은 놋쇠로 만든 유기였다. '안성맞춤'이라는 속담까지 만들어낸, 우리의 뛰어난 유기 제작기술은 신라에서 비롯된 것이다. 신라의 기술자들은 대접, 쟁반, 숟가락 등 놋쇠로 못 만드는 것이 없었다. 화려한 금빛의 신라유기는 일본의 귀족층을 사로잡았다. 고려의 놋쇠나 놋그릇은 중국사람들이 비단 수천 필 씩을 가지고 와서 바꾸어 가기도 했다.[121]

구리는 합금이 가장 잘 되는 금속이어서 물건을 만드는 재료로 많이 사용되었다. 흔히 '통쇠' 또는 '신주'라고도 하는 황동은 구리와 아연의 합금으로서, 구리합금 중에서 가장 많이 공업적으로 사용되고 있다. '방짜쇠'라고도 하는 청동은 구리와 주석의 합금으로 독성이 함유되지 않고 보온·보냉이 잘 되어 주로 식기에 사용됐다. 주석과 니켈 합금으로 만들어진 백동은 장식·문방구·장신구 등에 쓰

놋쇠로 만들어진 촛대

였다. 이렇듯 구리에 주석이나 아연이나 니켈 등이 혼합되어 이루어진 합금을 놋쇠라고 하는 것이다. 세계 역사상 놋쇠를 가장 먼저 사용한 민족은 페르시아 사람들이었다고 하며, 우리나라에서도 청동기시대에 놋쇠를 사용하였다. 더구나 우리는 청동으로 식기를 만들어 쓴 유일한 민족이다. 세계 최초의 금속활자가 말해주듯이 우리 선조들의 구리합금기술은 조선시대 놋쇠자의 제작에서도 여실히 드러났다. 놋쇠자에 새겨진 눈금의 간격이나 굵기 또는 재질의 균일성 등은 오늘날의 표준공업규격에도 합당할 만큼 우수하다.

특히 고려말에 유기의 사용을 적극 장려한 이래 조선시대에 많이 쓰인 유기에는 크게 제작법에 따른, 손으로 두들겨 만드는 방짜(方字)유기와 쇳

121) 김종서 외, 『고려사』광종 9년 및 동 10년조.

반짝이는 금빛의 놋그릇

물을 부어 만드는 주물유기의 두 종류가 있다. 일명 '양반쇠'라고 하는 방짜유기에는 대야, 양푼, 수저, 젓가락, 반상기, 쟁반, 국자, 요강, 꽹과리, 징 등이 있으며, 주물유기에는 범종, 화로, 향로, 촛대, 재떨이 등이 있다. 방짜유기는 구리 78%와 주석 22%를 합금하여 만든 우리나라 특유의 기술로서 변색이 잘 안 되며 쓸수록 윤이 나고 소리가 아름다운 특징이 있다. 그릇마다 밑바닥에 '방(方)' 자가 찍혀 있었는데 방씨 성을 가진 사람이 만들었다는 표시다. 지금은 '썩 좋은 놋그릇'을 뜻할 뿐만 아니라 그 의미가 확대되어 '매우 알차고 훌륭한 사람'을 가리키는 말로도 쓰인다. 김천의 방짜유기가 유명했다. 공정이 까다로워 전국에 산재했던 방짜유기 제조는 거의 자취를 잃고 현재 안양에서 제조되고 있다. 구리와 아연의 합금인 주물유기는 틀에 부어 기물을 성형하므로 자유로운 합금과 대량생산이 가능한 기법으로 조선시대부터 경기도 안성 제품이 유명하다.

중국은 사기그릇이 주종이고 일본은 나무그릇이 주종을 이루는 데 비해 우리나라만이 유기제품을 병행했다. 로마제국도 금속그릇을 선호했는데 로마인들은 납을 섞어 그릇을 만들어 사용했다. 그래서 중금속인 납이 수백 년 동안 인체에 쌓이게 되었고, 로마제국의 멸망 원인이 납중독이었다는 보고서가 최근에 나와 화제다. 합금이 쉬워지는 납을 넣는 것과 요즘 많이 사용하는 중금속이 들어가는 스테인리스그릇을 생각하면 우리 조상들의 합금 수준과 방짜쇠를 만든 놋그릇의 중요성을 새삼 깨닫게 된다.

한동안 스테인레스그릇과 본차이나 사기그릇에 밀려 하찮게 여겼던 놋그릇의 가치가 재인식되어 요즘 부유층의 밥그릇으로 고가에 팔려나가고 있어 주목된다. 놋그릇의 그윽한 빛깔이나 보온의 기능성, 그리고 살균력을 지닌 식기로서의 장점이 새삼 포착되고 있는 것이다.

한국의 도자기는 세계적이다

흙으로 빚어 만든 그릇을 흔히 도자기(陶瓷器)라고 하는데, 엄밀히 말하면 도기와 자기는 재료와 만드는 과정에서 차이가 있다. 질그릇(오지그릇)이라고도 하는 도기는 자기보다 낮은 온도에서 구운 강도가 약한 것이다. 도기는 20세기에 들어와서 토기로 많이 불렸다. 자기는 섭씨 1300도 이상의 고온에서 구운 그릇으로서 청자, 백자, 분청사기 등이 이에 해당한다. 조선시대에는 자기를 사기(沙器)라고 했으며, 사기를 만드는 기술자를 사기장이라 불렀고 이들은 사옹원에 소속되었다.

우리는 농경과 더불어 정착생활을 하면서 저장할 수 있는 도구의 필요성을 느꼈다. 그리하여 몽골지방을 통해 우리나라 서북지방으로 빗살무늬토기가 들어왔고, 무문토기도 중국의 화북과 남만주 지방을 거쳐 들어왔다. 삼국시대에는 토기의 제작이 활발했으며, 주로 석실고분에서 출토된 흙으로 빚은 인형, 즉 토우를 통해 알 수 있듯이 통일신라의 토기제작 기술은 크게 발달했다. 이 시기에 이르러 그릇의 형태가 세련되고 본격적인 유약이 입혀지게 되었다. 표면처리에 있어서도 각종의 꽃 무늬 또는 기하 무늬를 틀에 의해서 찍기 시작했다.

10세기 초에 이르러서 한국도예는 비로소 삼국시대와 통일신라시대의 도예가 지녀온 고분문화적인 성격을 깔끔하게 벗어났다. 구체적으로 그 전까지의 토기질, 도기질 등 고대 요예의 차원에서 자기질 요업으로 비약했으며, 종래의 비기능적인 고대양식에서 용도와 기능이 세분된 현실적인 그릇으로 크게 발전하게 되었다. 다만 고려시대 청자 가운데 순청자는 문양이나 장식이 없는 소문(素紋)의 청자를 의미한다.

고려청자의 독창적인 장식기술은 상감법이다. 청자의 상감기법은 성형된 기물의 태토(胎土)가 마르기 전에 조각칼로 필요한 문양을 새기고 그 위에 적토 또는 백토를 물에 개서 붓으로 덮어 칠한 후 그 표면을 깎아내면 새긴 흔적에만 색토가 메워져 무늬의 효과를 내는 것이다. 백토는 고령토라고도 하며 점토의 성분과 비슷하나 점토보다는 점력이 약하며 굳은 후에 색상이 희고 불에 잘 견디는 특징을 지닌다. 우리나라가 옛부터 도자기의 명산지가 된 것은 실로 좋은 흙을 가지고 있기 때문이라 한다.

야나기 무네요시(柳宗悅)

일제강점기 한국의 예술을 사랑한 나머지 일본인으로서는 드물게 감시를 받아야 했던 야나기 무네요시(柳宗悅)는 한국예술의 특징을 선·형·색에 있으며, 중국이나 일본에서는 찾아볼 수 없는 것이라 말한 바 있다. 이를 가장 잘 뒷받침하는 것이 상감청자가 아닌가 한다. 청자의 유려한 선과 모양, 오묘한 비색(翡色)이 바로 그러하다. 중국의 청자는 유약이 두꺼워 무거운 느낌이 드는 데 비해 우리 청자는 유약이 얇아 바탕의 흙이 은은하게 비치면서 신비한 색감을 느끼게 한다. 게다가 독특한 무늬가 관심을 집중케 한다. 고려청자에는 상감청자 외에도 화(畵)청자, 진사(辰砂)청자, 철채(鐵彩)청자 등 여러 종류가 있는데, 12세기 고려청자의 수준은 세계 도자기사상에 빛나는 것이었다.

조선시대에 들어와서는 임진왜란을 경계로 전기는 분청사기시대, 후기는 청화백자시대로 구분될 수 있다. 조선조 도자기는 그릇의 실용성과 견고성을 제일주의로 내세웠기 때문에 장식적인 기교가 거의 없다. 분청사기는 분장회청사기(粉粧灰靑沙器)의 준말로 청자와 같이 회색 또는 회흑색 태토 위에 백토로 표면을 분장하고 그 위에 회청색의 유약을 칠한 사기를 말한다. 분청사기는 표면의 여러 분장법에서 오는 힘 있고 신선하며 활달하고 자유분방한 장식이 특질이다. 무엇보다 제기(祭器) 등 의례용 그릇은 금속으로 만드는 것이 예로부터 규범이었으나 조선 초기 화폐와 무기를 대량제조하면서 금속이 부족하여 당시 유행하던 분청사기로 제작하였다. 중국의 도자기가 권위적이라고 하면, 일본의 도자기는 가벼운 느낌을 주는 데 비해 한국의 분청사기는 친근감이 간다고 할 수 있다.

백자의 경우 하나는 고려백자의 계열을 이어 산화염소성으로 제작된 것이며, 다른 하나는 원의 영향을 받아 새롭게 발달한 환원염소성의 견고하고 치밀한 백자이다. 백자에는 아무 문양이 없는 순백자를 비롯해서 청화백자, 철화문백자, 진사문백자 등이 있다. 경기도 광주시 일대는 국가기관인 사용원의 분원이었던 관요지(官窯址)로서 1882년 분원이 폐지될 때까지 훌륭한 백자를 제작했던 곳이다. 조선 후기에는 관요가 폐쇄되고 도공들이 문경, 괴산, 단양 등 지방으로 흩어지면서 민요(民窯)가 번창했었다.

그릇을 제작하는 과정은 흙을 채굴하는 것에서부터 초벌구이, 재벌구이 등 구워내는 작업까지다. 흙을 구한 후 물에 넣어 이물질을 제거한 뒤 순수 흙으로 그릇의 형태를 만드는 물레작업을 한다. 전통적인 나무로 만든 발 물레를 시계방향으로 회전시키는데, 이 물레 돌리는 방법이 한국 도자기 장인들의 기술이라고도 한다.

그릇의 종류는 제작법, 장식법, 형태, 용도 등에 따라서 여러 가지로 나눌 수 있다. 무엇보다 형태를 중심으로 분류해보는 것이 서민의 생활문화를 이해하는 데 매우 적절하다. 형태에 따라 그릇은 항아리, 발, 병, 합, 접시

발

등으로 나눌 수 있다. 항아리(壺)는 보통 어깨, 뱃통, 밑골이 골고루 발달한 형태이다. 발(鉢)은 접시에서 몸통이 위쪽으로 더 발달한 반원통형의 형태로 뚜렷한 뱃통이 없는 경우가 대부분이며, 발에는 사발, 대접, 탕기, 종

합

발, 종지, 술잔, 뚝배기 등이 있다. 발과 항아리의 차이는 어깨의 유무로 구분되는데, 항아리에는 짧은 목이 있는 경우가 많다. 병은 항아리의 형태에서 어깨를 변형시켜 주둥이의 크기를 작게 하고 목의 길이를 길게 만든 것이다. 합(盒)은 접시나 발에 주둥이 크기에 맞춘 뚜껑이 있는 것으로 이에는 찬합, 주합, 향합, 비누합, 인주합, 분합, 모자합 등이 있다. 접시는 가장 단순한 형태로 거의 넓적한 형태에 굽을 받친 모양이다. 뱃통과 어깨가 생략되고 밑골만으로 몸체를 구성하고 있다.

도기 중 가장 큰 옹기

그릇 중에서 항아리인 옹기(甕器)는 도기 가운데 가장 큰 것으로서 물론 질그릇과 오지그릇으로 나눌 수 있다. 질그릇은 진흙을 반죽해 구운 후 잿물을 입히지 않아 윤기가 나지 않는 그릇이며 오지그릇은 질그릇에 잿물을 입혀 구워 윤이 나고 단단한 그릇이다. 우리의 옹기는 호흡을 하기 때문에 발효식품과 곡식을 저장하는 기능으로는 세계 제일이다. 옹기는 신통하게도 공기는 통하게 하고 물은 통과시키지 않는 미세한 구멍이 있어 담긴 음식을 잘 익게 하고 오랫동안 보존해주는 역할을 하는 것이다. 김치나 된장 등의 발효음식뿐만 아니라 쌀이나 보리 등의 곡식을 옹기에 넣어두면 신선하게 보관할 수 있다. 특히 옹기에 물을 담아두면 냉장고에 보관한 것처럼 시원해진다. 옹기가 수분을 빨아들인 뒤 몸체 밖으로 기화를 시키면서 기화열을 흡수하기 때문이다. 장독, 김장독, 새우젓독 등과 같이 큰 항아리를 독이라 하며, 꿀단지, 신주단지, 요강단지 등처럼 작은 항아리는 단지라 부른다. 큰 항아리와 작은 항아리가 보기좋게 모여 있는데서 '옹기종기'라는 말이 나왔다고 한다. 자기와 옹기의 차이점의 하나로 자기는 백색의 고령토라는 흙을 사용하고 옹기는 황토를 사용한다는점을 들 수 있다.

그릇의 형태도 용도에 따라 크게 좌우되었을 것이라 보는데, 조선의 장인 가운데 사기그릇을 만드는 사기장이 가장 많았던 것을 보면, 식기의수요가 그만큼 많았음을 알 수 있다. 한 가지 더 간과할 수 없는 것은 그릇의 모양에 깃든 깊은 사유이다. 그릇의 원형은 하늘을 닮은 것이고, 사각형은 땅을 닮을 것이다. 우주적 사고를 갖고 그릇을 만들 만큼 진지하고 멋스러웠던 조상들의 체취를 느끼게 된다.

한국문화의 정체성을 흔히 도자기를 중심으로 말할 수 있을 정도로 우리의 도자기 수준은 뛰어났으며, 당연히 우리 도자기 문화가 일본에 비해훨씬 우수했다. 그러나 오늘날 일본 도자기가 세계 1위를 차지하고 있다하니 안타깝기 그지없다.

나전칠기는 칠공예와 나전기술의 융합이다

2012년 서울 핵안보정상회의에 참가한 정상들에게 삼성전자에서 제작한 갤럭시탭을 증정했다. 그 선물 뒷면에는 중요무형문화재인 송방웅·이형만 나전장과 정수화 칠장이 옻칠로 마감하고 남해안 전복을 사용한나전으로 모란 문양과 각국 정상의 이름을 새겨넣었다.

칠공예기술은 오래전부터 발전해왔을 것으로 추측된다. 고구려 안악3호분, 쌍영총, 무용총 등의 벽화에 보이는 평상이나 밥상의 그림들, 백제의무령왕릉에서 나온 목관을 비롯하여 옻칠과 채색이 된 베개와 족좌(足座)등은 당시 칠공예기술을 짐작케 한다. 안압지에서 나온 옻칠된 목제품에서 알 수 있듯이 장신구의 제작 등 통일신라의 칠공예기술도 크게 발달했다. 목심(木心)으로 된 대접이나 접시모양의 주(朱)칠기 흑(黑)칠기가 특히 우수하다. 1946년 경주 호우총 출토의 목심칠기라든가 천마총칠기 등의 유물로 보면 목기의 발달을 가늠할 수 있다. 4세기 낙랑이 고구려에 흡수되자 그 유민이 대거 남하하면서 신라의 칠공예의 기틀이 잡혔을 것이다. 천마총칠기들은 이미 중국의 영향에서 벗어나고 있음을 말해준다.

칠기는 청동기보다 훨씬 귀하게 여겨 신라의 독자적인 양식을 형성했을 것으로 보이며, 칠전(漆典)이라는 전담관서의 설치가 말해주듯이 귀족사회에서는 상당히 애호하는 사치품이었다. 칠공예는 쓰임새가 다양하여 가구, 악기, 문방구 등에 두루 쓰였으나 재료인 나무의 취약성 때문에 현존유물은 근세에 제작된 것들이다. 칠에는 옻칠과 황칠 두 가지가 있다.

우리의 칠기 중에서 가장 성행한 것은 '자개'라고 하는 나전(螺鈿)을 넣어 장식하는 나전칠기이다. 나전칠기는 칠공예와 나전기술의 융합에 의해 생산된 명품이다. 우리 나전공예는 고려시대에 사실상 꽃을 피우게 된다. 고려 문종 때 이미 중국 요나라 왕실에 나전칠기를 예물로 보낸 사실이 있다. 그리고 사신으로 왔던 서긍의 기록으로 알 수 있듯이 고려의 나전칠기는 송나라로 건너가 극찬을 받았다. 고려에서의 찬란했던 나전칠기의 전통은 면면히 지속되어 오늘에 이르고 있다. 현재 16점이 전하고 있는데 국립중앙박물관에 있는 1점을 빼고는 모두 해외에 유출돼 있다. 특히 현존하는 고려 나전칠기 경함은 전 세계에 9점인데 국내에 단 한 점도 남아 있지 않던 이 나전칠기 경함이 2014년 7월 일본에서 돌아왔다.

조선시대의 나전칠기는 고려 때의 귀족취미에 부합하던 것과는 달리 우아함을 잃게 되었다. 무늬에 있어서는 정제함이 흐트러지고 세밀하던 솜씨도 다소 거칠어지게 되면서 조선초까지 이어지던 조공품으로서의 구실도 상실하게 된다. 그리고 조선 후기에는 일본으로부터 역으로 자개제품의 진상이 이루어진다. 이같이 조선시대의 나전칠기 공예는 이웃나라의 칠공예에 비하여 낙후된 감이 없지 않다. 그러나 한편으로 그것은 과거 소수 특권층의 전유물에서 벗어나 좀 더 민간층에 확대 보급되었음을 의미한다.

나전칠기는 전복의 속껍질인 자개를 이용한 공예기법으로서 바탕이 되는 기물에 천을 입히고 그 위에 옻을 올려 자개를 박아 만드는 것이다. 나전칠기에 쓰이는 조개는 소라, 전복, 진주 세 가지가 주종을 이룬다. 우리나라 다도해지방과 제주도해역에서 잡히는 전복들은 플랑크톤이 많고 물이 맑아서 조개의 빛깔이 영롱하다.

고급한 나전칠기 제품

근래에 이르러 카슈라는 대용칠의 등장으로 퇴보의 길을 걸었으나 최근 생활수준의 향상으로 인한 수요가 조금씩 소생되고 있다. 현재 전하는 나전칠기의 종류는 주로 불교의식과 관련된 제품이다.

칠기는 생활에 쓰이긴 하지만 본래 고급한 도장(塗裝)이었으며 사치스러운 것이었다. 기물에 금은판을 오려 무늬로 부착하거나 자개를 첨가하여 무늬를 내거나 금분을 뿌려 회화적 표현을 했다. 고려와 조선시대의 칠공예는 끝내 중국에서 성행된 기법을 도입하지 않았다. 칠은 옻나무의 수액을 말하는데, 옻나무는 동양에서만 자라는 나무다. 옻의 질은 우리나라 것이 가장 좋은 편이다. 옻칠에는 생칠(生漆)과 숙칠(熟漆)이 있고, 숙칠은 주칠(朱漆)과 흑칠(黑漆) 등의 색칠을 하는 데 쓰인다. 옻칠은 한 번 마르면 불에 타거나 뜨거운 햇볕을 계속 받지 않는 한 수천 년을 견딜 수 있는 힘이 있고 아름다움도 오래 지탱된다.

옻칠의 장점은 여러 가지다. 침투력이 강해 쉽게 벗겨지지 않으며, 방수효과가 있어 송대의 보물선이 신안 앞바다 밑에서 700년 동안이나 견딜 수 있었다. 처음에는 새까맣지만 시간이 지날수록 은은하고 윤기 있게 변한다. 살충효과가 있어 좀이 먹지 않으며, 곰팡이균을 억제하기 때문에 옻칠한 목기에 밥을 담아놓으면 밥이 쉽게 상하지 않는다. 최근에는 항암 치료의 효과도 있다고 보도되고 있다. 옻을 채취하여 목기에 바를 때 붓을 사용하지 않고 손으로 거칠게 바르거나 지푸라기로 바르기도 하는데, 이렇게 생칠을 하면 보기에는 거칠어도 옻의 효능은 오래간다.

우리가 칠 원료의 풍족한 양을 확보할 수 없었기 때문에 생칠은 다소 사사로이 이용되기도 했지만 흑칠·주칠 기타 색소를 혼합할 수 있는 양질의 칠은 낭비가 없도록 아끼고 귀하게 여겼다. 조선시대에도 국내산 천연안료는 부족하여 중국이나 일본의 것을 수입해 썼다.

화각제품은 독창적이고 우아미가 있다

화려한 화각 경대

화각(華角)이란 쇠뿔의 맑은 부분을 펴서 투명한 종잇장처럼 깎은 뒤 그 이면에 광물성 채색인 석채(石彩) 즉 오채(五彩)의 그림이나 무늬를 그려서 나무로 된 공예품 위에 덧붙여 목기를 매우 화려하게 꾸미는 것이다. 화각은 한중일 3국 가운데서 우리의 고유성이 가장 두드러지는 목공예품으로서 나전칠기와 더불어 쌍벽을 이룬다. 한국에서 독창적으로 개발한 화각은 조선 후기에 이르러서 빛을 발한다.

화각은 백골(柏骨), 설채(設彩), 쇠뿔다스리기의 세 과정을 통해서 만들어진다. 소목장에 의해 만들어지는 백골이란 겉치레가 되어 있지 않은 나무로 된 그릇이나 건축물의 바탕을 말한다. 설채가 화각의 아름다움을 좌우하느니 만큼 화공의 역할은 크다. 세 가지 공정 중에서 가장 중요한 부분은 각질장(角質匠)에 의한 쇠뿔다스리는 일이다. 쇠뿔은 아무것이나 되는 것이 아니다. 어리지도 늙지도 않은 중소의 고추뿔만이 화각으로 쓸수가 있다. 중소의 고추뿔은 각질이 맑고 투명도가 높아서 석채 설채를하면 더욱 아름답다.

석채를 각골질(角骨質)에 설채하기 위해서는 접착제가 필요한데, 이때사용하는 접착제는 아교, 어교(魚膠), 명태피(明太皮)를 동일 비율로 섞은것이 쓰인다. 화각으로 덮이지 않은 부분에는 칠을 하였는데, 칠은 들깨기름, 콩기름, 호두기름, 오동나무기름 등의 식물성기름이나 옻칠을 사용했다.

실생활 속에서 화각은 주로 규방에서 즐겨 쓰였으며 더러 사랑방의 용기로도 사용되었다. 그러나 대부분 부유층의 전유물이 되다시피 귀하게여긴 것이다. 화각제품으로는 실패, 자, 바늘집, 반짇고리, 버선장 등을들 수 있는 바, 주로 바느질하는 데 필요한 것들이었다. 경대, 손거울, 참빗 등 화장도구로도 쓰였으며, 패물함, 옷장에도 쓰였다. 사랑방에 쓰인용품으로는 붓, 필통, 합죽선 등이 있다.

한국가구는 순수하게 목질을 드러낸다

전 세계적으로 오래된 '앤티크 가구' 또는 '빈티지 가구'가 유행이며, 우리나라도 예외는 아니다. 최근 몇 년 사이는 서울 인사동을 비롯하여고가구 관련 지역과 업계의 거래가 부쩍 활발해졌다. 거래품목의 종류도매우 다양하다.

사실 나전칠기, 화각공예 등은 대중적이지 못했다. 한국가정에서 남성위주의 사랑과 서재에 비치하는 전통적 가구에 나전칠기나 화각장식 제품을 찾아보기 어렵다. 순수하게 목질을 드러내는 가구들이 대부분이다. 목제품들이 소박하고 조촐한 의장으로 그 바탕의 재질과 구수하게 어울린다. 검소한 선비생활에 맞도록 가구에서도 품격을 높이 사려했고 그런 풍조가 은연중 한국 목공예의 주류처럼 여겨지게 되었다. 기능 위주의 제품을 만들어서 스스로 즐거움을 찾은 것이 민간의 일반적인 목제가구들이다. 이렇듯 한국적 목공예는 화려하고 권위 있는 중국의 것이나 깔끔하고 세련된 일본의 것과 다른 모습이다.

고려시대 목공예품을 대표하는 것으로는 경패와 경질을 들 수 있다. 경패는 불경을 넣는 목함 겉에다 내용을 표시하는 데 쓰는 나무쪽이요, 경질은 가는 대나무로 엮어 만들어 경전을 두루마리로 말아두는 데 사용하는 포장용 발이다. 우리가 접할 수 있는 한국의 목공예는 조선시대 후기 것으로 제한을 받는 편이다. 그렇지만 조선시대의 목공예는 매우 뛰어났다. 조선의 목공예품은 장, 궤, 함, 문갑, 뒤주, 사방탁자, 서안(書案), 연상(硯床), 필통, 식기, 찬합, 소반 등 다양하다.

수장가구로서의 장롱은 오늘날까지 한국의 어느 가정에나 필수적인 것으로 비치하고 있는 편이다. 조선시대의 대표적인 안방 가구는 옷이나 이불을 넣는 장이다. 장은 한국에서 지어낸 우리말이자 장(橵)이라는 한자도 우리식 한자다.[122] '간직하다'라는 뜻의 '장(藏)'자에 나무 '목(木)'자가 붙은 모양으로 물건을 보관하기 위해 나무로 만든 가구라는 뜻이다. 옆판이 붙어 있어서 한 층씩 분리할 수 없는 장은 한 층짜리를 여러 개 포개서 사용하므로 아래 위짝으로 분리되는 농(籠)과는 구별된다.

옛부터 전해오는 주된 수장가구는 단연 고리로서 이것은 긴 세월 동안 사용되어 왔다. 그 후 거목의 판재를 얻게 됨에 따라 궤(궤짝)를 쓰게 되었으나 가난한 서민층은 갖기 어려웠다. 장방형의 궤에는 위로 여닫는 윗닫이와 앞으로 여닫는 반닫이 두 가지 형태가 있다.

장이나 농을 구비하지 못하는 서민가정에서는 반닫이가 필수가구였으

---

122) 이규경, 『오주연문장전산고』 권44, 동국토자변증설(東國土字辨證說).

며 기본혼수품이었다. 때문
에 1950년대까지도 혼수품으
로 활발히 제작되었다. '반쪽
을 여닫는다'는 말에서 유래
한 반닫이는 다목적 수납가
구로 의복은 물론 책, 돈, 문
서 등을 보관할 때 썼다. 지
금도 많은 사람들을 반하게

조형미가 우수한 강화반닫이

만드는 것이 이 반닫이요, 한국 고가구 중에 가장 사랑받고 있는 제품이
다. 튀지 않는 나무 빛깔에 주거공간의 어디에도 자연스럽게 어울리는 점
도 한 이유라 하겠다. 문짝을 다는 데 쓰는 철물인 경첩과 금속장식인 장
석이 지역적 특징을 드러내면서 깔끔하고 묵직한 느낌을 주는 것도 좋아
하게 하는 이유라 하겠다. 특히 장석(裝錫)은 가구를 장식하는 동시에 습도
때문에 나무가 틀어지지 않도록 잡아주는 역할을 한다. 가격 면에도 비교
적 큰 부담을 느끼지 않게 하는 것이 반닫이에 호감을 갖도록 하는 요인이
다. 여러 지역의 반닫이 가운데 가장 선호도가 높은 것은 조형미가 우수한
강화반닫이다.

　고가구 매니아이자 반닫이를 유난히 좋아하는 패션디자이너 장광효는
"서양가구가 화려하고 장식성이 강해서 공간을 채우는 역할을 한다면,
우리 것은 고졸한 멋과 품격으로 비움의 미학을 보여준다"[123]고 말한 바
있다.

　함은 궤짝처럼 생긴 밑짝에 뚜껑을 달아 여닫을 수 있도록 만든 상자
다. 주로 귀중품이나 장신구를 넣어두었는데, 혼례 때 신랑집에서 신부집
에 보내던 것이 바로 이 함이다. 문갑이란 '문구갑(匣)'의 준말로 각종 문

---

123) 〈중앙일보〉 2012. 4. 5, 3면.

구나 문서 등을 보관하기 위한 가구다. 한강변의 밤섬은 예로부터 배를 만드는 곳으로 유명한데, 배를 만들고 남는 자투리 느티나무로 만든 뒤주는 최상품으로 알려져 있다.

18세기부터는 문방구와 가구가 한국의 고유양식으로 정착되는 경향을 나타내게 되었다. 흔히 전통적 목공예의 본보기로서 거론되는 조형미는 바로 이 시기의 소산이다. 조선시대 목공의 미자 특징은 일체의 인위적인 장식성·조형성을 최소한으로 줄이고 간결한 선, 명확한 면, 그리고 목재 자체가 갖는 자연의 미로써 하나의 통일체를 만들어낸 점이라[124] 한다.

죽제품은 정갈하고 다양하다

우리나라에서는 죽제품의 사용이 일상생활 속에서 높은 비중을 차지하였다. 크게는 장과 농에서부터 작게는 문방구에 이르기까지 그 쓰임새가 다양했으며, 죽세공의 기술도 전국적으로 보편화되었다. 죽공예의 재료로는 참대, 솜대, 오죽(烏竹), 맹종죽(孟宗竹)이 주로 많이 쓰였다. 참대는 생산량도 많거니와 가구나 문방구 등 여러 제품들의 재료로 긴요하게 쓰여 왕죽(王竹)이라고 불린다. 솜대는 참대보다는 약하나 대나무 표면이 깨끗하고 반점이 없어서 농이나 발과 같이 보기에 정갈한 물건을 만드는 데 즐겨 사용되었다. 오죽의 경우 검은 색을 띠고 있어서 그 색을 살려 적절히 사용되기도 했다. 맹종죽은 대통이 가장 굵은 편이어서 수저통, 필통, 화살통 등의 제작에 쓰였다.

죽공예는 재료의 가공법에 따라서는 백죽(白竹), 염죽(染竹), 낙죽(烙竹), 점죽(點竹) 등으로 구분이 된다. 백죽은 대나무 껍질을 벗겨 깨끗하게 그

---

124) 김원룡, 『한국미술사』, 범우사, 1968, 371면.

대로 쓰는 것을 말한다. 염죽은
대나무에 물감을 들여 쓰는 것으
로, 편지꽂이라 할 수 있는 고비
(考備)를 비롯하여 연상(硯床), 필
통, 참빗 등에서 볼 수 있다. 낙
죽은 대나무 껍질을 인두로 지져
서 여러 가지 문양이 나타나게
하는 기법을 말하는 것으로 죽세

다양한 죽공예품들

공품 가운데 흔히 볼 수 있다. 점죽은 인공으로 반죽(斑竹)의 효과를 나타
내는 것을 말하는 바, 횃대 같은 데서 이 기법을 볼 수 있다. 이 밖에도 대
나무통을 자르고 쪼개는 방법에 따라 여러 죽제품이 만들어졌다. 가령 죽
통을 같은 간격으로 절반씩, 또는 4분의 1씩 잘라 그것을 이어 붙이고 아
래위를 나무로 막아서 함으로 이용하기도 하고, 밑만 막아서 여러 가지
통으로 사용했다. 더구나 대나무 매듭의 기능을 살려 그대로 필통 등으로
유효하게 이용했다. 또 대나무를 가늘게 쪼개어 엮고 겯기도 하여 다양하
게 사용했다.

우리나라에는 굵은 대나무가 나지 않는 편이므로 통대를 그대로 사용
하는 죽공예품은 거의 없다. 대개 가는 대를 물들이거나 인두로 지져서
소품 죽기를 만드는 경우가 많다. 또는 대나무를 잘게 쪼개어 목물(木物)
의 백골(白骨) 위에 장식용으로 대나무를 덧대고 그 표면을 인두로 지져서
무늬를 올리기도 한다. 혹은 얇게 저민 것을 자리처럼 짜서 목물에 첩죽
(貼竹)하기도 한다. 아주 가늘고 얇게 쪼갠 대오리로는 발, 상자, 부채, 갓
양태 등 매우 세련된 솜씨를 필요로 하는 죽세공품이 만들어졌다.

버들가지나 대나무로 만든 동고리는 떡이나 엿 같은 음식을 담아 나르
는 데 쓰며, 형태가 큰 것은 고리짝이라 하여 옷이나 책을 담는 데 썼다.
용수도 역시 대오리나 버들가지로 만드는데, 맑은 술이나 장을 떠낼 때

사용되는 도구다. 대나무나 싸리로 만든 바구니, 소쿠리 등은 농산물을
보관하거나 음식물을 말릴 때 쓰던 도구다.

자수품에는 배려와 정성이 배어 있다

한국의 자수(刺繡)에는 행복과 희망을 기원하는 서민들의 소박한 생활
감정이 배어 있다. 그러면서도 자수는 형식이나 틀에 얽매이지 않고 자유
롭게 표현되었다. 전통적으로 담담한 색조가 지배적인 살림살이를 아름
답게 꾸며 뽐내고 싶은 마음을 나타내는 작품이기에 한국 여인의 심미안
을 엿볼 수 있는 가장 좋은 사료이기도 하다. 우리가 접하는 자수제품은
대부분 조선 후기의 것들이다, 그 종류는 보자기, 굴레, 노리개, 띠, 방석,
버선, 베갯모, 병풍, 보료, 손수건, 수식, 신, 수저집, 안경집, 주머니, 활
옷, 흉배 등 헤아릴 수 없이 많다. 조선시대에 이르러 자수는 여성생활의
일부가 되다시피 하면서 다채롭게 꽃을 피웠다.

모든 것을 싸는 보자기

보자기는 한국의 대표적인 문화코
드가 될 수 있다. 보자기는 신분 구별
없이 우리 모두가 활용하던 공예이다.
갓 태어난 아이를 싸는 보자기(강보),
학교 다닐 때 가지고 다니던 보자기(책
보), 여행에 필요한 물건들을 싸서 등
에 지고 다니던 보따리(봇짐 및 괴나리

봇짐), 사람이 죽었을 때 관을 덮던 붉은 보자기(명정보) 등 보자기는 한국
인 삶과 함께 했던 도구로서 실용적이며 미적이다. 보자기는 거룩하고 신
성하기까지 하다. 『삼국유사』에 보면 금관가야의 시조인 김수로왕은 천상
에서 붉은 보자기에 싸여 강림한다. 윤봉길 의사가 애국적 거사를 단행할
때도 도시락 모양의 폭탄을 보자기에 싸서 던졌다. 지금도 보자기는 귀한

사람들에게 정성스레 선물을 할 때 사용하는 품위 있는 생활용품이다.[125] 서양의 포켓문화(가방문화)가 물건을 포켓이나 가방 등 정해진 공간에 넣는 것이라면, 보자기는 모든 것을 밖에서 싸는 것으로 크기나 형태에 그다지 구애받지 않는 포용과 배려의 문화적 상징이다.

한국 여인들의 매운 솜씨를 느끼게 하는 전통자수 가운데는 옷과 몸치레의 복식자수품이 많다. 흉배, 활옷, 굴레, 노리개, 향주머니 등이 대표적인 경우다. 특히 흉배는 그 양과 질에 있어서 우리나라 자수에서 상당한 위치를 차지하고 있으며, 복식자수 가운데서도 가장 세련된

정감 있는 자수 방석

작품을 보여주고 있다. 생활 주변의 일상용품을 아름답게 장식하는 생활자수는 우리에게 대단히 친근감을 준다. 생활자수의 예로는 돌날에 어머니가 콩을 넣어주던 곱게 수를 놓은 주머니를 비롯하여 베갯모, 방석 등 헤아리기 어려울 만큼 많다. 불교자수품도 풍부하게 전하고 있다. 장방형 조각의 가사와 거기에 부착하는 수장(繡章), 번기(幡旗)·불화 등의 양쪽 옆을 장식하는 다라니 주머니, 부처님의 가마를 꾸미는 장식 등이 자수품으로 전한다.

전통자수 중에서 병풍자수의 경우 조선 후기에 이르면 원색을 많이 구사하는 한편 구도가 매우 복잡해진다. 그리고 자수에 사용된 실도 굵어지는 등 병풍자수에 투박한 서민적 취향이 강하게 나타난다. 이러한 조선 후기의 병풍자수는 그 시기에 많이 그려진 민화의 영향을 받았다. 병풍의 자수에 화조류 중심의 민화와 같은 소재가 등장하게 된 것이다. 그림과

125) 변광섭, 『문화가 예뻐졌어요』, 새미, 2008, 48~52면.

자수에 탁월했다는 신사임당의 〈초충도(草蟲圖)〉는 현재 자수작가가 밝혀진 유일한 작품이다. 여성의 작품도 지폐에 넣어야 한다는 사회적 요구에 따라 최근 발행된 5만 원권 앞면에 〈초충도〉가 들어가기도 했다.

한국의 자수는 지나치게 현란하거나 복잡하지 않아 천박해 보이지 않는다. 생활 속에서 나온 정감 넘치고 질박하며 해학성까지 띤 것이었다. 그러던 우리의 자수가 일제시대를 통해 위기를 맞게 되었다. 세련미를 강조하던 일제의 교육은 우리 자수의 깊은 멋을 가리는 데 일조했다. 그 후 현대문명은 디자인과 색채 등 예술성을 강조하고 있다. 이 속에서도 우리 자수는 도도히 질적 향상을 꾀하며 발전해가고 있다.

무형문화재(80호)인 한상수는 우리나라 최초의 자수장(匠)으로 일본식 자수교육과 서양의 자수에 의해 맥이 끊겨가던 한국자수의 전통을 3대째 이어가고 있다. 전국적으로 자수 유물을 찾아 한국 전통자수를 수집하고 연구하는 데 힘쓰며 자수박물관을 세웠다. 2005년 자신의 이름을 건 박물관에 평생 제작한 작품 250여 점 등을 세상에 공개했다. 그녀는 과거에는 자수가 생활의 방편이었다면 최근에는 문화적인 욕구에서 많이들 찾고 있다면서 무수한 바늘땀으로 그려내는 자수는 가장 섬세한 예술품 중 하나로 자리 잡고 있다고 했다.

우리나라의 자수에 관한 개인박물관으론 서울 가회동에 있는 위 한상수자수박물관 외에도 숙명여대의 정영자자수박물관, 그리고 북한산 둘레길에 있는 박을복자수박물관이 유명한 편이다. 특히 한국의 대표적 신여성인 박을복은 1961년 국내 섬유개인전 1호로 기록되는 전시를 연 자수 분야의 선구자로서 자수를 예술의 영역으로 끌어올렸다는 평가를 받고 있다. 생활 곳곳에 멋과 운치를 더해주는 자수품은 지극한 정성으로 이루어내는 작업이고 또 워낙 손이 귀하여 값도 만만치 않다.

한지는 세계 최고의 종이다

2011년 프랑스에서 돌아온 초주지(草注紙)로 된 외규장각 도서들은 200년 가까이 지났지만 변색되지 않고 원형 그대로였다. 1000년의 세월을 견디는 종이는 세계에서 고려지뿐이라고 한다.

현재까지 논란이 계속되고 있기는 하나 『무구정광대다라니경』은 세계에서 가장 오래된 목판인쇄물이다. 이것이 751년경에 제작되었음을 감안하면 우리의 종이가 어느 정도 질긴지 가히 짐작할 수 있다. 고려시대에는 책이나 경전으로 많이 남아 있으며, 조선시대에는 더욱 많은 양의 종이들이 생산되어 전해지고 있다. 무엇보다 인쇄물을 길이 전하기 위해서는 양질의 종이를 만들 수 있는 제지술이 있어야 했다. '비단은 오백 년 가는데 종이는 천 년을 간다'는 표현을 낳은 한지를 만들어냄으로서 우리는 '지천년(紙千年)'이라는 자긍심을 세우게 되었다. 양지(洋紙)는 산성지라 그 수명이 150년이 고작이지만 조선종이는 중성지라 3000년도 더 간다고 한다. 조선의 외공장은 지방관청에 소속된 장인들이었는데 가장 많은 수를 차지한 직종은 제지업으로 722명의 지장(紙匠)이 포함되어 있었다.

'한지'라는 용어는 외래지인 펄프가 들어오면서 생긴 말일 뿐 우리는 그냥 '종이'라 불렀다. 우리의 종이와 구분하여 중국의 종이는 쎈즈(宣紙), 일본의 종이는 와시(和紙)라 불렀다. 목재를 사용하여 만든 서양지와 달리 한지는 닥나무껍질을 원료로 만든 것이다. 한지는 중국이나 일본의 종이와도 재료와 성질이 다르다. 일본의 와시는 삼지닥나무로, 중국의 쎈즈는 고유나무인 청단과 볏짚과 대나무 펄프를 혼합해 제작한다. 질김과 보존성에 있어 한지가 쎈즈나 와시보다 앞선다.

한지의 역사를 살펴볼 때 우리나라에서 한지가 처음 만들어지기 시작한 것은 600년경으로 추정된다. 일본에 종이를 전했다고 하는 7세기 초까지는 중국의 제지법을 모방하였으나 삼국시대 이후 한지 제작에서 우리는 섬유를 맷돌로 잘게 갈아서 만드는 중국의 제지법과 달리 긴 섬유를 두드려 균일하게 만드는 방법을 독창적으로 개발했다. 이 기술은 610년 경 고구려의 승려 담징에 의해 일본에 전해진 것으로 알려져 있다.

이규경은 『오주연문장전산고』에서, 고려의 종이는 천하에 이름을 떨쳤는데 그것은 닥나무만을 썼기 때문이며 종이가 하도 매끄럽고 질기고 두꺼워서 중국인들은 고치종이로 불렀다고 말했다. 최남선도 『조선상식문답』에서 조선의 종이는 질기기로 세계에 둘도 없어 중국 같은 데서는 '고려피지(高麗皮紙)'라는 이름으로 부르기까지 하며 창호지나 포장지 같은 특수한 용도로 쓰는 데는 천하의 절품이라고 했다. 한지로 만든 갑옷은 화살도 뚫지 못했다. 중국 연경이나 열하에 있는 궁전의 창은 모두 조선에서 공물로 보낸 종이로 도배를 했는데, 우리 종이가 질기고 내구성이 뛰어났기 때문이라고 말한 서유구는 보풀이 일어나는 것이 우리 종이의 결점이라 했다.

알칼리성의 전통잿물로 표백하고 닥풀을 접착제로 써서 만든 한지의 특성은 우리 민족성처럼 질기고 부드럽고 깨끗한 데 있다. 냄새가 향긋하고 약간 투박해 보이면서도 질감이 좋고 빛깔이 곱다. 용도에 따라 질과 호칭이 달라진다. 문에 바르면 '창호지', 고서·불경 등의 영인에 쓰면 '복사지', 사군자나 화조를 치면 '화선지(畵宣紙)'라고 한다. 연하장이나 청첩장으로 쓰이는 한지로써 솜털이 일고 이끼가 박힌 것은 '태지(苔紙)'라고 한다. 한편 대나무의 섬유로 만든 종이를 '죽지'라고 했는데, 이 죽지를 정제하면 흰색이 되므로 이를 '백지'라 했다. 백지는 인쇄용 또는 편지지용으로 쓰였으며 종이 중에서 상품으로 쳤다. 제대로 되지 않은 종이는 '화지'라고 하여 불쏘시개로 쓰거나 포장지로 사용하였다. 지금의 세검정근처에 조선초부터 종이를 만들기 위해 설치한 조지서에서 주로 백지를 생산했는데, 이곳에서 만든 종이의 질이 제일 좋았다. 사실 우리나라에서는 종이가 귀하기 때문에 옛날부터 편지를 쓸 때에 여백만 있으면 그곳에 가필을 하여 종이를 최대한으로 활용했었다.

갖가지 물감을 들여 한지로 만든 조화(造花)는 궁궐이나 여염집, 불가, 도가, 무속에서 장식용으로 널리 사용되어 왔다. 우리의 조상들은 한지로 창호와 부채뿐만 아니라 연, 등, 상자, 꽃병, 갓, 술잔, 대야, 요강, 항아리 등 온갖 생활도구를 만들어 썼다. 조선 후기 이유원이 조선과 중국의 사물을 고증해놓은 『임하필기(林下筆記)』에 보면 인조 때 종이옷을 변방에 보냈으며, 정조 때 박일원이 형조의

한지 공예품인 조명등

소관업무를 모아 편집한 『추관지(秋官志)』에 보면 상류사회에서 종이신발의 사치가 심해 금령을 내리기까지 했음을 알 수 있다. 국경을 지키는 군사들의 갑옷이나 방한복을 만드는 데도 활용했고, 사람들은 종이로 우산도 만들어 쓰고 다니기도 했다. 사실 불경목판의 제작과 금속활자의 발명은 종이의 생산량과 질적 수준이 우수했음을 전제로 하는 것이다.

11세기 무렵부터는 중국의 송이나 원에까지 많은 양의 종이를 수출했다. 중국 역대 제왕의 업적을 기록하는 데 고려종이만 썼다고 할 정도이다. 송나라 손목이 쓴 『계림유사』에서는 고려의 닥종이는 윤택이 나고 흰 빛이 아름다워서 백추지(白錘紙)라 부른다고 했으며, 다른 책에서는 금나라의 장종이 고려의 하얀 종이를 좋아하여 항상 그것만을 썼다고 전한다. 『고려도경』, 『고반여사』 등 중국측 기록을 보면 고려지의 우수성을 칭찬하는 내용이 많다. 『고반여사』에서는 고려지는 너무나 희고 질기며 먹을 잘 받아들이는바 중국에 없는 진귀한 것이라고 했고, 『박물요람』에서는 글을 쓰거나 그림을 그릴 때 먹을 먹는 품이 고려지만큼 겸손한 종이가 없다고 극찬했다.

고려시대부터 한지의 주산지로 이름을 날렸던 전주의 한지업체가 산업화에 따라 위축되었으나 최근에는 전주한지가 부활하여 국내매출은 물

전주한옥마을에서 촬영된 〈달빛길어올리기〉

론 수출물량을 소화하기도 힘겨울 정도이며, 프린터용지, 외출복, 핸드백 등 한지를 이용한 각종 신상품들이 쏟아져 나오고 있다. 전주의 한지가 유명한 것은 무엇보다 전주 인근에 한지의 원료가 되는 닥의 재배가 잘돼 풍부한 원료를 공급할 수 있기 때문이다. 임권택 감독의 101번째 영화 〈달빛 길어 올리기〉는 '전주 한지' 이야기이다. 닥종이로 인형을 만들어 유명해진 조형작가 김영희는 "천 년 세월을 숨쉬며 사는 닥종이를 만든 한민족으로 태어난 건 행운"이라고 한 바 있다. 무엇보다 한지는 회화의 재료로 각광받고 있다. 물론 전자종이가 나온다고는 하지만 오늘날과 같이 발달된 21세기의 과학으로 만든 종이의 수명이 길어서 100년임을 감안한다면 우리 민족의 인내력에 간직된 독창성이 얼마나 찬찬한 것인지를 알 수가 있다.

서유구는 19세기 정약용과 쌍벽을 이룬 대학자이자 방대한 저술가로서 114권에 이르는 『임원경제지』를 지었다. 그는 당시 조선이 공법과 도량형이 표준화되지 않은 점, 건축에 필요한 도구가 제대로 마련되지 않은 점 등을 개탄하고, 선진적인 중국기술을 수용하려고 노력했다. 그는 "이익이 있는 곳에 사람들이 달려가게 마련이다"라고 한 이용후생학파이다. 서유구는 무엇보다 사대부들이 공업에 관심을 가져야 함을 촉구했다. 나아가 조선의 공업제도가 바로 서지 않는 것은 제대로 자격을 갖춘 장인이 없기 때문이라 했다. 그는 조선 후기 과학기술과 경제분야에 대한 남다른 고민을 드러냈다.

3) 시장과 상인

농경사회의 초기단계에서는 자급자족의 형태를 띠어 특별히 상업의 필요성이 대두되지 않다가 생산물의 확대, 인구의 증가, 도시의 발달 등으로 점차 교역활동이 요구되었다. 이에 따라 생산자와 소비자를 연결시키는 주체로서 상인이 등장하게 되었다. 상업은 사람과 사람 사이의 물자 유통과정을 통해 이윤을 추구하는 활동이다. 물자의 수요공급은 상인의 안목이나 기술에 의해 좌우되었고 이는 상행위의 성패에도 영향을 미쳤다. 심지어 들러리나 얼치기를 동원하여 고객을 끌거나 바람잡이나 동업자를 이용하여 흥정을 붙이는 일도 있다. 따라서 거래활동의 주체로서 상업민속을 전승한 상인, 민중들의 물자교환과 문화교류가 이루어지는 장소로서의 시장을 확인해보는 일은 중요하다.

우리말로 '저자'라고 하는 장터는 단순히 물건만 사고파는 곳이 아니라 민중의 문화가 총체적으로 숨 쉬는 곳이다. 시장은 국가의 정책이나 명령을 고시하고, 새로운 정보나 유행이 확산되고, 오락과 유흥이 벌어지는 곳이다. 심지어 사람이 많이 모이는 시장은 사회운동의 거점이 되기도 한다. 한편 시장의 활성화를 위해 씨름·줄다리기·윷놀이·남사당패놀이 등의 민속행사와 별신제 같은 굿판이 벌어졌다. 송파장의 광대줄타기와 산대놀이, 동래시장터의 야유, 은산이나 목계장의 별신제, 강릉 남대천의 단오굿 등이 그 예이다. 시장의 번성을 소망하는 가운데 민요나 설화가 유통되었다. 보부상 놀이패는 시장의 흥행을 위해 민요 〈장타령(각설이타령)〉을 불렀다.

속담에 "남이 장에 간다고 하니 씨오쟁이 짊어지고 따라간다", "남이 장에 간다고 하니 거름 지고 나선다" 등의 말들이 있다. 씨앗을 담아놓는 씨

김홍도가 그린 장터길, 장터에서 물건을
다 팔고 돌아가는 길의 모습

오쟁이나 논밭에 뿌리는 거름은 농부에게는 목숨과 같은 것이다. 물론 주관 없이 남이 하는 대로 따라함을 꼬집는 말이다. 여기서 시장이 사회의 변화를 주도해 가는 생활의 근거지임을 짐작하게 된다. 우리의 장은 물건의 매매가 이루어질 뿐만 아니라 못 보던 신상품도 구경하고 서로가 만나 정을 나누며 세상 돌아가는 소식도 주고받는 등 종합적인 기능을 수행해왔다. 더욱 흥미로운 것은 조선시대 풍속화나 사진을 보면 말 안장에 엽전꾸러미를 싣고 장에 가거나 물건을 사고파는 장터에 득실거리는 남성들의 모습이 눈에 띈다. 신라시대는 시장에서 모든 부녀자들이 장사를 했다는 것[126]과 달리 이와 같이 우리나라에서는 주로 남성들이 시장을 보았다. 남성들의 장보기는 장터가 자유로움을 만끽하기 위한 해방공간의 성격이 강했음을 의미한다.

고조선시대부터 상업이 발달했다

부여는 만주지역을 차지하고 일찍부터 외래 금속문화를 수용함으로써 경제적인 성장을 이룰 수 있었다. 수공업·농업·목축업에 의하여 축적된 잉여생산물의 증가에 따라 필연적으로 교환관계를 촉진시킴으로써 상업의 발전을 이룩하였다. 그리고 외국과의 교역이 중요함을 인식하고 일찍부터 여러 나라와 활발하게 교류해왔다. 부여는 중국과 무역을 했을 뿐

---

126) 구양수 외, 『신당서』 신라전.

만 아니라 고구려와 선비족과의 빈번한 접촉을 통해 상업을 틀
있었다. 중국과의 무역이 가장 왕성하던 때는 후한 광무제 때로 기고
양국 간의 공적 무역은 어느 시기보다도 활발했다.

고구려는 가족 단위의 새로운 경제체제가 구성되고 다른 부족과
을 통해 상업을 발달시키고 있었다. 또한 북방의 부여와 한군현과 교섭
통해 무역을 했다. 중국과의 관계에서는 대무신왕이 후한의 광무제에게
사신을 보내어 무역을 시작한 이래 광개토대왕의 영토 확장에 따라 무역
활동이 융성해지고 장수왕 때에 이르러 무역이 더욱 활발해졌다. 고구려
는 가까이는 백제, 신라를 비롯하여 멀리 일본 및 중국의 진(晋), 연, 위 등
제국을 거쳐 수·당대에 이르기까지 정규적인 조공무역은 물론 사무역도
행하였다. 중국과의 무역에서 금, 말 등을 수출하고 의관, 비단 등을 수입
했으며, 일본에 대해서도 철이나 금 등을 수출했다. 한편 백제는 일본에
말을 수출하고 비단과 베와 각종 공예품을 팔았으며, 중국과도 활발히 무
역을 전개했다. 신라도 중국이나 일본과 빈번히 무역을 했다.

한국의 상업발달사를 보면 무엇보다 화폐가
시대별 발전상을 뚜렷이 보여준다. 고조선 시
대에 이미 곡물화폐나 가죽화폐 등과 함께 자
모전(子母錢)이라는 주화가 사용되는 단계에 이
르렀다. 삼한시대에는 국내상업뿐만 아니라 대
외무역도 발달했으며 철이 물품화폐로 사용되
었다. 상거래가 이루어지기 위해서는 여러 가
지의 물품과 도구가 필요하다. 크게 보아 가치
의 교환을 위한 화폐, 거래내용의 기록과 이를

사개송도치부법이라는
복식부기

돕기 위한 장부와 셈기구, 상품의 양을 측정할 수 있는 도량형, 상품의
수송을 위한 동력 등으로 나눠볼 수 있다. 특히 개성상인(송상)들의 복식
부기는 세계적으로 우수한 거래장부의 면모를 드러낸다. 송상은 서양보

...련이나 앞서 사개송도치부법(四介松都置簿法)이라는 복식부기를 사...
...다.

삼국시대부터 시장이 열렸다

옛날부터 지금까지 이 땅에는 시장이 존재하고 있다. 시장이라는 공간
에는 상인들이 있고, 거래되는 상품이 있으며, 물건을 구입하고자 하는
사람들과 상거래의 풍속이 있다. 그리하여 시장의 풍경은 다채롭기 그지
없다. 이에 시장의 역사를 통해 서민들의 삶의 궤적을 짐작해볼 수 있을
것이다.

사실 수렵 및 농경 중심의 자급자족시대에는 우리의 상업의 발달을 기
대할 수 없었다. 그러나 고대사회 때부터 농가는 기술적·자연적 제약 때

고구려 소금장수 을불은 15대 왕이 되었음

문에 일부 물자를 교역에 의존해야
만 했다. 농민들은 집에서 생산한
곡물이나 옷감을 가지고 나가 수공
업자가 만든 철제 농기구를 구입해
와야만 했고 내륙의 주민들은 행상
에게서 생선이나 소금 등을 구할
수밖에 없었다. 삼국시대에는 각국
이 수도에 상설시장인 경시를 개설하고 지방에 향시를 열어 행상들이 활
동할 수 있게 하였을 것으로 본다.

고구려에서는 일찍부터 행상에 의한 물품교역이 행해졌고, 교역이 확
대되고 상인의 활동이 부각되면서 시장에 대한 의존도도 높아갔다. 압록
강을 오르내리며 강변의 촌락에 소금을 공급하는 고구려 소금장수 을불
이야기는 유명하다. 백제에서도 행상에 의한 거래가 성행하는 한편 수도
인 웅진에는 관설시장이 설치되고 147개의 군현에 성읍시장이 있어 상행

위가 이루어지기도 했다.

삼국 가운데서도 신라의 경우 시장이 크게 발달되었다. 『삼국
의하면 5세기 경주에 첫 시장이 생긴 이래 7세기 말까지 동시, 서시,
의 3개 시장이 있었다. 『해동역사』에 따르면 삼국통일 이후에는 3개
외에 수백 곳의 주읍에 시장이 있었던 것으로 판단된다. 이러한
들의 활발한 운영과 더불어 행상이 발달하여 물자판매를 주도
통일로 인해 인적 · 물적 자원이 풍부해지고 교통이 원활해
라시대는 민족자주경제의 비약적 발전을 이룩하였다. 대외무역도
전개되었는데 장보고의 무역활동은 눈부신 것이었다.

고려시대 시전과 더불어 향시가 발전했다

한국의 시장의 흐름을 살펴보면 삼국시대부터 조선시대까지 비슷한 양
상을 띤다. 중앙에는 점포를 가지고 앉아서 장사하는 시전(市廛)이 상설
운영되었다. 즉 시전이란 국가가 지어 상인에게 대여하는 상설점포로서
큰 상점을 말한다. 시전상인의 수가 늘면서 정식 상가 옆에 임시건물을
지어 장사를 하는 상인들도 생겼는데, 이러한 작은 상점인 임시점포를 가
가(假家)라고 했다. 오늘날 '가게'라는 말이 여기서 유래되었다고 한다. 고
정건물인 가게를 나타내는 말로는 전(廛), 점포(店鋪), 방(房), 가(家), 점(店),
막(幕) 등이 있다. 전이나 점포는 규모가 큰 상점이고, 방은 전보다 작은
방만 한 크기의 가게며, 가(家)는 방보다 작은 소매점으로 보통 가게라고
하는 곳이다. 점은 토기나 철기 등을 만들어 파는 곳이요, 막은 주막 같은
곳이다. 지방에는 행상에 의해 임시로 개설되는 노점으로서 거래가 끝나
면 모두 흩어지는 향시가 있었다.

고려시대의 도시상업은 시전으로 설명될 수 있는데, 가장 규모가 컸던
시전은 태조 2년(919)에 처음으로 설치된 개성의 시전이었다. 태조 왕건

고려 의종 때 개성에서 시작되었다는 상설시장

은 상인의 후예답게 개경에 도읍을 정할 때부터 궁성 앞에 대규모의 시장거리를 함께 건설할 것을 명하였던 것이다. 왕건은 송악지방의 신흥귀족의 후예로서 그 조상은 대대로 당나라와의 무역에 종사하여 부를 축적함으로써 상당한 해상세력까지 확보했다. 『고려도경』에 의하면 13세기 초에는 개성의 광화문(廣化門)에서 부(府) 및 관(館)에 이르는 길옆에는 시전건물이 들어서 민가를 모두 가렸다. 국초 이래로 설립된 시전은 중기 이후 더욱 번창하였다. 개성에는 이와 같은 시전 외에 일정한 장소에서 열리는 노상시장도 있었다.

고려의 지방상업은 정기시장인 향시를 중심으로 번성했다. 향시에는 아직 경시와 같은 상설점포는 없었으며 평상시에는 아무런 상품교역이 없다가 시장이 서는 날이면 각자가 생산물을 갖고 나와 매매하였다. 고려에는 500여 개의 군현이 있었고 그에 따라 시장도 500여 군데는 되었을 것으로 본다. 전업적인 상인으로서 단체를 형성하는 행상인들이 향시를 중심으로 활동했다. 고려시대에는 대토지를 소유한 사원이 막대한 재원을 토대로 생산한 기와, 의류 등 각종 수공업품과 그 잉여생산물을 가지고 상거래를 했으며 대규모로 고리대를 운영하기도 했다. 특히 술과 소금을 제조 판매하는 한편 파나 마늘, 기름과 꿀 등을 생산 판매하여 부를 축적했다.

숙종은 상업을 중시하지 않는 서경의 습속으로 백성들이 그 이익을 잃고 있다는 말을 듣고, 화천별감(貨泉別監)을 보내어 시장을 감독하게 하여 상인들로 하여금 모두 무역의 이득을 얻게 하였다. 일반백성들은 쌀이나 포 등 물품화폐를 주로 사용했으나 송·여진·거란·원·왜 이외에 멀리

아라비아 등 여러 나라의 상인들과의 교역이 활발해지면서
비롯한 많은 종류의 금속화폐가 등장했다.

조선의 육의전은 신용을 최우선으로 삼았다

이성계가 새로 왕조를 세우고
수도를 한성으로 옮긴 이후 수
세기에 걸쳐 상업을 천시하는
풍토로 인해 자유무역과 상업의
발달을 도모하지 못한 편이다.
'사농공상'이라는 조선의 신분
서열이 이를 뒷받침한다.

탑골공원 정문 옆에 있는 육의전 터 표지석
(서울시 종로구)

조선시대의 대표적인 상업조
직은 태종 때 개설된 서울의 시전과, 선조 이후 시전 중에서도 규모가 큰
6개의 상점을 골라 불렀던 육의전이다. 그리고 지방도시의 상설점포와
객주 및 여각, 행상인 보부상, 어용상인인 공인 등을 들 수 있다. 객주의
가장 중요한 업무는 위탁판매이고, 여각은 큰 창고를 보유할 만큼 많은
자본을 가진 객주였다.

수도 한성에는 지금의 광화문 우체국 앞에 있던 혜정교서부터 창덕궁
입구까지 도로변에 관이 임대하는 800여 칸에 이르는 거대한 규모의 상
설점포인 시전이 운영되고 있었다. 그리고 가가(假家) 등 작은 상점이 시
중에 산재해 있었으며 몇 군데 시장이 열리기도 했다. 한성 이외에도 개
성, 평양, 함흥, 수원, 강경, 나주, 통영, 경주, 전주 등의 도시에는 정부에
서 설치한 시전이 있었다.

육의전에는 신주단지 모시듯 하는 '복첩(福帖)'이라는 것이 있었다. 육
의전의 규모가 크고 작고는 가게 평수의 넓이나 거래의 많고 적음으로

것이 아니었다. 오래된 단골손님을 어느 만큼 많이 보유하고 있
즉 복첩의 두께로 가늠했다. 육의전에서 신용을 '복(福)'이라 하고,
골손님을 '복인'이라 했으니, 육의전에서의 신용의 위상을 짐작할 수
있다.

한편 조선의 대외무역은 명·여진·일본 등과 관무역 중심으로 이루어
졌으며, 조선 전기에는 우리나라 최초의 지폐인 저화(楮貨)를 비롯하여 조
선통보의 유통을 추진하였으나 사회경제발전의 미성숙으로 여전히 화폐
는 널리 통용되지 못했다.

5일장이 전국적으로 번성하다

조선시대의 지방에는 15세기 말부터 10일마다 열리던 시장이 17세기
후반에 5일장으로 바뀌면서 상업이 크게 성행했다. 매일 열리는 상설시
장을 비롯하여 5일장·10일장 등은 정기시장이요, 배가 도착할 때 열리
는 포구장이나 시장을 처음 열 때 벌이는 난장(亂場) 등은 부정기시장이
다. 장이 새로 형성되거나 장소를 옮길 경우 이 사실을 주민들에게 알리
기 위해 며칠 동안 '난장판'을 벌이며, 이때 각종 민속놀이가 펼쳐진다. 5
일장은 조선시대 사회경제사의 상징이자 오늘날에도 이어지는 풍속이어
서 2006년 100대 민족문화상징에 선정되기도 했다. 장시라고도 불리던
시장이 처음 출현했다고도 하는 15세기 후반은 왜구의 침입으로 황폐해
졌던 해안지역의 농토개간이 완료되고 농업생산력이 현저히 발달한 시점
이었다. 성종 원년(1470) 곡물과 해물이 풍부했던 전라도 무안, 나주 등지
의 사람들은 처음으로 큰 흉년을 맞아 스스로 한 달에 두 번 읍내 거리에
시장을 열고 필요한 물건을 교역하면서 이를 장문이라 불렀다[127]고 한다.

---

127) 『성종실록』 권27, 성종4년 2월 임신.

15세기 말에는 비로소 일부 지방에 상설 점포가 나타나기 시작했다.

농민과 수공업자들이 직접 물건을 매매하는 시장이 서게 되자 전부터 농촌을 돌

서울 근교에서 가장 번성한 난전이던 한강 송.

아다니던 행상들의 활동도 영향을 받게 되었다. 시장은 17세기 말 이후 더욱 확산하는 추세를 보였으며, 18세기 중반에는 전국에 1,000여 곳이 생겼다. 조선 후기 5일장 가운데서도 서울 근교인 경기도 광주의 사평장과 송파장·안성 읍내장·교하 공릉장 등이 유명했다. 서울 외곽에서 가장 번성한 난전이던 송파나루는 강원까지 배가 왕래하고 객줏집이 270호나 되는 손꼽히는 상업중심지였다. 송파는 한강, 동빙고, 용산, 마포 등과 더불어 한강의 오강(五江)이라 불렸다. 1925년 대홍수로 송파나루가 물에 잠긴 이후 송파장의 옛 모습은 자취를 감추었다. 상행위가 활발하고 사람의 왕래가 잦은 이 같은 송파장이나 양주장에서는 시장의 흥을 돋우기 위해 상인들이 기부금을 거둬 놀이패를 고용함으로써 산대놀이가 성행했다. 박지원의 〈허생전〉에 나오는, 허생이 거부가 되기 전 1만 냥을 가지고 과일을 매점했다는 장은 바로 안성장이다.

강을 끼고 있는 경상도의 김해, 충청도의 강경 등에서도 시장이 크게 발달했다. 전국 젓갈량의 60% 이상을 차지하는 강경은 평양, 대구와 함께 조선시대 전국 3대시장의 하나였다. 강경은 기름진 금강평야를 끼고 충청도와 전라도의 육지와 바다 사이에 있어 수산물·농산물·축산물의 교역장으로 유명했다. 젓갈시장으로는 충청도의 광천이나 서울의 마포도 유명했다. 음력 6월에 잡히는 새우젓을 '육(六)젓'이라 한다. 유월에 잡은

통하고 맛이 좋아 젓 담그기 좋다. 선박유통을 가능케 하는 대
포구의 하나인 전라도 영광의 법성포에는 그 유명한 영광굴비를
적으로 파는 굴비시장이 형성되어 있었다. 이와 관련된 특수시장으
로 군산 · 부산 · 원산 · 목포 등의 어시장이 유명했다.

1950년대 전국 최대의 수원 우시장

이밖에 우시장, 약령
시장, 곡물시장, 죽물시
장 등의 특수시장이 있
었다. '쇠장'이라고 불리
는 우시장으로 유명한
곳은 경기도의 수원 우
시장을 비롯하여 전남의
함평 우시장, 함북의 명

천장과 길주장, 평양이나 성천의 우시장 등이었다. 원래 서울에는 우시
장이 없었다. 약재를 파는 약령시장의 경우는 대구 · 청주 · 공주의 약령
시가 이름이 났는데 그중 대구약령시가 유명해서 외국상인의 내왕도 많
았다. 시장에는 수백 종의 국산약재뿐만 아니라 중국산약재도 나왔다.
곡물시장으로 일제 때 설치된 아홉 군데는 서울 · 부산 · 진남포 · 목포 ·
대구 · 군산 · 원산 · 강경 · 신의주 등이다. 일제시대 이후에는 야시장도
생겼는데, 이는 일제가 기존의 상권을 다 장악한 대신 한국인들의 숨통
을 터주기 위해 만든 것이다. 서울의 종로, 경기도 수원의 야시장이 유명
했다.

5일장은 경제발전에 따른 급속한 도시화와 이농현상으로 현재는 수백
곳만 남아 명맥을 유지하고 있다. 강원 정선, 전남 함평, 경기 용인 5일장
등이 대표적인 예이며, 요즘 가장 크게 열리는 5일장은 경기도 성남시의
모란장이다. 2012년 '한국 관광의 별'에 선정된 5일장 정선은 장날이 되
면 전국에서 모여든 여행객들과 장꾼들로 한바탕 난리를 치른다. 가리

왕산, 노추산 등지에서 캐온 약초들과 다래, 더덕, 머루, 황기,
토종 특산물들을 비롯하여 곤드레 비빔밥 등의 향토음식이 가득
한국관광공사는 2012년 매달 넷째 주 금요일을 '전통시장 가는 날'로
정하여 다양한 이벤트를 벌이고 있다. 『택리지』에서는 정선의 험한 산세
를 '무릇 나흘 동안 길을 걸었는데도 하늘과 해를 볼 수 없었다'고 적고
있다.

보부상이 시장을 주도하다

조선의 대표적인 법전(경국대전)에 의하면 상인은 앉아서 물건을 파는
좌상과 돌아다니며 물건을 파는 행상으로 나뉜다. 상업을 주도하던 행상
에는 육로를 이용하는 육상과 수로를 이용하는 선상이 있다. 조선 후기
전국적 상인 집단으로는 개성의 송상, 의주의 만상, 평양의 유상, 동래의
내상, 함흥·북청·원산 등지의 북상(北商) 등이 유명하다. 서울의 시전상
인과도 경쟁했던 개성상인은 전국을 무대로 행상활동을 했다. 선박유통
은 시장경제에서 중요한 역할을 했는데, 조선 전기에는 육상보다 선상활
동이 더 두드러졌다. 선박유통은 18세기 말이면 전국을 단일한 시장권으
로 들어오게 하는 역량을 발휘했는데, 대표적인 포구로는 한강, 원산포,
칠성포, 마산포 등을 들 수 있으며, 선상으로는 한강연안의 경강상인이
유명하다. 당시 우리나라에서 부자가 가장 많이 살던 곳이 한양과 개성이
었던 것도 우연이 아니다. 조선 후기 상품생산의 증대는 시장이나 포구의
발달을 촉진했다. 시장이나 포구에서는 판소리나 탈춤과 같은 민중예술
이 연행되기도 했는데, 1960년대까지도 명창이나 놀이패가 호구지책으로
시장과 포구를 돌아다니기도 했다.

그러나 조선초에는 육상과 선상의 활동이 그다지 활발하지 못했으며,
이렇게 상업이 부진함으로써 화폐경제는 자연 크게 발달하지 못했었다.

부터 이미 국가가 금속화폐나 지폐의 유통을 추진했으나 쌀, 삼
명 등 물품화폐에 익숙한 서민들을 설득하지 못한 채 번번히 실패
점도 화폐의 발달을 막은 원인의 하나다.

부상(등짐장수)

조선 후기 시장을 삶의 터전으로 삼던 수많은 장돌뱅이 가운데 보부상은 시장을 중심으로 행상하면서 생산자와 소비자 간의 교환경제를 매개하는 전문적인 상인이다. 보부상은 보상(褓商)과 부상(負商)으로 나눌 수 있다. 보상은 비교적 고가의 의류, 보석, 화장품 등의 방물이나, 탕건, 지필묵, 각종 세공품 같은 것을 보자기에 싸서 들고다니거나 질빵에 걸머지고 다니는 봇짐장수이다. 부상은 생선, 소금, 약재, 그릇, 가마솥, 돗자리 등의 생활용품을 지게에 지고 다니며 파는 등짐장수를 말한다. 등짐장수의 사진을 보면 짐이 무거워도 지게를 벗지 않는다. 쉬면서조차 물미장(작대기)을 짚고 버틴다.

보부상들은 총회 때 공문제(公文祭) 같은 의례를 치렀고, 끝나고 나면 놀이패를 불러 한바탕 놀이마당을 벌였다. 시장의 활성화를 위한 보부상놀이의 행진은 맨 앞에 봉매기(奉枚旗)가 서고, 청사등롱 수십여 개가 나가고, 다음에 팔십여 보부상을 상징하는 장정의 목화송이를 매단 패랭이와 물미장(勿尾杖) 행렬이 선다. 그 뒤에 각설이, 걸궁패, 들병이 등의 잡색패, 용천뱅이, 호인(胡人) 환술사들이 따른다. 한편 놀이와 잔치 등의 일로 모이는 보부상들의 친목단체를 모꼬지라 한다.

보부상은 육의전과 더불어 조선상업사의 대표적인 존재로서 19세기 이후에는 특정 물건을 독점하거나 시장에 대한 통제권을 가지기도 했다. 수레가 다니기 어려울 정도로 도로사정이 좋지 않았기 때문에 그만큼

보부상의 역할이 컸다고 할 수 있다. 기자조선시대부터 있었다든가, 조선 건국 때 이성계를 도와 많은 일을 한 후 크게 드러났다고 하는 보부상은 국가의 보호 아래 육성되는 대신 유사시에 국가를 위해 일정한 역할을 수행했다. 임진왜란이

충남 임천의 보부상 유품

나 병자호란 때 군수품을 조달하는 등 큰 역할을 하였고, 정조가 화성을 축조할 때나 병인양요 시 강화도로 군량미를 운반할 때 공을 세웠으며, 동학농민전쟁 때는 관군을 돕기도 했다.

보부상의 조직력은 정치에 이용되거나 국난에 위기극복의 수단으로 쓰일 만큼 막강했다. 전통사회에서 보부상만큼 자율적이며 강한 결속력을 지닌 조직도 드물다. 서로 '동무'라 부르며 다져진 보부상의 강력한 집단의식은 의병이나 독립군 같은 조직체계에 영향을 미쳤다. 이들 조직은 도나 군에 임방(任房)을 갖추고 있는데, 조직의 문서 가운데 『예산임방입의절목(禮山任房立議節目)』을 보면 잘못을 저지른 자에게 다음 같은 벌을 내리기도 했다. "시장에서 물건을 억지로 판매하는 자는 볼기 30대를 친다", "불의를 저지른 자는 볼기 30대를 친다" 등의 내용이다. '방물장수'라 불리던 여자 보상은 조직에는 직접 참여하지 않았지만 집집마다 자유롭게 드나들며 물건을 팔았으며 바깥세상의 돌아가는 사정이나 소식을 전달하는 구실을 하였다.

한일병합 이후 일제가 경제적 독자성을 갖는 이 애국적인 상업단체의 말살을 획책함으로써 전국의 보부상단은 거의 소멸되어 버렸다. 저산(苧産)8읍의 상무사(商務社) 좌사와 우사만이 형식적으로 부활되어 그 명맥이 유지되고 있다. 저산8읍은 한산, 부여, 서천, 은산, 홍산, 비인, 남포, 임

...남 일대 모시 생산으로 유명한 8개 지역을 말한다.

공인이 최초의 상업자본가로 활동하다

임 · 병 양란으로 재정적 타격을 입은 정부는 농경지에 의한 세수가 줄자 상업세부분에서의 세수증대를 목적으로 상업억제정책을 다소 완화하였다. 경제적 어려움을 겪던 정부가 조선 후기에 이르러 점차 자본을 축적해온 상인들의 재력에 의지할 수밖에 없었던 것이다. 정부는 상업을 육성하는 시책과 함께 육의전에 금난전권을 부여하는 보호책도 마련했다. 종로 네거리 일대에는 시전 가운데 확고한 위치를 차지하는, 비단 파는 선전, 무명 파는 면포전, 종이 파는 지전 등 육의전이 있었다.

대동법 실시 이후에는 다양한 품목을 대량으로 취급하는 도매상격인 공인(貢人)이 등장하였다. 이들은 우리나라 최초의 상업자본가로서 서울과 지방에서 크게 활동함으로써 화폐의 유통과 상업 및 수공업의 발달을 자극했다. 정부에 필요한 물품을 구입 조달하던 공인은 특권층에 기생하여 부를 증대시켰다는 비난도 받을 수 있다. 그러나 공인자본의 확대는 사회경제의 발전과정에서 볼 때 공장제수공업의 발전에 기여하였고, 경제유통을 원활히 하여 국가산업발전에 공헌했다는 점을 간과할 수 없다.

정부는 경제 부흥책의 일환으로 새로운 화폐의 발행도 추진하였다. 17세기 중엽부터 점차 국내외 문물교류가 활발해지면서 유통부문에 일반적 교환수단의 재개가 요구되었기 때문이다. 이에 따라 숙종 4년(1678)에는 동(銅)으로 상평통보가 주조되어 우리나라 화폐사상 처음으로 전국적으로 유통되었다.

상평통보는 원형방공(圓形方孔), 즉 전체가 둥글고 중앙에 네모난 구멍이 뚫렸는데, 이는 진시황제가 화폐 제작시 하늘은 둥글고 땅은 네모나다

는 세계관을 가지고 디자인
한 이후 2천 년간 동양화폐
의 기본 꼴이 되었다. 백성
들은 상평통보를 '엽전(葉
錢)'이라 불렀다. 상평통보의
형틀을 만들 때 서로 연결되
도록 골을 팜으로써 쇳물을
부으면 한꺼번에 여러 개가
주조되었고 이것이 굳어지

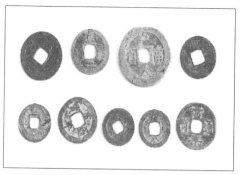

화폐사상 최초로 전국적으로 유통된 상평통보

면 하나씩 떼어내어 연마했는데, 떼어내기 전의 모습이 나뭇가지에 매달
린 잎사귀 같다 하여 엽전이라 부르게 되었던 것이다.

고종 25년(1888)까지 200년 이상 지속된 상평통보의 유통은 상업의 발
달을 촉진시켰다. 또 도매상인인 동시에 대금업, 위탁판매업, 여관업 등
을 겸하는 객주나 여각이 있어 상권을 확대해 나갔다.

자유상인이 근대경제를 열다

18세기가 되자 각지에서 뛰어난 자금력과 우수한 조직망을 토대로 자
유상인인 사상(私商)들의 활약이 커짐에 따라 전국적으로 시장이 확대되
어 갔다. 사상은 주로 서울 근교에 근거지를 두고 서울로 진입하는 물품
들을 사모아 장사를 하는 사람들이었다. 함경도나 강원도 등지에서 서울
로 들어오는 길목인 의정부의 다락원이나 포천의 송우점, 삼남지방에서
서울로 들어오는 길목인 송파, 한강연안의 용산이나 마포 등이 대표적인
사상의 거점이었다. 사상들은 이곳을 기반으로 서울의 종루(種樓, 현 종
로), 칠패(七牌, 현 남대문시장), 배오개(梨峴, 현 동대문시장 또는 광장시
장)에 생긴 3대상설시장의 소상인과 지방을 대표하는 개성상인들과 연계

하여 그동안 특권을 누리던 시전상인이나 공인들을 압박하면서 점차 서울의 상품유통을 장악해 나갔다.

18세기 말 사상이 중심이 된 난전의 합법적인 상업활동이 공식적으로 인정됨으로써 봉건적 경제체제는 해체되기 시작하고 새롭게 근대적인 경제체제로 나아갈 조짐을 보였다. 즉 조선 후기는 국내적으로 보부상의 활동, 전국적 시장망의 형성, 화폐유통의 보편화, 사상의 등장 등 상업이 크게 발달했다. 한편 대외무역에 있어서도 청·일본 등과의 관무역 이외에 사무역이 활발히 전개되었다. 특히 청·일 중계무역 등 대외무역의 발전은 국내의 상업은 물론 공업, 농업 등 다른 산업을 자극하여 그 이전에 볼 수 없었던 상업적 분위기를 연출 확산시키는 데 크게 기여했다. 상업에 의한 자본축적이 이루어지면서 근대자본주의의 기운이 돌았다.

삼국시대부터 시장은 있었으나 일반인들을 대상으로 한 상설시장이 생긴 것은 100년도 채 되지 못한다. 각 품목별 시장을 정기적으로 개설하는 재래시장과 더불어 일정 규모 이상으로 형성되는 신식시장이 생긴 것은 1920년대 이후이다. 물론 정기적으로 매일 열리는 대표적인 재래시장은

과거 수산물중심이었던 남대문시장

남대문시장과 동대문시장이다. 일제는 1914년 법령으로 시장규칙을 정하고 각종 시장의 상권을 독차지했는데, 예외적으로 남대문시장과 동대문시장만은 한국인들의 것으로 남겨두었다. 임진왜란 이후 '동부채 칠패어(東部菜 七牌魚)'라는 말이 생겼듯이 동대문시장에는 과일·채소가 유명하고, 남대문시장에는 수산물이 많았다. 특히 남대문시장은 한국전쟁 이후 각종 수입

제품을 조달해주는 수입상품의 명소로서 우리의 소비생활 스타일을 변화시키는데 일조하였다. 한편 오늘날 동대문 지역을 중심으로 다양한 패션상품들이 빠른 속도로 확산되면서 중국을 비롯한 동아시아 국가들과

현재 의류중심의 동대문시장

의 교역 중심지이자 패션산업의 메카로 자리 잡고 있어 주목된다.

4) 어구와 물고기

3면이 바다인 우리나라에서 어업인구는 고작 15~16만 명으로 5000만 인구의 0.3%라고 한다, 그러나 현재 우리의 조선업을 비롯한 수산업·어업의 발달은 놀라울 정도이다. 100여 년 전 바닷가의 진(津)이라 불리던 포구들은 근대적인 시설을 갖춘 항구로 바뀌었고, 사람의 손으로 움직이는 떼배, 바람의 힘으로 움직이던 범선들은 자취를 감춘 지 오래고 대형 어선, 원양어선 등 거대한 배들이 들락거리고 있다.

대한해협을 통해 남에서 올라와 동해로 들어오는 난류인 대마해류는 북에서 내려오는 한류인 리만해류와 부딪쳐 동으로 꺾이어 일대는 좋은 어장이 된다. 즉 우리나라의 바다에는 한류와 난류가 엇바뀌어 흐르므로 어족이 풍부하다. 남쪽과 서쪽에는 난류가 흐르고 있고, 황해는 수심이 1000m가 넘지 않으며, 넓은 대륙붕을 이루어 역시 많은 어족들이 살고 있다.

농경생활이 시작되기 전에는 어로와 수렵이 식량획득의 좋은 방법이었다. 신석기시대에 들어와 어로작업에 사용된 것으로 짐작되는 결합식 낚시유물이 강원도 동해안의 오산리 유적에서 발견되었다. 그리고 부산의 동삼동 유적에서는 조개더미와 조가비 인면이 출토되어 그 시대에 어로활동이 왕성했음을 추정케 한다. 청동기시대에 들어와서는 바늘을 이용한 조어법과 그물을 사용하는 망어법이 보다 발전되었다. 3~4세기경에는 조선기술이 발달하여 근해어업으로 확대되면서 어획량이 증가하고 종류도 많아져서 물고기가 생활의 기본식품이 되었다. 철기시대 이래로 삼국을 거치면서 어구의 철제화가 이루어지고 조선술 및 항해술의 발전에 의해 해안을 중심으로 한 연안어업의 형태를 갖추게 되었다. 또한 삼의 재배가 시작되면서 어망의 제작이 가능하여 어획고가 증진되기에 이르렀다.

그러나 불교가 유입되면서 백제와 신라 그리고 고려에 걸쳐 살생을 금지한다는 취지에 따라 어업의 퇴조와 함께 어민을 천시하는 경향을 보였다. 더욱이 불교가 융성했던 고려시대는 어로활동이 부진했음은 물론 어류는 하층민들이 주로 먹었다. 문헌에 따르면 "고려에서는 양고기, 돼지고기 등의 축산물은 왕공·귀인이 아니면 먹지 않으며, 서민은 수산물을 많이 먹는다"[128]고 나온다. 하지만 고려시대에는 새우잡이를 잘하여 젓갈을 만들어 귀천이 모두 즐겼으며, 불빛을 이용한 게잡이도 매우 성했다. 조선시대에는 고려 때보다 어로가 활발히 이루어졌으며 어느 정도 원양어업도 발전했다.

조선 후기에는 건조, 염장 등의 가공품이 산지에서 생산 보급되었으며, 다양한 어종이 포획되었다. 명태가 대표적인 어종이었으며, 조선시대 크게 성행한 것이 멸치 어업이다. 멸치는 18세기 말에서 19세기 전반에 이르러 우리나라 연안에서 대량으로 포획되기 시작했으며, 잡는 즉시 말리지 않아 썩은 멸치는 거름으로 쓰기도 했다.

멸치가 널리 쓰이게 된 것은 20세기 초부터로 생각되며 그 이전에는 바싹 말린 청어를 많이 썼다. 청어는 사시사철 전국에서 잡혔는데, 『선조실록』(1614년 7월조)을 보면, 청어가 많이 생산되어 상선들이 구름처럼 모여들었다고 되어 있다. 쫀득쫀득한 식감과 고소한 맛으로 인기가 높은 과메기는 청어를 바닷바람에 냉동시키고 해동하는 과정을 수차례 반복해 말린 생선이다. 청어 어획량이 줄면서 1970년대부터는 꽁치가 청어를 대신하고 있다. 과메기라는 이름은 생선 눈을 꼬챙이로 꿰어 말렸다는 '관목(貫目)'이라는 단어에서 유래했다.

---

128) 서긍, 『선화봉사고려도경』 잡속2 어조.

대표적인 어구는 그물류이다

고기를 잡는 어구는 강이나 내에서 쓰이는 강천어구와 바다에서 사용되는 바다어구로 나눌 수 있다. 특히 바다어구는 크게 그물류, 채취류, 낚시류, 막이류 등으로 나누어진다.

수백 미터에서 몇 킬로미터씩 되는 그물류에는 끌그물(후리그물, 오타트롤(otter trawl)), 자리그물, 두리그물, 들그물, 걸그물 등이 있다. 현재도 조업 중인 후리그물작업은 대개 일제침략기에 시작된 것이며, 자리그물인 정치망이나 안강망 등의 그물작업도 그 당시에 전파된 것으로 보인다.

끌그물(후리그물) 작업중

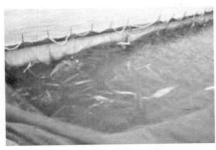

조수 간만의 차이를 이용해 설치한
자리그물(정치망)

끌그물은 물고기가 많이 있는 곳에 그물을 넣고 끌어서 자루처럼 생긴 그물 속에 물고기가 들어가도록 해서 잡는 것이다. 끌그물에는 지인망(地引網)과 선인망(船引網)이 있다. 지인망은 해저가 모래나 뻘로 된 평탄한 해안에서 울타리처럼 생긴 긴 그물을 바다에 길게 둘러쳐 놓고 그물의 양쪽 끝을 육상에서 잡아당기는 것이다. 선인망은 물리적인 힘이나 기관의 힘으로 배가 그물을 끌고 다니게 하거나, 배는 고정시켜두고 먼 곳에 있는 그물을 배 위에 사람의 힘으로 끌어 그물과 배 사이에 있는 물고기를 잡는 것이다.

자리그물은 정치망이라고도 한다. 대부분 일정한 장소에 고정시키는 그물인데, 수심과 유속이 알맞은 곳이라야 한다. 자리그물 가운데 주목할 만한 것은 장망류(張網類)이다. 물살이 빠른 길을 택하여 부설하는 그물로서 자루처럼 생긴 것과 자루의 입구 양끝에 날개그물이 달린 것 등이 있다. 서해 및 남해 서부의 조류가 빠른 곳에서 조업하는 안강망, 주목망, 낭장망 등이 여기에 속한다. 안강망은 서해와 동지나해가 주어장이 되고 조기와 갈치 등을 주로 잡는다. 우리나라에 옛부터 내려오는 죽방렴이나 어장(漁帳) 등도 이 장망류에 속한다.

두리그물은 주로 수표면에 무리지어 있는 어군을 탐색하여 둘러싸거나 야간에는 심층에 숨은 어군을 집어등으로 부상시킨 다음 그물로 싸고 밑발에 달린 와이어 로프를 졸라 물고기가 밑으로 숨어 달아나는 것을 막으며 그물로 싸서 잡아 올리는 것이다. 두리그물 가운데 근해어업 중 가장 규모가 큰 어업으로 그 대표적인 것이 긴 네모꼴의 건착망(巾着網)이다.

그밖에, 들그물은 수중에 그물을 펼쳐두고 그 위에 물고기가 올라오도록 기다렸다가 그물을 들어올려 떠서 잡는 어구이며, 걸그물은 그물 위쪽에 뜸(浮子)을 달고 아래쪽에 발줄과 발돌(추)을 단 장방형의 그물이다. 해저에 치는 저자망과 물의 표면에 띄우는 유자망, 부자망 등이 있다.

채취류는 조개를 비롯하여 굴, 김, 다시마, 멍게 등을 채취할 때 사용하는 것으로 쪼새, 조개틀, 호미 등이 있다. 조개류 가운데 식용으로 널리 쓰이는 것은 백합으로, 백합 살은 단백질이 풍부하여 고급영양식품으로 애용된다. 껍데기는 바둑알이나 노리개를 만드는 데 쓰인다. 고막에는 가장 작은 고막, 그보다 큰 새고막, 가장 큰 피조개가 있다. 새고막과 피조개는 생식용으로 많이 쓰이며 전량 수출된다. 조개는 예로부터 경포호수에서 생산되는 것이 이름 높다. 미역은 100% 자연채취로 생산되는 울릉도 돌미역이 최고라고 한다.

낚시류는 낚싯대에 바늘을 하나에서 서너 개 다는 것과 수백 개를 달

수백 개의 바늘을 달아 놓은 주낙

아놓은 주낙으로 구분된다. 주낙이라 부르는 어구는 고기를 살아 있는 채로 잡아 올릴 수 있는 게 특징이다. 따라서 수산물 개방화시대에도 불구하고 고급의 자연산 활어 횟감을 선호하는 사람들의 기대에 부응할 수 있다. 사리(음력 보름이나 그믐)에는 '물이 산다'고 한다. 물살이 세서 낚시는 안 되고 그물로 잡아야 한다는 것이다. 반면 '물이 죽는' 조금(음력 여드레나 스무사흘)에는 낚시가 괜찮다고 한다.

죽방렴 · 독살 · 덤장은 막이류이다

어구 가운데 막이류는 바다의 조수를 이용한 어법에 따라 갯벌이 발달한 바닷가를 중심으로 설치한다. 대나무 발로 만든 죽방렴, 해안에 둑처럼 돌을 쌓아 만든 독살(돌살), 그물과 발을 이용해서 설치한 덤장과 어장 등이 있다. 예로부터 우리나라 서해안에서 널리 보급되어온 물고기 잡는 울타리인 어전을 설치하는데, 재료에 따라 구분할 때 돌로 쌓은 독살, 대나무를 이용한 죽방렴, 흙을 쌓아 만든 토방렴이 되는 것이다.

막이류에는 끝에 통발이 설치되어 있다. 통발은 대나 싸리나무로 둥우리를 만들어 한쪽 끝에 입구를 만들고 깔때기를 달아 물고기가 한 번 들어가면 나오지 못하게 만든 것이다. 통발은 넓은 강 한쪽에 돌담을 쌓아서 차차 좁아지도록 차단하고, 그 끝에 통발의 입구가 놓이도록 고정하여 설치한다. 오늘날에도 강변 사람들이 흔히 쓰고 있는 어구이며, 바다에서도 통발을 많이 쓴다. 장어잡이에는 주로 대로 엮은 통발을 많이 쓰며, 게잡이에는 그물통발을 많이 쓴다.

죽방렴은 참나무 말목을 부채 꼴 모양으로 10여m쯤 촘촘히 박은 뒤 대를 쪼개 그물을 치고 꼭지부분에 대나무로 둥글게 통발을 만들어 고기가 들게 한다. 살과 통발이 만나는 곳에 안쪽으로만 열리는 쇠발을 설치한다.

대나무 발로 만든 죽방렴

물이 빠질 때 문이 열리지 않게 하는 일종의 자동문인 셈이다. 썰물이 되면 어부는 배를 타고 나가 통발에 든 고기를 뜰채로 건진다. 요즘에는 태풍에도 견딜 수 있도록 참나무말목 대신 H빔을 박은 곳이 많다. 항해술이 신통찮고 그물 만들기도 어려웠던 시절엔 이런 식의 함정어법이 대세였다. 전라도지역에서는 대나무가 많기 때문에 죽방렴이 어로 형태의 주종을 이루었다. 죽방렴이 발전된 형태의 그물로 건강망(乾綱網)이라는 것도 있는데, 주로 개펄이 발달한 곳에서 쓰인다.

독살은 해변에 석축을 쌓아 고기를 잡는 어법 중의 하나이다. 밀물에 밀려들어 왔던 고기들이 썰물에 빠져나가지 못하고 석축 안에 갇히게 하는 방법으로 고기를 잡는다. 썰물 때 미처 보(洑)를 넘지 못하고 '독 안에 든 고기'가 되는 것이다. 보통

석축을 쌓아 고기잡는 독살(돌담)

움푹 들어간 해변이 독살을 설치하기에 좋은 장소가 된다. 충남 태안군 남면 몽산1리 굴혈포구는 전국에 몇 안 되는 온전한 형태의 독살이 남아 있는 곳이다.

덤장은 자리그물의 일종이자 크게 보아 고기 잡는 어장(漁帳)의 일종이다. 비교적 얕은 바다에 일정한 간격을 두고 일렬로 말목을 박아 울타리처럼 그물을 치고 바다쪽 끝에 뚜껑 없는 뒤주처럼 생긴 4각입방체의 통그물을 단다. 조선 말기의 대표적인 어구의 하나이다. 어장은 구한말까지 우리나라에서 쓰이던 각종 어구 중에서 가장 규모가 큰 어구였다.

서해안은 조기, 남해안은 멸치가 유명하다

최남선은 『조선상식문답』에서 우리나라가 3면이 바다고 한난의 조류가 섞여 어종이 많음을 지적하면서 그 가운데 가장 많이 잡히는 것이 10여 가지로 고등어, 정어리, 명태, 조기, 대구, 청어, 삼치, 도미, 갈치, 상어 등이며, 정어리가 그 3분의 1을 차지한다고 했다.

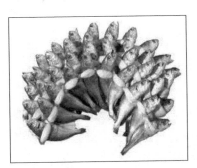

서해안을 대표하는 조기(굴비)

서해안에서는 조기가 대표적인 어종이다. 조기를 '기운을 돕는다'는 뜻의 조기(助氣)로 설명하는 것을 본 적도 있다. 이 조기는 동해안의 명태, 남해안의 멸치와 함께 우리나라 바다에서 나는 대표적인 물고기 가운데 하나이다. 『신증동국여지승람』에 보면 서해안에서 가장 유명한 조기잡이 어장은 전북 영광의 칠산어장, 황해도 해주 앞바다의 연평어장이 유명하다. 『경세유표』에 의하면 청어와 조기가 수입이 제일 많고 준어와 잡어가 다음 간다.

서해안은 간만의 차가 심해서 바닷물의 유입이 쉬울 뿐만 아니라 갯벌이 발달되어 있어 염전을 만드는 데 가장 유리한 조건을 갖추고 있기 때문에 조기를 소금에 절여 굴비를 만들었다. 고려시대 예종과 그 아들 인

종에게 두 딸을 왕비로 바치면서 권세를 누리던 이자겸이 급기야 왕을 독살하려다가 영광으로 유배되었다. 그는 그곳에서 처음 굴비를 먹어보고 맛에 반해 바로 왕에게 이 굴비를 장문의 글과 함께 진상했다고 한다. 재기의 기회로 삼으면서도 자존심은 필요했던지 억울하게 귀양을 왔지만 복원될 그날까지 결코 비굴하게 살지 않겠다는 결연한 의지를 보여주기 위해 비굴이라는 글자의 순서를 바꿔 '굽히지 않는다'는 뜻의 '굴비(屈非)'라 이름 지어 보냈다는 것이다. 물론 이자겸은 풀려나지 못하고 그곳에서 죽음을 맞았으나, 그 후 영광굴비는 궁중 진상품이 되었다. '돌아앉은 시앗이 다시 오고 송장이 된 시어미가 벌떡 일어서게 한다'고 하는 게 바로 영광굴비다. 굴비는 우리나라 고유의 이름 있는 수산제품이다. 절였던 조기를 20마리씩 짚으로 엮어 두름을 만들어 해풍에 말려 건조시킨다.

우리나라산 염장품 가운데 고등어는 일제 말기 중국대륙 및 만주와 몽골의 오지까지 석권하여 절대적인 인기를 끌던 수출품종이었다. 이밖에 우리나라에서 많이 만드는 염장품은 갈치·복어·민어·전어 등이며, 최근에는 염장미역을 많이 만들어 수출하고 있다. 무엇보다 전라도와 충청남도의 연안 및 도서를 위시한 서해안 일대의 소금생산은 국내생산의 대부분을 차지하였다.

남해안에서 가장 많이 잡히는 것으로는 난류성 어종인 멸치를 들 수 있다. 멸치는 열량과 지방이 적고 단백질과 무기질이 풍부하다. 특히 칼슘 함량이 많아 '칼슘의 왕'이라는 별명도 있다. 잔멸치는 볶음에, 중멸치는 조림에, 대멸치는 국물용으로 쓰이는 등 멸

남해안의 대표적 어종인 멸치

치는 다양한 음식에 널리 쓰인다. 멸치는 '국민생선'이라 불러도 손색이

없을 만큼 국민 1인당 연간 소비량이 5kg이 넘는다고 한다.

명태는 한국인의 식생활에 가장 요긴하다

우리나라 동해안의 주된 어종은 명태이다. 특히 여름의 조기, 겨울의 명태가 유명한데, 물이 맑은 동해의 명태는 찬물을 좋아하는 냉수성 어류로서 겨울에 주로 잡힌다. 『신증동국여지승람』에 의하면 명태는 17세기 이후에 나타난 새로운 어종으로 그전까지 우리나라 역사기록에 보이지 않는다. 명태는 동해에서도 북쪽인 함경도 앞바다에서 많이 잡혀 북어(北魚)라고도 불린다. 그러나 최근 남한에서 소비되는 명태는 대부분 러시아·미국·중국·일본으로부터의 수입에 의존하고 있으며, 이 중 80%가 러시아산 명태이다. 요즘 국내 해역의 공식 어획량은 연간 1톤 안팎으로 사실상 자취를 감추었다고도 보는데, 이는 지구 온난화에 따른 수온변화와 명태새끼인 노가리까지 저인망 어선으로 훑어 잡는 수산물 남획 탓이라는 분석이다.

"맛 좋기는 청어, 많이 먹기는 명태"란 속담처럼 명태는 우리 조상들이 즐겨 먹은 생선이다. 지금도 웬만하면 어느 집에서든 말린 명태가 부식용으로 자리 잡고 있는 편이며, 제사·고사 등 의례에서는 빠지지 않는 품목이다. 18세기 중엽에는 전국의 시장 치고 명태가 상품으로 팔리지 않은 곳이 없었다. 수백 년 동안 민중의 사랑을 받아온 명태이기에 이름도 가지가지다. 얼리지 않은 것은 생태, 얼린 것은 동태, 바닷가의 바람으로 빠르게 말린 것은 북어, 얼렸다 녹였다를 반복해 노랗게 말리면 황태, 명태새끼를 노가리, 이밖에 은어(도루묵)바지 등 십수 가지의 이름이 있다. 코다리는 내장을 뺀 명태를 반건조한 것인데 겨울철의 별미로 쫄깃하다.

생선으로 취급되는 명태 즉 '생태'는 주낙으로 잡은 것이 그물로 잡은 것보다 더 비싸게 소비되어 일반음식점에서도 '생태탕'은 '동태탕'보다 비싸다. 우리 생활과 밀접한 명태는 알과 내장은 젓갈로 제조하여 명란, 창란, 아가미 젓갈까지 버릴 게 하나도 없이 유용하게 쓰이며, 몸체는 덕장에서 건조하여 '황태'로 만들어 출하한다. 인제군 용대리, 평창군 횡계리, 고성군 거진항 부근의

강원도 인제군 용대리 황태덕장

명태 덕장이 유명하며 특히 용대리는 30여 개의 덕장에서 국내 황태의 약 70%를 생산하고 있다. 황태의 경우는 추울 때 단단히 얼어야 더욱 쫄깃쫄깃해진다고 하며, 이렇게 얼었다가 다시 녹았다 하기를 20여 차례 반복해야 최고의 몸값을 받는다. 현재 대부분의 사람들이 즐겨 먹는 어묵, 어육소시지 등 이른바 연육(煉肉)제품은 거의가 명태의 냉동연육으로 만들어지고 있다. 심지어 게맛살도 게의 살로 만드는 것이 아니라 명태의 살로 만든 가공식품이다.

거친 바다를 상대로 살아가는 어민들에겐 특별히 상호 유대와 협동의 정신이 요구되었다. 이 땅의 농민들이 어려움을 함께하며 집단의식을 발휘하던 것보다 어민들의 공동체적 사고는 훨씬 강했다. 상존하는 위험 앞에서 전원이 일체감을 갖고 공동채취, 공동분배의 원칙으로 공동체를 운영해 나갔다.

5) 사냥과 짐승

우리나라에서 전 국토의 70% 이상을 차지하는 산은 생활기반의 주무대로 중요한 위치에 있다. 오늘날은 사냥이 스포츠나 오락으로 변한 감이 있지만 과거에는 생활을 위한 경제활동이었다. 세계 어느 민족이든 대부분의 사냥에는 남성들만이 참가하며 여성이 참가하는 것은 금기로 되어 있다. 산신이 여성이기 때문일 것이다. 고려 태조 왕건의 6대조인 호경(虎景)이 수렵에 능숙한 사람으로 산신과 결혼했다는 이야기[129]도 이와 무관하지 않다. 산신이 여성으로서 호랑이나 곰 등으로 변신하여 사냥꾼과 결혼하는 설화는 전국적으로 분포되어 있다. 한편 호랑이는 산신의 사자로서 산신상(山神像)에 백발의 노인이 호랑이를 타고 나타나는 것을 볼 수 있다.

삼국시대까지도 많은 사람이 사냥을 생업으로 삼았다. 사냥을 할 때는 주로 활을 사용했는데, 화살촉은 청석(靑石)으로 만들며, 화살대는 싸리나무로 만들었다. 고려 및 조선시대에도 직업적인 사냥꾼이 있었으나 1900년대 초기에 이르러 이들의 수는 많이 감소했다. 이때부터 사냥은 일부 산간지역 주민들이 생활의 보탬을 위해 행하거나 극소수의 직업적인 사냥꾼에 의해서 명맥이 이어지게 되었다.

20세기 초 서양의 총포가 수입되자 사냥은 경제적인 여유가 있는 일부 상류층의 오락이나 스포츠로 바뀌었다. 그리고 이들의 무분별한 총기와 착기류의 사용, 독극물 살포 등으로 인하여 근래에는 깊은 산에서도 사냥감을 구하기 어렵게 되었다. 정부가 사냥을 규제하는 대책을 내놓는 것은

---

128) 김종서 외, 『고려사』 권1.

이 때문이며, 그 결과 멧돼지를 비롯한 야생조수 등의 수가 늘어가고 있지만 전래의 사냥방법은 점점 사라지고 있다.

창으로 멧돼지 · 곰을 잡다

사냥은 눈이 많은 겨울철에 주로 이루어진다. 사냥방법에는 창사냥, 함정사냥, 덫사냥, 그물사냥, 피리사냥, 섶사냥, 개 · 매사냥 등이 있다. 창을 이용하는 사냥은 사람이 짐승을 따라가 직접 대결하는 방법으로, 창사냥은 짐승을 창으로 찔러서 잡는 것이다. 이 경우, 짐승의 발자국을 따라가 가까이서 창을 던져 잡는 법, 몰이꾼으로 하여금 짐승을 몰게 하고 창잡이는 목에서 기다리고 있다가 잡는 법, 굴 속에 들어앉아 있는 짐승을 끌어내 창으로 찔러 잡는 법, 썰매를 타고 산등성이에서 골짜기로 짐승을 몰아 잡는 법 등이 있다. 옛날에는 멧돼지나 곰 등의 맹수를 주로

창을 사용하여 잡았다. 썰매의 재료로는 눈이 들어붙지 않는 벚나무가 가장 이상적이다. 눈에 빠지거나 미끄러지지 않기 위해 착용하는 나무덩굴로 만든 '설피'는 강설량이 많은 지역주민들이 겨울철에 신발 위에 덧신는 것이다.

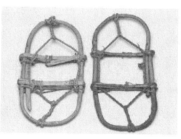

눈 위에서 신발에 덧대 신는 설피

멧돼지 사냥의 경우는 몰이꾼을 동원하여 돼지가 숨어 있는 계곡을 털게 하고 창잡이들은 짐승이 달아나는 목을 지키고 있다가 창으로 찔러 잡는다. 이때 선창잡이(선질꾼)의 역할이 중요하다. 단번에 급소를 찌르지 못하

창으로 잡는 멧돼지

면 돼지가 오히려 사람에게 맹렬한 반격을 가하기 때문이다. 급소 부위를 이르는 '삼창(三槍)'이라는 것이 있는데, 일창은 머리와 쇄골 사이를, 이창은 등뼈를, 삼창은 쇄악가리를 찌르는 것이다. 능숙한 창잡이는 일창에 멧돼지를 쓰러뜨릴 수 있다. 처음 창질을 한 선질꾼이 돼지에게 부상당했을 때는 돼지의 쓸개를 주어 치료비에 보태도록 배려한다.

썰매와 창으로 잡는 곰

곰의 경우 겨울잠을 잘 때 썰매사냥으로 잡는 편이다. 썰매사냥은 3인 1조로 조직된다. 첫눈이 내렸을 때 곰의 발자국을 따라가서 굴을 확인해두었다가 창꾼들이 굴 앞에 서서 큰 소리를 내면 곰이 기어나오기도 한다. 대개의 경우 동면하는 곰을 발견하면 나뭇가지에 불을 붙여 굴 속에 던져 연기를 가득 채워 곰을 굴 밖으로 나오게 한다. 이때 1번수가 썰매를 타고 재빨리 추격하여 곰의 목과 어깨 사이를 창으로 찔러 앞으로 넘어지도록 한다. 그리고 다른 창꾼들은 곰의 허리를 찔러 공격한다. 노루나 사슴을 깊은 눈 속에 몰아넣어 잘 뛰지 못하게 하여 사로잡는 방법을 추적사냥이라 하는데, 이때 청장년들은 설피를 신고 추적하게 된다.

사냥에 함정, 덫 등을 사용하다

창사냥과 달리 함정사냥 같은 경우는 짐승과 격돌하는 대신 꾀를 써서 잡는 간접적인 사냥법이다. 함정사냥은 곰이나 돼지가 다니는 길목에 구덩이를 파놓고 '건불새'라는 풀을 덮고 그 위에 가랑잎을 뿌려놓는 방식이다. 함정에 빠진 돼지는 주둥이로 함정의 벽을 파고 흙을 메워서 달아나는 일이 있으므로 바닥에는 끝을 뾰족하게 깎은 참나무를 박아놓아 한 번 빠진 짐승이 움직이기 어렵게 한다. 함정을 팔 때 밑으로 내려갈수록 넓게 파는 것도 이 때문이다. 주로 다리가 짧은 멧돼지를 산 채로 잡을 수 있는 잇점이 있다. 산 채로 포획한 짐승은 사육의

구덩이를 파놓고 건불새를 덮어 놓은 함정

발달을 가져오게 했다. 멧돼지는 잡식성동물이기 때문에 사료 마련에 부담이 적으므로 가축으로 사육하기에 적합했을 것이다. 이 방법으로 호랑이, 노루, 들꿩을 잡기도 한다.

덫을 놓아 잡는 덫사냥에는 덫의 종류에 따라 코류, 덮류, 착기류가 있다. 코류에는 올무, 낚시코, 물코, 지게코, 함정코 등이 있다. 덮류에는 통방이, 벼락틀, 투대, 낭투, 엎덮이, 매덮이, 광지덮이 있다. 착기류에는 찰코와 창애 등이 있다. 덫 가운데 흔히 사용되는 '올무'는 고리를 가리키는 말이다. 칡이나 삼끈 또는 철사로 적당한 크기의 고리를 지어서 짐승이 잘 다니는 길가에 놓으면 짐승의 목이나 다리가 이에 걸려들게 되는 간단한 구조이다. 올무 즉 올가미로는 겨울철에 토끼를 비롯해서 멧돼지나 노루도 잡으며, 참새를 잡기도 한다.

덫사냥에는 창애나 찰코도 많이 쓰인다. 창애는 흔히 꿩을 잡는 데 쓰기 때문에 '꿩창애'라고도 한다. 용수철이 감긴 철사를 억지로 뒤로 젖히어 미끼 달린 고리에 걸어둔다. 꿩이나 새가 미끼를 건드리면 고리가 벗겨지면서 반달 모양의 철사가 번개같이 제자리로 돌아오기 때문에 새가 치이게 된

창애

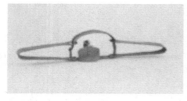

찰코

다. 몸체는 보통 물푸레나무를 쓴다. 집 안에서는 주로 쥐덫으로 많이 쓴다. 찰코는 집게덫, 집게틀, 착기라고도 불린다. 짐승이 다니는 길목에 얕게 묻어놓고 나뭇잎 따위로 위장한다. 짐승이 밟으면 젖혀져 있던 틀이 제자리로 돌아오는 큰 힘에 발목이 물린다. 찰코로는 호랑이도 잡는다. 야생동물을 잡는 가장 일반적인 방법은 덫사냥이다.

섶사냥은 나뭇가지 같은 섶을 태워서 그 연기가 짐승이 숨어 있는 굴 속으로 들어가도록 하여 짐승을 굴 밖으로 유인한 뒤 잡는 사냥법이다. 굴 입구에는 사람들이 몽둥이를 들고 서 있다가 짐승이 나올 때 때려잡는다. 너구리, 살가지, 오소리, 족제비 등을 이 방법으로 잡는다.

그물사냥은 물고기를 잡듯이 그물을 쳐서 새나 짐승을 잡는 사냥법이다. 그물 설치는 질긴 나무껍질로 엮은 그물의 양끝을 팽팽하게 잡아당겨 나무에 맨 다음 막대기를 중간 중간에 세워서 고여놓는다. 짐승이 달아나다가 그물에 걸리면 넘어지면서 짐승을 덮치게 된다. 그물로는 주로 참새와 토끼를 잡는다. 토끼는 언제나 다니던 길로만 돌아다니는 습성이 있으며, 높이 뛰지 못하므로 길목에 그물만 잘 쳐놓으면 모두 그물에 걸리게 된다.

피리사냥은 노루의 번식기인 5월 단오를 지나서 피리로 노루새끼 우는 소리를 내면 암수를 가리지 않고 노루가 모이게 되는데, 사냥꾼이 숨어 있는 주위로 모이면 사격을 해서 잡는 방법이다. 야생동물의 고기는 가을~겨울에 지방도 적당하여 독특한 맛을 낸다. 그러나 노루는 오히려 봄~여름에 고기 맛이 좋다고 하여, 이때 노루잡이를 많이 한다.

매사냥은 세계인류무형문화유산이 되다

사냥에는 매나 개를 이용하기도 한다. 『삼국사기』에는 진평대왕이 "사냥꾼과 더불어 매와 개를 놓아 돼지, 꿩, 토끼를 잡으려고 뛰어 다닌다"는 기록이 있다. 개를 사냥에 쓸 경우 개가 직접 짐승을 물어서 잡게 하는 방법과 숨어 있는 짐승을 찾아내어 사냥꾼의 눈에 띄게 하는 방법이 있다. 개 가운데 일제 때부터 천연기념물로 지정된 풍산개는 몸집이 클 뿐만 아니라 성질이 사나워 맹수사냥에 적합하다. 진도개는 체구가 작으나 냄새를 잘 맡으며 성질이 사나워서 너구리, 노루, 오소리 등을 잘 잡는다.

길들인 매를 날려서 꿩이나 토끼 따위를 잡는 것이 매사냥이다. 중앙아시아에서 시작된 매사냥은 중국을 거쳐 우리나라로 들어왔다. 매사냥에는 매의 주인인 수할치(치는 몽골말에 뿌리를 둔 것으로 우리말 '꾼'에 해당한다)와 털이꾼, 배꾼이 합세한다. '일응이마삼첩(一鷹二馬三妾)'이라는 말이 있다. 세상에서 첫째가는 재미는 매사냥이라는 것이다. 매를 길들여서 꿩이나 토끼 등을 잡는 매사냥은 삼국시대부터 이미 행해졌다. 『일본서기』에는 백제 사람들에게 매를 이용한 사냥법을 배웠다는 기록이 전한다. 고려시대에는 몽골에 해동청(사냥용 매)을 조공하기 위해 매의 사냥과 사육을 관장하는 응방(鷹坊)을 설치하기도 했다. 현재는 국내에 매를 훈련시켜 꿩이나 토끼를 사냥하는 풍습이 남아 있는 곳은 전북 진안군 백운면이다. 몽골이나 아라비아반도에서는 오늘날에도 매사냥을 즐긴다.

꿩의 눈을 쪼고 골을 빼먹는 매로부터 꿩을 재빨리 빼앗지 않으면 배가 불러진 매가 사냥에 게으름을 피거나 멀리 달아나는 일이 있다. 매의 주인인 수할치가 이름과 주소가 새겨진 얇게 깎은 소뿔을 꽁지에 달아두는 것도 이 때문이다. 이 표지를 평안북도에서는 '시치미'라고 한다. 사냥을 잘하는 매 가운데 주인에게 돌려주지 않는 일이 있는 것이다. 알고도 모

중국의 황제들도 극찬했다는 해동청

르는 체하는 것을 "시치미 뗀다"고 하는 말은 여기서 나온 것이다. 매가 늙어 쓸모가 없게 되면 산에 데리고 가서 매가 가고 싶은 곳으로 가라고 놓아주는데, 대부분 다시 주인집으로 돌아온다. 매가 죽으면 한지로 잘 싸서 산에 묻는 게 관습이다.

매에는 1년생 햇새끼인 보라매, 산에서 사는 몇 년 묵은 산진이, 어린 새끼를 잡아다가 집에서 기른 수진이 등 세 종류가 있다. 간도와 북한지방에서 생산되는 해동청은 질이 좋아 중국이나 일본에 수출되었다. 사냥을 잘하는 매는 황소 한 마리와 바꾸기도 했다. 매는 고집스러운 새다. 옹고집이란 말도 '응(鷹)고집', 즉 매의 고집스러움에서 생겨난 것이다.

제2부

세시의례와 일생의례

제1장

세시의례

— 자연의 변화에 어떻게 대응했는가

10년이면 강산도 변한다고 한다. 세시의례(세시풍속)가 시대에 따라 변하는 것은 마땅하다. 오늘날 외국풍속이 들어오고 의식이 바뀜에 따라 우리의 세시의례가 많이 사라지거나 변했다. 그러나 여전히 명절이 되면 '민족의 대이동'이라 할 만큼 전체인구의 과반수가 조상을 찾거나 고향으로 향하는 열정을 보이고 있다. 아직도 우리에게 세시의례는 중요한 의미가 있음을 말해준다.

더구나 최근의 생활풍습 가운데도 우리가 미처 점검하지 못했을 뿐이지 전통적인 세시의례가 새로운 양상으로 바뀌면서 새 시대에 적응되고 있는 것이 적지 않다. 진해를 비롯한 곳곳에서는 벚꽃놀이를 하고, 봄·가을이 되면 학생들이 소풍을 간다. 이는 삼짇날과 중구절에 산과 들에서 화전을 해 먹으며 즐겼던 것과 관련시킬 수 있다. 여름철에는 피서니 바캉스니 하여 더위를 피하기 위해 여행을 떠나느라 야단들이다. 과거의 세시풍속에도 더위를 피하거나 여름을 즐기기 위한 유두와 복날의 물맞이나 복대림 같은 것이 있었다.

과거 꽃놀이를 연상케 하는 요즘의 벚꽃놀이

세시의례 가운데 놀이 같은 경우는 오히려 오늘날 확대 수용되었다고 할 수 있다. 애초에 세시놀이였던 〈씨름〉이라든가 〈연날리기〉, 〈윷놀이〉 등이 최근에는 명절에 관계없이 시·군 또는 읍·면 단위의 지역축제 속에 편입되어 종합적인 행사로 치러지는 등 다양하게 행해지기 때문이다.

새 시대에는 새로운 가치와 의식이 요구된다. 그러나 풍속은 그 사회가 보편적으로 받아들이는 관행을 뜻하며, 풍속으로 정착되기까지는 일정한 시간의 깊이가 있어야 한다. 세시의례는 보편성과 역사성을 지니면서 새로운 시대에 맞는 바람직한 길로 나가야 할 것이다.

세시의례는 집단적 여가문화다

통과의례나 일생의례와 같은 개인적인 차원의 의례가 있는가 하면, 종교의례나 농경의례 등 국가적 내지 공동체 차원의 의례도 있다. 세시풍속 또는 세시의례의 '세(歲)'는 한 해를 뜻하고, '시(時)'는 네 계절을 뜻한다. 세시의례는 1년을 주기로 하지만 1년 주기가 아니라도 포함시키는 경우가 있다. 가령 격년 주기로 지내는 장승제, 5년이나 10년 주기로 지내는 별신제 등을 세시의례에 넣기도 한다. 세시의례는 정월부터 시작하여 대체로 다달이 있다.

세시의례란 특정한 시기나 계절마다 되풀이되는 관습이자 명절에 행해지던 여러 가지 의식(행사)으로서 어느 민족에게나 다 있는 것이다. 세시의례의 내용에는 크게 제의, 점복, 놀이, 음식 등이 있다. 특히 세시음식은 시식(時食)과 절식(節食)

제의를 집행하는 사제의 역할을 맡은 무당

으로 나뉘는데 시식은 4계절에 따라 생산되는 재료로 만드는 음식을 말하며, 절식은 다달이 있는 명절에 차려 먹는 음식을 말한다. 떡이 없는 절일은 생각할 수 없을 정도로 떡은 절식을 대표하는 중요한 음식이다. 세시음식은 한반도에서 나는 재료로 만든 제철음식이라는 점에서 더욱 의미가 있다.

이 세시의례는 지루하기 쉬운 일상생활을 보다 탄력 있고 활기차게 만들어주는 시간적 · 문화적 장치라고 할 수 있다. 궁극적으로는 세시의례를 통해 제액초복(除厄招福)하여 풍요와 건강을 지속적으로 획득하는 데 목적이 있다. 다시 말해 세시의례의 목적은 개인의 행복을 포함하여 집안과 마을의 평안을 기원하는 데 있다.

기후의 변화에 민감한 농경중심사회 속에서 계절에 맞춰 관습적으로 되풀이되던 세시의례가 농경의례로도 불리는 것은 자연스러운 일이며, 더욱이 농경생활을 영위해온 우리나라를 비롯하여 중국이나 일본 등 세 나라의 세시의례는 공통점도 많다. 세 나라가 공히 보름과 중일(重日) 명절의 비중이 높은 것도 간과할 수 없다. 그러나 별나게 삶의 리듬을 중시하는 우리 민족은 계절이 바뀌거나 명절이 되면 우리네의 모든 일이 잘 되기를 기원하면서 신명을 풀고자 했다. 그러므로 우리의 세시의례는 민족사의 부침 속에서 피어난 민족적 지혜요 축제문화의 정수라 할수 있다.

요컨대 우리나라의 세시의례는 농경문화의 전통 속에 조상숭배를 비롯한 신앙과 집단 내의 협동정신이 자연스럽게 융화되어 이루어졌다. 따라서 어느 행사나 어느 놀이에서든 집단적이고 공동체적인 성향이 강하게 드러나며, 특히 놀이의 경우 혼자가 아닌 여럿이 함께 즐기는 경향을 볼수 있다.

최근의 학교운동회에도 학생과 학부모만이 아닌, 인근 주민들과 각종 행상들이 많이 참여하는 것을 볼 수 있는데, 이는 우리의 전통적인 세시의례와 관련이 된다. 전통사회에서 명절 때가 되면 마을사

전통적 공동축제에 기반을 둔 오늘날의 학교운동회

람들이 모여서 즐기던 〈줄다리기〉, 〈동채싸움〉 등이 학교운동회에서 재현되고 있기 때문이다. 학교운동회가 학교 구성원만의 행사가 아니라 지역사회의 공동축제로 계승 발전되고 있는 것을 보면 세시의례의 생명력을 새삼 느끼게 된다.

한국 세시의례는 음력 · 양력을 함께 쉰다

우리나라에서 오랫동안 사용돼온 책력은 태음력(太陰曆), 즉 음력이다. 우리의 세시의례도 음력을 기준으로 한다. 달에 대한 우리 민족의 관념이 태양보다 강했기 때문에 일찍부터 우리나라는 음력을 따랐던 것이다. 태양은 그 모습이 변하지 않고 일정하지만, 달은 초승달에서 반달로 그리고 보름달로 변화해간다. 죽었다가 다시 살아나는 것이 달이요, 그래서 달은 재생(rebirth)을 상징한다. 우리 민족은 달을 관조하면서 삶에 대해 깊이 있게 사색해왔다.

셰익스피어는 변덕스런 달에게 맹세하지 말라 했고, 이탈리아 민요에는 "오 솔레미오"라고 했듯이 서양에서는 태양을 더 숭배했다. 드라큘라 백작이 활동하고 사람이 늑대로 변하는 시간대가 달이 뜨는 밤이다. 그러나 우리는 민요 〈달타령〉, 백제가요 〈정읍사〉, 향가 〈원왕생가〉, 시조 〈오우가〉 등에서 알 수 있는 바와 같이 달을 기원과 선망의 대상으로 여겼다. 태양은 만물에 생명력을 부여하는 경외의 대상이었음에도 불구하고 천지창조와 연관되어 전하는 이야기가 없듯이 신앙의 최고대상으로까지는 발전하지 못했다. 동양사상에서 양보다 음을 앞세우는 음양적 사고도 이를 뒷받침한다. 여성의 역할이 얼마나 중요한가를 느끼게 하는 '맹모삼천(孟母三遷)'의 고사도 음(陰)을 근원적인 존재로 인식하게 한다. 우리가 흔히 말하는 "며느리 잘못 들어오면 아들 농사 망친다"는 것도 여성 곧 음의 절대적 영향력을 암시한다.

하지만 삼국시대 이후 우리나라에서 실제로 사용된 책력은 태음력이 아니라 태양태음력이었다. 농경생활을 하는 데는 기상의 변화가 중요하므로 계절에 맞지 않는 태음력의 약점을 보완할 필요가 있었다. 그러니까 태양태음력은 태음력과 태양력을 동시에 만족시키면서 1년의 길이를 조정하려고 노력한 역법이다. 이렇듯 우리는 달의 움직임은 날짜로 나타내며, 태양의 운동은 24절기로 나타냄으로써 해와 달을 함께 나타낸 합리적인 역법을 가지고 있다.

오늘날 전 세계가 사용하는 태양력, 즉 양력은 1582년에 로마 교황 그레고리 13세가 교서로 발표한 그레고리 역법이다. 1896년 고종은 중국 중

교황 그레고리 13세,
현재 우리가 쓰는 달력(양력) 창시자

심의 시간관념을 탈피하자는 취지로 양력을 받아들였다. 연호도 새로운 양력을 세운다는 의미로 '건양(建陽)'이라 썼다. 우리나라의 경우 삼국시대부터 음력에 따른 세시의례가 지속되어 오다가 갑오개혁 이후 1896년 1월 1일 일제의 강요와 함께 양력이 채택되면서 우리의 세시의례도 변화하기 시작했다. 중국은 1911년 신해혁명으로 가장 늦게 양력을 도입하면서 음력 세시의례를 고스란히 지키고 있고, 일본은 1868년 메이지유신과 함께 양력을 가장 먼저 도입하여 모든 세시의례를 양력화한 데 비해, 우리는 음력 세시의례와 양력 세시의례를 함께 쇠고 있는 것이다. 특히 일본의 경우 과거에는 중국의 세시의례를 적극적으로 끌어들였다면 지금은 구미의 세시의례를 적극적으로 끌어들이는데, 발렌타인 데이와 화이트 데이 같은 것이 연중행사로 자리 잡고 있는 것이 좋은 보기이다.[1]

동국세시기, 우리 민속에 관한 대표적인 저술

정조·순조 연간의 학자인 홍석모가 지은 『동국세시기』에는 우리나라의 1년 행사와 각 지방의 민간풍속이 기록되어 있다. 천재였으나 시운을 타지 못해 불우하게 살았다는 그는 시나 읊어 소회를 푸는 한편, 우리의 민속을 정리하여 『동국세시기』를 지었다고 하는데, 이 책은 한국의 민속을 가장 풍부하면서도 바르게 기록해놓은 소중하기 그지없는 보물이다. 다만

---

1) 사사키 미즈에(佐々木瑞枝), 『日本事情入門』, 다락원, 2003, 35면.

저자는 우리 민속을 정리함에 있어 중국 세시의례에 관한 최초의 기록이라는 종름(宗懍)의 『형초세시기(荊楚歲時記)』를 참고하였다. 이 『동국세시기』는 풍속을 23항목으로 분류하여 설명하고 있다. 『동국세시기』에 의하면 한국 세시의례의 약 60%가 중국에서 전래되었다고 할 수 있다. 그러나 심도 있게 분석해보면 환경과 문화의 차이에서 오는 다른 점을 발견하게 된다.

무속 중심의 융합성이 강하다

위에서 살핀 바와 같이 우리는 융합적으로 음력 세시풍속과 양력 세시풍속을 함께 쇠고 있다. 한국 세시풍속의 융합적 성격을 살피는 일은 매우 중요하다. 먼저 세시풍속을 제의적(신앙적) 의례와 놀이적(예술적) 의례와 현실적(노동적) 의례의 융합으로 보는 견해가 있을 수 있다. 다시 제의적 현상을 무속신앙적 의례와 여타신앙(유교, 도교 등)적 의례의 융합으로, 예술적인 현상을 여성적 의례와 남성적 의례의 융합으로, 현실적 현상을 집단적 의례와 개인적 의례의 융합으로 보는 견해 등을 상정할 수 있다.

제의는 신을 숭배하고 찬양하는 성스러운 종교의례로서 세시의례의 '제의'적 요소와 통과제의라는 일생의례의 '제례'적 요소 등에 연관된다. 한마디로 제의는 인간이 풍요롭고 평안한 생활을 위해 자연신과 인격신(조상신 포함)에게 의지하고 기원하는 종교적인 의례라 하겠다. 특히 농사의 성패에 영향을 미치는 자연의 변화를 주도하는 신에 의지하면서 생활해야 하는 전통사회의 세시풍속에서 제의성을 문제 삼는 것은 당연하다.[2] 물론 우리의 세시의례는 노래, 춤, 놀이 등의 축제적이며 예술적인 성격도

---

2) 지금도 명절 차례는 강한 종교성에 의해 조계사·봉은사 같은 절에서도 행해지고 천주교에서도 설이나 한가위에 명절 미사를 거행하고 있다.

강하다. 예컨대 안동의 〈차전놀이〉, 〈줄다리기〉 등이 바로 그러한 예이다. 특히 여성들의 〈놋다리밟기〉, 〈강강술래〉와 같은 노래와 춤은 예술성을 잘 보여주고 있다. 또한 세시의례에 수반되는 행위의 목적은 현실적 성격이 강하다. 즉 세시의례는 집안과 마을의 평안, 개인의 건강과 행복을 기원하는 데 있다.

칠석날 행하는 우리 고유의 칠석맞이굿

다시 제의적 현상만을 살펴보더라도 무속신앙적 의례와 유교, 도교 등 여타신앙적 의례의 융합 관계 속에서 무속신앙적 주체성이 잘 드러난다. 중국 세시의례를 통한 도교적 특징이나 일본 세시의례를 통한 신도와 같은 고유사상을 살필 수 있듯이 우리의 세시의례를 통해 토착적 무속신앙을 간파할 수 있다. 가령 논자에 따라서는 칠석을 맞아서도 중국과 일본은 재복을 비는데 한국에서는 장수를 기원하며, 중국에서는 걸교제를 지내고 일본은 소원을 적은 종이를 장대에 거는 주술적 의식을 하는데 한국은 〈칠석맞이굿〉을 한다는 것이다. 단옷날 여인들이 비녀 끝에 연지를 발라 재액(잡귀)을 물리쳤다는 것도 우리 고유신앙의 차원에서 의미가 있다.

한편 한국 세시의례는 무속신앙의 성격이 강한 것 말고도 여러 가지 특성이 있다. 가령, 중국은 어른 중심의 명절, 일본은 어린이 중심의 명절인데 비해, 한국은 여성을 포함하는 젊은이 중심의 명절이라는 점도 특징으로 꼽을 수 있을 것이다. 또한 우리 세시의례의 경우 추석, 정월대보름, 유두 등 보름에 대한 인식이 강하다는 점을 들 수 있다. 비교적 중국이나 일본은 1/1, 3/3, 5/5, 7/7, 9/9 등 홀수의 중첩을 중시하는 것과 차이를 보인다. 물론 삼짇날, 단오, 칠석, 중구는 우리 명절이기도 하다. 홀수는 양의 수이며 이 명절들은 양의 수가 겹친 날로서 양기가 왕성한 날이다. 달은 생명체의 출생·번식을 주관하는 힘, 즉 생생력을 지닌 최고의 존재인데, 달이 점점 커지는 초순의 양기가 넘치는 날이 바로 달과 날짜가 10 미만의 수로 겹치는 날이다. 그래서 이러한 날을 명절로 정한 것이다. 이러한 중일(重日)명절의 경우 한중일 세 나라가 한결같아 명칭도 거의 일치한다. 단오는 중국과 일본이 같고, 칠석은 세 나라가 꼭 같으며, 중구 또는 중양절은 중국과 한국이 같다. 하지만 각국의 풍속은 상당히 다르다.

1) 설

설은 어원적으로 '사리다(신(愼)'의 '살'에서 비롯되었다는 학설이 있는 만큼, 설은 1년이 시작되는 첫날[3]이요 설에는 마음과 몸을 신중히 하여 새해의 첫날을 맞이한다는 뜻이 있다. 즉 설을 경건하게 맞이함으로써 생활의 안정과 행복을 기원했던 것이다. "설날에는 욕하거나 꾸짖거나 거짓말하지 않는다"고 하는데, 만일 설날 욕하고 꾸짖고 거짓말하면 1년 내내 하게 된다는 뜻에서 나온 금기풍습이다. "설날 돈을 빌리면 복이 나간다"거나 "정월초하룻날 눈물을 흘리면 1년 내내 눈물을 흘린다"고 하는 말도 금기적 믿음의 소산이다.

이렇듯 설은 묵은해에서 벗어나 새해에 편입되는 익숙하지 못한 '선날'이기 때문에 심신을 차분하게 갖고 조심해야 한다고들 말한다. 우리 민족의 비중 있는 명절로서 새해가 시작되는 날이므로 설에는 1년간의 건강과 평안을 비는 〈안택고사〉를 비롯하여 온갖 치성을 드린다. 『열양(洌陽)[4]세시기』에 의하면 '3일파시(罷市)'라 하여 설날부터 3일까지 관청과 시장이 문을 닫고 쉬었다. 『용재총화』에서도 '3일간 출근하지 않는다'고 했다. 이러한 풍속은 오늘날도 마찬가지로 설 전후 3일간을 공식적인 국가공휴일로 지정하여 의미 있게 지내오고 있다.

---

3) 설을 원일(元日)이라 한다.
4) 조선시대 서울을 달리 이르던 말이다.

섣달그믐밤, 액운을 몰아내는 굿을 하다

섣달그믐날은 한 해를 마감하는 뜻 깊은 날이다. 시작도 좋아야 하지만 마침도 이에 못지않게 좋아야 한다. "까치까치 설날은 어저께고요, 우리 우리 설날은 오늘이래요"라고 하듯이 우리는 설 전날을 까치설날이라고 했다. 전날의 순우리말이 '가치'로서 '가치설날'의 발음이 변하여 '까치설날'이 되었다는 것이고, 한편 가족과 친척들이 모인 설 전날 까치가 반가워 울었다는 데서 까치설날이라 불렀다는 이야기도 있다. 까치설날인 섣달그믐날에도 설과 같이 차례와 세배를 올린다. 조상께는 만둣국을 올리고, 집안어른께 한 해를 잘 보냈다는 뜻으로 세배를 드리는데, 이를 '묵은세배'라 한다. 옛날 사람들은 섣달그믐날 저녁을 먹고 어른들을 찾아다니며 묵은세배를 드렸다.

"섣달그믐날은 부지깽이도 꿈틀거린다"는 말이 있듯이 우리나라 사람들은 모든 것을 정리하기에 바빴다. 가정에서는 집 안팎을 깨끗이 하고 마을사람들이 모두 모여 구석구석 대청소를 하며, 설음식을 마련하는 등 묵은해를 보내고 새해를 맞기 위한 준비로 부산했다. 그리고 "섣달그믐이면 나갔던 빗자루도 집을 찾아온다"고 빌려준 돈은 받고 꾼 돈은 갚아야 하는 등 한 해 동안의 거래관계를 모두 청산하고자 했다.

어두워지면 마을과 집 안에 머물고 있던 묵은 액을 몰아내는 〈액맥이굿〉을 벌인다. 마을의 맨 윗집에서 시작하여 마을 어귀에 있는 집까지 차례로 풍물굿을 치며 액을 몰아 내려온다. 묵은 액을 떨쳐버린 다음 온 집안에 불을 밝히고 새로운 다짐으로 한 해를 맞을 준비를 하는데, 이를 〈수세(守歲)〉라 한다. "섣달그믐날 밤에 잠을 자면 눈썹이 하얗게 센다"며 "섣달그믐날 불을 켜놓고 자면 악귀가 나간다"[5]고 믿었다. 그리하여 온 가

---

5) 최래옥, 『한국민간속신어사전』, 집문당, 1995, 181면.

족과 친척이 〈윷놀이〉를 하며 밤을 샜다. 예전에는 어린이들이 잠을 자면 눈썹에 쌀가루를 발라놓고 잠이 깨면 눈썹이 셌다고 놀려주기도 했다. "섣달그믐날 밤에 잠을 자면 게으름뱅이가 된다"[6]고 한 것을 보면 조상들이 얼마나 근면하게 살았는지 짐작할 수 있다.

나례의식의 처용무

국가에서는 〈나례(儺禮)〉 의식을 갖추었는데 모두가 잡귀를 몰아내고 차분한 가운데 새해를 맞이하려는 정성에서 비롯되었다. 나례란 중국의 〈구나의(驅儺儀)〉가 고려시대에 들어와 조선시대 성행한 것으로 섣달그믐날 궁중에서 악귀·역신을 쫓아내는 의례였는데, 나례는 점차 예술적 장르로서의 성격이 두드러졌다. 고려시대에는 대궐에서 12세 이상 16세 이하의 사람을 뽑아 이들에게 가면을 씌우고 붉은 옷을 입히고 손에는 채찍·방패·창·몽둥이를 들게 하고, 가무악을 공연하는 대대적인 의식으로 거행하였다.

설날에 가장 집착하는 나라는 중국이다. 전 세계 중국인들은 설날, 즉 춘제(春節, 봄이 임박했음을 알리는 절기)를 한 해의 대축제로 여기고 있다. 중국 사람들은 새해 아침보다는 '추시예(除夕夜)'로 불리는 섣달그믐날 밤을 더 중요하게 여기는 편이다. 온 가족이 둘러앉아 이야기하면서 정을 나누게 되는데 이때 먹는 음식을 '녠예판(年夜飯)'이라고 한다. 가장 중요한 먹거리는 바로 '자오쯔(餃子)'라 부르는 만두이다. 餃子는 처음엔 交子

6) 최래옥, 앞의 사전, 181면.

라 불렸는데 자시(子時)에 의해서 묵은해와 새해가 바뀌기 때문이었다. 위안단(元旦, 현재 양력 1월 1일)이라고 불리던 음력 설날이 오늘날 춘제로 바뀐 것은 1911년 신해혁명과 함께 서기를 채용하면서부터다. 중국정부의 공식

우리의 설에 해당하는 중국의 춘제(春節)

적인 휴일은 1주일 정도지만 실제로는 한 달 가까이 쉰다. 2014년 설에 해당하는 춘제기간(1월 16일~2월 24일까지 40일)에는 이동인구가 연인원 약 36억 명으로 사상 최대 규모였다. 중국에서는 옛부터 지금까지 새해 첫날이 되면 집안에 복이 깃들기를 기원하며 '복(福)' 자를 써서 대문에 붙이고, 오래 살기를 축원하는 뜻에서 신년 아침에 국수를 먹기도 한다.

　중국과 일본은 초하루를 더 중시하는 데 비하여, 우리는 보름을 더 중시한다고 할 수 있다. 설에 대한 3국의 차이를 보면, 한국은 섣달그믐의 〈액맥이굿〉이라는 무속을 시작으로 설날 차례와 세배를 통해 유교적 혈연 의식을 제고하는 데 비해, 중국에서는 위안단(元旦)이라는 설에 악귀와 역질을 퇴치하는 도교적 주술이 베풀어지며, 일본은

섣달그믐에 행하는 액맥이굿

양력 1월 1일인 설을 쇼가츠(正月) 또는 간지쓰(元日)라 하여 새해 첫날 집 근처의 신사로 참배를 가서 이루고 싶은 소망을 빌고 〈오미쿠지(御神籤)〉

라고 하는 운수뽑기를 하고 집에 돌아옴으로써 신도(神道)적인 의식을 강화한다. 쇼가츠에 많이 먹는 음식으로는 오조니(お雜煮), 오세치료리(お節料理)가 있다. 아이들은 어른들에게 연하장을 보낸다.

한국의 경우 제액초복을 비는 고유의 무속적 의식은 설이 아닌 정월대보름에 집중되어 있다. 한국은 본디부터 정월대보름을 설로 삼았으나 뒤에 음력 역법이 중국으로부터 들어오고 정월초하루가 설로 자리 잡게 되었다.[7]

불을 켜놓고 잠을 안 자며 폭죽놀이를 하다

우리는 부엌신인 조왕(竈王)이 1년 내내 집 안의 소행을 지켜보다가 12월 25일에 승천하여 도교의 최고신인 옥황상제에게 모조리 보고함에 따라 선행이 많으면 응당의 복을, 악행이 많으면 화를 내린다고 믿었다. 악행을 저지른 집주인이 아궁이에 깨엿을 발라두었던 것은 조왕신이 말을 못하도록 하기 위해서였다. 조왕신이 승천한 날부터 심판 받는 섣달그믐까지는 매사를 조심하여 부부간에 방사(房事)도 하지 않았다. 기생집도 파리 날리며 도둑들도 이 기간만은 휴무를 하는 것이 관습이 돼 있었다. 마침내 조왕신이 돌아오는 섣달그믐날 밤에는 부엌을 비롯하여 방과 마루, 외양간, 측간까지 구석구석에 등불을 켜 집 안을 밝힌 다음 경건하게 자신의 운명을 기다리며 밤샘을 했다. 이렇게 집안에 불을 켜놓고 잠자지 않고서 마중하는 풍습을 〈조허모(照虛耗)〉라 하였다. 섣달그믐에는 밤이 칠흙같이 어두워야 새해가 상서롭고 그렇지 않으면 불길하다고 믿었다.

제석(除夕) 또는 제야(除夜)라고 하는 섣달그믐날 밤 자정 무렵이 되면 가

---

7) 회천최인학선생 고희기념논총간행회, 『비교 연구를 통한 한국민속과 동아시아』, 민속원, 2004, 39면.

정에서는 푸른 대나무를 태워 폭음을 내는 〈폭죽놀이〉를 했다. 〈폭죽놀이〉의 경우, 대나무의 마디가 탈 때마다 큰 소리를 내며 요란스럽게 타므로 '폭죽(爆竹)'이라 했던 것이다. 이렇게 하면 묵은해에 집 안에 있던 잡귀들이 놀라서 달아나고 신성한 새해를 맞이할 수 있다고 믿었다. 조선조 대궐 안에서는 '연종포(年終砲)' 또는 '세포(歲砲)'라는 축하의 대포를 쏘았으며 지방 관아에서는 소총도 쏘고 징도 울렸다.

〈폭죽놀이〉가 우리나라에서 자취를 감춘 지 오래되었지만, 세계에서 〈폭죽놀이〉를 가장 즐기는 중국인들은 지금도 명절 때를 비롯 결혼식, 개업식 등 각종 의례에서 폭죽을 터뜨린다. 〈신화통신〉에 따르면 중국은 세계 폭죽

제야에 치는 보신각종

의 90%를 생산하고 80%를 소비한다. 물론 〈폭죽놀이〉는 악귀가 물러가도록 위협하는 주술적·도교적 제의인데, 이 악귀는 사람과 가축을 해치는 녠(年)이라는 괴물이다. 폭죽과 세포라는 한국적 유산은 오늘날 양력 12월 31일 자정에 '제야의 종'이라 하여 서울 종로 보신각에서 타종하는 의식으로 이어지고 있어 감개무량함을 느끼게 된다.

궁궐 내 화가들의 관청인 도화서에서는 새해를 축하하는 세화를 그려 바쳤다. 세화의 주제는 태상노군(太上老君), 성수선녀(星壽仙女), 직일금장(直日金將)[8] 등으로 대부분 장수와 건강을 비는 뜻이다. 이것들은 모두 도교의 풍속에서 유래한 것이다. 물론 가장 많이 그린 그림의 주제는 십장

---

8) 하루의 날을 담당하여 그날의 액운을 물리치는 수호신이다.

생이다. 조선시대에는 유교를 통치이념으로 삼았지만 왕의 장수와 행복을 빌기 위해서는 도교적인 그림도 그렸던 것이다. 왕이 신하들에게도 세화를 선물로 주었다.

차례를 지내고 세배를 드리고 성묘를 하다

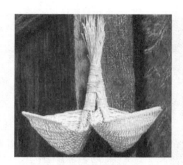

복을 가져다 준다는 복조리

집집마다 설날 이른 새벽에는 복조리를 산다. "설날 아침에 복조리를 사면 복이 들어온다"[9]고 믿기 때문이다. 복조리는 쌀을 이는 것처럼 복을 일어 집안으로 들어오게 해준다 하여 안방이나 대청에 걸어놓았다. "정월에 조리를 먼저 사두지 않으면 가난해진다"는 속신도 있다. 요즘도 농촌에서는 새해 첫 장날인 '개시장' 때 가서 조리를 사온다.

명절을 앞두고 대목장이 서는데, 이와 관련 "눈까진 새도 장 보러간다"는 말이 전해오고 있다. 설날이 되면 먼저 설빔으로 잘 차려 입는다. 우리에게는 명절빔이라는 것이 있는데 설날의 설빔, 단옷날의 단오빔, 추석의 추석빔이 그것이다. 설날에는 남자아이들은 바지저고리 위에 조끼 또는 까치두루마기를 입고 그 위에 전복을 더 입고 복건을 쓴다. 여자아이들은 치마저고리에 배자를 입고 외출시 두루마기를 덧입는다. 성인남자의 경우 바지저고리 위에 조끼를 입고 그 위에 마고자를 입으며 그 위에 두루마기를 입는다. 여자들의 경우, 비단이 흔하지 않던 시절 시골에서는 길쌈한 무명베에 반물(짙은 남색)을 들여 이를 정성스럽게 다듬이

---

9) 최래옥, 앞의 사전, 182면.

질한 반물치마를 해 입는
것이 설날 옷치레의 한 특
징이었다.

설빔을 차려입고 정성껏
장만한 세찬(歲饌)으로 조
상에게 차례를 올리는 일
은 무엇보다 중요한 일이
다. 우리 전통음식의 원형
을 명절음식이나 제사음식

부부끼리 세배하는 모습

에서 찾기도 한다. 차례상은 일반적으로 앞줄에서부터 과일－반찬(포, 나
물 등)－탕－전－밥(떡국, 송편)의 순으로 차린다. '떡국차례'라 할 만큼
메는 짓지 않는 게 원칙이다. 술은 원칙적으로 소주를 쓰지 않는다. 차례
가 끝나면 자리를 정하고 앉아 어른들께 세배를 드린다. 웃어른에게 뿐만
아니라 부부지간, 형제지간에도 세배를 하는 것이 원칙이다. 세배를 드릴
때에 새해 인사말로서 서로 덕담을 나누는데, 이는 "말이 씨가 된다"는
속담이 있듯이 기원하는 말대로 그렇게 되어지리라 믿는 주술적 심리가
작용하고 있다. 아랫사람은 어른의 건강과 장수와 복을 비는 내용의 말을
하고 어른은 아랫사람의 소망이나 발전을 기원하는 말을 하게 되니 상하
가 서로 존경과 사랑으로 엮어지게 된다. 특별한 것은 가령 "복 많이 받
으세요"라고 하는 요즘의 표현과 달리 조선시대에는 "복 많이 받으신다
하니 축하드립니다"와 같이 바라는 바를 이미 확정된 사실처럼 표현하기
도 했다.

세배를 마치고 나서 아침식사를 하는데, 세찬으로는 떡국이 대표적이
다. 중국의 시골에서도 설날 음식으로 떡국을 먹었다.(『동국세시기』) "몇
살 먹었느냐?"는 말을 "떡국 몇 그릇 먹었느냐?"는 말로 대신할 정도이
다. 설은 새로 시작하는 날로 모든 것이 엄숙하고 청결해야 하므로 떡국

을 먹게 되었다. 흰 떡국은 흰색이 상징하는 신성함·정결함의 의미를 지닌다. 떡을 썰 때는 어슷 썰지 않고 돈처럼 동그랗고 얄팍하게 썰었는데 이는 돈을 많이 벌라는 뜻이 있으며, 돈짝 모양은 새해 아침에 떠오르는 둥근 태양을 상징한다.

"꿩이 내려오면 그 동네에 액운이 생긴다" 하여 꿩을 흉조로 보기도 하나, 떡국에 꿩고기를 넣는 것은 꿩이 길조이기 때문이다. 그러나 매사냥을 하지 않으면 꿩고기를 먹기 힘들어 닭고기를 주로 썼다. 여기서 "꿩 대신 닭"이라는 속담이 나왔다. 떡국은 특히 북쪽지방의 겨울음식인 만두와 함께 먹기도 한다. 만두는 고려 때 중국에서 온 것으로, 고향이 중국의 북쪽이고 속이 들어 있어 더운 날씨에는 상하기 쉬운 음식이다. 설날은 음식과 술로써 여러 손님을 대접하기도 한다. 세주로는 약제를 술에 넣어 담근 도소주와 초백주가 있었다. 도소주는 매우 오래 전승된 술로서 여러 한약재를 넣어서 만든 술이다. 설날에 이런 술을 마시면 사악한 기운을 물리치며 장수한다고 하는데, 주로 상류층에서 마셨다. 민간에서는 청주를 마시는데 새 봄을 맞는다는 뜻에서 데우지 않고 차게 마셨다. 세주 마시는 것을 '음복한다'고 하는데, 차례 뒤에 모두 둘러앉아 마셨다. 특이한 것은 "송곳도 끝부터 들어간다" 하여 나이 어린 사람부터 먼저 마시기 시작하여 차차 나이가 많은 노인의 순서로 마신다.

조상의 산소를 찾아가 인사를 드리는 성묘

아침식사가 끝나면 조상의 산소를 찾아가 성묘를 한다. 간단하게 술·과일·포를 별도로 장만해 가지고 가서 산소 앞에 돗자리를 깔고 자손들이 모두 늘어서서 인사를 드린다. 설빔으로 단장한 자손들이 나이 많은 어른들의 뒤를 따라 논길·밭길을 줄을 지어 성묘하러 가는 광경은 매우 한국적이다. 성묘를 한 다음에는 일가친척과 이웃 어른들을 찾아 세배를 한다. 하루 동안에 먼 곳에 있는 일가친척이나 어른들에게 세배를 다 할 수 없으므로 정월보름까지만 하면 되는 것이 관례이다. 조상이나 어른들의 은혜에 보답하는 일을 인간윤리의 기본이라 생각하여 새해를 맞이하는 첫날 차례나 세배 등을 치렀던 것에서 한국인의 아름다운 가치관을 보게 된다.

여성 중심의 널뛰기·윷놀이를 하다

설날의 대표적인 놀이로는 〈널뛰기〉와 〈윷놀이〉를 들 수 있다. 다른 나라에도 비슷한 놀이 형태가 보이기는 하나 우리나라에만 있다는 〈널뛰기〉는 주로 소녀를 포함하는 여성들 사이에서 행해졌다는 점에 주목할 만하다.

우리나라 고유의 여성놀이인 널뛰기

성인 여성놀이가 남성놀이의 3분의 1에 지나지 않는다는 점에서 더욱 그렇다. 부녀자의 외출이 자유롭지 못하던 시대에 담 너머로 바깥세상을 볼 수 있는 흥미로운 놀이인 〈널뛰기〉는 추위를 잊게 하며 몸의 균형을 잡고 다리 힘을 기를 수 있는 매우 활달한 운동이다. "널뛰기를 하면 그 해는 발바닥에 가시가 들지 않는다"는 말이 있을 정도로 활동적인 놀이로 여성들에게 주목받았다.

〈널뛰기〉의 방식을 보면 길다란 널판 가운데 짚단이나 가마니 같은 것으로 만든 널밤을 고이고 양쪽에 한 사람씩 올라가서 한쪽에서 힘껏 내리디디면 다른 한쪽에서는 높이 솟아오르게 된다. 이를 양쪽에서 번갈아 하게 되는데 그 뛰는 모습만 보아도 활기가 넘친다. "정초에 널을 뛰지 않으면 발에 좀(무좀)이 생긴다"고까지 했다. 과거 여성들이 얼마나 활달했는지를 가늠해볼 수 있는 사례이다. 여성들이 말을 타고 격구를 했던 것을 보면 과격한 면도 배제할 수 없다.

남녀가 함께 즐기는 윷놀이

『조선상식문답』에서 〈윷놀이〉는 우리나라에만 있는 놀이로서 신라 때부터 성행했다는 증거가 일본문헌에 적혀 있다고 했으나, 윷은 인도의 파치시(Pachisi) 놀이에서 왔다고 하며 아메리카의 원주민들도 즐겼다[10]고 한다. 〈윷놀이〉는 처음엔 정초에 농사의 풍흉을 점치는 놀이로서 시작되었는데, 〈윷놀이〉에서 여성이 이기면 풍년이 든다고 믿었다. 점풍놀이에서 점차 순수한 놀이로 변모한 〈윷놀이〉는 남녀노소가 어디서나 함께 즐길 수 있는 놀이다. 과거에는 주로 설을 절정으로 겨울에 행해지는 오락과 운동을 겸한 흥미진진한 경기였다. 요즘에는 명절에 즐기는 세시놀이가 아니라, 전천후 즐기는 '열린 놀이'가 되었다. 윷가락을 던져 나오는 도는 돼지, 개는 개, 걸은 양, 윷은 소, 모는 말을 가리킨다. 윷의 재료로는 박달나무·싸리나무·밤나무 등이 많이 쓰이는데, 특히 박달나무 윷이 좋다. 윷판은 초패왕 항우가 마지막 결전장이던 해하에서 진을

10) 김광언, 『민속놀이』, 대원사, 2001, 60면.

친 모습을 본뜬 것이라든가 윷판의 동그라미는 북두칠성을 뭇별이 둘러싼 것이라는 등 설명이 구구하다.

흔히 명절의 특징을 통한 국가별 문화적 성격을 말하곤 하는데, 앞서 언급했듯이 비교적 우리는 여성 및 젊은이 중심의 명절이 많은 편이다. 이에 비해 중국은 어른 중심의 명절이, 일본은 어린이 중심의 명절이 많다. 가령 일본의 경우 나라(奈良)시대(710~794)부터 시작된 단오가 에도(江戶)시대(1603~1868) 이후 남자아이의 명절로 여겨졌으며 1948년부터는 음력 5월 5일인 단오를 양력으로 바꿔 어린이날로 지정했다. 다시 말해 일본에서는 오늘날 양력 5월 5일이 단오면서 어린이날이다.

■ 우리의 설 풍속 ■

서울풍속에 이날 사당에 제사 지내는 것을 차례라고 한다. 남녀어린이들이 모두 새옷을 입는 것을 설빔이라 하고, 집안어른들을 찾아뵙는 것을 세배라 한다. 이날 시절음식으로 대접하는 것을 세찬이라 하고, 이때의 술을 세주라 한다. 생각컨대, 최식의 『월령』에 "설날 조상에게 깨끗한 제사를 올리고 초백주를 마신다"고 했다. 또 종름의 『형초세시기』에서는 "설날 도소주와 교아당을 올린다"고 했다. 이것이 세주·세찬의 시초다.

사돈집에서는 부인들이 근친하는 뜻으로 하녀를 서로 보내어 새해문안을 드린다. 이 하녀를 문안비라 한다. 참봉 이광려의 시에 "뉘 집 문안비가 문안하려고 뉘 집으로 들어가는고"라고 하였다. 각 관청의 하급관리, 각 군문의 장교·나졸 등은 종이를 접어 이름을 쓴 명함을 관원이나 선생의 집에 드린다. 그러면 그 집에서는 대문 안에 옻칠한 쟁반을 놓아두고 이를 받아들인다. 이것을 세함이라 한다. 각 지방의 관청에서도 그렇게 한다. 생각컨대 왕기의 『우포잡기』에 "서울풍속에 매년 설날이면 주인은 모두 하례하러 나가고 백지로 만든 책과 붓, 벼루만 책상 위에 배치해두면 하례객이 와서 이름만 적을 뿐 환영·환송하는 일은 없다"고 했다. 이것이 곧 세함의 시초다.

멥쌀가루를 쪄서 큰 널판지 위에 놓고 자루 달린 떡메로 무수히 쳐서 길게

만든 떡을 흰떡이라 한다. 이것을 얄팍하게 돈같이 썰어 장국에다 넣고 쇠고
기나 꿩고기를 넣고 끓인 다음 고춧가루를 친 것을 떡국이라 한다. …… 속
담에 나이 먹는 것을 떡국을 몇 그릇째 먹었느냐고 한다. ……

연소한 친구를 만나면 "올해는 꼭 과거에 합격하시오", "부디 승진하시
오", "득남하시오", "돈을 많이 버시오" 하는 등의 말을 한다. 이것을 덕담이
라고 하는 바, 서로 축하하는 말이다. 꼭두새벽에 거리로 나가 어떤 방향에
서 들려오든지 관계할 것 없이 첫번 들려오는 소리로 1년간의 길흉을 점친
다. 이를 청참이라 한다. ……

남녀가 1년간 빗질할 때 빠진 머리카락을 모아 빗상자 속에 넣었다가 반
드시 설날 황혼을 기다려 문밖에서 태움으로써 나쁜 병을 물리친다. …… 속
담에 야광이란 귀신이 있다. 이 귀신이 이날 밤 인가에 내려와 아이들의 신
을 두루 신어보고 발에 맞으면 곧 신고 가버린다. 그러면 신을 잃은 주인은
불길하다. 그러므로 여러 아이들이 이 귀신을 두려워하여 모두 신을 감추고
불을 끄고 잔다. 그리고 체를 마루벽이나 뜰에다 걸어둔다. 그러면 이 야광
신이 와서 이 체의 구멍을 세느라고 아이들의 신을 훔칠 생각을 잊는다.
…… 약왕의 형상이 매우 추하여 아이들을 두렵게 할 수 있으므로 그렇게 생
각된다.

『동국세시기』

윗글은 원일(元日), 즉 설날에 관한 내용이다. 세주로 나오는 초백주는
후추와 측백의 잎으로 담근 술이고, 도소주는 산초·방풍·백출·밀감
피·육계피 등을 조합하여 만드는 술이며, 세찬으로 등장하는 교아당은
이를 단단하게 하는 엿이다.

궁중에서 왕이 신하들의 하례를 받는 것에서부터 과거 설의 풍속 대부
분이 오늘날과 크게 다르지 않다. 다만 문안비(問安婢)나 세함(歲銜) 같은
것은 특이한 풍습 같은데, 이것도 경건하게 새해를 맞으며 정초에 한 번
인사차 방문하는 것이라 보면 큰 차이는 없다. 일가친척에게 하녀를 보
내 새해 문안을 드리게 했던 문안비 제도는 부녀자들의 출입이 자유롭
지 못하던 시절에 예의를 갖추기 위해 생긴 지혜라 하겠다. 세함은 세배

를 다니다가 어른이 계시지 않으면 자신의 이름을 적은 종이를 놓고 돌아왔던, 우리나라 명함의 역사를 말해주는 내용이다.

사실 세함은 명함보다는 연하장의 성격이 강했다고 본다. 2001년에는 근대식 명함의 효시로 추정되는, 한말의 대신이자 명성황후의 친정조카인 민영익의 명함이 공개된 바 있다. 한미통상조약이 맺어진 후 1883

최초로 미 대통령을 접견했던 민영익과 그가 사용한 명함

년 전권대사가 되어 한국 사람으로는 최초로 미국대통령을 접견했던 그가 사용한 명함으로, 요즘 명함크기에 붓글씨의 자필 이름이 적혀 있을 뿐이었다. 서양에서는 16세기경 독일에서 처음 명함 즉 연하장이 사용되었다고 하는 것에 비하면 우리가 훨씬 오래되었음을 확인하게 한다. 동양에서 명함의 시초는 나무로 된 '알(謁)'이다. 한나라 고조 유방이 봉기했을 때 유학자인 력식기가 군문을 찾아가 알을 올렸다고 한다. 종이로 된 명함이 나온 것은 당나라 때부터이다.

묵은해가 지나가고 새해 설날이 되면 여러 가지 점을 쳐서 그해의 일을 미리 알아보고자 하였다. 〈청참(聽讖)〉은 새해 첫날 첫 번째로 들려오는 소리가 상서로운 의미를 주는 소리면 그해는 길하다고 점을 치는 것이었다. 까치소리나 소 울음소리를 들으면 그해에는 풍년이 들고 행운이 오며, 참새소리를 들으면 곡식의 피해를 당해 흉년이 들고 불행이 올 것이라고 점친다. 그리고 오행점으로 그해 운수를 미리 알고자 점을 치기도 했다.

신년 정초에 행해지는 보편적인 점복의 하나는 『토정비결(土亭秘訣)』을

주역에 근거하여 새해 신수를 보던 토정비결

보는 것이었다. 이 책은 철관을 쓰고 다니며 한 말의 밥을 지어먹고는 보름 동안이나 밥 먹지 않았다는 조선 중기의 기인이었던 토정 이지함이 지었다. 이지함은 철관을 머리에 쓰고 다녔기 때문에 '철관자'라는 별호를 얻었다. 그는 팔도를 유람하다가 때가 되면 철관을 벗어 밥 짓는 솥으로 사용했다고 한다. 이 『토정비결』은 『주역』에 뿌리를 두고 있는 책으로서 그 해나 달의 간지를 미리 보거나 일진을 숫자로 따져 새해의 신수를 보는 데 사용되었다. 한국인이 가지는 '첫마수' 혹은 '초장마수'가 바로 정초의 일이 1년 동안의 운수와 관련 있다고 여기는 데서 나온 말이다.

악귀를 쫓기 위한 머리카락태우기

〈소발(燒髮)〉이라 하여 한 해 동안 빠진 머리카락을 모아 설날 황혼을 기다려 문 밖에서 태우기도 했다. 머리카락은 부모에게서 받은 소중한 것이기 때문에 1년 동안 모아두었다가 태운다는 의미가 있다. "머리카락 버린 것을 새가 물어가면 평생 가난하다"는 말도 있다. 그런가 하면, 민속학적으로는 산발한 여인을 귀신에 비유하듯이 머리카락 자체를 귀신으로 인식하여 머리카락을 태움으로써 악귀를 쫓는다고 생각한 것이다. 머리카락을 태우거나 반쯤 태운 지푸라기를 집 주위에 있는 구멍에 넣어 뱀의 침입을 막기도 했다.

설은 한 해가 시작되는 날이기 때문에 365일간 건강하기를 기원하는 의미에서 액을 물리치기 위한 각종 주술적이자 무속적인 의식이 전승되었다. 앞 인용문에서와 같이 야광귀(夜光鬼)를 쫓

야광을 쫓기 위해 벽에 걸어 둔 체

기 위하여 신을 감추고 체를 걸어두기도 했는데, 야광이란 귀신은 약왕보살의 준말로서 약으로 중생의 심신의 병고를 고쳐주는 보살이다. 『경도잡지』에서는 야광이야기는 아이를 일찍 재우기 위해 만들어낸 것이라 적고 있다.

한편 대문이나 벽에 닭과 호랑이 그림을 붙였는데, 닭그림은 광명을 부르는 권능과 악귀를 쫓는 힘 때문에 중문에 붙였다. 닭은 가정의 화합과 부부간의 사랑을 상징한다. 수탉은 암탉과 병아리를 보호하기 위해 목숨을

대문에 붙인 호랑이그림

걸고 적과 싸우는 습성이 있고, 암탉은 지극정성으로 병아리를 품거나 데리고 다니면서 양육한다. 일반적으로는 닭 그림을 아이들 공부방에 많이 붙였다. 닭의 붉은 벼슬은 부귀를 상징하기 때문이며, 닭이 아침 일찍 우는 것처럼 아이들이 일찍 일어나 공부를 열심히 하라는 뜻도 담고 있다. 결국 닭은 벼슬을 지녔기에 문재가 있고(文) 날카로운 발톱으로 무덕을 갖췄으며(武) 적 앞에서 물러서지 않고(勇) 나눠 먹을 줄 알며(仁) 새벽마다 시간을 알려주는(信) 오덕(五德)을 갖춘 것이다. 호랑이는 두려움과 공

경의 대상이므로 이를 통해 액막이를 하였다. 이 밖에도 한지에 호랑이를 뜻하는 호(虎) 자와 용을 뜻하는 용(龍) 자를 써서 대문에 붙였다. 용 역시 위력 있는 존재로 인식했다. 삼재(三災)를 당한 자는 세 마리의 매를 그려 문설주에 붙이기도 했다. 삼재란 수재·화재·풍재 또는 병난·역질·기근을 말하기도 하는데, 여기서는 이들을 포함한 모든 액운을 뜻한다. 액운은 나이에 따라 들어오게 되는데 3년간 머문다 하여 삼재라 하기도 한다. 민화에 속하는 이 '매그림'은 주술적 의미와 더불어 나중에는 삼재를 막는 부적으로 쓰이기도 했다.

2) 정월대보름

정월 15일을 상원(上元) 또는 대보름이라
고 한다. 보통의 보름보다 큰 보름이라는
뜻으로 이 날을 대보름이라고 하였던 것이
다. 이렇듯 새해 들어 처음으로 달이 가득
차는 정월대보름은 8월 추석과 함께 보름
명절 가운데 으뜸으로 친다. 중국의 경우는
보름명절 중에서, 우리처럼 정월의 상원절
(현 원소절)과 일본처럼 7월의 중원절이 큰
명절이다. 중국은 상원절에 도교신인 천관
대제의 탄생을 축하하고, 중원절에는 지관

중국의 상원절에 탄생을 기리는
천관대제

대제의 탄생을 기리는 제의를 올리며 조상에게도 제의를 지낸다. 물론 일
본에서는 7월 15일의 오츄겐(お中元)에 선물을 주고받는 풍속이 행해진다.

한국은 정월대보름에 마을굿
과 동제를 베푸는 등 주로 무
속적 행사를 하며, 추석에는
조상에게 차례를 올리고 성
묘를 하는 유교행사를 한다.

보름은 어원적으로 '밝
음'에서 나왔듯이 이 날은
잠을 자지 않고 사방에 불을

지관대사의 탄생을 기리는 중국의 중원절 행사

환하게 켜둔다. 섣달그믐밤이나 이 날 일찍 잠에 들면 눈썹이 센다고 하
여 잠을 자지 않고 해를 지키는 〈수세(守歲)〉를 했다. 밤에 밖에다 등불을

켜놓고 밤을 밝힌다 하여 〈등석(燈夕)〉이라고도 하였다. 이처럼 원래 연등은 풍농을 기원하는 행사로서 고조선에 이어 신라시대에도 동짓날이나 대보름날에 행해졌으나 불교국가인 고려시대에 와서 2월 보름 연등을 하다가 후에 초파일 행사로 굳어졌다. 4월 초파일은 불교의 명절이자 민가의 명절이기도 하다.

액을 물리치고 풍요를 축원하다

집안의 평안을 기원하는 〈안택고사〉

새해가 되면 고사를 지내게 된다. '안택' 또는 '고사'라고도 하는 〈안택고사〉는 집안의 평안과 풍요를 위하여 가정신을 대상으로 고사를 지내는 의례이다. 가을에 지내는 〈안택고사〉는 '성주고사'라 한다. 무당이 굿의식으로 행하는 것이 보편적이지만 간혹 집안의 주부가 주재하기도 한다. 어촌에서 선주가 배에서 고사를 지내는 것도 〈안택고사〉에 포함시킨다.

정초가 되면 그해에 닥칠 횟수의 재앙을 막는 〈홍수매기〉도 한다. 보통 무당을 불러 〈홍수매기〉를 하는데, 횟수가 없다 하더라도 새해에 복을 얻기 위해 좋은 날을 받아 행하기도 한다. 〈안택고사〉와 〈홍수매기〉는 별도로 하거나 겸해서 하기도 한다. "정월대보름날 널을 뛰면 귀신머리가 깨진다"는 말도 있고, "정월대보름에 신을 벗어 바다에 던지면 모든 액운이 없어진다"는 말도 있다. 정월대보름에는 흰색 종이로 달과 버선을 만들어 지붕에 꽂아 모든 액을 면하려고도 했다. 전남에서는 14일 저녁 액을 없애고 무병하게 지낼 수 있길 기원하며 삶은 팥을 밭에 묻었다. 이를 〈매성이심기〉라 했는데, 삶은 팥을 액막이할 사람의 나이 수대로 세어 밭에 가서 구덩이를 파고 묻었던 것이다. 서울에서는 14일 밤에 그해의 신수가 나쁜 사람은 적선을 해야만 액을 면할 수 있다고 해서 개천에 다리를 가설하거나 돌을 놓는 일이 있었다. 남에게 착한 일을 하면 액을 면할 수 있다고 하는 것으로 보아 액운의 유무를 문제 삼았던 것은 인간의 선행을 유도하기 위한 민족적 슬기에서 나온 것이라 하겠다.

성기를 노출하고 목우를 끄는 나경

정월대보름날 강원도지역에서는 〈나경(裸耕)〉이라 하여 숫총각으로 불리는 성기 큰 건장한 장정으로 하여금 성기를 노출시킨 채 목우(木牛)를 몰아 땅을 갈게 하는 의식이 있다. 이 역시 풍년을 관장하는 여신과의 상징적 성행위에 해당하는 풍년기원의 수단이다. 이 같은 풍습이 관동지방에 두드러졌다는 것은 이 지역의 토질이 척박하여 곡식의 결실이 잘 되지 않는 데서 풍년을 비는 마음이 절실했기 때문일 것이다. 〈나경〉 풍속은 '농경문(農耕文) 청동기'에서 벌거벗고 쟁기질하는 사람의 발달한 남근을 통해서도 청동기시대에 이미 존재하였음을 알 수 있다.

곡물주머니를 단 볏가릿대

정월 14일이나 보름날 높이 세우는 〈볏가릿대(禾竿)〉는 농사철이 되기 전 미리 농사짓는 것을 가장하여 풍년을 기원하는 전형적인 농경의례다. 긴 소나무 장대에 벼·조·기장 등 각종 곡물 주머니를 달아 마을 큰 마당에 세우거나 개별적으로 집 안에 세우는 경우도 있다. 심지어 궁중에서도 〈볏

과일나무시집보내기

가릿대〉를 세워 풍농을 축원했다. 낟알이 그렇게 많도록 풍년이 들라는 기원이다. 진도지방에서는 이 풍습을 아직까지 지키고 있다.

한편 정월 14일 저녁 가난한 사람이 부잣집에 남몰래 들어가 마당이나 뜰의 흙을 파다가 자기네 부뚜막에 바르거나 뜰에 뿌리면 부잣집 복이 옮겨와서 잘 살 수 있다고 하여 〈복토훔치기〉도 했다. 대보름날 아침에는 〈과일나무시집보내기〉라 하여 과일나무 가지 사이에 돌을 끼워놓고 그해 열매의 풍년을 빌었다. 물론 이는 생산과 풍요를 위한 모의 성행위이다.

제웅을 버리고 연을 날리고 더위를 팔다

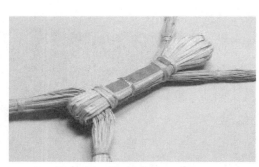
제웅, 액을 물리치기 위해 짚으로 만든 인형

정월 14일 밤에 1년 동안의 재앙을 막기 위해 '제웅'이나 나무조롱을 만들어 길에 버리는 행위도 있었다. 제웅이란 짚으로 만든 인형으로, 뱃속이나 허리 부분에 돈이나 쌀을 넣고 액이 든 사람의 생년월일시를 적어넣은 다음 길가에 던져두는 것이다. 이것을 지나가다가 밟거나 주우면 그 사람에게 액이 옮아간다고 믿는다. 곧 제웅은 물리치고 싶은 악의 상징으로서 인형극의 소박한 형태라 할 수 있다. 〈홍수매기〉와 같은 큰 고사를 지내고 이 제웅을 버리지만 간단히 액막이를 하며 제웅을 버리기도 한다. 제웅의 유래에 대해서는 신라의 〈처용설화〉와 관련 있다고 한다. 동해 용왕의 아들인 처용의 아내가 천하의 미인이었으므로 역신이 반해서 침범했다가 처용에게 발각되었으나 처용이 노하지 않고 태연자약하자 역신이 감동하여 사죄하고 내뺐으며, 이후 신라인들은 처용상을 재액을 막아주는 부적으로 삼았다는 것이다.

섣달에서부터 정월대보름 사이에 소년들은 〈연날리기〉를 한다. 『동국세시기』에 의하면 정월대보름이 가까워 오면 수표교 근처의 청계천을 따라 연싸움 구경꾼이 인산인해를 이루었다. 연은 여러 해 두고 띄우지 않는다. 겨울 동안 띄운 연은 정월대보름날에 나쁜 운수를 떨쳐 버린다는 뜻으로 '송액(送厄)'이라 써서 하늘 높이 띄워올린 다음 줄을 끊어 멀리 날려 보낸다. 이렇게 하면 1년 내내 행운이 따르고 복을 받는다고 전한다. 삼국시대 이전부터 있었던 우리나라의 연에는 대체로 직사각형 모양에 가운데 방구멍(바람구멍)을 낸 '방패연'이 대종을 이룬다. 다른 나라의 연은 바람구멍이 없다. 일본의 방패연에는 바람구멍이 없고 대신 사각형 밑에 종이로 만든

나쁜 운을 날려 보내는 연날리기

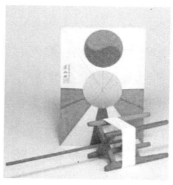

방패연과 얼레

다리를 두 개 붙인다. 일본에서는 주로 설 때 〈연날리기〉를 즐기는데, 바람구멍이 없기 때문에 높이 뜨지도 못하고 날렵하지도 않다. 다른 나라는

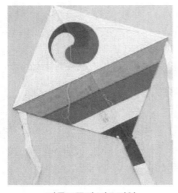

마름모꼴의 가오리연

연을 올린다고 하나 우리는 연을 '날린다'고 한다. 우리나라 연은 창호지 등 종이를 물에 축여 다듬질하고 말려 질기게 한 다음 잘 마른 댓가지를 가늘게 다듬어 만든다. 방패연 외에도 주로 어린이들이 많이 날리는 마름모꼴의 '가오리연'과 사람이나 동물 등 여러 가지 형태를 본 딴 '창작연' 등이 있다. 가오리연에 꼬리가 달린 것은 방패연에 구멍이 있는 것과 마찬가지로 균형을 잡아주는 역할을 한다.

〈연날리기〉는 세계적으로 행해지지만 우리만큼 연의 종류와 연을 매체로 한 놀이가 다양한 데는 없다. 연놀이방법에는 높이띄우기, 재주부리기, 끊어먹기 등이 있다. 무엇보다 자신의 연줄로 다른 사람의 연줄을 끊어버리는 연싸움놀이가 흥미롭다. 우리의 〈연날리기〉는 놀이이자 싸움이었다. 『동국세시기』에 의하면 고려의 최영 장군은 전투에서 연을 활용했다. 실제로 연을 날리다가 다른 사람의 연줄과 서로 맞걸어 남의 연줄을 끊는 연싸움을 한다. 연싸움에서 이기려면 질긴 연줄에 감을 잘 먹여야 하는데, 연줄의 경우 예전에는 주로 명주실이나 무명실을 사용했지만 최근에는 나일론실을 많이 쓴다. 연싸움에서 더 중요한 것은 연 날리는 기술의 문제다. 여기에 기능이 좋은 '얼레'가 필요하다. 연실을 감고 풀어주어 연을 띄우고 조정하는 기구가 바로 '얼레'다. 이 얼레의 형태는 평면 4각 장방형의 두발얼레, 발이 십자형으로 된 네발얼레, 육각으로 된 육각얼레, 발이 여덟 개인 팔발얼레 등이 있다.

정월대보름날 아침 일찍 일어나서 사람을 만나 자신의 더위를 사가라고 외치는 〈더위팔기〉도 있었다. 다시 말해 해 뜨기 전에 일어나 친구를 찾아가 이름을 부르는데, 친구가 무심코 "왜 그러느냐"고 대꾸하면, "내

더위 사가라"고 말한다. 판 사람은 더위를 면하고 멋모르고 대답한 사람은 친구 몫까지 더위를 당해야 한다고 믿는다. 액막이로 행하는 이 〈더위팔기〉는 친구를 골탕 먹이려는 것이기보다 농사가 시작되기에 앞서 부지런해야 함을 강조하기 위한 의도에서 생긴 것이다.

풍년을 기원하며 여러 가지 점을 치다

정월대보름날은 새해 농사일에 접어드는 시점이므로 다양한 방법으로 풍년을 점치게 된다. 그 가운데는 초저녁에 횃불을 들고 남보다 먼저 높은 곳에 올라 떠오르는 달을 보면 그해 운수가 좋다는 〈달맞이〉 행사

보름달을 보며 소원을 빌거나 농사일을 점치던 달맞이

가 있다. 풍요를 축원하는 집단적인 대보름행사는 〈달맞이〉로부터 시작되는데, 그만큼 〈달맞이〉가 신성한 제의이기 때문이다. 이러한 〈달맞이〉 전통이 오늘날에는 새해 〈해맞이〉 풍속으로 이어지고 있다고 하겠다. 해마다 정초가 되면 새벽에 떠오르는 일출을 보기 위해 동해안으로 떠나는 사람이 많고, 새해 새벽이 되면 〈해맞이〉를 위해 높은 산이나 한강 둔치 같은 곳으로 수많은 인파가 몰리고 있다. 달이 떠오르면 빛깔, 형체와 크기, 높이 등으로 1년의 농사를 점쳤다. 달빛이 몹시 붉으면 그해 여름 가뭄이 들고, 달빛이 희거나 달무리가 생기면 비가 많이 올 징조이다. 또 달 주위가 짙으면 풍년이 들 조짐이고 엷으면 흉년이 들 조짐이며 차이가 없

으면 평년작이 될 조짐이다.[11] 마을 뒷산에 올라가 달을 보고 풍년과 건강을 기원하기 위해 횃불을 들고 갔던 것은 불이 지닌 생산력 때문이다. 또한 〈달맞이〉를 하고 나서 이웃 마을과 경계되는 냇가 다리에서 〈횃불싸움〉을 했는데, 마을의 안위를 점치고 풍년을 기원하는 의도에서 이루어졌다.

제액초복을 기원하는 달집태우기

〈달집태우기〉는 달집을 태워 점을 치는 것이다. 볏짚으로 만드는 달집은 대개 세 개의 긴 막대기 끝을 묶어서 적당한 간격으로 벌려 세운 뒤 달이 떠오르는 쪽은 터놓고 나머지 두 면은 이엉으로 감싸며, 오래 탈 수 있도록 생솔가지 등으로 덮어둔다. 터놓은 쪽으로는 새끼로 달 모양을 만들어 매단다. 이윽고 달이 떠오르면 달집에 불을 당기는데, 달집이 한꺼번에 잘 타오르면 풍년이 들고 타다가 꺼지거나 불길이 약하면 흉년이 든다고 믿는다. 〈달집태우기〉는 액을 막는 기능도 하게 된다. 달집을 세운 뒤 그해에 운수가 좋지 않은 사람의 저고리 동정 따위를 달집 속에 넣어 함께 태우면 여름에 더위를 먹지 않고 병이 나지 않는다고 한다.

〈소밥주기〉는 정월대보름날 외양간에 음식을 차려주어 소가 먹는 것을 보고 그해 농사를 점치는 것이다. 이날 장만한 나물과 밥을 키 위에 상처럼 차려서 소에게 준다. "소가 밥을 먼저 먹으면 흉년이 들고, 나물

---

11) 홍석모, 『동국세시기』.

을 먼저 먹으면 풍년이
든다"[12]고 믿었던 것이
다. 대보름날에 소는 이
렇게 우대하는 반면 개는
굶긴다. 정월대보름에 개
에게 일부러 밥을 안 주
는데, 이날 개에게 밥을
주면 개가 마를 뿐만 아

소의 건강을 비는 소밥주기

니라 파리가 꼬여 더러워진다는 믿음 때문이다. 이러한 풍속 때문에 우
리가 명절에 잘 먹지 못하고 쓸쓸하게 지내는 경우 "개 보름 쇠 듯한다"
는 소리를 듣는다.

정월대보름 전날 저녁에 콩 12개에 열두 달을 표시하여 수수깡 속에 넣
고 묶어서 우물 속에 집어넣는 점복으로 〈달불이〉가 있다. 이튿날 새벽에
꺼내보아 점을 치는데, 비가 많이 와야 하는 5월·6월로 정해진 콩이 많
이 불어 있으면 그해는 풍년이 들 것이라 생각한다. 〈집불이〉라는 것도
있어 콩알을 동네의 가구 수대로 골라서 각 콩알에다 호주를 표시하고 짚
으로 묶어서 우물 또는 사발이나 종지 속에 집어넣는다. 역시 많이 불어
있으면 그해에는 그 집에 풍년이 든다고 여기는 것이다. 이 밖에도 정월
대보름 점복으로는 〈사발점〉, 〈닭울음점〉 등이 있다.

까마귀를 기리며 만든 약밥을 먹다

정월대보름의 절식으로는 약밥, 즉 약식을 빼놓을 수 없다. 약식은 찹
쌀을 쪄서 밥을 짓고, 곶감·밤·대추 등을 넣고 맑은 꿀과 참기름·간장

---

12) 최래옥, 앞의 사전, 258면.

〈사금갑설화〉 속에서 신성한
새로 여겼던 까마귀

등을 섞어 다시 찐 다음 또다시 잣과 호두열매를 넣어 만든다. 이 약밥에는 까마귀와 관련된 〈사금갑(射琴匣)설화〉가 전하고 있다. 신라왕이 정월 15일에 천천정(天泉亭)에 거동하였다. 까마귀가 은함을 왕 앞에 물어다 놓았는데, 단단히 봉해진 함 겉에는 "열어보면 두 사람이 죽고, 열지 않으면 한 사람이 죽는다."고 쓰여 있었다. 이때 왕이 두 사람의 목숨이 끊어지는 것보다는 한 사람의 목숨이 끊어지는 것이 낫다고 하자, 한 사람이란 임금을 말하는 것이고, 두 사람이란 신하를 말하는 것이라고 대신은 주장했다. 드디어 열어보았더니, 그 속에는 "궁중의 거문고 집을 쏘라"고 쓰여 있었다. 왕이 말을 달려 궁궐로 들어가 거문고 집을 향해 활을 당겼다. 그 집 속에는 사람이 있었는데, 내전에서 수도하는 승려가 궁주(宮主, 후궁)와 사통하여 왕을 죽이려고 그 시기를 엿보고 있었던 것이다. 결국 궁주는 중과 더불어 죽음을 당하였고, 왕은 까마귀에게 은혜를 갚기 위해 먹이려고 이날에 향기로운 밥을 만들었다[13]는 것이다.

찹쌀을 쪄서 만든 고급음식인 약식

물론 해가 바뀐 뒤 밥을 하여 까마귀에게 먹이는 풍속은 만주를 비롯한 여러 민족 사이에 널리 퍼져 있다고 한다. 그럼에도 불구하고 아직 위 설화에 근거를 둔 우리의 민속적인 전통은 이어지고 있으며, 약식을 명절의 아름다운 음식으로 삼고 있다. 그 맛이 매우

---

13) 성현, 『용재총화』 권2 / 일연, 『삼국유사』 권1,

좋고 영양가가 풍부하다 하여 이를 '약밥'이라 하는 것이다. 부자들은 오곡밥보다 고급인 약식을 먹었다. 일반 멥쌀도 구경하기 힘든 시절 찹쌀을 주재료로 한 데다가 약으로 치던 꿀까지 넣었으니 약식이라 부르는 것은 과장이 아니었으리라. 세속에서는, "약밥은 까마귀가 일어나기 전에 먹어야 한다"고 말하는데, 이것도 대체로 천천정의 고사에서 연유한 것이다. 이렇듯 정월대보름에 까마귀에게 제사를 지냈다는 풍속은 까마귀가 태양을 상징하는 만큼 태양을 숭배하는 사상의 일단이라 하겠다.

중국, 일본 등을 비롯하여 태양숭배사상을 믿는 알타이어권의 우리 민족은 까마귀를 하늘의 뜻을 인간세상에 전하는 신성한 새로 생각했으며, 늙은 어미에게 헌신적으로 먹이를 물어다주는 효성스러운 새로 인식했다. 정월대보름은 태음력이 충만한 날이라 이날 음양의 조화가 깨지면 그해 좋지 못하다는 사고에서 태양력을 보강하기 위해 만들어낸 것이 〈사금갑설화〉일 것이다. 더구나 정초에 새로 맞이하는 해의 평안을 기원하며 운을 점쳐보고자 하는 의도가 설화 탄생의 본질이라 하겠다.

의아하게도 오늘날에는 "길 떠날 때 까마귀 울면 재수 없다"든지 "까마귀가 울면 그 동네 초상이 난다" 등 까마귀가 건망증이나 죽음을 상징하는 흉조로 변질되어 전하고 있다. 익조니 해조니 하는 것도 인간 중심으로 상황이나 환경에 따라 정해짐을 알 수 있다.

오곡밥에 아홉 가지 묵은나물을 먹다

정월대보름날은 무엇보다 쌀, 수수, 콩, 팥, 조 등 다섯 가지의 곡식으로 찰밥이라고도 하는 '오곡밥'을 지어 먹는다. 민간에서는 "정월대보름날 오곡밥을 먹는 것은 몸에 잡귀를 물려내는 것이라"[14]했다. 오곡밥은

---

14) 최래옥, 앞의 사전, 257면.

일반밥을 지을 때보다 물을 적게 넣으며 소금으로 간을 하여 짓는다. 맛을 더 내기 위해 밤이나 대추를 넣기도 한다. 오곡밥은 쌀밥과 달리 비타민, 미네랄, 식이섬유가 풍부하다. 약밥이 상류층의 절식이라면 오곡밥은 서민의 절식이다.

오곡밥과 여러 묵은나물

오곡밥과 함께 고비, 도라지, 석이버섯, 표고버섯, 무, 숙주, 콩, 오가리, 시래기(무청을 말린 것) 등 9가지로 만든 묵은나물, 즉 진채식(陳菜食)〉을 먹었다. 정월대보름에 묵은나물을 먹으면 여름에 더위를 타지 않는다는 말이 있을 만큼 묵은나물은 우리에게 친숙한 음식이다. 묵은나물은 비타민·미네랄의 보고이며, 콜레스테롤의 흡수를 줄이고 당분의 흡수를 느리게 하므로 당뇨병·고지혈증 환자에게 특별히 좋다. 한국인은 명절이나 제사 때 반드시 삼색나물, 즉 시금치·도라지·고사리나물을 마련했다. 한편 정월대보름날에는 오곡밥을 취나물로 싸서 먹는 '복쌈' 풍습이 있는데, 복쌈은 새해에 복을 받기를 소망하는 데서 나온 것이다.

정초의 기원과 근신이 끝나고 보름날부터는 농사일에 들어가게 된다. "정월대보름날 아침에 식사 후 물을 남에게 주면 그해 자기 논의 물이 마른다"고 했던 것도 정월대보름이 농사가 시작되는 때임을 강조한 것이다. '구회식(九回食)'이라 하여 농사가 시작되는 이날은 밥도 아홉 그릇(번)이나 먹으며,[15] 남자는 아홉 짐의 나무를 하고 여자는 아홉 광주리의

---

15) 최래옥, 앞의 사전, 259면.

삼베를 삼아야 했다. 또 '백가반(百家飯)'이라 하여 여러 집의 밥을 얻어다 먹고, 이날은 손님이 오면 밥을 권하는 것이 인사로 되어 있다. "정월대보름날 밥을 얻으러 온 사람에게 밥을 주면 좋다", "정월대보름에 찰밥을 얻어먹으면 무병하다"고도 했다. 국수를 먹으면 장수한다고 하여 정월대보름날 국수를 먹는 풍속도 있다. 정월 14일에 점심으로 '명길이 국수'를 먹는데, 국수 올처럼 오래 살 것을 기원하는 의미가 있다. 정월 14일 저녁에 칼국수를 굵게 해 먹으면 오래 산다고도 한다.

1년 농사의 중요성과 어려움에 대응하는 진지한 자세와 풍농을 기원하는 화합의 정신이 엿보이고 있다. "정월보름에 거름을 일찍 져내면 농사가 잘 된다"고 했던 것은 근면의 중요성을 촉구하는 지혜의 소산이다. 농사의 시점은 보름(15일)이지만, 농사 관련 보름행사는 14일에 시작되었다.

정월대보름에 민속놀이가 집중되다

정월대보름날엔 다양한 민속놀이가 전개되는데, 〈차전놀이〉, 〈쇠머리대기〉, 〈돌팔매싸움〉, 〈횃불싸움〉, 〈줄다리기〉 등이 대표적인 예이다. 〈차전놀이〉는 고려 태조 왕건이 견훤을 격퇴 승리한 것을 기념하기 위한 고사에서 유래했다고 하는

차전놀이

것으로, '동채싸움'이라고도 한다. '동채'란 수레바퀴의 안동사투리이다. 주로 정월대보름 때 행하는 안동의 〈차전놀이〉는 중요무형문화재 24

호이다. 동채머리에 대장을 태워 동채꾼이 어깨로 상대방을 밀어 밑에 깔리게 하면 이긴다. 수천 수만 명의 구경꾼들이 동부와 서부로 나눠 자신의 출생지를 응원한다.

쇠머리대기

〈쇠머리대기〉는 중요무형문화재 25호로 지정된 것으로서 청장년들이 어깨에 나무로 만든 소를 어르고 다니다가 세차게 맞부딪치는 놀이로 안동지방의 동채싸움과도 비슷하다. 〈쇠머리대기〉는 소싸움을 모방하고 있다는 점에서 농우의 중요성과 신성함을 되새기는 뜻으로 해석할 수 있다. 현재 '영산 3 · 1 민속문화제'의 주요 레퍼토리가 된 경남 창녕 영산면의 〈쇠머리대기〉는 원래 정월대보름 놀이였다. 소는 우리와 가장 가까운 가축인 만큼 전통놀이에도 유난히 많이 등장한다. 소와 관련된 놀이로 경남 창녕 영산의 〈쇠머리대기(나무쇠싸움)〉 외에도 기호지방의 〈소먹이놀음〉과 〈소놀음굿〉, 경상도 지방의 〈소싸움〉 등을 들 수 있다. 〈소먹이놀음〉은 경기도 · 황해도 지역에서 정월대보름이나 한가위에 향해진 비경쟁적인 놀이다. 〈소놀음굿〉은 기호와 해서지방에서 전승된 것으로 알려져 있으나 현재는 경기도 양주시에서만 전승되고 있다. 이 굿은 신곡맞이의 경사굿에서 제석거리에 이어 행해졌다.

　〈돌팔매싸움〉은 우리나라 전역에 분포하며 특히 고구려의 패수(浿水)의 석전이 유명한데, 이것은 정월축제이자 군사적 성격을 띠었다. 고려시대와 조선시대 초에는 단오놀이가 되었지만 그 후 다시 새해맞이놀이가 되었다. 〈돌팔매싸움〉이 널리 오랫동안 전승되어 올 수 있었던 것은 이 싸

움이 갖는 상무적 성격 때
문이며, 조선시대에는 정
규부대로 편성하고 당상관
이 거느렸다는 기록(태조
실록)도 있다. 임진왜란이
일어났을 때 안동과 김해
의 팔매꾼들이 차출되어
선봉으로 활약한 사실이나
제너럴셔먼호 사건 때 평

돌팔매싸움(石戰)

양부민들이 팔매로 이를 격퇴한 사실은 〈돌팔매싸움〉이 갖는 실전적 효
과를 대변해준다. 『삼국사기』및 『삼국유사』에도 팔매꾼들로 이루어진 전
투부대가 있었음을 전한다. 〈돌팔매싸움〉은 중국, 일본, 필리핀, 말레이
시아 등지에서도 벌어졌다.

　단연 불놀이는 정월대보름을 대표하는 놀이다. 원래 쥐날을 가려서 쥐불
을 놓는 풍속이 있었다. "정월 쥐날에 논두렁의 풀을 태우면 쥐가 없어지고
다음 해에 농사가 잘 된다"[16]는 말도 전한다. 그러나 쥐날을 가려내는 것이
귀찮아지자 정월열나흗날 달맞이불(달불)과 합쳐져 쥐불이라고 하게 되었
다. 논두렁과 밭두렁을 태우는 〈쥐불놀이〉는 매우 흥미가 있었다. 두렁은
논밭의 작은 둑을 가리키며, 논밭 둑을 '방아리'라고도 한다. 남자들은 논
둑과 밭둑에 불을 질러 쥐구멍 속에 든 쥐를 없앰으로써 그해 풍년을 바라
는 뜻을 표출했고 여성들은 빈 방아를 찧으며 쥐가 없어지라고 소리를 질
렀다. 논둑·밭둑에는 논밭에 낸 거름기를 빨아들여 잡초가 잘 자란다. 겨
울 동안 바짝 말라 있는 이 논밭둑의 풀에다 불을 붙이는 것이다.

　〈쥐불놀이〉라고는 하나 쥐를 쫓기보다는 마른 풀포기에 나붙은 병균

---

16) 최래옥, 앞의 사전, 260면.

깡통에 불을 붙여 돌리는 망우리돌리기

이나 해충을 죽이고, 타고 남은 재는 거름으로 쓴다. 나아가 논밭에 있는 잡귀들을 쫓아낼 수 있어 풍년이 든다고 믿었던 것이다. 열나흗날 또는 대보름날 저녁에 아이들은 깡통에 불을 담아 돌리며 논다. 이를 〈망우리돌리기〉라고 하는데, 망우리는 망월 곧 보름달을 가리킨다. 실제로 깡통이 돌아가면 밝은 달이 돌아가는 것처럼 장관을 이룬다. 〈망우리돌리기〉와 〈쥐불놀이〉를 하다 다른 동네 아이들이나 청장년들을 만나면 과격해지면서 〈횃불싸움〉으로 이어졌다. 1980년대까지만 해도 농촌에서 불놀이가 성행했으나 화재의 위험과 함께 사라지고 있다.

횃불싸움

〈횃불싸움〉은 주로 〈쥐불놀이〉, 〈달맞이〉, 〈달집태우기〉 등에 이어서 행해진 2차적인 싸움이다. 대보름날 저녁이 되면 집집마다 청소년들은 싸리나 갈대의 묶음에 불을 붙여 횃불을 만든다. 마을 언덕에 모여 달이 떠오르면 동네끼리 불붙인 홰를 휘두르며 〈횃불싸움〉을 시작한다. 대개 아이들만 참여하는 싸움이지만, 어른들이 주도하는 경우 〈횃불싸움〉은 격렬해지면서 목숨을 잃기까지 했다. 보름달을 배경으로 풍물패가 신나게 자진가락을 쳐대고 불꽃이 난무하며 함성이 하늘을 올리는 장관이 벌어진다. 횃불행사의 본고장은 중국의 남부인데, 중국에서는 싸움보다는 횃불을 밝혀들고 행진을 벌인다. 이런 축제의 성격은 일본도 마찬가지다.

놋다리밟기·죽마놀이·북청사자놀음을 행하다

정월대보름날의 놀이가 주로 남자들의 것이나 〈놋다리밟기〉는 여자들의 놀이다. 〈놋다리밟기〉와 〈강강술래류〉의 여성집단놀이가 그동안 서로 다른 놀이들로 알려져 왔지만 근래에 여성들의 보름놀이로서

여성의 대표적인 놀이인 놋다리밟기

공통성을 지님이 밝혀졌다. 경북 안동지방에서 전승되고 있는 〈놋다리밟기〉는 대보름날 저녁에서부터 수일간 수백 명의 여성들이 모여 노래를 부르며 논다. 안동에서는 부인들이 밤에 떼지어 성밖으로 나가 물고기를 꿴 모양으로 길게 엎드린다. 그리고 나이 어린 한 소녀가 그 등 위로 걸어 다니면서 "이것이 무슨 다리인가"하고 선창을 한다. 그러면 엎드려 있는 여자들이 합창으로 "청계산의 구리로 만든 다리지" 하고 후창을 한다. 이렇게 동서로 왔다 갔다 하는데 밤이 깊어서야 그친다.[17]

〈놋다리밟기〉는 고려 말 공민왕이 홍건적의 난을 피해 왕비인 노국공

---

17) 홍석모, 앞의 책.

주를 데리고 도망가다가 안동 가까이 소야천 나루에 이르렀을 때 그 고을의 원이 마을의 젊은 부녀자들로 하여금 일렬로 엎드리게 하여 공주가 등을 밟고 건너게 해주었다는 전설과 관련된 놀이다. 소녀와 부인들이 함께 모여 거리를 누비며 노래와 놀이로 밤늦도록 즐기는바 남성의 접근은 허용되지 않았다. 백성들의 충성에서 유래했다는 놀이인 만큼 품위가 있고 향토적인 멋이 풍긴다. 다양한 놀이들의 복합으로 이루어진 이 〈놋다리밟기〉에 포함된 '꼬깨싸움'은 경북 북부지역을 중심으로 나타나는 편싸움으로서 대보름에 행해졌으며 경우에 따라서는 남녀노소를 불문하고 마을 전체의 후원 속에서 치러진 대동놀이였다. '꼬깨'란 안동지방의 방언으로 사람을 태울 수 있도록 두 사람이 서로 손목을 잡아 우물 정(井) 자 모양으로 만드는 것을 말한다.

　〈놋다리밟기〉와 같이 대체로 원무와 나선무(螺旋舞) 등이 복합된 여성들의 보름놀이는 보름달의 차오름과 이지러짐을 묘사한다. 이렇듯 보름달의 풍만함과 생생력(fertility)을 통해서 풍요를 기원하는 의도로 생성된 것이기 때문에 특정지역에 한정된 발생론이나 전파론을 펴기는 어렵다.

어린이들의 죽마놀이

　'목마타기', 즉 〈죽마놀이〉는 정월놀이로서 특기할 만하다. 남자아이들이 대(竹)로 만든 말(馬)을 타고 논다고 해서 〈죽마놀이〉라는 것이다. 이 놀이는 한중일 3국에서는 오랜 옛날부터 아이들이 즐기는 건전한 놀이였다. 죽마놀이의 기구인 '죽마'는 통대를 아이 키만큼 자른 다음, 밑동에서 30cm 정도의 높이에 30cm 가량의 통대를 가로로 단단히 묶어 만든다. 이 가로로 묶은 대를 발판으로 딛고 올라서서 걸어가는 것이다. 어릴 때부터 죽마를 타가며 친하게 놀았던 친구라는 뜻의 '죽마고우(竹馬故友)'는 바로 이 놀이에서 나온 것이다.

정월대보름의 놀이에는 사자탈을 쓰고 춤을 추며 평안을 비는 〈북청사자놀음〉도 있다. 이 놀이의 사자춤에서는 상좌중이 계속 함께 춤을 춘다. 사자가 한참 여러 가지 춤추는 재주를 부리다가 기진하여 쓰러지게 된다. 양반은 놀라 대사를 불러 『반야심경(般若心經)』을 외우나 사자는 움직이지 않는다. 다시 의원을 불러들여 침을 놓자 그때서야 사자는 일어난다. 꼭쇠가 사자에게 토끼를 먹이니 사자는 기운이 나서 굿거리장단에 맞춰 춤을 춘다. 양반이 기뻐서 사자 한 마리를 더 불러 춤을 추게 하고, 사당춤과 상좌의 승무가 한데 어우러진다. 사자가 퇴장한 뒤에 동리사람들이 〈신고산타령〉 등을 부르면서 군무를 추고 끝이 난다.

이상과 같이 정월대보름에 제의와 점복을 비롯하여 각종 의식이나 놀이 등이 집중적으로 펼쳐진 까닭은 새해 들어 처음으로 가득 찬 달을 신성하게 여겼기 때문이다. 정월대보름의 놀이가 전체 민속놀이 가운데 가장 많은 비중을 차지하는데, 이는 생업의 측면에서 농사의 풍년을 기원하는 의미와 관련 있다. 정월대보름은 한 해의 농사가 시작되는 시점이다. 14일 새벽닭이 울면 일어나서 퇴비장에 있는 퇴비 한 짐을 져다 논에 갖다 부었던 것도 그해 농사가 이미 시작되었다는 신호이며, 이렇게 부지런히 농사를 시작했으니 풍년이 되어달라는 기원의 뜻이 있다. 따라서 그해 농사의 풍흉 여부가 커다란 관심거리일 수밖에 없으며, 풍농을 위한 놀이 행위가 활발하게 이루어진 것이다.

■ 서울의 정월대보름 풍속 ■

찹쌀을 잠깐 쪄서 밥을 만들어 기름 · 꿀 · 진간장을 섞고, 대추의 씨를 빼고 밤도 까서 잘게 썰어 섞는다. 비율은 그 밥을 대중 삼는다. 이것을 다시 푹 쪄서 조상에게 제사도 올리고 손님도 대접하며 이웃에 보내기도 한다. 이 것을 약밥이라고 한다. 우리나라 풍속에 꿀을 약으로 쓰므로 이 꿀밥을 약밥 이라 하고, 유밀과를 약과라고 한다. 전설에 의하면, 신라 소지왕이 까마귀 가 알려줘 거문고집을 쏘아 음해하려는 자를 잡은 뒤로 까마귀에게 고마움 을 갚기 위해 먹이려고 만든 것이 풍속이 되었다고 한다.

통역관들의 말에 의하면 우리나라 사신이 연경에 갔을 때 마침 정월보름 을 당하면 반드시 음식을 만드는 사람들에게 이것을 만들도록 했다고 한다. 그러면 연경 안의 귀인들이 그 맛을 보고 반색하며 그 여러 가지 맛을 좋아 하지 않는 이가 없었다고 한다. 그래서 그 방법을 전해주었으나 기어이 만들 지를 못한다고 했다. 까마귀가 알려주었다는 이야기는 대단히 황당무계한 말이다. ……

당나라 때 사람 위거원의 『식보』를 요사이 자주 보았는데 거기에 '유화명 주(油畵明珠)'라는 말이 있고 …… '화(畵)'란 붉은 빛과 검은 빛이 뒤섞인 것을 말한 것이요, 명주란 매끈하고 고운 빛깔을 말하는 것이다"라고 했다. 그러므로 이는 약밥을 의미하는 것이다. 따라서 중국의 것이 우리나라로 전해진 것이다. 그런데 신라 때부터 시작했다고 하는 것은 일을 벌이기를 좋아하는 자가 멋대로 까마귀 전설을 억지로 끌어다가 합리화시킨 것이다. ……

이 날 새벽에 술 한 잔을 마시는 데 이것을 귀밝이술이라 한다. 또 밤 세 개를 깨물어 버리는데 그 밤을 부스럼 깨무는 과일이라 한다. 이날 꼭두새벽 에 정화수 한 그릇을 긷는 것을 용알뜨기라 한다. 또 깨끗한 종이에 흰 밥을 싸서 물에 던지는 것을 어부슴이라 한다. 아이들이 10월 초부터 사내는 연을 날리고 계집애는 나무로 만든 작은 호로 세 개를 차고 다니다가 정월대보름 이 되면 연은 공중으로 날려 보내고 호로는 길에다 버리는데 돈 한 푼씩을 매단다. 이것들을 액막이라 한다.

보름날 저녁에 열두 다리를 건너면 열두 달 동안의 액을 막는 것이라 하여 재상과 귀인으로부터 촌의 서민에 이르기까지 늙고 병든 사람 외에는 나오 지 않는 이가 없다. …… 1년 가운데 도시에서의 놀고 즐기는 일이 정월보름 과 4월파일에 가장 성하다. 이 두 밤에는 항상 임금이 명령을 내려 야간 통행 금지를 해제한다. 농촌에서는 이날 초저녁에 홰를 묶고 불을 붙여 무리를 지 어 동쪽으로 향해 달린다. 이것을 달맞이라 한다. 달이 뜨면 그 달 바퀴의 빛을 보고 그해의 풍년과 흉년을 점친다.

『열양세시기』

인용문은 조선 정조 때의 학자인 김매순이 지은 『열양세시기』에 나오는 정월대보름에 관한 것이다. 무엇보다 약밥과 관련된 까마귀 설화를 부정하는 가운데 약밥에 관해 자세히 다루고 있음이 눈에 띤다. 그리고 『식보(食譜)』는 위거원(韋巨源)이 지은 음식에 관한 해설서이며, 약밥의 색깔이 검붉고 그 밥알 하나하나가 구슬같이 빛난다는 뜻도 친절하게 읽힌다.

정월대보름날은 다른 날보다 치러야 할 일들이 많다. 청주 한 잔을 데우지 않고 마시면 귀가 밝아지고 1년 동안 좋은 말, 기쁜 소식만 듣는다는 〈귀

부럼, 정월대보름날 아침에 먹는 견과류

밝이술〉이 있었다. 아침에 일어나 밤, 호두, 잣, 은행 등 딱딱한 열매(부럼)를 깨물어서 그해 이를 튼튼히 하며 종기나 부스럼이 나지 않기를 비는 〈부럼깨기(부럼)〉도 했다. 중국, 일본 등에도 단단한 과일이나 엿을 먹어서 이를 굳힌다는 풍속이 있다. 깨물면 '딱' 하는 큰 소리에 놀라 잡귀가 물러간다고 한다. 부럼, 즉 껍질이 단단한 과일 하나를 단번에 깨문 후 "내 부럼" 하고 외치는 소리와 함께 지붕으로 던지거나 마당에 버리고 나서 다음 것들은 보통 자기 나이 수대로 깨서 먹는다. 근래에는 땅콩을 흔히 쓰는데, 견과류는 식사가 단조롭기 쉬운 겨울철에 식물성 단백질과 불포화 지방산을 제공하는 효과가 있다.

정월대보름날 이른 새벽에 부녀자들은 서로 다투어 우물에 가서 물을 떠오는데, 이 물을 '용알'이라 한다. 14일 밤 하늘에서 용이 내려와 우물

액막이를 위해 물 속에 밥을 던지는 어부슴

에 알을 낳았다는 것이다. 이 물로 밥을 지으면 집안에 행운이 온다고 믿는다. 예전에는 〈용알뜨기〉를 위해 밤을 꼬박 새우는 일도 있었다. 먼저 물을 푼 사람은 이미 용알을 떠갔다는 사실을 알리기 위해 짚으로 만든 또아리라든가 나뭇잎 같은 것을 물에 띄워놓았다. 이른 새벽에 일어나 우물에 비치는 잔월(殘月) 즉 용알을 확인한 다음 그 우물을 길어 정화수로 삼고 치성을 드렸던 것이다.

〈어부슴(魚鳧施)〉이란 정월대보름 새벽에 그해의 액막이를 위하여 조밥을 강물에 던지는 것이다. 이 어부슴은 중부지방을 중심으로 행해진 의식으로서, 부녀자들은 가까운 냇가로 나가 가족들의 생년월일과 이름을 부르면서 밥을 세 번 덜어내 버린다. 이 의식은 물고기나 오리에게 먹을 것을 베푼다는 뜻이기도 했을 것이다.

다리의 건강을 기원하는 다리밟기

〈다리밟기(踏橋)〉도 성행했는데 자신의 나이 수대로 건너거나 또는 1년 열두 달을 상징하는 열두 다리를 건너면 그해 다리에 병이 생기지 않는다고 했다. 다리를 건너다니는 풍속은 중국에서도 성행하던 것이다. 〈다리밟기〉는 남녀노소 구분이 없이 누구나 참여했는데, 서울에서는 청계천에 있는 광통교와 수표교에 〈다리밟기〉를 하는 사람이 많아서 매우 혼잡했으며 풍기가 문란해져 명종 때 일시 금지시키기도 했다. 여성스런 음기는 달이 발산하는 것이기 때문에 여성으로 하여금 그 생식력을 얻기 위해 달이 가장 큰 밤에 그 정기를 마시게 한다는 것이 〈다리밟기〉의 명분이라는 설도 있다. 달이 지니는 인력(引力)은 지구상의 만조와 간조에 영향을 미친다. 인체의

다리밟기를 했던 청계천에 있는 광통교

혈액도 액체 상태이므로 초승달이냐 보름달이냐에 따라 영향을 받는다. 보름달이 뜰 때는 사람의 피도 더 많이 끌어당기게 된다. 여자들의 생리를 '월경'(月經, 달이 다니는 길)이라고 부르는 이유도 달과 피가 함수관계에 있기 때문이다.

〈흡월정(吸月精)〉이라 하여 시집갈 날을 받은 양반가 처녀들에게서도 볼 수 있지만 특히 궁중에서 임금에게 선택된 궁녀는 용손을 보기 위해 대보름날 달 기운을 들이마시는 고된 호흡운동을 하다가 기

달의 기운을 들이마시는 흡월정

절하는 경우도 허다했다. 달의 정기를 마시는 〈흡월정〉은 3, 7, 9 등 홀수번으로 하는데, 27기통까지 마신 궁녀가 있었다고 한다. 서울에서 맨 처음 만들어진 가장 크고 정교하다는 광통교가 최근 청계천 복원과 함께 되살아나면서 다리를 밟기 위해 대보름날 밤을 기다리는 사람도 많아질 것이다. 청계천은 한양성내의 모든 물줄기와 민가의 하수구를 한 곳으로 뽑아내던 곳으로 당시에는 이름이 개천(開川)이었다.

3) 한가위(추석)

　우리나라에서 가장 중요하게 여기는 명절은 음력 1월 1일의 설과 8월 15일의 추석이라 할 수 있다. 일찍이 고려시대에는 삼짇날, 중양절을 포함하는 9대명절이 있었다. 조선시대에 와서 설날·한식·단오·추석이 제사와 성묘를 지내는 우리 민족의 4대명절이 되었다. 그 후 오늘에 이르러 2대명절이라 할 수 있는 설과 추석만을 국가적인 공휴일로 정하여 온 국민이 이 날을 함께 즐기고 있다. 특히 고려시대에도 추석명절을 쇠었으며 조선시대에 들어와서는 국가적으로 선대 왕에게 추석제(秋夕祭)를 지낸 기록이 있다. 1518년(중종 13년)에 설, 단오와 함께 3대명절로 정해졌다.

　정월대보름이 농사가 시작되는 한 해의 첫 보름이라면, 한가위는 농사가 마무리되는 보름이라는 점에서 중요한 의의를 갖는다. 5월부터 시작되는 무더위 속에서 고생하던 농부가 8월이 되면 그 보람으로 만곡을 거두어들이게 되니 신선처럼 행복감을 느낀다 하여 "5월 농부 8월 신선"이라는 말도 전해오고 있다. 따라서 추석에는 나라 전체가 축제 분위기 속에서 넉넉하게 음식을 장만하고 서로 즐겁게 놀게 된다. 특히 새로 수확한 곡식으로 지은 음식을 조상신께 바치는 〈천신제(薦新祭)〉를 지내게 된다. 이 〈천신제〉가 중국에서는 6월 보름의 반년절에, 일본에서는 양력 8월 보름의 오본에 행해졌다.

추석은 한국 최고의 명절이다

　추석은 '가운데'란 뜻의 가배 또는 '정 가운데'란 뜻의 한가위라고도 불린다. 이 추석은 덥지도 춥지도 않은 쾌청한 날씨에다 새로운 곡식이

나오고 온갖 햇과일도 푸짐하
며 흩어졌던 가족들이 한자리
에 모여 풍성한 가을을 즐길
수 있다. 때문에 세간에서는
이 날을 지목하여 "더도 말고
덜도 말고 한가위 같기만 하
여라"[18]라는 말이 회자되고
있다.

추석에 시집간 딸과 친정어머니가 만나 즐기던
'반보기' 풍습

　달 밝은 가을 저녁이라는 추석(秋夕)에는 농사일로 바빴던 일가친척들
이 서로 만나 하루를 즐기는데, 특히 시집간 딸이 친정어머니와 중간지
점에서 만나 반나절 회포를 풀고 가져온 음식을 나누어 먹으며 즐기는
것을 '중로상봉(中路相逢)', 즉 〈반보기〉라고 한다. 한편 추석을 전후하여
농가도 잠시 한가하고 인심도 풍부한 때이므로 며느리에게 말미를 주어
〈반보기〉가 아닌 '온보기'로 하루 동안 친정나들이, 즉 근친을 가게 하는
것은 여성들에게 큰 기쁨이며 희망이었다.

　우리나라에서는 한가위가
가장 중요한 명절로 인식되지
만, 같은 문화권에 속한 중국
이나 일본에서는 큰 의미를
가지지 않는 점에서 특이하다
고 볼 수 있다. 중국에서도
'중추' 또는 '월석(月夕)'이라

중국의 월병(月餠)

하여 한가위를 지내지만, 둥근 달 모양의 월병(月餠)을 먹고 달구경을 하
는 것이 고작이다. 우리는 발전하는 것을 좋아하는 데 비해, 중국인은 원

─────────────

18) 김매순, 『열양세시기』 8월 중추조.

일본의 추석이라는 오본(お盆)　　　　　일본의 츠키미당고(月見團子)

만·완성의 상태를 좋아하는 데서 설날·정월대보름까지 월병을 먹는 것으로 본다. 달떡의 유래도 한족이 원나라에 대항하고자 비밀 쪽지를 감추기 위해 만든 떡이라고 한다. 그래서 중국인들은 그날을 기념하기 위해 달떡을 먹지만, 반대로 몽골족은 달떡을 먹지 않는다. 일본에는 우리의 추석이라 할 수 있는 양력 8월 15일(1873년 이전에는 음력 7월 15일)의 오본(お盆)이 있다. 오본은 불교에서 유래되었기에 오본에는 우란분회(盂蘭盆會)라는 불교적 행사를 했고 더불어 조상을 맞이하여 생활의 번영을 비는 일본 특유의 풍습이 결합되어 나타난다. 우리나라가 추석날 달맞이를 하는 것과 달리 일본은 음력 8월 15일과 9월 13일 밤에 달맞이인 오츠키미(お月見)를 행하는데 이때 먹는 달맞이 음식이 츠키미당고(月見團子)이다.

　요컨대 추석, 정월대보름을 비롯하여 6월 15일의 유두, 11월 15일의 팔관회 등 보름달에 대한 인식과 믿음이 강하다는 점을 한국 명절의 특징의 하나로 볼 수 있다. 이에 비하면 중국은 1월 1일 춘제, 5월 5일 단오절, 9월 9일 중양절 등 기수가 중첩한 날을 더욱 의미 있게 여김을 알 수 있다. 일생의례의 혼례에서 모든 것을 짝수로 진행하는 것과 차이를 보인다. 이런 중일(重日)명절의 역사와 비중은 일본에도 크게 영향을 미쳤다. 『조선상식문답』에 따르면 특별히 중국에서는 중양절에 높은 곳에 올라 먼 데를 관망하며 즐기고 객지에 있는 사람은 고향쪽을 바라보며 집을 생각하였고, 한창 핀 국화를 구경하였다고 한다. 한편 우리나라에서는 3월 3일과 9월 9일, 즉 봄·가을 두 차례 노인잔치를 하였다고 최남선은 말했다.

우리의 『동국세시기』에 추석, 유두가 한국 명절임을 분명히 밝히고 있으나, 중국의 『형초세시기』에는 나오질 않는 것으로 보아 추석과 유두가 성행하지 않았음을 짐작할 수 있다. 당송시대에도 추석의 비중이 한식이나 단오에 미치지 못하였다. 그 후에 중추절이 중국의 주요명절의 하나로 자리 잡았다고 본다.

추석은 우리의 추수감사절이다

추석날에는 아침 일찍 일어나 새 옷으로 단장하고 새 곡식으로 떡도 하고 술도 빚어 정성스레 상을 차려 조상님께 감사한다는 뜻에서 차례를 지내며 성묘를 한다. 추석날 여자아이들은 색동저고리에 치마를 입고 남자아이들은 바지저고리에 조끼와

솔잎을 깔고 찐다는 송편

마고자를 입는다. 성묘하기 전에 벌초를 하는 것도 매우 중요한 일이었다.

추석의 대표적인 시절음식은 단연 송편이며, '올벼(햅쌀)'라는 이른 벼로 빚은 송편을 '오려송편'이라 한다. 송편은 매우 귀하게 쓰였는데, 옛날 서당교육을 받을 때 한 단계의 책을 마치면 송편을 빚어 선생님께 드리고 동료친구끼리 나눠 먹기도 했다. 솔잎을 깔고 찐다 해서 송편인데, 송편을 먹으면 솔의 정기를 받아 소나무처럼 건강해진다고 여겼다. 솔잎을 켜켜로 쌓아 찔 때 떡끼리 들러붙는 것을 방지하는 슬기도 엿보인다. 햅쌀

햅쌀로 빚은 신도주

에 청대콩, 깨, 녹두, 밤 등 햇것으로 소를 넣으니 햇곡식의 총집합이다. "반달 같은 송편이다"라는 속담이 있듯이 반달 모양의 송편은 백성들에게 큰 희망을 주는 떡으로 인식되었을 것이다. 『삼국사기』에 따르면 신라 사람들은 보다 나은 미래를 기원하면서 송편을 반달 모양으로 빚기 시작했다고 한다. 속신어에 "송편을 예쁘게 빚어야 좋은 신랑을 얻는다", "송편을 예쁘게 빚으면 예쁜 딸을 낳는다"[19]는 말이 있다.

추석에 마시는 술은 햅쌀로 빚기 때문에 '신도주(新稻酒)'라고도 하였다. 이 밖에 추석 명절음식으로는 토란국, 인절미, 율단자 등을 들 수 있다. 토란국은 주로 서울·중부지역에서 절식으로 먹었다. 토란은 가을에 캐는데 향기와 단맛을 띠는, 풍미가 있는 식품이다. 전분을 내어 먹으면 위장을 튼튼하게 한다. 〈농가월령가〉의 8월령은 다음과 같다. "장구경도

곡식을 벽에 걸어 두었던
올벼심리(올게심니)

하려니와 흥정할 것 잊지 마소/북어 한 쾌 젖조기로 추석명절 쇠어보세/ 신도주 오려송편 박나물 토란국물/ 선산에 제물하고 이웃집 나눠먹세".

영남지방, 남원지방에서는 〈올벼심리(올게심니)〉라 하여 추석을 전후해서 벼·수수·조 등 그해 가장 잘 익은 곡식의 목을 한 줌 가량 베어다가 묶어서 안방이나 벽 또는 기

---

19) 최래옥, 앞의 사전, 190면.

둥에 걸어놓았다. 이렇게 해놓으면 다음 해 풍년이 든다고 믿었던 것이다. 정월대보름에 농사가 잘 되길 빌며 세우는 〈볏가릿대〉와 같은 농경의례의 하나이다.

풍요를 염원하는 거북이놀이 · 소놀이 등을 행하다

추석날 풍물패들이 집집마다 돌아다니며 풍물을 쳐주면 주인은 정성껏 술과 음식을 마련해 대접한다. 이때에 멍석을 뒤집어쓰고 〈거북이놀이〉· 〈소놀이〉를 하게 된다. 〈거북이놀이〉는 한가위날 밤 청소년들이 즐

풍농을 기원하는 거북이놀이

겼다. 이 놀이는 경기남부를 중심으로 해방 전까지만 해도 크게 성행했는데, 1970년 초에 경기도 이천시 대월면에서 재연하여 그 지역의 대표적인 민속놀이로 자리를 잡았다. 〈거북이놀이〉는 물의 신이라 할 수 있는 거북이를 즐겁게 함으로써 비를 내려 농사가 잘 되게 해 달라는 소망에서 나온 것이다. 장정 두 사람이 나란히 엎드려 그 위에 멧방석을 덮어 마치 거북이의 등처럼 만든 다음 앞사람은 거북머리를 만들어 들고 뒷사람은 빗자루를 들어 꼬리처럼 내밀어 거북을 만든다. 수수 또는 옥수수 대와 잎으로 거북이 모양을 만들고, 한 사람은 거북이의 머리쪽으로 들어가고, 다른 한 사람은 앞사람의 허리를 잡는 방식으로 만들어지기도 한다.

물의 신이자 장수의 상징인 거북이를 앞세워 가가호호를 방문하며 지신을 밟아줌으로써 잡신을 몰아내고 가뭄과 홍수를 막으며 가신에게 평안을 빌고 농사의 풍년을 기원한다. 선도하는 질라아비와 함께 거북이가

앞장서고 풍물패가 농기를 앞세우고 이에 참여한다. 질라아비가 "이 동해 거북이 바다를 건너오느라고 시장하니 맛있는 것을 한 상 차려주시오" 하면 집주인이 미리 장만한 음식으로 일행을 대접하며, 모두가 하나가 되어 먹고 즐긴다.

소싸움

〈소놀이〉는 마을사람들이 멍석을 쓰고 소 모양으로 가장하여 집집마다 찾아다니며 즐겁게 놀아주고 음식을 나눠먹는 풍년기원놀이다. 〈소놀이〉에서는 농사를 가장 잘 지은 집의 머슴을 뽑아 소에 태워 마을을 돌기도 한다. 〈양주소놀이굿〉은 경기도 양주군 일대에서 농사의 풍년을 기원하면서 벌이는 경사굿의 일부이다. 사실 〈거북이놀이〉는 소 대신 거북이로 가장하여 노는 것이다.

한편 추석이나 단오 명절 때는 〈소싸움〉을 시키며 즐기기도 한다. 우리나라의 소는 원래 온순한데, 소주를 먹여 흥분시켜 싸우게 하였다. 〈소싸움〉은 여름 동안 어느 집 머슴이 소를 잘 먹여 힘이 가장 센가를 가려 치하하는 데서 시작되었다. 최근까지 마산·진주·밀양·청도 등 경상도 지방에서 〈소싸움〉 대회가 자주 열린다. '정월 씨름, 팔월 소싸움'이라는 말처럼 〈소싸움〉이 추석 무렵에 행해졌을 것이나 요즘 경북 청도에서는 매년 봄에 〈소싸움〉 축제가 열려 주목을 받고 있다. 〈소싸움〉은 풍년을 위해 소를 신에게 바치는 제례에서 나온 만큼 중국, 일본, 마다가스카르 섬에서는 싸움에 진 소는 잡아먹는다. 우리나라도 예전에는 진 소를 백정에게 팔았고, 함경북도 북청에서는 현장에서 구워 먹었다.

전라남도 진도에서는 추석 전날 밤에 사내아이들이 밭에 나가 벌거벗고 고랑을 기어 다니는 풍속이 있다. 이렇게 하면 곡식이 풍년 들어 많은 수확을 올릴 뿐만 아니라 아이들의 몸에 부스럼이 나지 않고 건강해진다고 믿었다.

남녀가 줄다리기를 하다

우리는 민속놀이 가운데 〈줄다리기〉를 특별히 중요한 놀이로 여겨왔다. 물론 〈고싸움〉은 〈줄다리기〉의 한 파생형이다. 풍년을 기원하는 이 〈줄다리기〉 놀이는 추석뿐만 아니라 설이나 정월대보름에 행하기도 한다. 〈줄다리기〉는 쌍방 간에 끌려가지 않으려고 몸 전체에 힘을 주고 버티기에 근력을 기르는 훈련도 되며, 많은 사람이 한 덩어리로 큰 힘을 만들어야 하기에 협동심도 중시된다. 마을사람들은 이 놀이를 통하여 공동체 의식과 향토애를 기르게 된다. 중국 춘추시대 이후 '견구(牽鉤)' 또는 '발하(拔河)' 등으로 불리던 〈줄다리기〉는 우리나라의 경우 15세기에 편찬된 『동국여지승람』에 처음으로 등장한다. 이 놀이는 세계적인 분포를 보이는데, 특히 한중일 등

일본 오키나와 줄다리기 축제

동남아시아에서 성행한다. 일본 오키나와지역에서는 양력 7월 마을굿 형태로 〈줄다리기〉대회를 대대적으로 개최한다.

〈줄다리기〉는 주로 중부 이남에 집중되어 있는데, 이는 벼농사와 깊은 관련이 있음을 말해준다. 줄의 모양은 용의 상징물이요, 용은 물을 지배하는 수신 내지는 농신으로 신앙의 대상이었다. 〈줄다리기〉를 통해 가뭄

| 충남 기지시의 줄다리기 | 경남 영산의 줄다리기 |

을 해결하기도 하는데 사람들은 용 모양의 줄을 당김으로써 비가 흡족하게 내리리라 여기는 것이다. 마룻대에 쓰인 상량문의 위와 아래에 '귀(龜)'자와 '용(龍)'자를 쓰는데, 이는 수신(水神)을 상징하는 것으로 집에 불이 나는 것을 방지하기 위해서이다. 우리는 용을 섬김으로써 풍요와 다산을 보장받을 수 있다고 믿었던 것이다. 암줄과 수줄을 고리로 연결하고 비녀목을 꽂는 것은 생산을 상징하며 다산을 기원하는 뜻을 담은 것이다. 긴 줄 하나로 경기하는 것을 '외줄다리기'라 하고, 제각기 줄을 만들어 연결해서 경기하는 것을 '쌍줄다리기'라 한다. 줄을 당기는 과정 또한 성행위를 상징하는 것이요, 성행위를 모방함으로써 풍요와 다산을 부를 수 있다고 하는 유감주술적인 인식을 분명하게 나타낸다. 물론 줄을 당기는 과정은 재액을 물리치는 싸움이기도 하다. 사람들은 집단의 결속력을 과시함으로써 이미 들어와 있는 재액을 쫓아내거나 들어오지 못하도록 막고자 했다.

　충남 당진군 기지시리에서 매년 열리는 〈기지시줄다리기〉의 경우 송악면을 중심으로 수상(水上)과 수하(水下)로 나누어 〈줄다리기〉를 함으로써 마을 간의 화합을 강화하는 역할을 한다. 수상이 이기면 그해 '국태민안(國泰民安)'이 되고 수하가 이기면 '시화연풍(時和年豊)'이 든다고 믿기 때문에 승패에 크게 구애받지 않는다. 〈기지시줄다리기〉는 단순한 놀이가 아니라 마을의 구성원들의 결속을 다지고 이웃지역을 함께 아우르는 지역의 축제로서 이름이 높다. 현재 대규모의 향토축제에서 행하는 〈줄다리기〉는 거의가 쌍줄다리기이다. 중요무형문화재로 지정되어 있는 이 〈기지시줄다리기〉와 경남의 〈영산줄다리기〉 등이 대표적인 예이다.

"(정월대보름날 줄다리기를 할 때) 수줄이 이기면 흉년이 들고 암줄이 이기면 풍년이 든다"고 했다. 남정네와 여인네들이 편을 갈라 〈줄다리기〉도 하는데, 여인네들이 이겨야 풍년이 든다고 하여 남정네들이 슬그머니 져주기도 했다. 〈줄다리기〉가 끝난 후 이긴 편의 줄을 썰어 거름으로 쓰면 풍년이 든다고 했다. 원래 밤에 행해진 놀이라는 점도 〈줄다리기〉가 생산행위적 성격임을 말해준다. 경북 김제 입석리의 〈줄다리기〉에 있어 줄을 입석(立石)에 감아두는데 이런 경우에도 입석은 남근을 상징하고 있으며, 전북 부안 읍내의 돌기둥도 같은 의미를 지니고 있다.

여성들의 강강술래 세계문화유산이 되다

추석에 행해지는 세시풍속 놀이는 남성의 〈쾌지나칭칭나네〉, 여성의 〈강강술래〉와 함께 〈거북이놀이〉, 〈소놀이〉, 〈줄다리기〉 등이 있다. 〈강강술래〉, 〈놋다리밟기〉, 〈월월이청청〉 등이 여성들의 원무 중심의 놀이인 데 비해, 〈쾌지나칭칭나네〉는 남성들의 원무 중심의 놀이다.

추석에 행해지는 원무중심의
남성놀이인 쾌지나칭칭나네

8월 보름 명절놀이의 절정을 이루는 것으로 〈강강술래〉를 들 수 있는데,

추석의 대표적인 여성놀이인 강강술래

추석빔으로 곱게 단장한 여성들이 손에 손잡고 원무를 그리며 노는 모습은 한 폭의 그림 같다. 〈강강술래〉는 일설에 임진왜란 때 이순신 장군이 우리의 군사가 많은 것으로 위장하기 위해 고안했다고도 전하나 이미 학자들에 의해 부정되고 있다. 원시시대부터 우리나라에 달밤이면 축제를 벌여 노래와 춤으로 즐기는 풍습이 있었으니, 오랜 전통을 지닌 민속무용의 하나라 해야 할 것이다. 따라서 이 〈강강술래〉는 중요무형문화재 제8호로 지정되어 보존되고 있다. 우리나라 여성놀이 가운데 가장 정서적이고 율동적인 이 놀이는 지금은 주로 해남을 비롯하여 전라도 남해안지방에 재현되고 있다.

〈강강술래〉의 춤추는 동작 가운데 가장 역동적인 것이 손 밑으로 빠지는 동작이다. 춤이 빨라지면 앞소리꾼이 "꺾자 꺾자 고사리 꺾자, 제주도 한라산 고사리 꺾자"라는 식으로 말머리를 돌린다. 그러면 앞줄에서 뛰는 사람은 잡았던 손을 놓고 뒷줄 적당한 곳의 사람이 손을 높이 들어준다. 춤은 이 같은 동작을 되풀이하면서 계속된다. 〈강강술래〉는 여러 대목으로 구성되어 있는데, 대체로 다음과 같은 14가지로 진행된다. (1) 늦은강강술래 (2) 중강강술래 (3) 잦은강강술래 (4) 남생아놀아라 (5) 고사리꺾자 (6) 청어엮자 (7) 청어풀기 (8) 지와(기와)밟기 (9) 덕석(멍석)몰이 (10) 덕석풀기 (11) 쥔쥐새끼놀이 (12) 문열어라 (13) 가마등등 (14) 도굿대당기기.

'남생아놀아라'는 남생이(원숭이) 흉내를 잘 내고 놀라는 데서 나온 것으로서 설소리꾼이 "남생아 놀아라"를 부르면 받는 사람들이 "절래 절래 잘 논다"라는 노래를 부를 뿐이다. '쥔쥐새끼놀이'는 앞사람의 허리를 잡고 일렬로 늘어선 놀이대열에 맨 끝 아이를 떼어내는 놀이로서 '닭살이', '꼬리따기', '기러기놀이' 등으로도 불린다. '가마등등'은 두 손을 맞잡고 〈강강술래〉를 하다가 선두가 앞사람의 손을 놓고 일렬로 끌고 가다 정렬이 되면 "가마 타세" 하고 외친다. 그러면 다른 놀이꾼들이 "위—" 하는 소리를 지르면서 가마를 만들고 한 사람을 올라타게 한다. 그리고 선두가 "가마 띄세"라고 소리를 외치면 전원이 일어서서 일렬로 행진해간다.

〈도굿대당기기〉는 놀이꾼이 두 편으로 갈라져 중앙에 절구공이를 갖다 놓고 맨 앞에 힘센 사람이 나와 양끝을 잡은 다음 놀이꾼들은 앞사람의 허리를 잡고 끌어당긴다. 만약 앞사람 손이 빠지면 모두가 뒤로 엉덩방아를 찧으면서 넘어지고 이러한 모습에 박장대소하며 논다. 〈도굿대당기기〉는 〈줄다리기〉와 비슷한 놀이다.

아이들이 가마싸움·수건돌리기 등을 행하다

추석의 민속놀이로는 아이들의 〈가마싸움〉·〈원놀음〉·〈수건돌리기〉·〈닭싸움〉·〈닭잡기〉 등이 있다.

추석 때 훈장이 명절 쇠러 간 사이에 서당의 학동들이 모여 〈가마싸움〉을 많이 했다. 〈가마싸움〉은 양편이 각기 지상에서 바퀴가 달린 가마를

가마싸움

수건돌리기

갖고 출전하여 가마를 호위하는 전위들끼리 싸움을 전개하다가 마침내 균형이 깨져 어느 한쪽의 전위가 상대편의 가마를 직접 부숴버림으로써 승부를 결정하는 것이다. 〈원놀음〉은 수십 명의 아이들이 원님·육방관속·통인·나졸·사령 등으로 분장하고 죄인을 다스리는 것으로 모의재판에 해당하는 놀이다. 여자아이들은 특별히 〈수건돌리기〉를 했는데, 둥근 원을 그리고 앉은 소녀들이 수건을 가지고 노는 놀이로서 '수건찾기'라고도 부른다. 지금도 이 놀이는 널리 행해지고 있다.

남도지방에는 〈닭싸움〉·〈소싸움〉 등이 성행했듯이 지역에 따라 추석날에 행하는 놀이가 각기 다르다고 할 수 있다. 제주도의 경우 뒤에서도 제시되고 있듯이 본토와 달리 〈줄다리기〉에 속하는 '조리희(照里戲)'를 비롯해서 〈그네뛰기〉·〈닭잡기〉 등의 놀이가 특색 있고 다채로웠다. 남녀가 함께 모여 노래하고 춤추고 좌우로 편을 갈라 큰 줄의 양쪽을 잡아당겨 승부를 겨루는 〈줄다리기〉의 경우, 줄이 중간에서 끊어지면 양편이 모두 땅에 넘어지며 구경꾼들이 크게 웃었으므로 '조리희'라 한다는 것이다. 제주도에서는 〈닭싸움〉을 시키기도 했다. 〈닭싸움〉은 벼농가 성행하는 한중일과 동남아시아 일대에 널리 퍼져 있으나, 우리나라에서는 경남에서 성행해왔다. 경남 창녕지방에서는 싸움닭을 키워 〈닭싸움〉을 시킨다. 싸움닭으로는 재래의 잡종인 '우두리'가 유명한데, 목이 길고 동작이 매우 민첩한 것이 특징이다. 호남과 제주지방에서는 조상을 위한 제사나 상량식 때 닭 피를 사방에 뿌린다. 돌림병이 돌면 문설주에도 바른다. 당나라 현종은 중국 황제 가운데 〈닭싸움〉을 가장 즐겼다고 한다.

여자아이들이 즐기는 〈닭잡기〉는 '닭살이'라고도 하는데, 살쾡이가 닭을 잡아 먹듯이 맨 끝에 있는 아이를 떼어 먹는다는 뜻에서 붙여진 이름이다. 많은 지역에서 행해지는 〈닭잡기〉의 놀이방법은, 가위바위보를 하여 맨 꼴찌가 된 아이가 살쾡이가 되고, 그 다음 아이가 닭이 된다. 나머지 놀이꾼들은 손과 손을 마주 잡고 원을 그리고 앉는다. 그러면 닭은 원 속에 들어가 서고 살쾡이는 원 밖에서 서성거린다. 살쾡이가 원 밖을 거닐다가 손잡고 있는 아이 하나가 딴 곳을 본다든지 마음을 놓고 있는 틈을 타서 급히 달려가 손 위를 뛰어 넘으려 한다. 그러면 손잡고 있는 아이는 빨리 일어서서 못 들어가게 막는다. 만약 손을 놓게 되어 살쾡이가 원 속으로 들어가 닭을 잡게 되면 닭이 살쾡이가 되고, 손을 놓아 들어오게 만든 아이가 닭이 된다.

닭잡기놀이

■ 우리의 추석 풍속 ■

추석이라는 말은 『예기』의 "조춘일(朝春日), 추석월(秋夕月)"에서 나온 것이다. 8월 15일을 우리나라 풍속에서 추석 또는 가배라고 한다. 신라 풍속에서 비롯되었다. 시골 농촌에서는 1년 중 가장 중요한 명절로 삼는다. 이미 새로운 곡식이 익어 추수가 멀지 않았기 때문이다. 이날 사람들은 닭고기 · 막걸리 등으로 모든 이웃들과 실컷 먹고 취하여 즐긴다.

경주풍속에, 신라 3대 유리왕 때 6부[20]의 중간을 나누어 두 부로 만들고 왕녀 두 사람으로 각각 한 부 안의 여자들을 거느리고 편을 갈라 7월 16일부터 매일 일찍이 큰 부의 뜰에 모여 베를 짜게 했다. 그들은 밤 10시경이 되어서야 헤어졌다. 8월 보름까지 하여 그동안의 성적을 가려 진 편에서는 술과 음식을 장만하여 이긴 편에게 사례했다. 이때 노래와 춤을 추며 온갖 놀이를 다했다. 진 편의 한 여자가 일어나 춤을 추면서 탄식하되 "회소, 회소" 하니 그 소리가 애처롭고 아담하여 그 소리를 따라 노래를 지었다. 이 노래를 〈회소곡〉이라 하는데, 우리나라 풍속에 지금도 이를 행한다.

제주도풍속에, 매년 8월 보름날 남녀가 함께 모여 노래하고 춤추며 좌우로 편을 갈라 큰 줄의 양쪽을 잡아당겨 승부를 겨룬다. 줄이 만약 중간에서 끊어져서 양편이 모두 땅에 엎어지면 구경꾼들이 크게 웃는다. 이를 조리희라 한다. 이날 그네도 뛴다.

『동국세시기』

추석이라는 말이 『예기』에서 나오며, 추석을 우리나라에서 가장 중요한 명절로 삼아왔음을 인용문을 통해 확인하게 된다. 그리고 인용문은 한해 농사를 끝내고 오곡을 수확하는 시기에 해당하는 추석의 의의가 일종의 추수감사절임을 잘 드러내고 있다. 우리가 추석을 '한가위'라고도 하는데, '한'이란 '크다'는 뜻이고, '가위'는 '가운데'란 뜻으로서 8월의 한가운데 있는 날이 추석이다. 인용문에서는 이와 관련된 추석의 유래를 『삼국사기』에 근거하여 간단히 설명하고 있다. 길쌈대회와 더불어 여성들의 한 판 축제였던 '가비(가위)'라는 말이 변하여 '한가위'라 부르는 추석명절이 되었음도 인용문을 통해 알게 된다.

한편 추석의 기원에 대해서는 신라가 북방나라와 싸워 대승을 거두었으므로 이를 기념하여 내려온 것이라는 설이 있다. 즉 일본 승려 옌닌(圓

---

20) 신라 때 씨족 중심으로 나눈 경주의 행정구획으로서 급량부, 사량부, 본피부, 점량부, 한기부, 습비부를 말한다.

ㄷ)이 지은 『입당구법
순례행기(入唐求法巡禮
行記)』에 의하면, 장보
고가 세웠다는 법화원
에서 8월 보름 명절을
지냈는데 이 명절은
신라에만 있다고 했
다. 그리고 추석의 유
래에 대한 노승들의
설명을 적고 있는데,

8월 보름 명절을 지냈다는 법화원,
당시 산동에서 규모가 가장 큰 장보고가 세운 절

신라가 발해와 전쟁을 하다가 이날 승리를 했으므로 온갖 음식을 마련하
여 노래하고 춤추며 사흘을 쉰다고 했다. 또한 신라에서 8월 15일이면 풍
류를 베풀고 관리들에게 활쏘기경기를 시켜 시상하는 일이 있었는데 이
것이 전해진 것이라는 설(『수서』 동이전)도 있다.

인간의 보편적인 일상생활은 일과 놀이의 연속이다. 이러한 일과 놀이
즉 생산과 유희의 연결고리로 상호보완과 규제기능을 갖는 게 바로 축제
이다. 일하는 인간에서 놀이하는 인간으로의 환치는 축제를 통해서 이루
어졌다. 축제에 의해 노동의 권태와 사회적 억압을 해소하고 육체적 충동
과 삶의 환희를 자유롭게 발산하였던 것이다.

앞 인용문을 통해서도 농경사회의 일원이었던 우리 민족에게는 먹을
것을 해결하기 위한 농사와 함께 입을 옷을 만들기 위한 길쌈이 매우 중
요한 생활의 자산이었음을 확인하게 된다. 부녀자들의 길쌈솜씨는 예로
부터 유명하며, 이능화의 『조선여속고』에서는, "우리 조선은 자고로 여자
가 남자보다 일을 더 많이 하였다. 우리나라에서 산출되는 (삼)베·모
시·명주·무명 등의 옷감 중 여인의 손을 거치지 않고 된 것은 하나도
없다"고 하였다. 이처럼 우리 고유민속인 길쌈은 모두 농촌의 부녀자들

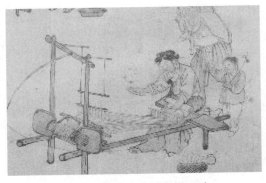

단원 김홍도가 그린 길쌈하는 모습

이 전담했으며, 이들이 길쌈을 통해 벌어들이는 수입은 농사짓는 남자들 수입의 몇 배에 이르렀다. 길쌈이란 가정에서 부인들이 베·모시·명주·무명 등의 피륙을 짜는 일을 일컫는데, 이 중에 베가 가장 오래되고 널리 이용되었다. 나머지 세 가지도 '베'자를 붙여 모시베·명주베·무명베라고 하는 것도 이 때문이다. 베의 뒤를 이어 명주와 모시가 나오고 무명은 훨씬 뒤에 나타났다.

신석기시대 이래 가장 일반적으로 사용된 옷감이 베였으며, 신라에서는 한가위에 조정에서 〈활쏘기〉 대회를 열어 우승한 사람에게도 베를 상으로 주었다. 『수서(隋書)』 신라전에 8월 보름날 국왕이 관리의 하례를 받고 풍악을 울리며 궁술을 겨루어 베로 상을 주었다는 남성들의 무예기록도 있다. 베나 모시는 우리나라 풍토에서 재배하기 적당하여 면화가 들어오기 전인 고려 말까지 비단을 입을 수 없었던 서민층이 많이 이용해왔다. 서민들은 베옷을 주로 입었으며, 상류층에서는 명주옷을 입었던 것이다. 오늘날 무형문화재로 지정된 곡성의 삼베(돌실나이), 의령·동복 삼베, 안동포, 한산의 모시, 나주의 무명(샛골나이)을 제외하고는 길쌈기술이 거의 잊혀져 가고 있는 실정이다. 인용문에서와 같이 길쌈겨루기를 하며 놀던 가배에서 한 여성이 춤추며 슬프고 청아한 곡조로 불렀다는 〈회소곡〉은 봉건체제에 묶여 있던 하층계급의 애잔함을 드러내기도 한다.

이상에서 살펴본 추석은 설과 함께 기존의 토착적인 풍속이었으며, 나

중에 중국식과 융합되어 발전해 나갔다고 할 수 있다. 그러나 추석도 경제가 뒷받침 돼야 명절 값을 다할 수 있다. 추석이 유구한 역사를 지녀온 우리의 대표적인 명절이지만 논농사보다는 밭농사를 위주로 하는 이북 지방에서는 보리 추수가 끝난 후에 맞이하는 단오를 추석보다 더 중시해 왔다.

4) 단오 · 한식 · 동지

앞에서 자세히 다룬 설, 정월대보름, 추석 외에 오늘날까지도 중요하게
여기고 있는 세시의례로 단오(端午), 한식(寒食), 동지(冬至)를 들 수 있다.
더구나 중국이나 일본에서 단오는 성대한 명절로 인식되어 민간에서는
많은 축하행사가 열리고 있다.

단옷날 창포물로 마사지하다

신윤복이 그린 단오풍정

조선의 풍속화가 신윤복은
〈단오풍정(端午風情)〉을 통해
신록이 우거지고 생명이 약
동하는 단옷날 개울가 모습
을 낭만적으로 묘사하였다.
네 명의 여인네가 저고리를
벗어던지고 가슴을 훤히 드
러낸 채 맑은 계곡물에 나와
앉아 몸을 씻고 있다. 나무에
걸린 그네에는 또 다른 여인
이 한 발을 올려놓았으며 그 옆에서 머리를 매만지는 여인들은 막 창포물
에 머리를 감은 모양이다. 바위틈에 숨어 여인들만의 비밀스러운 공간을
훔쳐보고 있는 두 까까머리 상좌승의 횡재한 듯한 표정이 압권이다.

단오라는 말은 중국에서 왔다고 한다. 단오(端午)의 단(端)은 초(初)의 뜻
이고, 오(午)는 오(五)와 상통하던 글자로서 단오는 초닷새를 뜻한다. 5월 5

일 단오는 1년 중 양기가 가장 왕성한 날로 꼽혀, 조선 중종 때는 설·추석과 함께 3대명절로 정해진 적도 있다. 사물의 기운이 1년 중 가장 크게 움직인다고 하여 상일(上日)이란 뜻에서 우리는 단오를 '수리날'이라고 불렀다. 모든 기운이 왕성하고 혈기가 치솟기 때문에 단옷날에 부부관계를 하는 것은 위험하다고도 하였다. 중국의 맹상군을 아버지가 버리려고 했던 것이나, 고려의 궁예가 버림을 받았던 것도 기운이 너무 세다는 단옷날에 출생했기 때문이다.

단오 무렵이면 모내기와 씨뿌리기가 대충 끝나게 된다. 고된 농사일의 한 고비를 넘기고 맞는 단오는 큰 명절이다. 몇 가지 중요한 농사준비를 끝낸 뒤 잔치를 벌이며 풍년을 기원하던 농경사회의 풍습이 단오풍속으로 자리 잡았다. 〈과일나무시집보내기〉라 해서 감나무나 밤나무 가지 사이에 조그만 돌을 끼워놓기도 했는데, 과일나무의 가지 친 Y자형 사이에 돌을 끼워두면 과일이 많이 열린다는 〈과일나무시집보내기〉는 정월대보름에도 행했던 풍요기원의 주술적 행위이다. 그러나 5월은 속칭 악월(惡月)이라고 부르는데, 그것은 더위가 닥치는 시기인지라 음식이 상하기 쉽고 각종 질병이 만연할 수 있기 때문이다. 단오에는 호리병이나 작은 인형을 만들어 허리띠에 차기도 하는데, 이것은 괴질을 쫓는다는 이유에서이다.

"오월에 처녀가 창포를 삶아 머리 감으면 머리가 잘 자란다"[21]고 했듯이 더운 여름을 맞기 전 단옷날에 창포 삶은 물에 머리를 감고 창포뿌리를 잘라 비녀처럼 머리에 꽂는 풍습이 생긴 것도 바로 질병과 잡귀를 막고자 하는 이유에서였다. 창포뿌리를 깎아 비녀를 만들어 '수(壽)'자나 '복(福)'자를 새기고 끝에 연지를 발라 머리에 꽂아 재액을 물리치는 것을 단오장(端午粧)이라 했다. 물론 비누가 없던 시절 천연세제를 썼는데,

---

21) 최래옥, 앞의 사전, 232면.

제액을 위해 머리에 꽂는 단오장

창포물에 머리감기

가장 인기 있던 고급세제는 창포 우린 물이었다. 오늘날 널리 쓰이는 '비누'라는 말은 '더러움을 날아가게 하는 것'이라는 뜻의 '비루(飛陋)'에서 온 것이라 한다. 창포물로 머리 감고 얼굴을 씻고 목욕도 했을 뿐만 아니라 두통이 없어진다 하여 물을 마시기도 했다. 창포꽃은 백 년 만에 한 번씩 피는 희귀한 식물로 그 향기가 독특하여 재앙, 재난, 재액을 물리치는 힘이 있다고 전한다.

흔히 세수를 할 때는 팥이나 녹두를 갈아 앙금을 받아 말려서 병에 담아 두었다가 사용하며, 머리를 감을 때는 머리기름을 바른 것이 잘 빠진다 하여 오줌을 이용했다. 절세미인이던 당나라 양귀비의 매끄러운 피부는 아이의 오줌으로 목욕을 한 덕분이라고 하며, 중국의 문헌들에서는 소변으로 세수를 하고 머리를 감았다고 적고 있다. 두부를 내린 간수물이나 잿물[21]

---

22) 삼국시대 이전부터 세탁할 때 세제로 과일껍질이나 각종 식물을 태워서 만든 잿물을 썼을 것으로 보인다. 삼국시대에 오면서 녹두와 팥 따위를 갈아서 만든 조두라는 비누가 전해져 빨래풍속이 발달했으나 일반적으로 사용한 세제는 잿물이었다. 1920년대부터 세탁에 양잿물을 사용했고 겨비누를 만들어 쓰기도 했으며, 일반인들이 비누를 쓰기 시작한 것은 해방 이후이다. 서울 성북동 골짜기에는 표백을 하던 마전터가 있었다.

로 머리를 감기도 했다. 얼마 전에 유명 화장품 회사에서는 샴푸의 향료를 창포에서 뽑아냈다고 광고한 일이 있는데, 창포의 상품화를 기대해볼 만하다.

수리취떡을 먹고 부채를 나눠주다

"오월 단옷날 쑥을 뜯어 두었다가 약으로 쓰면 효력이 많다"[23)]고 했듯이 단옷날에는 취나 쑥 같은 짙은 초록색의 산나물을 뜯어 쌀가루에 섞어 쪄서 수레바퀴 모양[24)]의 둥근 떡을 만들어 먹는데, 이를 '수리취떡'이라 부르기도 한다. 중국에서는 찹쌀로 만들어 대나무 잎으로 싼 쫑쯔(粽子)를 먹는데, 이는 일본에도 전해졌다. 햇볕이 가장 셀 때 뜯은 쑥은 약효도 그만큼 좋다고 하는데, 고려가요 〈동동〉에서도 단옷날

수레바퀴 모양의 수리취떡

중국에서 단옷날 먹는 쫑쯔(粽子)

뜯은 쑥은 약효가 좋다고 했다. 〈단군신화〉에도 쑥은 영약으로 나온다.

---

23) 최래옥, 앞의 사전, 232면.
24) 수레바퀴 모양으로 떡을 만들어 먹었기 때문에 단오를 수레라는 뜻의 '수릿날'이라고도 한다.

부인병에 효능이 크다는 익모초

여름을 준비하는 단오선

대문에 쑥, 마늘 등을 걸어 잡귀가 집안으로 들어오는 것을 막으려 했는데, 실제로 식물의 독특한 냄새는 병균을 옮겨주는 파리나 모기를 쫓아내는 역할을 하기도 한다. 서양에서도 드라큘라를 쫓는 데 마늘을 사용했다. 무더위에 입맛을 돋우고 몸을 보호하기 위해 익모초(益母草) 즙을 내어 마시는데, 익모초는 옛날부터 여성들의 부인병 치료에 효능이 있다고 알려졌다.

큰 명절인 단옷날에는 단오빔으로 단장을 하게 되는데, 단오빔은 여름옷의 시작임을 나타내는 의미도 있다. 나라에서는 '단오선'이라는 부채를 만들어 신하들에게 나누어주며 무더운 여름을 준비하기도 했다. 속담에도 "단오 선물은 부채요, 동지 선물은 책력이라"는 말이 있을 만큼 단오가 가까워오면 곧 여름철이 되므로 친지와 웃어른께 부채를 선사하고, 또 동지가 가까워오면 새해 책력을 선물하는 풍속이 성행하였던 것이다. 부채란 '부치는 채'라는 말이 줄어서 된 것이다. 한국 부채에는 크게 접는 부채(쥘부채)와 둥근 부채(방구부채) 두 가지가 있는데, 방구부채는 흔히 오색을 사용하고 모양이 여러 가지다. 남자들은 대개 집 안에서만 사용하는 데 비해, 부녀자와 아이들은 이 방구부채를 많이 사용한다. 자루가 있어 햇빛을 가리는 데도 쓰고 파리나 모기를 쫓는 데도 사용한다. 방구부채는 중국에서 들어오고 접는 부채는 일본에서 들어온 것으로 알려져 있다.

여기서 더위와 관련된 세시풍속 하나를 들어보자. 민간에서는 "복날 보신탕을 먹으면 좋다"[25]고 하여 더위가 극에 달하는 복날이 오면 몸보신을 위하여 특별한 음식을 장만해 먹는데, "복날 개 패듯 한다"라는 말이 있듯이 주로 개를 잡아서 개장국을 끓여 먹는다. 남자들은 계곡에 가서 물에 발을 담그고 개를 잡아 끓여 먹으며 더위를 피한다. 수캐고기는 오로칠상(五勞七傷)을 치료하는 데 쓰이며, 그 가운데 황구(黃狗) 수컷을 최상으로 친다. 『동의보감』에도 수캐고기는 더위를 이겨내고 오장을 편안하게 하며 혈액을 조절하고 위장을 튼튼하게 하며 허리와 무릎을 보호하고 기력을 증진시킨다고 되어 있다. 고려시대부터 서민들 사이에 개가 널리 식용되고 있었다. 한의학자들에 의하면, 여름은 불인데다 더위의 절정인 복날은 화기가 왕성하면서도 금(金)에 해당한다. 따라서 복날은 불이 쇠를 녹이는 화극금(火克金)이므로 쇠 기운을 가진 개로 보충해야 한다는 것이다. 7월 보름인 백중날에도 우리는 개고기를 먹었는데, 백중은 김매기가 끝난 후 여름철 휴식일이기도 하므로 온 동네 사람들이 정자나무 밑에 모여 큰 솥을 걸어놓고 개를 잡아 나눠 먹는 것이 우리의 풍속이었다.

개장국이 한여름 뙤약볕에서 농사를 끝내고 먹는 서민의 복날음식이라면 양반층에서는 이날 소의 살코기로 육개장을 끓여 먹었다. 한편 비싼 개 대신 닭을 쓰기도 하여 영계백숙이나 삼계탕을 끓여 먹기도 한다. 영계백숙은 어린 닭의 뱃속에 인삼·황기·찹쌀을 채우고 실로 동여매어, 뽀얀 국물이 한 보시기 정도가 되도록 푹 곤다. 맛이 개운하고 소화가 잘되며 영양에 좋은 음식이어서 삼복의 시식이 되고 있다. 닭 중에서도 병아리가 애용되었고, 오골계는 더욱 귀하게 여겼다. 또 더위를 먹지 않고

---

25) 최래옥, 앞의 사전, 161면.

병에도 걸리지 않는다 하여 팥죽을 쑤어 먹고, 제철에 나는 참외와 수박을 먹으며, 미역이나 오이로 만든 냉국도 복중에 먹는데, 이를 〈복대림〉이라 하였다.

여성이 씨름·그네뛰기를 하다

김홍도가 그린 씨름 장면

단오의 대표적인 민속놀이로는 〈씨름〉과 〈그네뛰기〉를 들 수 있다. 남성들은 '샅바'라는 긴 천을 넓적다리에 매고 자신들의 건강미와 기량을 마음껏 뽐내는 한 판 〈씨름〉을 벌였다. 여성도 옛날부터 〈씨름〉을 했다고 하는데, 1930년대 경북 달성군 지역의 조사를 통해 여성씨름의 존재가 입증되기도 한다.[26] 아프리카의 동가족이나 폴리네시아의 타히티 섬에서도 여성끼리 씨름을 한다고 할 정도로 인류가 즐긴 가장 오랜 경기라고 할 수 있다. 〈씨름〉에는 안걸이·바깥걸이·둘러메치기 등 여러 가지 기술이 있는데, 마지막에 이기는 사람을 '판막음' 또는 '판을 모두 매듭 짓는다'는 뜻의 '도결국(都結局)'이라고도 한다.[27] 씨름선수 이만기가 오랫동안 천하장사를 할 수 있었던 것도 단순히 힘이 세었기 때문이 아니라

---

26) 한양명, 「어른놀이」, 『한국민속의 세계』5, 고려대학교 민족문화연구원, 2001, 473~474면.
27) 홍석모, 『동국세시기』 오월 단오조.

남들보다 뛰어난 들배지기 기술이 있었기 때문이다. 〈씨름〉이 가장 성행하는 때는 물론 백중 무렵이지만, 단옷날이면 남자들은 〈씨름〉을 하면서 무더위를 열기로 식혔다. 상무적인 놀이의 하나인 〈씨름〉은 고구려 고분 벽화에도 등장할 만큼 대단히 오래된 놀이다. 『후한서』 부여국조에 "씨름놀이를 하여 왕을 맞이했다"는 내용도 보인다. 〈씨름〉은 그 뒤 신당이나 절 마당에서 제의와 함께 병행된 놀이라는 사실에서 제의적 행위의 일환이었음을 짐작할 수 있다.

〈씨름〉은 중국에서도 성행했는데, 중국에서 〈씨름〉을 '고려기(高麗伎)'라고 부른 것으로 보아 〈씨름〉은 한민족의 대표적인 운동이었다고 할 수 있다. 오늘날까지 명절에 씨름대회가 이어져 오는 것도 우연은 아니다. 『고려사』에 의하면 고려 충숙왕·충혜왕은 정사를 멀리 하고 매일 〈씨름〉만 즐겼다고 한다. 조선시대에는 국왕이 〈씨름〉을 즐겨 보았으며, 상대방을 죽음에 이르게 한 자를 왕이 관대하게 처분해주었다는 기록이 있는 것으로 보아 〈씨름〉이 어느 정도로 인기 종목이었는가를 짐작케 한다. 요즘에 '민속씨름'이라는 말을 자주 쓰는데, 〈씨름〉 자체가 세시풍속으로서 민속놀이이므로 이는 잘못된 것이다.

평소에 외출이 자유롭지 못했던 여성들은 이 날만큼은 대자연 속에서 그네를 뛰며 자신의 아름다운 자태를 한껏 과시할 수 있었다. 여성들이 단옷날 곱게 차려입고 그네를 뛰는 모습은 그야말로 한 폭의 그림 같아 '반(半)선녀'로 불렸다. 〈그네뛰기〉는 본래 북방유목민족이 몸 단련을 위해 하던 놀이로서 중국에서는 한나라와 당나라에서도 많이 했으며, 우리의 경우 문

그네뛰기

헌상으로는 고려시대부터 성행했던 것으로 보인다. 고려시대에는 남녀가 모두 즐겼으며, 국왕과 권신들이 큰 돈을 들여 대회를 열었다는 기록이 있다. 〈그네뛰기〉에는 한 사람이 뛰는 외그네뛰기와 두 사람이 마주서서 뛰는 쌍그네(맞그네)뛰기가 있다. 단옷날은 '여성의 날'로 불릴 만큼 남성의 놀이보다 여성의 놀이가 많았다.

세시의례는 자연환경에 좌우되는 생업에 따라 그 비중이나 내용이 달라질 수 있다. 밭농사를 주로 하는 북부지방에서는 단오를 추석보다 큰 명절로 쇠는 데 비해, 벼농사를 주로 하는 중부이남 지역에서는 모내기로 바쁜 시기라 단오를 큰 명절로 여기지 않고 추석을 크게 쇠고 있다. 단오는 태양과 관계되며 추석은 달과 관계된다. 단오절에는 그네 뛰는 낭자, 씨름하는 낭군들 사이에 남녀의 정을 전하는 은행 씨앗을 남몰래 선물했는데, 이는 바로 한국의 '발렌타인 데이'인 셈이다.

남녀가 만나 놀았던 탑돌이

한국적 '연인의 날'이라고 할 수 있는 우리 고유의 풍속은 이 밖에도 정월대보름날의 〈다리밟기〉나 사월초파일 〈탑돌이〉에서의 남녀 만남, 또는 칠석날 사랑의 기도였던 '걸교(乞巧)' 행위 등을 들 수 있다.

강릉단오제가 세계무형문화유산이 되다

한국의 단오절 특성 중의 하나로는 지역의례를 들 수 있는데, 전국 최대의 민속축제로 정착된 〈강릉단오제〉는 1967년 국가 중요무형문화재 13호로 지정되었으며, 2005년 유네스코 세계무형문화유산으로 선정될 만큼 인류의 축제로 주목을 받고 있다.

오늘날 〈강릉단오제〉는 대관령에서 흘러내린 물이 지나가는 남대천 단오장을 중심으로 매년 음력 5월 5일 단오를 전후로 한 달 넘게 열린다. 행사의 내용은 크게 셋으로 분류할 수 있다. 첫 번째는 유교적 제사와 무당굿으로 행해지는 종교의례이고, 두 번째는 풍물놀이, 탈놀이, 씨름, 그네, 활쏘기 등의 민속놀이고, 마지막은 수많은 구경꾼을 대상으로 벌어지는 거대한 난장이다.

〈강릉단오제〉는 유교적인 요소, 불교적인 요소에 민간신앙적인 요소가 들어 있는 데다 설화적인 요소까지 포함된 적층문화라고 할 수 있다. 〈강릉단오제〉가 지닌 불교적인 요소로서는 단옷날 봉원사에서 축소된 형태로 영

성황사에 있는 대관령국사성황신 초상화

산재가 연행되고 있음을 들 수 있다. 특히 〈강릉단오제〉는 유교식 제의와 무속제의가 혼합된 형태로 그 핵심은 단오굿에 있다. 〈강릉단오제〉 때는 강릉지역을 수호해주는 '대관령국사성황신'을 나무(단풍나무)에 모신 후 그의 부인이 있는 강릉시내 '대관령국사여성황사'에다 봉안해놓고 굿을 한다. 다시 말해 〈강릉단오굿〉은 대관령국사성황이라는 지역수호의 서낭신을 중심으로 무속에서 모시는 일반적인 신들을 모두 대접하는 의례이다.

〈강릉단오굿〉의 지역수호신인 대관령국사성황신은 범일국사로 알려져 있는데, 범일은 신라 말의 고승으로 당나라 수학 후 고향인 강릉에 돌아와 굴산사를 창건한 인물로 국사에 초빙되기도 했다. 한편 허균은 『성소부부고』에서 지역수호신인 대관령의 신을 김유신 장군이라고 말

한 바 있다. 김유신이 대관령에 와서 수학했는데 그가 죽은 후 대관령 산신이 되었다는 것이다.

대관령국사성황신을 모시는 강릉단오굿

〈강릉단오굿〉에서 지역수호신과 달리 자연신으로서의 산신이나 용신을 신앙하는 절차는 거의 행해지지 않고 있다. 그러나 〈강릉단오굿〉에서 모시는 인격신으로서의 세존은 간과할 수 없다. 한국무속에서 인격신은 서사무가의 주인공과 생존했던 인물의 신격화를 들 수 있는데, 〈강릉단오굿〉에 등장하는 세존은 서사무가의 주인공이다.

〈강릉단오굿〉은 별신굿의 한 형태로 〈동해안별신굿〉과 그 제의과정이 유사하다. 그러나 〈강릉단오굿〉은 매년 단옷날에 행해지는 대규모의 복합문화 제의라는 점에서 〈동해안별신굿〉과 차이를 둘 수 있다. 한편 〈강릉단오굿〉에서 모시는 지역수호의 서낭신이나 산신은 설화가 따르고 있는데 〈동해안별신굿〉에서 모시는 서낭신은 마을을 개척한 존재지만 대개 전승되는 설화가 없는 편이다.

〈강릉단오제〉는 우리나라에서 단옷날 행사로서 가장 큰 것이며, 현재 우리나라에서 가장 규모가 크게 살아 있는 축제이다. 일찍이 서거정은 '강릉 산수 갑천하(甲天下)'라 하여 강릉 절경이 천하의 으뜸임을 노래한 바 있고, 정철도 〈관동별곡〉을 통해 강릉 경포의 아름다움을 묘사했다. 한편 강릉 외에 자인(경산), 전주 등지에서도 오늘날 단오굿을 성대하게 치르고 있다.

단오의 기원에 있어서는 굴원과의 관련설이 있다. 중국 초나라 회왕(懷王) 때 굴원이라는 신하가 간신들의 모함에 자신의 지조를 보이기 위하여

멱라수에 투신 자살했
는데, 그날이 5월 5일이
었다. 중국은 단옷날 연
꽃잎이나 대나무잎에
싼 찹쌀밥, 즉 쫑쯔(粽
子)를 먹는 풍습이 있
다. 이는 사람들이 물속
의 굴원이 배고플까 봐
찰밥을 지어 강물에 던

굴원이 투신한 중국 후난성(湖南省)에 있는 멱라강

지자 물고기들이 모두 먹어 버렸으므로 굴원만 먹을 수 있게 나뭇잎으로
찰밥을 싸서 던진 것이 기원이 되었다. 그 뒤 해마다 굴원의 영혼을 위로
하기 위하여 제사를 지내게 되었는데, 이것이 단오의 유래가 되었다[28]는
것이다.

요컨대 단오는 원래 전래되던 한국의 것으로서 중국의 단오와 결합하
게 된 풍속이라 하겠다. 다시 말해 고래로부터 있어온 5월의 풍습에 단오
가 맞물리며 일부 중국 단오의 풍속을 수용한 것으로 보아야 할 것이
다.[29] 사실 단오는 중국에서보다도 북방민족 사이에서 더 숭상하는 날이
되며, 그들은 단오를 1년 중 가장 큰 명절로 여기기도 한다.

한편 일본에서 현재 5월 5일의 어린이날은 예로부터 단오절로 축하되
고 있다. 단오는 남자아이들의 마쓰리(祭り)로 남자아이의 건강과 행복을
기원하는 의식이 행해진다. 상무(尙武)의 이미지를 지닌 창포물에 목욕을
하고, 입신출세를 뜻하는 천으로 만든 잉어 모형의 고이노보리(鯉のぼり)

---

28) 종름, 『형초세시기』.

29) 최준, 「한·중의 문화적 아이덴티티와 민속의례」, 『한국문화는 중국문화의 아류
   인가?』, 소나무, 2010, 383면.

잉어모양의 고이노보리를 세운 일본의 단오

를 높게 세운다. 이는 중국 황하의 급류를 거슬러 올라간 잉어가 용이 되었다는 고사에서 유래한다. 또한 일본에서는 일본식 찹쌀떡인 지마키(粽)나 떡갈나무 잎에 싼 찰떡인 가시와모치(柏餠)를 먹는다.

단오는 한중일의 보편적인 명절이지만, 3국은 각각의 문화와 풍토를 반영한 독자적인 풍속으로 발전시켜 왔다.

한식날 새로 무덤의 떼를 입히다

한식은 동지로부터 105일째 되는 날이다. 대부분의 명절이 음력에 의해 결정되는 데 비해 한식만은 음력이 아닌 양력에 의해 날짜가 정해진다. 대개 양력으로 4월 5~6일경이며 청명과 같은 날이거나 하루 뒤에 든다. 식목일(4월 5일)과도 겹치게 되는데, 이때는 나무심기에도 적절한 시기이다.

예로부터 봄철을 맞아 이 한식날에 조상께 제사를 올리고 성묘를 했으며 오늘날까지 이 관습이 남아 있다. 자손마다 조상의 묘 앞에 술, 과일, 고기, 떡 등을 차려놓고 차례를 지낸 것이다. 이때 겨우내 훼손된 봉분을

훼손된 봉분에 새로 떼를 입히는 개사초

손질하면서 새로 떼를 입히기도 하는데, 이를 〈개사초(改莎草)〉라고 한다. 또 이날 묘지 주위에 나무를 심기도 한다. 명절 가운데 특히 한식과 추석에는 성묘를 하는데, 한식에는 겨우내 얼었던

땅이 녹으면서 봉분이 상하지 않았는가를 살피고, 추석에는 장마 뒤에 묘가 훼손되지 않았는가를 살피면서 무성하게 자란 잡초를 벤다.

중국에서 시작되었다고 하는 한식 때가 되면 공기가 건조해지고 봄바람이 불어 화재의 위험이 높아지기 때문에 불을 금하고 찬밥을 먹게 했다는 이야기가 예로부터 전해져 왔다. 조선시대의 한식날에도 조상제례와 함께 환절기 불조심 행사를 겸했다. 실제로 세종대왕은 관리들에게 명하여 한식 때는 바람 부는 일이 많으니 불을 금지하라고 지시한 바 있다.

중국의 개자추 전설[30]을 들어보자. 춘추시대의 충신이었던 개자추는 진(晉)의 문공이 망명시절을 보내던 19년간 자기의 넓적다리 살을 잘라 구워 먹이면서 그를 모셨다. 그러나 막상 정권을 잡은 문공은 개자추를 잊었다. 울분을 삭이지 못한 개자추는 홀어머니를 모시고 면산 속으로 은둔해버렸다. 얼마 뒤에야 이를 알게 된 문공은 산에 불을 놓으면 내려오리라는 기대를 가지고 산에 불을 질렀다. 그러나 개자추는 속세로 내려오기를 거부한 채 버드나무 아래서 어머니를 껴안고 죽고 말았다. 이후 사람들은 불에 타죽은 개자추의 원혼을 위로하는 뜻에서 그날만은 불을 지피지 않고 찬밥을 먹게 되었다[31]는 것이다.

동짓날 무병장수를 위해 팥죽을 먹다

동지는 1년 중 밤이 가장 길다. 날씨가 춥고 밤이 길어 호랑이가 교미밖에 할 일이 없다고 하여 동지를 '호랑이 장가가는 날'이라고도 부른다. 한편 동지는 밤이 가장 길고 낮이 가장 짧은 날로서 태양 운행의 시발점으로 친다. 그래서 이 날의 행사는 정월과 상통하는 것이 많으며, 이때부

---

30) 이익, 『성호사설』권10, 인사문.
31) 범엽, 『후한서』주거전(周擧傳).

터 짧아졌던 해가 다시 길어져 밝은 세상이 시작된다고 해서 중국 주나라에서는 동지를 새해 첫날로 삼았다. 우리도 "동지가 지나야 한 살 더 먹는다"고 하여 동지를 설날 또는 작은설로 여겼던 것이다. 『고려사』에는 동짓날을 만물이 회생하는 날이라고 하여 고기잡이와 사냥을 금했다는 기록도 있다.[32]

동지를 기준으로 낮이 길어지므로 서양에서는 이를 태양의 부활로 보고 이 무렵을 명절기간으로 했는데, 이에 맞추어 예수 탄생일을 정한 것이다. 양력 12월 25일을 예수 탄신일인 크리스마스로 정하고 서양의 대표적인 축제일로 삼고 있지만, 이는 후에 정했을 따름이지 이 날 예수가 탄생한 것은 아니다. 『조선상식문답』에 의하면 서양에서 예수의 탄일이라는 크리스마스를 큰 명절로 치고 또 새해 비스름하게 아는 것이 실상은 옛날 동지를 경축하는 풍속을 대신한 것이라고 말하기도 한다는 것이다.

동짓날 풍습 중에서 가장 중요한 것은 팥죽을 쑤어먹는 일이다. 민간신앙 속에서 "동짓날 팥죽을 먹으면 더위를 안 탄다"라든가 "동짓날 팥죽을 먹으면 오래 산다"고 했다.[33] "동짓날에는 팥죽 아홉 그릇을 먹고 검불 아홉 짐을 지고 와야 좋다"는 속담도 있다. 귀신은 붉은 색을 싫어한다고 하여 붉은 팥으로 죽을 만들어 여기저기에 놓아둠으로써 액을 물리치고자 했다. 중국에서도 동짓날 팥죽을 먹어 귀신을 쫓았다는 풍습이 『형초세시기』에 잘 나타나 있다.

그러나 "애동지에는 아이가 많이 죽는다"는 속설이 있어 동지가 초순에 드는 애동지에는 팥죽을 쑤지 않았다. 『형초세시기』의 기록을 보면 옛날 중국의 요순시대 신화적인 존재였던 공공씨(共工氏)에게 재주 없는 망나니 아들이 하나 있었다. 그 아들이 동짓날 숨져 역귀가 되었는데, 그 아

---

32) 김종서 외, 『고려사』 세가 권9 문종3.
33) 최래옥, 앞의 사전, 104면.

들이 생전에 팥을 두려워했으므로 동짓날 팥죽을 쑤어 물리친다는 내용이 있다. 이 내용으로 미뤄볼 때 팥죽을 쑤는 이유가 공공씨의 아들을 물리치는 데 있는데, 만약 애동지에 팥죽을 쑤면 자칫 멀쩡한 다른 아이들까지 내칠 수 있기 때문에 애동지에는 팥죽을 쑤지 않는다는 속설이 생겼다는 것이다.

동짓날에 먹는 팥죽 한 그릇은 긴긴 겨울밤 입맛을 달래주는 효과가 있다. 팥에는 비타민 B'이 풍부하게 들어 있어 식욕부진, 피로감, 수면장애 등을 예방해주며, 겨울철에 부족해지기 쉬운 비타민을 보충해준다. 팥의 식이섬유는 장운동을 원활하게 해 쾌변에 도움을 준다. 한방에서는 팥이 수분대사

새알심이 든 팥죽

를 원활하게 해주므로 소변을 잘 나가게 하고 부종을 치유하는 효과가 있으며 열기를 삭이고 몸에 나쁜 피를 없애주는 것으로 잘 알려져 있다. 또한 몸에 기를 잘 통하게 하고 췌장의 나쁜 기운을 씻어내는 데도 쓰이며, 겨울 동안 감기에 안 걸리게 하는 것으로도 알려졌다. 팥죽에 동동 떠 있는 쫀득쫀득한 새알심은 더욱 구미를 당기게 하는 또 다른 별미다. 동지팥죽은 찹쌀로 새알심을 빚어넣는 것이 특징이다. 동지를 지나면서부터 다시 낮이 길어지기 시작하는데 우리 조상은 이를 '태양의 귀환'으로 여겨 반가워했고, 해를 본떠 동그랗게 빚은 새알심을 넣고 팥죽을 쑤었던 것이다. 예로부터 팥죽 먹는 사람의 나이 수만큼 넣어 먹는 새알심은 귀신의 나쁜 기운이 빠져나가고 맑은 영혼을 찾게 된다는 상징적인 의미도 갖고 있다. 한겨울에 시원한 동치미 국물과 함께 먹으면 더욱 맛있는 동지팥죽을 즐길 수 있다. 한나라 때 18만 년을 살았다는 동방삭은 팥떡과 동치미를 가장 좋아했다고 한다.

겨울철에 담는 무김치인 동치미

동지음식으로는 팥죽 이외에도 냉면·신선로·곶감·수정과·청어·명태 등이 있다. 냉면은 오늘날처럼 여름에 즐겨먹는 음식이 아니라 바로 한겨울 동짓날의 절기음식이다. 이때 먹는 생선으로 청어가 제철이어서 청어장수들이 팔러 다니느라 분주했다.[34] 이 청어를 비롯하여 전복·대구는 모두 진상품으로 쓰였다.

---

34) 홍석모, 『동국세시기』11월 월내조(月內條).

5) 민속놀이

　외국인들이 한국의 풍습과 문화를 잘 모를 때, 한국인은 밥만 많이 먹는다든가, 한국인은 일만 하느라 허리가 휜다든가, 한국인은 일은 하지 않고 놀이와 술로 시간을 보낸다든가 등 옳지 못한 소리들을 해왔다. 우리는 일도 많이 하고 쉬면서 놀이를 즐길 줄도 알았다.

　놀이를 하려면 우선 생각하는 힘이 있어야 하고, 직립보행으로 도구를 손에 쥘 수 있는 능력이 있어야 한다. 인간에 대한 '놀이하는 동물'이라는 정의야말로 인간이 지닌 여러 특징을 한꺼번에 나타내는 말이라 할 수 있다. 놀이는 노동에서 오는 피로, 인간끼리의 갈등, 자연의 두려움을 없애주는 역할을 한다. 놀이는 원래 '놀다'에서 온 말이라 하겠는데, 무당이 굿하는 것을 '놀다'로 표현하듯이 '놀다'라는 말에는 신성의 의미가 내포된다. 놀이는 유희성만이 아닌 신성성을 지닌다고 본다.

　역사성과 지역성, 제의성과 예술성 등의 성격을 띠면서 민간에서 전승되고 있는 민속놀이는 일반놀이와 다르다. 뿐만 아니라 민속놀이는 특정한 시기에 벌어지는 세시놀이와, 연중 언제든지 놀이가 이루어지는 비세시놀이로 구분해볼 수 있다. 세시놀이는 특별한 시공간에서 행해지는 비일상적 놀이라고 한다면, 비세시놀이는 일상적인 놀이라 하겠으며, 세시놀이와 비세시놀이의 양은 거의 비슷하다고 하겠다.

　세시놀이는 일상적으로 행해지는 놀이가 아니다. 세시놀이는 설을 중심으로 하는 정월놀이, 정월보름을 전후하는 대보름놀이, 삼짇날(3월 3일)의 답청놀이, 단옷날의 놀이, 추석의 놀이 등 특정한 시기마다 이루어지는 놀이를 가리킨다.

　비세시놀이는 일상적인 놀이라 하겠다. 이 가운데도 계절을 반영하는 놀이로는 〈풀각시〉, 〈써레씻기〉 같은 봄놀이, 〈고누〉, 〈풀싸움〉, 〈풍뎅이놀이〉 같은 여름놀이, 〈썰매타기〉, 〈팽이치기〉 같은 겨울놀이가 있는가 하면 두 계절에 걸치는 놀이도 있다. 연중놀이로는 〈돌치기〉, 〈구슬놀이〉, 〈봉사놀이〉, 〈죽마타기〉 등이 있다.

민속놀이는 매우 다양하다

민속놀이는 오랜 세월 민간사회에 전승되어온 놀이로서 즐거움을 동반하는 행위 일체일 뿐만 아니라 강한 향토성을 띠는 동시에 대부분 제의적 요소가 두루 포함되어 있다. 그러나 오늘날의 민속놀이는 오락적, 나아가 예술적 기능이 크게 부각되고 있다고 하겠다.

민속놀이는 유입 계통을 비롯하여 놀이의 성격, 목적, 분포, 방법, 규모, 주체, 성별, 연령, 시기 등에 따라 내용이 달라지고 이에 따라 유형이 구분될 수 있을 것이다.

놀이의 성격에 따라서는 경기놀이, 가무놀이, 오락놀이로 나눠볼 수 있다. 경기놀이는 〈그네뛰기〉, 〈널뛰기〉, 〈씨름〉, 〈줄다리기〉, 〈쥐불놀이〉 등이고, 가무놀이는 〈풍물놀이〉, 〈탈놀이〉, 〈쾌지나칭칭나네〉, 〈놋다리밟기〉 등이며, 오락놀이는 〈윷놀이〉, 〈쌍륙〉, 〈장기〉, 〈바둑〉, 〈고누놀이〉, 〈숨바꼭질〉 등이다. 이 놀이유형 가운데, 우리의 민속놀이는 주로 겨루기 (game) 형식을 띤 경기놀이라 하겠다. 물론 겨루기가 보다 발전되어 정교화된 형태가 소위 스포츠지만 우리의 전통사회에서는 이렇듯 발전된 형태의 겨루기는 나타나지 않는다.

민속놀이에서 놀이 자체가 목적인 놀이가 반 이상 되는 것은 놀라운 사실이며, 놀이의 분포에 따라서는 전국놀이가 40% 정도 된다. 그리고 민속놀이를 보면 성별에 따라서는 물론 여성놀이의 수가 적지만 남성놀이와 여성놀이가 있고, 또 연령에 따라서는 어린이놀이와 함께 어른놀이가 있다. 현재 중국이나 일본에서는 어린이놀이를 민속놀이에 포함시키지 않는 편이다.

민속놀이는 대체로 세시풍속의 일환으로 행해지던 세시적 놀이가 중심이었다고 할 수 있다. 그러나 세월이 흐르면서 민속놀이가 일정한 시기를 초월하고 놀이의 성격이나 방식도 다양해지게 되었다. 다시 말해 놀이 자체를 목적으로 하거나 겨루기만을 추구하는 놀이도 있다. 예컨대 〈그네뛰기〉, 〈줄타기〉 등이 놀이 자체를 즐기는 것이라 한다면, 〈씨름〉, 〈장치기〉, 〈낫치기〉, 〈투전〉, 〈줄다리기〉 등은 겨루기 놀이라고 할 수 있다.

현재 알려진 민속놀이는 대강 350종에 가깝다. 민속놀이는 단순한 놀이가 아니라 그 가운데 예술성이 내재하므로 '민속예술'에서 다루어지기도 하고, 놀이가 신앙과 결부되기 때문에 '민간신앙'에서도 언급되었다.[35] 그리고 비일상적 세시놀이는 앞에서 논의한 세시의례(세시풍속)에서 대체로 취급되었다. 따라서 '5) 민속놀이'에서는 지금까지 다루어지지 않은 민속놀이들을 주 대상으로 삼고자 하며, 특히 세시의례 안에서 다루어지지 않은 '일상적' 놀이를 중심으로 고찰하고자 한다.

민속놀이는 공동체적 성격이 강하다

민속놀이는 일반적으로 풍농과 풍어를 빌거나 개인의 행복과 마을의 번영을 기원하는 데 목적을 둔다. 이러한 목적에 따라 민속놀이를 다음과 같이 분류할 수 있다. 첫째, 풍농·풍어를 바라는 놀이로 〈거북이놀이〉, 〈호미씻이〉, 〈놋다리밟기〉 등은 풍농을, 강화의 〈시선뱃놀이〉나 제주도의 〈영등굿놀이〉 등은 풍어를 위한 놀이다. 둘째, 개인의 행복과 마을의 번영을 기원하는 놀이로 〈다리밟기〉, 〈달맞이〉 등은 개인의 건강과 행복

---

35) 이화형, 『민중의 꿈, 신앙과 예술』, 푸른사상, 2014.

을, 〈소놀이굿〉, 〈은산별신제〉 등은 마을의 번영을 위한 것이다. 결국 농경사회에서 자연의 변화에 민감하게 대응했던 세시놀이가 민속놀이의 특징을 극명하게 드러낸다고 하겠다.

이 세시놀이들은 한마디로 대동놀이의 성격을 지닌다. 비일상적 세시놀이 가운데는 편을 갈라 승부를 겨루는 놀이가 있는데, 이 부류로는 〈줄다리기〉, 〈횃불싸움〉, 〈동채싸움〉, 〈고싸움〉, 〈팔매싸움〉, 〈꼬깨싸움〉, 〈박씨싸움〉, 〈달봉뛰기〉 등이 있다. 세시놀이 중에는 경쟁성이 없는 놀이도 있는데, 〈지신밟기〉, 〈다리밟기〉, 〈놋다리밟기〉, 〈강강술래〉, 〈달집태우기〉, 〈기세배〉, 〈관원놀이〉, 〈연등놀이〉 등이 대표적이다. 경쟁을 하든 안 하든 세시놀이의 특성상 공동체 의식이 강하다는 점에 주목할 만하다.

성인 여성들의 화전놀이

민속놀이는 규모에 따라서는 크게 둘로 나눌 수 있다. 즉, 혼자 즐기는 개인놀이와 여러 사람이 함께 어우러지는 집단놀이로 구분된다. 또한 공동체 구성원 다수가 참여하는 집단놀이도 소규모의 인원이 참여하는 소집단놀이와 마을 구성원 대다수가 참여하는 대동놀이로 구분할 수 있다. 우리나라 민속놀이는 규모면에서 대부분 집단놀이라 할 수 있다. 놀이유형에 따른 분포상에서 개인놀이가 5.5%인 데 비해 상대놀이를 포함하는 집단놀이가 94.5%로 나타나는 것을 보면 놀랍기까지 하다.

일상적 집단놀이는 대개 아이들에 의해서 행해지는 소집단놀이들이며, 어른들의 놀이는 그다지 활발하게 전승되지 않는다. 성인 여성들의 놀이

로는 〈화전놀이〉가, 성인 남
성들의 놀이로는 〈격구〉가
대표적인 것이라 할 수 있
다. 〈격구〉가 고려 말기에는
5월 단오의 으뜸가는 행사로
굳어졌는데 당시에는 여성
들도 〈격구〉를 즐겼다. 이
놀이가 일반화된 것은 아니
며 일부계층에 국한된 놀이였
다고 할 수 있다. 그러나 〈격
구〉의 경우 삼국시대부터 조
선 중엽까지 행해진 놀이며,
여성들도 이 놀이에 참여했
던 점으로 미루어볼 때 평민
들도 즐겼던 것으로 보인다.
술이 달린 장대를 들고 말을
타고 나와 공을 쳐서 상대방

성인 여성들도 참여했던 격구

술래잡기

의 골문에 넣으면 득점을 하는 경기다.

아이들이 행하는 놀이 가운데는 〈숨바꼭질〉 또는 〈술래잡기〉라 불리
는 놀이 같은 자체의 즐거움을 목적으로 하는 것이 많다. 전국적으로 행
해지던 〈술래잡기〉 놀이의 방법은 제비로 정한 술래가 기둥 또는 나무
등 적당한 곳에 진을 정하고 그곳에 얼굴을 대고 수를 세는 동안 다른 아
이들이 숨는다. 숨은 아이를 찾으러 술래가 가는 동안 술래보다 먼저 진
을 손바닥으로 짚으면, 다음 번에 또 숨을 수 있는 자격을 얻게 되나, 술
래가 먼저 진에 오면 다음에 술래가 된다. "꼭꼭 숨어라 머리카락 보인다"
라는 동요를 합창하면서 흥취를 돋우고 자기편을 응원하는 모습은 참으로

꼬리잡기

자치기

장치기

재미있고 멋있는 놀이라 하겠다. 〈술래잡기〉는 세계 여러 나라에서 보인다.

이와 같이 즐거움 자체를 목적으로 하는 놀이가 있지만, 아이들 집단놀이의 경우 거의가 겨루기 형식을 보인다. 남자아이들의 경우 〈자치기〉, 〈장치기〉, 〈비석치기〉, 〈진놀이〉, 〈고누놀이〉 등을 하며, 여자아이들의 경우 〈꼬리잡기〉 등을 한다.

〈자치기〉란 나무로 만든 막대기를 가지고 치고받으면서 노는 아이들의 놀이다. 이 놀이는 전국적인 분포를 보인다. 시골 장에서는 간혹 나무꾼들의 〈장치기〉 놀이가 벌어지기도 했다. 장작이나 솔가지들을 지게에 지고 시장에 나온 나무꾼들은 무료해지면 이 놀이를 했는데, 편을 갈라 지겟작대기 즉 장채로 공을 쳐서 금 밖으로 내보내는 놀이였다. 〈장치기〉는 말을 타고 벌이던 격구를 오늘날 필드하키나 골프처럼 땅에서 공을 쳐서 승부를 겨루도록 단순하게 꾸민 것이라고 볼 수 있다. 〈고누놀이〉는 땅바닥이나 종이 같은 것에 말판을 그리고 돌멩이나 나뭇조각 등으로 말을 삼아 약속된 규약에 따라 승부를 겨루는 놀이다. 지금은 대개 시골 소년들 사이에서 노는 놀이가 되었다.

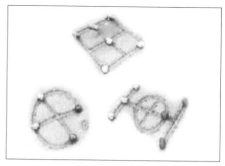

고누놀이

요컨대, 풍농·풍어의 소망과 더불어 마을의 번영을 기원하는 세시놀이는 물론 일상적인 놀이도 대체로 집단적, 공동체적 특징을 지닌다고 할 수 있다. 이에 비해 오늘날은 제각각 자기 방에 틀어 박혀 컴퓨터에 몰입하고 있다. 여럿이 모여서 놀지 않기 때문에 벗을 사귈 수가 없다. 나아가 힘을 합쳐서 공동의 목적을 이룬다는 생각조차 하기 힘들다.

성인의 개인놀이는 경합쟁취형이다

집단놀이가 개방적이고 사회적 연대감을 다지는 쪽으로 나아간다면, 개인놀이는 다소 폐쇄적이고 자기 만족감에 치우치기 쉽다. 개인놀이에 있어 성인 남성의 경우 〈쌍륙〉, 〈장기〉, 〈바둑〉, 〈화투〉, 〈투전〉, 〈골패〉 등 경합쟁취형 놀이가 두드러진다.

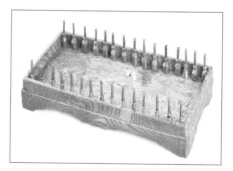

주로 부녀자들 놀이였던 쌍륙

의식 있는 사람들이 끊임없이 〈쌍륙〉, 〈장기〉, 〈바둑〉 등을 경계했던 것도 욕심을 일으키는 경박한 놀이라 판단했기 때문이다. 한 사람씩이나 서너 사람이 패를 나누어 노는 상대놀이를 개인놀이에 포함시켰다.

〈쌍륙(雙六)〉은 지금의 서양장기와 같이, 말을 전진시켜 상대방의 궁에 먼저 들어가는 쪽이 이기는 게임이다. 13줄의 말판에 15개 정도씩의 말을 배치해놓고 번갈아 여섯 면 주사위를 던져 말을 진격시키는 놀이다. 말판에 말이 하나밖에 없게 되면 적의 공격을 받고, 말이 둘 있으면 〈쌍륙〉이라 하여 이기게 된다. 조선시대에는 상류층의 남녀가 놀던 놀이였으나 주로 부녀자를 중심으로 전승되어 왔다.

조선조 전국에 보급되었던 장기

〈장기〉는 〈바둑〉과 함께 우리나라에서 가장 즐기던 대중적인 놀이기구로 사랑을 받아왔다. 〈장기〉는 약 4000여 년 전 인도에서 발생하여 중국보다 백제에 먼저 들어왔다고 하나 그 과정에서 조금씩 변화되어 중국의 〈장기〉, 일본의 〈장기〉가 모두 다르다. 고려인들이 송나라 사람들과 벽란도에서 〈장기〉를 겨루었다는 기록이 있을 정도로 성행하던 〈장기〉는 조선조에 들어와 전국에 보급되었다. 문인 가운데 노사신은 유별나게 〈장기〉를 좋아했다고 한다. 점복 중 동구밖 정자나무 아래서 베잠방이 차림으로 〈장기〉를 두며 물러 달라 안 물러주겠다고 다투는 모습은 흔히 볼 수 있는 장면이다. 〈장기〉는 직접 두는 사람 외에도 구경꾼들이 주위에서 훈수를 두는 등 여러 사람이 어울려 함께 즐기는 특성을 지닌다.

〈바둑〉은 중국의 순임금이 아들을 가르치기 위해 창안한 놀이라는 전설이 있을 만큼 오래된 놀이다. 우리나라에 전래된 시기는 확실하지 않으나 신라 때 많은 국수가 생겨 당나라 국수들과 경쟁했다고 하니까 삼국시대에는 이미 〈바둑〉이 성행하였음을 알 수 있다. 국수(國手)란 〈바둑〉의 최고 수라는 뜻이다. 고려시대에는 내기 〈바둑〉에 속아 아내를 중국 상인 하두강(賀頭綱)에게 빼앗긴 슬픈 내용을 담은 〈예성강곡〉이라는 가요

삼국시대부터 성행했던 바둑

가 있을 정도로 〈바둑〉이 보편화되었다. 조선시대에도 국수, 국기(國棋) 칭호가 있었고 왕조별로 계보를 형성한 것으로 알려졌다. 1895년 외국에 최초로 소개한, '한국의 놀이'도 조선말 풍속화가 김준근이 그린 〈바둑〉 두는 장면이다. 오늘날에는 놀이로서의 〈바둑〉의 인기가 높을 뿐만 아니라 프로 기사들의 경우 국제적으로도 실력을 인정받고 있다.

〈화투(花鬪)〉는 우리나라 고유의 놀이가 아니고 19세기 경 일본에서 들어온 노름이라 할 수 있다. 원래 포르투갈 상인이 즐기던 '카르타'라는 카드놀이가 16세기 일본에 전래되어 하나가루타(花ガルタ) 또는 하나후다(花札)로 변형되었고, 이후 19세기 말 일본 대마도 상인들이 장사차 내왕하면서 우리나라에 퍼트린 것으로 알려져 있다. 〈화투〉가 대중화된 것은 한국전쟁을 전후한 시기라고 한다. 1950년대 일본에서 개발된 고스톱이 한국 놀이문화사에 대중성을 확보하면서 오늘날 국민오락이 되었다. 고스톱을 소재로 한 영화 〈타짜〉는 684만 명을 동원함으로써 역대 한국영화흥행 13위에 오르는 성과를 냈다. 최근에는 인터넷 〈화투〉가 유행하고 있다. 오늘날 〈화투〉의 시장규모는 수조 원대로 추정된다. 영상작품이나 디자인은 물론 온라인, 모바일, 비디오 등 게임산업의 소재로 널리 쓰이고 있다.

일상적인 놀이는 단순 취미의 오락에서 도박성의 내기에 이르기까지

발전하는 경우가 많은데, 민중의 생활에서 대표적인 노름의 형태는 〈투전〉과 〈골패〉이다.

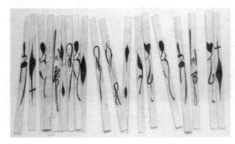
폐해가 컸던 남성들 오락인 투전

〈투전(鬪錢)〉은 〈화투〉가 들어오기 전에 하던 도박의 일종으로 사람을 속여가며 남의 돈을 따먹는 노름이다. 국가에서는 〈투전〉이 도둑질보다 더 큰 해를 끼친다고 법으로 엄격하게 금지하기도 했다. 〈화투〉의 게임방식 중 '섰다'의 족보이름인 '갑오'니 '장땡'이니 하는 것은 모두 〈투전〉에서 유래한 말이다. 숙종 무렵 중국에서 수입된 〈투전〉은 조선 후기에 널리 퍼져 손을 대는 사람이 부지기수였다. 폭이 좁고 길쭉한 기름종이에 1부터 10까지의 수를 전자(篆字) 모양의 괴상한 모양으로 표시한 패를 쓴다. 〈투전〉의 장수는 60매로 되어 있으나 40매짜리를 주로 썼다. 〈투전〉으로는 갑오잡기(돌려대기) 놀이를 가장 많이 했다.

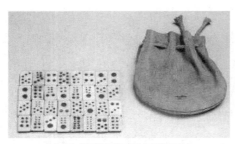
남녀가 즐기던 골패와 골패주머니

〈골패(骨牌)〉는 마작의 전신인 도박기구로서 놀이방법이 간단하고 짧은 시간에 할 수 있다. 상류층의 부인들도 〈쌍륙〉이나 〈골패〉를 갖고 놀았다. 시골에서는 아직도 〈골패〉놀이를 하는 곳도 있다. 〈골패〉짝의 수는 모두 32개이며, 노는 방법은 마작과 비슷하다.

비교적 건전한 신체단련형 놀이 가운데 도구놀이로서 대표적인 것은 〈들돌들기〉이다. 이 〈들돌들기〉는 힘의 세기를 통해 일꾼의 품삯을 결정했던 데서 나온 말이다. 1인력 들돌을 머리 위로 넘기면 진쇠의 품을 받고, 2인력 들돌을 넘기면 장사라 하며, 3인력 들돌을 넘기면 머리나이라고 하였다. 신체단련형의 대표적 놀이인 〈씨름〉은 흔히 샅바를 사용하지만 원래 맨손으로 힘을 겨루던 비도구놀이다. 〈씨름〉은 누구나 씨름판에 참가할 수 있어 개인놀이 중에서 가장 넓은 분포를 보이고 있다. 개인 민속놀이로서 〈씨름〉만큼 실생활에 활기를 주는 경기도 드물다.

아동의 놀이는 사회화의 방식이다

아동 중심의 개인놀이는 성인들의 경우와 다르다. 아동들은 성인층처럼 일과 놀이가 엄격하게 구분되지 않는다. 아동들은 놀이를 하면서 지내는 시간이 전체 생활의 대부분을 차지한다. 아동의 성장과정에서 놀이는 필수적이며, 놀이 자체가 신체단련이며 개인의 사회화 방식을 터득하는 교육의 장이다. 아이들의 개인놀이 방식은 성인과 달리 실내가 아닌 실외이고, 앉아서 하는 것보다 서서 노는 경우가 많다.

남녀아이들의 제기차기

여자아이들의 공기놀이

남녀 아동의 놀이가 선명하게 변별되는 것은 아니나, 〈닭싸움〉, 〈제기차기〉 등은 남아가 선호했고, 〈풀각시놀이〉, 〈공기놀이〉 등은 여아가 선호하였다. 〈풀각시놀이〉는 이른 봄에 소녀들이 풀로 인형을 만들어 노는 놀

팽이치기

이다. 아이들놀이 가운데 돌멩이, 흙, 모래를 이용하여 노는 놀이가 많은데, 〈공기놀이〉는 돌멩이를 가지고 노는 대표적인 놀이다. 공깃돌 다섯 개로 하는 것과 수십 개로 따먹기를 하는 것이 있다.

신체단련형으로 남자아이들의 놀이에 〈팽이치기〉, 〈딱지치기〉, 〈제기차기〉 등이 있고, 여자아이들의 놀이로는 〈콩주머니놀이〉, 〈공기놀이〉, 〈새끼줄놀이〉가 대표적이다. 팽이는 고려시대에 한국에서 일본으로 전해져, 17세기만 하더라도 일본에서는 우리나라 팽이로 놀았다. 그러나 일본은 19세기를 전후하여 팽이를 줄에 감아 던지는 '줄팽이'로 만들었고, 이제는 우리나라에 역수출하고 있다.

돈치기

경합쟁취형 놀이로는 남자아이들의 경우 〈돈치기〉, 〈낫치기〉, 〈못치기〉, 〈구슬치기〉, 〈엿치기〉 등이 있고, 여자아이들의 놀이로는 〈실뜨기〉, 〈공기놀이〉, 〈꽈리불기〉 등이 있다.

〈돈치기〉는 일정한 거리에 구멍을 파놓고 엽전이나 동전을 던져 그 속에 들어간 것을 따먹기도 하고, 또 구멍 밖에 있는 것을 돌로 맞혀 차지하는 놀이다. 우리나라에서 〈돈치기〉가 성행한 것은 대략 숙종조 이후부터일 것이다, 왜냐하면 돈치기를 하기 위해서는 동전이 많이 유통되어야 하기 때문이다. 〈낫치기〉는 초동들이 꼴을 베러 들에 나가 일할 때 쉬는 시간을 이용해서 하는 놀이다. 참가자 전원이 쇠꼴 한 아름씩 붙여놓고 내기를 한다. 낫을 던져 떨어진 낫의 날이 땅에 꽂혀 낫이 바로 서도록 한다.

못치기

〈못치기〉는 남자아이들이 마을 앞 양지바른 논이나 무른 땅바닥에서 쇠못이나 나무 또는 대를 가지고 그 끝을 뾰족하게 깎아 만든 못을 서로 쳐서 승부를 겨루는 놀이다.

한편 여자아이들 놀이의 대표적인 〈실뜨기〉는 실을 한 발 가량 길게 끊어서 양끝을 매어 당기며 여러 가지 모양을 만드는 놀이다.

땅재먹기

〈땅재먹기〉는 소년·소녀 다 같이 한다. 〈땅재먹기〉는 지면에 둥근 원이나 네모를 그려놓고 집을 마련한 뒤 자기 땅을 넓혀가면서 한편으로는 상대방의 땅을 빼앗아 차지해가는 일명 '땅뺏기' 놀이다. 〈그림자놀이〉·〈네거리놀이〉·〈방아깨비놀이〉, 〈팔랑개비놀이〉 등도 남녀 어린이들의 개인놀이다. 〈그림자놀이〉는 등

그림자놀이

잔 불빛에 손으로 모양을 만들어 벽에 사람이나 동물 또는 그 밖의 사람 모습을 나타내는 놀이다.

신앙과 노동과 놀이를 별개의 것으로 인식하지 않고 하나의 삶 속에서 통합적으로 인식하고 실천하고자 했던 조상들의 지혜를 간과할 수 없다.

제2장

일생의례

― 인간적인 도리를 위해 무엇을 했는가

예기, 예의 본질은 서로 존경하는 데 있다고
말하는 문헌자료

우리는 역사상 '예송(禮訟)'이라
하여 예를 가지고 싸우다 목숨까
지 잃었다. 얼마나 예가 중요하며
예를 논한다는 것이 어려운 것인
가를 짐작할 수 있는 대목이다.
예의 또는 의례 등으로 불리는 예
는 단순치 않은 개념이라 하겠다.
특히 유교문화는 의례문화로 불

릴 만큼 의례는 유교를 구성하는 핵심요소가 된다. 즉 유교의 큰 범주에
는 이학(理學, 성리학)과 예학(禮學)이 있는바, 이치와 이론을 탐구하는 것
을 이학이라 하고, 관혼상제의 의례를 고증하는 것을 예학이라 한다.[36]
　　인간이 존재하는 한 일정한 행동양식으로서의 의례가 따른다. 우리 인

---

36) 독서담도(讀書談道) 위지리학(謂之理學), 고거우관혼상제지의자(考據于冠昏喪祭之儀
　　者) 위지예학(謂之禮學)(이익, 『성호사설(星湖僿說)』, 「경사문(經史門), 유술(儒術)」).

간은 이성적 사회적 존재로서 의식주에서부터 동물과 달리 의미 있고 책임 있는 의례적인 행동을 한다. 『예기』에 따르면 예의 본질은 서로 존경하는 데 있다.[37] 일반적으로 논의되는 의례란 크게는 국가에서 행해지는 절차적 의례지만, 작게는 개인이 행하는 인간행위의 규범이 된다고 할 수 있다. 이처럼 의례는 오랜 기간을 거치면서 축적되어 온 집단적 산물이다.

원래 예는 초월적 존재에 대한 제의를 의미했다고 할 만큼 무속, 불교, 유교 등의 종교적인 의례가 있다. 『설문해자』에서도 "예는 신을 섬겨 복이 이르도록 하는 것이다"[38]라고 했다. 다양한 유교의례 가운데 신(자연신, 조상신)과의 만남인 제사의례가 중심을 이루며, 특히 유교적 사례 중에서 제례를 가장 중시하는 것도 이 때문이다. 이밖에도 설·추석 등의 세시적인 의례 등 의례의 종류는 다양하다.

한편 유교적인 의례의 분류로는 적용범위에 따라 국가의례(국조례, 5례), 학교의례(학례), 향촌의례(향례), 가정의례(가례, 4례)로 구분된다. 그 가운데 전통사회에서 대중에게 가장 일반화된 유교의례는 가정의례이다.[39] 특히 가정의례인 사례 가운데 관례, 혼례, 상례는 죽음에 이르기까지 살면서 한번 거쳐야 되는 통과의례인 데 비해, 제례는 죽은 조상신을 주기적으로 추모하는 반복적 의례이다.

사례편람은 한국의례의 준칙이 되었다

개인적이든 집단적이든, 공간적이든 시간적이든 우리가 살아가는 데는 의례가 수반된다. 특히 인간이 태어나서 죽음에 이르기까지 반드시 거쳐

---

37) 예자위이(禮者爲異) 이즉상경(異則相敬)(대성, 『예기(禮記)』 「악기(樂記)」).
38) 예소이사신치복야(禮所以事神致福也)(허신, 『설문해자(說文解字)』).
39) 금장태, 『유교의 사상과 의례』, 예문서원, 2000, 203면.

야 하는 관문, 즉 개인이 집단에서 그 역할이나 위치가 변할 때 의미를 되새기기 위해 집단에서 행하는 의례를 일생의례라 한다. 이에 일생의례를 진행하는 목적이 공동체적 연대의식을 고취하는 데 있다고 하는 것은 당연한 귀결이다. 일생의례는 인간을 매개로 한 생활의례[40]의 개념이다.

프랑스 인류학자 반 겐넵(Arnold van Gennep) 이후 인류학자들은 어떤 개인의 일생에서 연령, 신분 등 새로운 상태나 단계를 통과할 때 행하는 여러 가지 의식이나 의례를 총칭할 때 통과의례라는 말을 사용한다. 통과의례·일생의례는 개인주의에 기초하여 개인이 사회적 의식을 통해서 새로운 사회적 지위를 획득하는 의례라면, 우리 생활 속의 관혼상제, 즉 사례는 가족주의에 기초하여 인간이 유교의 사회적 질서를 구현하기 위해 실천해야 할 인간행위의 규범이라 할 수 있다.

이론체계로서의 사상(신앙)과 행동양식으로서의 의례는 유교의 체계를

가례,
송의 주희가 가정에서 필요
한 예절을 모아 엮은 책

구성하는 양 축이 된다. 한국의 관혼상제는 송나라 주희(주자)가 지은 『가례(家禮)』를 기본구조로 시행되고 있다. 『가례』는 총 5권이며 부록으로 1권이 있다. 조선 태조의 즉위교서에서도 "관혼상제는 나라의 큰 법이며 인륜을 두텁게 하고 풍속을 바르게 하는 것이다"라 하였다. 그러나 고려말 성리학의 유입과 더불어 『가례』가 들어왔지만 우리 실정에 맞지 않아 16세기까지 정착되지 못했다. 물론 우리나라에 들어온 것은 명나라 성화연간에 구준이라는 사람이 원책을 기본으로 의절고증, 잡록을 더해

---

40) 장철수는 인간을 위한 생활의례를 세 가지, 즉 인간의 한평생에 관한 평생의례, 생활공간을 중심으로 한 영역의례, 시간의 변화에 따른 세시의례로 나눈 바 있다.(장철수, 「인간을 위한 의례의 의미」, 『기층문화를 통해본 한국인의 상상체계』 (중), 민속원, 1998, 26면.

서 8권으로 만든 『문공가례의절
(文公家禮儀節)』이다.

17세기 이후 예가 조선에서 학
문적 영역으로 자리를 잡았다. 이
황과 이이가 조선 이학의 기반을
세웠다면, 그 전통 위에서 제자들
인 정구나 김장생 등에 의해 예학
이 전개되었다. 이같이 조선의 예

『사례편람』, 조선 후기 예학의 대가였던
이재가 우리 실정에 맞게 엮은 책

학은 더욱 발달하고 심화되어 가기는 했으나 『가례』는 실제 의례생활에
적용하는 데는 미흡함이 많았다. 때문에 조선 후기 우리 형편에 맞게 개
작한 예서들이 나오게 되었는데, 그중 조선 헌종 10년(1844)에 예학으로
유명한 이재가 『사례편람』을 내어 서민사회에까지 크게 영향을 미쳤다.

예로부터 시행해오던 비유교적인 통과의례의 보수성과 유교적 『가례』
의 형식적 복잡성은 자연스럽게 새로운 의례서의 출현을 요구했다. 『가
례』가 탈신분적 성격이라고는 하나 그래도 역시 사대부들의 예서였다는
점 때문에, 『가례』를 실용적 측면에서 보완하고 현실적으로 사용하기 편
리하도록 엮은 저서가 간행된 것이다. 곧 예학을 완성했다고도 하는 이재
에 의해 저술된 『사례편람』은 우리나라에서 가장 보편화된 의례규범집이
다. 따라서 이 책이 출간 보급된 후 모든 예가 이 책에 따라 행해지게 되었
으며, 오늘날 우리가 지키고자 하는 〈가정의례준칙〉의 틀도 제공하였다.

한국의례는 실천적·인본적이다

모든 사회에 일생의례는 존재하지만 문화적 차이에 의해 의례의 종류
를 비롯하여 구획, 형태, 절차 등이 다를 수 있으며, 강조되는 의례도 다
를 수 있다. 예컨대 아프리카의 벤다족은 혼인을 의례화하지 않는다. 사

실 의례만큼 집단의식 곧 민족문화의 특성을 드러내는 것도 흔치 않을 것이다. 유럽에서도 결혼식이 끝나고 마을사람들이 춤을 추는 관습 등이 있기는 하나, 우리는 의례가 있을 때 주위의 모든 사람이 참여하여 기쁨과 슬픔을 함께 나누는 것을 당연히 해야 할 일로 생각했다. "초상집 또는 잔칫집에 손님이 없으면 집안이 망한다"는 것도 개인주의를 경계하는 우리 민족의식의 표출이라 하겠다. "동네 집에 초상났을 때 머리 빗으면 불길하다"고 하는 말도 공동체적 삶의 방식을 반영한 것이라 본다. 우리의 여러 한국적 의례를 통해 새삼 공동체 의식 및 인간존중의 사고를 확인하게 된다.

우리가 사는 시대가 변하고 환경이 달라지고 있다. 의례라는 것도 우리의 삶 속의 일부이니 만큼 변하지 않을 수 없다. 옛부터 '예불니고(禮不泥古)'라 하여 예는 옛 규범에 얽매이지 않는다고 했고, '인시제의(因時制宜)'라 하여 예는 시대에 맞게 변화돼야 한다고 했다. 공자도 '예종시속(禮從時俗)'이라 하여 예는 시속을 따르는 것이라고 했다. 낡은 제도를 그대로 따를 이유가 없다. 그렇다고 변화에 편승하여 마구 내키는 대로 행하는 것은 너무나 무기력한 태도이다. 변화하는 가운데도 지켜져야 하는 게 있다. 오늘날 결혼식에 축의금을 내고 장례식에 조위금을 내는 것도 전통적으로 계승되고 있는 아름다운 품앗이의 풍속이요 의례상의 공동체 정신의 실천이다.

일찍이 공자는 『논어』에서 "예란 사치함보다는 차라리 검소해야 되고, 상례는 형식에 익숙하기보다는 차라리 슬퍼해야 된다"고 했다. 우리는 예의 본질을 중시하고 정성을 다해 인간적 소통과 질서를 위한 노력을 게을리 하지 않았다. 우리의 『사례편람』을 보더라도 혼례, 상례, 제례 등에서 '가정의 형편에 따라 하라'는 말을 빼놓지 않고 있다. 속담에서도 "제보다 젯밥이다"라고 하여 제사의 목적에서 벗어나지 않도록 경고했다. 요즘 호화결혼식이니 장례식은 자기과시 행위로서 우리 사회의 고질적인 병폐로 지목되고 있다. 우리는 주체적으로 변화를 수용하면서 보다 적절한 대안을 찾고 바람직한 방향으로 나가야 한다. 그렇다고 양복도 아니고 한복도 아닌, 어정쩡한 모습은 거부감이 든다. 합리성과 일관성을 가지고 의례를 치른다면 무조건 변화를 거스르거나 무턱대고 따르고 혼란에 휩싸이는 일은 지양될 것이다.

서양의 통과의례가 개인의 출생 이후 죽음에 이르기까지 인생의 마디에서 행하는 의례이기 때문에 출생 이전의 기자의례나 죽음 이후의 제례가 통과의례에서 배제되는 것은 자연스럽다. 그리고 통과의례로서보다는 유교적 도덕규범으로서의 성격이 강한, 중국에서 온 사례에는 제례가 들어가는 데 비해, 신생아에 관한 산육례와 수명이 짧아 치르기 힘들었던 수연례가 들어 있지 않은 것은 마땅하다고 본다. 특히 출산과 육아의 중요성에도 불구하고 산육례가 사례에 들어가지 못한 것은 당시 여성 주체의 출산에 대한 금기가 엄격했기 때문일 것이다.

요컨대 한국 일생의례의 특징은 두 가지로 요약될 수 있다. 즉 동아시아의 유교적 관혼상제가 가장 온전하게 남아 있고, 또 고유사상(신앙)과 유교적 관혼상제가 융합되었다는 점일 것이다. 특히 혼례 중에는 우리 고유 습속이 많이 남아 있었다. 따라서 여기서는 민간사회에서 중시되는 산육례를 비롯하여 유교적 사례 및 수연례 등에 이르기까지 넓은 의미의 '일생의례'라는 이름으로 한국인의 일생의례를 좀 더 자세히 살펴보도록 한다.

1) 산육례

관혼상제의 사례에는 포함되지 않으나 한국사회에서 매우 중요하게 인식되고 실천되어온 생명탄생 관련 의식, 즉 산육례에 대해 자세히 살펴볼 필요가 있다.[41] 중국이 혼례를 더 중시했다면 우리는 출생을 더 중시했다고도 볼 수 있다.

생명이 탄생하는 것을 계기로 삼는 의례를 출생의례, 출산의례, 산속(産俗) 등 다양하게 부르고 있다. 출생의례와 산속이라는 말의 부적절성을 들어 출산의례라는 용어를 사용한 예도 있다.[42] 필자는 본 저서에서 다루어질 기자(祈子)에서부터 육아(育兒)의 내용을 포괄하기에는 '산육(産育)'의 용어가 더 적절하다고 본다.

인간이 일생 동안 겪는 통과의례 가운데 첫 번째 관문이 산육례이다. 산육례란 어머니가 생명의 씨를 받고 태중에서 건강한 아이를 형성한 뒤 고통 없이 순산하고 신생아가 아무런 사고 없이 성장하고 장수해 달라는 뜻에서 생긴 습속이다. 용어의 다양함만큼이나 산육례를 획정하는 견해도 차이가 있다. 예컨대, 산전·산후·육아로 구분한다든지, 출산전·해산·출산후로 구분하기도 한다. 이 책에서는 산육례를 크게 기자·출산·육아의례로 분류의 기준을 삼아 서술하고자 한다.

우리의 관혼상제가 원천적으로는 가족·친척이라는 혈연집단을 근거로 하여 만들어졌으나 관행에서는 마을을 단위로 시행되고 있듯이 모든

---

41) 이화형, 「한국 전통 산육의례 속의 생명 중시의식 고찰」, 『동아시아고대학』 33집, 동아시아고대학회, 2014.
42) 주영하, 「출산의례의 변용과 근대적 변환」, 『한국문화연구』 7, 경희대 민속학연구소, 2003. 201면.

의례에 민족의 집단의식이 강하게 묻어난다. 비록 유교적 신분질서나 남녀차별의 시대적 한계는 있지만 우리의 여러 한국적 의례를 통해 새삼 인간 생명존중의 사고를 확인할 수 있다. 그럼에도 불구하고 2014년 현재 한국인의 자살률이 경제협력개발기구(OECD) 34개 회원국 가운데 가장 높을 뿐 아니라 10년째 1위를 지키고 있으니 안타깝기 그지없다.

물론 영아사망률이 높기 때문에 출산을 성스럽게 여겼을 수도 있다. 그걸 감안하더라도 산육례에서는 전통사회 아들을 가져야 한다는 심리적 압박과 의료시설의 부재로 출산의 고통과 위험이 따랐음에도 불구하고 출생을 희원하고 생명을 소중히 다루는 문화공동체의 집요한 노력이 있었음을 발견하게 된다. 아이의 생명을 존귀하게 여기는 데에는 남녀가 따로 없었다. 따지고 보면 아들은 가문을 잇는다는 상징적 존재이기에 의무적인 면에서 귀하게 여긴 반면, 오히려 큰 딸을 출산하면 살림 밑천이라 반기며 딸들에게 많은 사랑을 주었던 게 사실이다.

새로운 생명의 탄생과 관련된 산육례에서 생명존중의 문제를 다루는 건 당연한 일인지도 모른다. 그러나 산육관련의 오랜 연구의 집적에 비한다면 아쉬움이 크게 남는다. 강숙자는 동제를 지낼 때 임산부를 피신시켰던 것을 증거로 출산을 부정시한 견해[43]에 대해 실례를 근거로 임산부를 피신시킨 것은 오히려 제사나 굿의 혼란으로 태교가 제대로 실천되지 못할 것을 우려했기 때문일 것이라 했다.[44] 조선시대 이후 농어촌의 금기 가운데 다산의 상징인 여성을 부정한 존재로 보는 사례가 있기도 하고, 종전에는 서양의 일부 학설과 더불어 여성의 출산을 부정적으로 파악한 연구들도 있었으나, 이를 수정하는 주목할 만한 새로운 견해가 대두된 바도 있다.

---

43) 최길성, 『무속의 세계』, 정음사, 1984, 139면.
44) 강숙자, 『한국여성학연구서설』, 지식산업사, 1998, 242~243면.

필자는 선학의 주요 연구성과들을 기반으로 전통산육의례에 짙게 배어 있는 생명존중의식을 중심으로 논의를 진행해보고자 한다.

자식 낳는 게 인간의 도리다

최근의 젊은 부부들 가운데는 자식을 낳지 않거나 하나만 두려는 경향이 두드러진다. 따라서 한국은 출산율이 세계 최저수준에 와 있다. 그리고 출산율 급감은 '유사이래의 재난'이라 한다. 일할 사람은 줄고 연금 받아야 할 사람은 늘어난다는 얘기다. 연금수혜자가 늘고 세금으로 연금기금을 공급할 생산인구가 줄게 되면 재정위기·경제위기·사회위기가 차례로 닥치게 된다. 결국 출산율 저하는 성장잠재력을 약화시켜 국가의 활력을 상실케 만드는 것이다. 아이를 낳으면 푸짐한 상품을 주고 양육비를 지급하며 세금을 줄여주기에 이른 현실이야말로 위기적 상황이 아닐 수 없다.

인간의 도가 자식 낳는 데서 시작된다고 하는 『동의보감』

우리는 전통적으로 남녀가 결혼을 하고 자식을 낳는 것을 인간의 도리로 여겼다. 조선시대의 명의(名醫) 허준은 『동의보감』에서 "사람 사는 길이 자식을 낳는 데서 비롯한다"고까지 말한 바 있다. 따라서 과거에는 어떻게 해야 임신을 잘할 수 있을까에 큰 관심을 갖고 고민을 하지 않을 수 없었다. "여자 손발이 차면 애를 못 낳는다"거나 "여자 엉덩이가 크면 애를 잘 낳는다"[45]는 속신어들이 있다. 요즘은 풍만하면 혐오의 대상이 될 정도로 인식되지만 유목

---

45) 최래옥, 앞의 사전, 230면.

문화에서는 살이 쪄야 아름답다고 했으며, 우리 전통사회에서도 허리나 엉덩이가 작고 날씬하면 아기 들어설 공간이 없다 하여 무자상(無子相)으로 소외 받았다.[46] 동성동본불혼, 백리내불혼 등의 혼인풍습도 유교적 윤리관 때문만이 아니라 건강한 자식을 기대하는 과학적 관점의 소산이라 하겠다.

농경사회에서 우리는 강한 노동력을 요구했고, 이러한 가운데 가계계승의 유교적 이념에 의거하여 남아를 선호하는 의식은 점점 확장되어 갔다. 조선시대 칠거지악(七去之惡)의 하나인, 아들이 없으면 내쫓긴다는 규정을 피해 여성을 보호하기 위해서는 첩을 들이고 양자를 들여오며 씨받이(대리모)를 쓰기도 했다. 조선조에는 삼불거(三不去)라는 제도와 이혼을 엄격히 배제하는 전통윤리가

영화 〈씨받이〉의 출산 장면

있었으며, 삼불거도 자식이 있으면 무조건 이혼할 수 없게 하여 나중에 사불거가 되었다. 가계계승을 위해 양자를 들일 때는 형제간에 이루어지는 게 상례였으며, 양자 들이기는 조선시대에만 볼 수 있었던 일이고, 특히 조선 중기 이후에 많이 행해졌다. 아들이 없을 경우 대개는 신분적·사회적 차별이 없는 양자 들이기를 선호했다.

조선 후기에는 아들을 잘 낳는 신부의 관상을 기록해두고 있을 정도이다.[47] 씨받이의 경우 눈초리가 갸름하되 눈 끝이 젖어 있지 않고, 거위

---

46) 예전엔 노랑머리도 아들 못 낳을 상이라 하여 소외 받았고 시집을 못 가 무당으로 곧잘 빠졌다.
47) 유중림, 『증보산림경제』 권13, 구사(求嗣).

나 벼룩상으로 얼굴이 오똑해야 하며, 손바닥은 피를 뿌린 듯 붉어야 하는 등 다남상(多男相)을 지녀야 했다. 한편 여성이 평소 다른 사람과 다투지 않는 등 덕을 갖추면 반드시 귀한 아들을 낳을 수 있다고도 했다.

아들의 출생은 아직도 집안의 경사로 받아들여지고 있는 듯하다. 그러나 남아를 선호하는 전통적 사고는 점차 변화되는 추세에 있다. 최근의 남녀의 성비가 균형을 찾아 가고 있으며 오히려 여아 선호가 강화되는 경향이다. 그리고 "아들을 낳으면 제주도 가고 딸을 낳으면 외국 여행 간다"는 속어처럼 이제는 딸에 대한 편견이 사라지고 있다.

성기 닮은 바위를 찾아 절하다

아이 특히 아들을 갖기 위한 습속은 조선시대 이전부터 민간신앙의 형태로 내려오고 있었으며, 성리학 유입 이후에도 더욱 성행했다. 기자의례에는 치성(致誠), 주술 등의 행위를 비롯하여 넓게는 태몽이나 태점까지 포함시킬 수도 있으나, 유형을 크게 치성기자와 주술기자로 나눌 수 있다.

치성기자에는 삼신, 칠성신, 산신, 부처 등 초자연적인 존재인 신에게 기원하는 유형과 대개 돌이나 나무, 샘 등의 자연물을 대상으로 하여 치성을 드리는 유형이 있다. 『삼국유사』 권1에는 웅녀가 신단수 밑에서 아기 갖기를 빌어 단군을 낳았다는 기록과, 북부여의 왕 해부루가 산천에 대를 이을 아들 낳기를 빌어 곤연(鯤淵)이라는 호수에서 금와를 얻었다는 기록이 있다. 경북 경산군 곡신동에 용산(龍山)이라는 산이 있는데 옛날 용이 승천할 때 꼬리로 땅을 쳐서 우물이 생겼다고 하며 아이 낳기를 원하는 사람이 이 우물물을 마시면 효험이 있다는 전설이 내려온다. 이와 비슷한 내용의 치성기자의 전설은 무수히 많다.

치성기자에 있어 부인 혼자, 또는 남편이나 시어머니나 친정어머니 등이 동반하여 치성을 드리며, 무당의 힘을 빌기도 한다. 주술기자와 마찬가지로 치성기자는 남이 알지 못하게 몰래 하는 것이 원칙이며, 치성을 드리는 때는 손이 없는 길한 날로 택하거나 남성을 상징하는 홀수가 겹치는 날로 택하여 빈다. 가장 간편한 치성기자 행위는 집에서 냉수 한 그릇과 촛불을 켜놓고 비는 것이다. 큰 방 윗목에 상을 차려놓고 삼신할머니에게 빌거나 부엌에 있는 조왕님에게 비손한다. 샘이나 우물에 있는 용왕님에게 치성을 드리기도 한다. 산신에게 치성을 드리는 경우 대개 산의 계곡에 있는 샘에서 빈다.

절에 가서 불공을 드리는 경우도 있다. 우리나라 사찰에는 대웅전 뒤쪽 한 구석에 칠성각 또는 산신각이라는 작은 사당이 있다. 칠성각은 인간의 출생과 육아를 관장하는 칠성신을 모신 곳이요,

아이 갖기를 비는 사찰에 있는 칠성각

산신각은 산신을 모시는 전각이다. 이곳에 가서 아이를 원하는 여인들이 백일기도를 하며 치성을 드린다. 산신은 불교가 전래되기 전에 많이 믿던 토착신이다. 산신각이 사찰에 세워진 것은 대개 조선 중기 이후부터다.

아들을 갖고 싶은 여인은 신통력이 있다는 기자암을 찾아가 치성을 드리는데, 작은 돌을 그 암벽에 문지르다 딱 붙게 되면 효과가 있다고 믿는다. 암벽에 돌을 붙이는 부암(附岩) 기자 습속은 전국 각지에서 채집되고 있다. 서울 인왕산 중턱의 선(禪)바위는 중이 장삼을 입

인왕산 중턱에 있는 선바위

제주 삼성혈 안에 있는 알터바위

고 있는 것처럼 보인다는 거석이
며 남근을 닮은 기자암, 일명 '아
들바위'로 유명하다. 서울 세검
정 창의문 밖에도 거북이처럼 생
긴 큰 바위가 길가에 놓여 있었
다. 바위는 오늘날 깨어지고 없
지만 빙허 현진건이 집필하며 살
았던 집이 있었던 곳으로 유명한
종로구 부암동이라는 이름으로 남아 있다. 여근을 닮은 바위도 흔한다.
이런 바위는 공알바위, 알터바위 등으로 불리는데, 바위에 알 모양의 구
멍이 패어 있어서 붙여진 이름이다. 제주도 삼성혈에 있는 바위가 대표적
인 경우로 우리나라에서 가장 큰 알터바위다. 성적 상징물을 찾아 기원하
는 습속은 음양의 조화를 통해 생산과 번영을 이루고자 하는 소망에서 비
롯된 것이다. 강원도 동해안에서는 아직도 남근을 조각해서 여신이 있는
서낭당이나 해랑당에 갖다 놓고 풍요를 기원하고 있다.

배꼽에 쑥찜질을 하고 합방하다

주술기자로는 특정한 음식을 먹거나 특이한 물건을 몸에 지니는 방법
을 들 수 있다. 간단한 주술기자의 예는 산모에게 첫국밥을 해주고 대신
그 집의 쌀과 미역을 받아다 국밥을 지어먹는 것이다. 임신 못하는 여자
는 설날 낳은 계란을 먹으면 임신하게 된다[48]고 한 것을 비롯하여 주술
기자로서 잉태를 위해 먹는 음식이 많았다. 모란꽃·백련초 삶은 물을 먹
거나, 익모초·쑥 등을 먹으면 효험이 있다고 믿었다. 수탉의 생식기를

---

48) 최래옥, 앞의 사전, 247면.

날로 먹거나 붉은 거미를 세 마리 잡아먹으면 남아를 출산한다고 했다. 남근을 상징하는 돌부처의 코를 문질러서 그 가루를 물에 타 먹기도 했는데, 전국에 산재한 석불 가운데 코가 온전한 것이 거의 없는 것도 이 때문이다. '공구 뜬 물 마시기'라 하여 우물이나 냇물에 세로로 떠 있는 작은 나무토막이나 마디가 있는 짚토막을 물과 함께 떠서 마시면 남아를 출산한다는 믿음도 안동지방에 전해지고 있다. 세로로 떠 있는 나무토막은 남근을 상징하며, 물은 여성의 생리로 풍요와 관련이 있다.[49]

아들을 갖기 위한 특이한 행위들이 많이 있었다. 아기 낳은 집 여인의 피 묻은 속옷을 훔쳐다 입기도 했다. 피 묻은 속옷을 '개짐'이라 하는데, 개짐을 몸에 지니는 게 가장 효력이 있다고 믿었다. 아들 낳은 집의 금줄에 달아놓은 고추를 몰래 훔쳐서 방 안에 걸어놓기도 했는데, 도둑 맞은 집에는 불행이 닥치고 후손이 끊어지는 것으로 인식했다. 실제로 고추 절도를 고발한 소송사건이 이따금 보도되었다.[50] 은이나 쇠 또는 나무로 만

요석공주와의 운명적 사랑을 다룬 뮤지컬 〈원효〉(2011)

든 도끼를 속옷 끈에 차기도 했다. 상류층은 은도끼나 쇠도끼를 찼고, 서민들은 나무도끼를 만들어 지녔다. 도끼는 음양의 교합을 상징하는 것으로서 일찌기 원효대사가 요석공주를 취하기 위해 "자루 없는 도끼를 받아줄 그 누가 없을까/하늘을 떠받드는 기둥을 내가 찍어주련만…"[51]이라

49) 정성희, 『조선의 성풍속』, 가람기획, 1998. 96면.
50) 백옥경, 「아들낳기, 여성의 영원한 소망?」, 『우리나라 여성들은 어떻게 살았을까』 1, 청년사, 1999, 25면.
51) 일연, 『삼국유사』 권4, 원효불기(元曉不羈).

읊은 바 있다.

배꼽에 뜨겁게 볶은 소금을 담고 그 위에 쑥찜질을 하는 방법도 있었는데 약 200~300번을 한 끝에 합방하면 아들을 낳는다고 하였다. 이 때문에 한국의 많은 여자들은 배꼽둘레에 화상 흉터가 나 있었다.[52] 세 고부(姑婦)가 함께 사는 집 접시 세 개를 훔쳐다가 방아지레 밑에 숨겨두거나 아들 삼형제 둔 집의 수저 세 벌을 훔쳐다가 베개 속에 감춰두기도 했다. 사람은 삼신의 점지를 받아 태어나므로 죽으면 삼신을 돌려주는 것이라 믿고 몰래 초상 때 쓰는 만장을 찢어 속옷을 해 입기도 했다.

보름날 달밤에 달을 보고 숨을 들이마시도록 하는 〈흡월정〉의 습속이 있었다. 시집갈 날을 받은 처녀가 달을 향해 숨을 들이켰다가 내뱉는 것인데, 이 한 번의 숨쉬기를 일기통이라 한다. 일기통 때마다 손뼉을 치며 '한 숨통, 두 숨통 …… 여덟 숨통'을 헤아릴 때까지 숨을 멎었다가 크게 내쉰다. 이렇게 하기를 반복한다. 〈흡월정〉 풍습은 달의 음기가 여자의 출산력에 영향을 준다는 주술적 믿음에서 비롯된 것이다. 정월대보름날 개에게 밥을 주지 않았던 것도 달과 상극인 개(陽)가 여자의 음력을 보강하는 달의 정기를 빼앗아간다고 여겼기 때문이다.

한편 홀수 날에 씨를 내리면 아들이고 짝수 날에 씨를 내리면 딸이 된다[53]고 믿었다. 월경이 끝날 무렵 깨끗한 무명조각을 산문(産門)에 꽂았다가 떼어보아 색깔이 금빛이면 잉태의 적기요, 옅으면 적기가 지난 것이고, 새빨가면 아직 적기에 이르지 않았다고 했다.

오늘날 기자를 위한 치성 또는 주술행위 등은 눈에 띄게 줄어들었다. 그러나 지금도 기자에 대한 관심과 더불어 행위에 대한 호기심과 생명존중의식은 여전히 유지되고 있다.

---

52) 백옥경, 앞의 논문, 26면.
53) 홍만선, 『산림경제』 권12.

뱃속 10개월이 생후 10년보다 중요하다

태아에게 좋은 영향을 주기 위해 임산부는 늘 마음가짐, 언행, 보고 듣기, 음식 등을 조심했는데, 이를 태교라 하는 것이다. 요즘에는 태교의 중요성이 과학적으로 입증되어 병원에서는 태교교실까지 운영하고 있다. 특히 태교음악이라 하여 임신 중 태아에게 음악을 들려주면 두뇌가 발달한다고 한다. 임신 후 출산 때까지 태아는 정서적 · 심리적 · 신체적으로 모체의 영향을 절대적으로 받으므로 임산부는 모든 일에 신중해야 한다.

여성교육의 선구자였던 성종의 어머니 인수대비는 말하길 "아이를 가졌을 때는 잠을 자도 옆으로 눕지 않으며 앉아도 한쪽 가장자리에 앉지 않으며,…눈으로 나쁘고 궂은 것을 보지 않으며 귀로는 음란한 소리를 듣지 않는다"고 했다.[54] 유희의 어머니 사주당 이씨는 생후 10년의 교육보다 뱃속 10개월의 교육이 더 중요하다고 강조하며, 잉태시 부친의 청결한 마음가짐은 모친의 10개월 못지않게 중요하다[55]고 아버지의 태교

사주당 이씨가 지은
『태교신기』

도 언급했다. 또한 사주당 이씨는 어느 방향에서 임신하느냐에 따라 아이의 성격이 달라진다고까지 말했다. 결국 태교는 부모의 역할수행을 강조한 것으로서 생명창조의 주체인 부모의 인품이 자녀에게 절대적인 영향을 미친다고 생각했던 것이다. 가족들까지도 태아의 수명을 생각하여 초상집에 가지 않거나 잔인성을 억제하는 뜻에서 산 짐승을 잡지 않는 등

---

54) 소혜왕후 저, 육완정 역주, 『내훈』, 열화당, 1984, 149면.
55) 사주당 이씨, 『태교신기(胎敎新記)』 1장 2절.

금기사항을 지켰다.

임신을 하면 무엇보다 태아의 정상적인 신체발육을 위해 금기하는 음식물이 많았는데, 관련된 내용은 다음과 같다. 임산부가 개고기를 먹으면 부정 탄다. 닭고기를 먹으면 아이가 닭살이 된다. 메밀묵이나 도토리묵을 먹으면 유산한다. 문어(또는 오징어)를 먹으면 뼈 없는 아이를 낳는다. 버

육손이를 낳는다는 생강

섯을 먹으면 경풍이 많고 요절하기 쉽다. 비늘 없는 고기를 먹으면 난산하기 쉽다. 오리고기를 먹으면 아기의 발이 붙는다. 율무를 먹으면 낙태의 위험이 있다. 자라고기를 먹으면 아이 목이 자라처럼 짧아진다.[56] 이 밖에도 금기음

식물은 많다. 반면 임산부 자신의 건강과 태아를 위해 닭과 인삼을 달여 먹이거나 염소를 고아 먹이거나 잉어를 삶아 국물을 마시게 했다. 해산달에는 미끄럽게 잘 분만하라는 뜻에서 돼지고기를 많이 먹게도 했다. 요즘도 순산을 위해 돼지 삼겹살을 많이 먹는다고 한다.

지역에 따라 금기하는 사상(事象)과 음식의 종류 및 그 음식이 미치는 영향 등에 차이를 보이는 편이다. 사상은 물론 음식물의 형태나 속성이 태아에 영향을 준다는 것은 프레이즈의 '유사법칙'으로 설명될 수 있다. 프레이즈는 유사는 유사를 낳는다—결과는 원인과 유사하다는 것을 유사법칙이라 하고 이를 동종(同種)주술 혹은 모방주술이라고도 했다.[57] 생강을 먹으면 육손이를 낳으며 고사리나 여뀌 등을 먹어도 유산한다고 했다. 유산을 방지하기 위해 은가락지나 호박순 삶은 물 등을 마시기도 했다. 조상들이 태아를 보호하기 위해 얼마나 노력했는가를 말해준다.

---

56) 최래옥, 앞의 사전, 245~246면.
57) Frazer, James George 저, 김상일 역, 『황금의 가지』, 을유문화사, 1982, 42면.

금기사항이 많았던 것을 통해 생명의 잉태를 신성시하는 우리들의 신앙적 사고를 엿볼 수 있다. 태교 가운데 가장 중요하게 인식했던 것은 욕심을 부리지 않는 것이었다. 현대에도 태교의 중요성은 사라지지 않고 오히려 점차 강조되고 있다. 그만큼 현실적 상황은 좋지 않다고 할 수 있다. 현대를 사는 우리들은 생명중시라는 전통사회의 태아관을 새삼 음미할 필요가 있다. 오늘날 야기되는 불임은 물론 기형아 출산 등의 심각한 문제들 가운데는 임신 중에 삼가지 않은 생활의 문란에 탓을 돌려야 할 점이 많다. 중국에서는 해마다 수십만 명에 달하는 선천적인 장애자가 태어나는데 그 원인은 근친결혼을 하는 데도 있지만 태아교육을 홀시한 데도 원인이 있다고 한다.[58] "태중에 아무렇게나 다루면 자식이 병신이 된다"[59]는 속신어가 있다.

태몽을 꾸고 태아의 성별을 점치다

한국사람들의 대부분은 태몽을 꾸는 것으로 알려져 있다. 바위에 올라 자살한 노무현 대통령의 경우 수염이 하얀 노인이 나타나 그의 어머니에게 백마의 고삐를 쥐어주었다고 한다. 백마는 창칼이 부딪치는 전쟁터에서 장군이 타는 말이다.[60] 그래서 그런지 대통령 재직시 그는 늘 긴장하는 듯했고 사회는 평안할 날이 거의 없었던 것 아닌가. 일찍이 고려의 훌륭한 정치가 정몽주(鄭夢周)는 꿈에 중국의 위대한 정치가 주공을 보았다 해서 붙여진 이름이다. 퇴계 태실의 대문 이름이 성임문(聖臨門)인 것은 퇴계의 어머니인 춘천박씨가 임신했을 때 공자가 문을 열고 들어오는 꿈을

---

58) 김인옥, 『중국의 생활민속』, 집문당, 1996, 97면.

59) 최래옥, 앞의 사전, 296면.

60) 〈조선일보〉, 2006. 2. 24, 조용헌살롱.

성임문, 퇴계 태실의 대문 이름

꾸었던 데 기인한다.

태몽을 꾸고 나서 아이가 탄생한다는 점에서 태몽은 통과의례의 성격이 강한 편이다. 임신한 어머니가 꾸는 경우가 가장 많고 아버지나 할머니 등 친척이 대신 꾸는 수도 있다. 태몽을 꾸는 시기는 부정모혈(父精母血)이 뭉쳐서 막 임신이 되었을 때가 많다. 태몽의 내용에는 태아의 운명에 관한 것이 많다. 특히 태어난 해 간지(干支)의 동물에 따른 속성과 태어난 시(時)에 따라 해석이 달라진다. 그러나 많은 경우 성별에 관한 것이다. 태몽에 나타나는 남성 상징물은 해, 산, 소, 돼지, 호랑이, 수탉, 잉어, 미꾸라지, 밤, 대추, 감자, 고구마, 무, 오이, 호박, 고추, 가지 등이고 여성 상징물은 조개, 가재, 달걀, 게, 복숭아, 곶감, 연꽃, 배추, 쑥, 딸기, 사과, 학, 반지 등이다. 이와 같이 남녀를 구분 짓는 상징물의 대부분이 남녀성기에 유사성을 두고 있다.

아들을 낳아야 며느리로서 존재가치를 누릴 수 있었던 전통사회에서는 뱃속에 있는 태아의 성을 감별하고자 하는 태점이 꽤 발달했었다. 훌륭한 자식을 낳기 위해 합궁의 날짜와 시간을 계산했다. 임산부와 남편의 나이를 합한 수가 홀수면 아들이고 짝수면 딸이요, 임신한 달이 음월이면 아들이고 양월이면 딸이라 했다. 또 산모의 나이가 짝수이고 산달이 5월 이전이면 아들을 낳고, 산달이 단오 이후면 딸을 낳는다고 했다. 부부의 연령을 합하고 산달의 월수를 합한 것이 홀수면 아들을 낳고, 부부의 연령에 산달의 수를 합하고 그것에서 2를 뺀 것이 홀수면 아들이라 했다.

임산부의 동태를 보고 태아의 성별을 점치기도 했다. 임산부가 잠이 많

이 오고 입덧이 심하면 아들이라[61] 했으며, 신 것이 무척 먹고 싶고 몸이
무거우면 아들이라 했다. 배가 크게 부르면 남자아이가 태어나고, 배의
위가 부르면 아들이고 밑이 부르면 딸이라[62]고 했다. 뱃속에서 좌우로
움직이면 아들이고 상하로 움직이면 딸이라 했다. 배꼽이 튀어나오고 무
르면 아들이고 밋밋하고 단단할 때는 딸이라 했다. 왼쪽 유방에 딴딴한
응어리가 생기면 아들이요 오른쪽이면 딸로 알았다. 엉덩이가 넓적하면
아들이고 볼록하면 딸이라 했다. 뒤에서 불렀을 때 왼쪽으로 돌아보면 아
들이고 오른쪽으로 돌아보면 딸이라고 했다.

딸로 점지되더라도 아들로 바꿀 수 있다고 여겨 시어머니가 수탉의 긴
꼬리털 세 개를 뽑아 며느리 잠 자는 요 속에 몰래 넣어놓기도 하고 도끼
를 요 밑에 깔아주기도 했다. 유황 한 덩어리나 활줄을 붉은 비단주머니
에 넣어 임산부의 왼쪽 허리에 차고 다니면 태아의 성이 바뀐다고도 했
다. 실제로 『동의보감』에도 임신 3개월까지는 약을 먹거나 하는 방술로
태아의 성을 바꿀 수 있다고 기록되어 있다.

태몽·태점에 나타난 물체를 남녀성기로 상징화하여 태아의 성별을 구
분 짓는 방법이 과학적일 수는 없다. 그러나 이런 현상들이 오늘에 이르
기까지 전승되는 점들은 성기신앙의 본질적 의미를 이해하게 하는 관건
이 된다.

엎드리거나 앉아서 아기를 낳다

첫 아이는 친정에 가서 낳으면 명이 길고 좋다고 하는가 하면 자신의 집
에서 낳는 것이 더 좋다고도 하였다. 출산 며칠 전에 미리 산실 한 구석에

---

61) 최래옥, 앞의 사전, 246면.
62) 최래옥, 위의 사전, 246~247면.

밥, 국, 물만 차려놓은 삼신상

쌀, 정화수, 미역, 실타래, 돈 등으로 삼신상을 차려두었다. 대개 산실은 안방 아랫목으로 정하는데, 출산이 중요했던 만큼 시어머니가 며느리에게 양보해서 아이를 낳도록 했던 것이다. 산실에 깨끗한 짚을 깔고 그 위에 삼신상을 차려놓고서 아기의 안전한 탄생을 위해 삼신에게 빌었다. 1960년대까지도 방바닥에 짚을 깔고 아이를 낳는 경우가 많았다. 짚은 농경문화를 반영하는 것으로 토지를 의미하며, 소중한 쌀을 생산해낸 볏짚은 청정한 식물일 뿐만 아니라 생명을 존속시켜 주는 다산의 식물이다. 그래서 짚은 항상 신성한 것으로 인식되어 왔다. 우유를 먹고 설사한 아기에게 볏짚을 삶은 물을 먹인다[63]고도 한다.

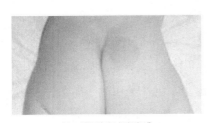

몽고반점(바이칼반점)

출산의 신이라고도 불리는 삼신은 아기의 모든 운명을 좌우하는 신령한 힘을 가졌다. 따라서 태어난 아기의 순조로운 성장을 위해서나 모든 부정을 가시게 하기 위해서 삼신께 정성껏 빌었다. 갓 태어난 아기의 엉덩이에 몽고반점(바이칼반점)이라는 파란 멍이 있는 것도 삼신할미가 얼른 세상에 나가라고 밀어내서 그렇다고 믿었다. 이능화는 환인·환웅·단군을 삼신이라 일컬으며 호산(護産)의 삼신과도 부합된다고 한 바 있다.[64] 이로 볼 때 오늘날까지 이어지는 출산풍습은 대부

---

63) 최래옥, 앞의 사전, 235면.
64) 이능화 저, 김상억 옮김, 『조선여속고』, 동문선, 1990, 282면.

분 〈단군신화〉에서 유래한다고 할 수 있다.

뒤집어놓는다는 댓돌의 신발

전통사회에서는 산실에 들어가는 산모가 신발을 돌아다 보며 "다시 살아 저것을 신을 수 있을까"라고까지 했다. 출산의 고통이 얼마나 심한가를 짐작케 하는 말이다. 순산을 위한 습속도 여러 가지였다. 진통이 시작되면 시어머니는 산실 앞에 곡식 되는 말을 뒤집어놓고 앉았는데, 말 비우듯이 순산하라는 주술이다. 집 안의 서랍을 모두 빼놓거나 댓돌 위의 신발을 뒤집어놓기도 했다. 빼놓은 서랍처럼 아이도 자궁에서 잘 빠지고 뒤집어놓은 신발처럼 자궁을 쉽게 비우라는 유감주술의 일종이다. 진통이 지속될수록 시어머니 얼굴이 피어나기도 했는데, 난산일수록 아들로 여겼기 때문이다. 아들이기를 비는 간절한 마음에 진통하고 있는 산모의 발바닥에 양(陽)의 원천인 하늘 '천(天)'자를 쓰기도 했다.

함경도엔 '상투끌이'라는 것이 있어 아내가 진통할 때 남편은 산실 밖에서 문구멍으로 상투를 들이밀어 아내로 하여금 상투를 부여잡고 힘을 쓰게 했다. 평안도에서는 '지붕지랄'이라는 것이 있어 아내의 진통이 시작되면 남편은 지붕 위에 올라가 용마루를 붙들고 비명을 지르며 나뒹굴었다. 진통의 고초를 함께함으로써 순산을 돕고자 했던 의도에서 나온 이런 풍속이 물론 우리나라에만 있었던 것은 아니다. 영화 〈몬도가네〉에서 보듯 아프리카에서는 아내가 진통을 하는 동안 남편은 거듭해서 물에 빠져 죽는 시늉을 낸다. '쿠바드'라 하여 출산의 고통을 분담하는 세계적인 풍속이 있으며, 중국 장족의 남편들은 40일 동안 아내와 출산 고통을 함께해야 한다고 알려져 있다.

이밖에 남편의 허리띠를 산모의 허리에 둘러주거나 남편이 산모의 팔 다리를 잡아주는가 하면 남편의 신을 산모의 머리맡에 놓아두기도 했다. 원효의 어머니도 남편의 옷을 나무에 걸어놓고 그 아래서 순산했다고 한다.[65] 심지어 산모의 순산을 위해 남편이 뒷간에 가서 대변을 보기도 했다.

얼마 전 TV에서 방영된 '남극의 눈물'이라는 다큐멘터리는 시사하는 바가 컸다. 영하 60도의 남극 추위 속에서 50일간 알을 부화시키는 아빠펭귄의 모습은 감동적이다. 얼음 바닥을 피해 엄마펭귄이 아빠펭귄의 두 발등 위에 알을 낳아놓으면 아빠는 부화할 때까지 뱃가죽으로 덮어 따뜻한 온도를 유지한다. 그동안 움직이지 않고 몇 주일을 굶주리고 있다고 하는 것을 보면 출산과 더불어 고통을 감내해야 하는 아버지의 육아 역할은 천연적인 것이 아닌가 한다.

출산할 때 산모는 홑치마만 입고 속옷은 벗어버린다. 이때 입은 치마를 보통 '피옷'이라고 부르는데 검은 치마나 쪽물 들인 것이 많다. 이 피옷은 출산 후 3일째 되는 날 벗고 목욕한 후 다른 옷으로 갈아입는다. 산모는 무릎을 꿇고 엎드려서 아기를 낳는데 이 자세가 우리 민족의 아기 낳는 전통적인 자세로서 그래야만 산모가 힘쓸 수 있다는 것이다.[66] 또한 전통적으로 산모들은 앉은 자세나 선 자세로 아기를 낳았다. 골반이 가장 잘 벌어지기 때문이었는데, 이는 인류의 공통적인 분만법이기도 하다.

탯줄을 자르고 첫국밥을 먹다

아기는 10달 동안 어머니의 뱃속, 즉 자궁 안에 있었다. 어두운 자궁은 우주의 신비를 머금은 것과 같은 창조적 공간이다. 자궁의 호흡 또는 자

---

65) 일연, 『삼국유사』 권4, 원효불기.
66) 나승만, 「공동체의 의례생활」, 『한국민속학 새로읽기』, 민속원, 2001, 196면.

궁의 숨결을 '태동(胎動)'이라 하며 우리가 모든 시작을 예비하는 상태를 태동이라 하는 것도 쉽게 수긍할 수 있다. 그동안 아기는 자궁으로 이어진 탯줄로 생명을 유지해왔다.

아기가 태어나면 탯줄을 자르는데, 이를 '삼갈이'라고 한다. 탯줄은 보통 아기 배꼽에서 한 뼘쯤 떨어진 곳을 실로 묶어 소독한 가위로 자른다. 여아가 태어났을 땐 다음 아이는 꼭 아들이기를 바라는 뜻에서 낫이나 식칼을 썼다. 아이의 수명을 길게 한다 하여 이빨로 자르기도 한다. 아들이 태어나면 산모가 이빨로 끊고 그 침을 삼키는데, 이는 아기의 무병장수를 기원하는 뜻이 담겨 있다. 아이를 낳고 태가 나오지 않을 때는 달비(여자의 뒷머리 가발)를 입에 물면 태가 빠진다[67]고 했다.

자른 태(胎)는 대개 3일 이내에 정갈하게 처리한다. 태는 일반적으로 부정 타는 것을 꺼려 재생의 염원을 담아 불에 태우거나 땅에 묻었으며, 돌을 달아 물에 띄우기도 했다. 만약 태를 함부로 버리거나 하여 개나 돼

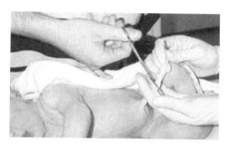

신중하게 행하는 탯줄자르기

지 등이 먹게 되면 신생아에게 불길하다고 여겼다. 태의 처리가 아기의 생명이나 장래에 관계가 있다고 믿어 절 같은 데에 보관하기도 했다.

물론 왕실에서는 자손이 태어나면 '태실'이라 하여 항아리나 석실에 태를 넣어 소중하게 다루었다. 2006년 김유신 장군의 태실이 훼손된 사건이 크게 보도된 바 있다. 김유신의 태실은 신라 진평왕 17년(595) 만명부인이 서현과의 야합이 있은 후 신기한 태몽을 꾼 뒤 충북 진천읍 상계리에서 김유신을 낳은 후 마을 뒷산인 태령산에 설치한 것이다. 경북 성주

67) 최래옥, 앞의 사전, 209면.

우리나라 최대의 태실집단지, 경북 성주군의
선석산에 있는 세종대왕 자손들의 태실

군 월항면 선석산에는 세조·안평 등 세종대왕의 18왕자와 원손(元孫)인 단종의 태를 안치한 19기의 태실이 있으며, 그곳은 우리나라 최대의 태실 집단지로 유명하다. 태실은 주변에 금표를 세워 보호했는데, 금표를 세운 범위는 왕은 300보, 대군은 200보, 왕자와 공주는 100보 거리였다. 조선왕조의 태실은 전국의 명당에 흩어져 있었으나 일제강점기에 태실 대부분을 서삼릉(경기 고양)으로 모으는 과정에서 대부분 이전됐다.

탯줄(제대)은 간질, 폐병 등에 좋다고 한다. 탯줄을 말려두었다가 아이가 발병했을 때 들여 먹이면 약이 된다고 믿는 지방도 있다.[68] 요즘은 태반이 간에 좋고 피부에 탄력을 줄 뿐만 아니라 암, 혈액질환 치료에 효과적이라 하여 다른 생명을 살리는 데 이용되며 화장품의 원료로도 각광을 받고 있다. 2013년에는 탯줄에서 나오는 혈액이라는 제대혈을 이용해 세계 최초로 뇌성마비 치료에 효과를 보았다는 보도가 있었다. 정력제라 하여 태를 먹는 사람도 많다.

태를 가린 신생아는 얼른 따뜻한 물에 부드러운 천이나 풀솜을 적셔 온몸을 닦아준다. 그 후에 감초를 달인 물 또는 미나리 즙, 인삼 달인 물을 숟가락에 떠서 입안에 세 번 넣어준다. 또는 들기름을 깨끗한 풀솜에 흠뻑 묻혀서 입안을 닦아주기도 한다. 이렇게 하면 잡병을 예방할 수 있다고 보는 것이다. 그리고 포대기나 강보에 싸서 뉘어놓는다. 이때 아기를 산모와 역으로 뉘면 좋다. 신생아를 머리가 남쪽으로 향하도록 하고 산모의 머리를 북쪽으로 향하게 하는 것이 보통이다. 일부 지방에서는 아

---

68) 임동권, 「한일산육속의 비교」, 『한국민속학』 12, 민속학회, 1980, 154면.

기가 태어난 날의 지지(地支)에 따라 달리하는 경우도 있다.[69]

출산 직후 아기를 낳은 집에서는 삼신상이라 하여 삼신메라는 쌀밥과
미역국을 차려놓고 삼신께 산모
와 아기의 보호를 빌었다. 특히
아기를 점지해준 삼신에게 고마
운 마음을 표하면서 아이의 성
장은 물론 명과 복을 누리도록
보살펴 달라고 치성을 드렸다.
그리고 나서 쇠약해진 산모에게

아기를 낳았을 때 먹는 첫국밥

삼신상에 놓였던 미역과 쌀로 첫국밥을 지어 먹였다.

미역은 다른 해조류와 마찬가지로 에너지 함량이 낮은 가운데 무기질,
비타민, 섬유질 등을 많이 함유한 식품으로서 현대인들의 만성질병 예방
에도 좋은 것으로 정평이 나 있다. 더욱이 미역에는 칼슘, 요오드가 풍부
하여 젖을 먹여야 할 산모에게 좋으며, 또한 미역국은 파혈(破血)의 성분
이 있어 산모에게 좋다고 한다.[70] 산모가 처음으로 먹는 첫국밥은 고기
를 넣지 않고 담백하게 소미역국을 끓인 것인데, 첫국밥을 지을 때는 밥
을 넘기지 않도록 조심한다. 첫국밥을 넘기면 아기가 젖을 토한다[71]고 믿
기 때문이다. 아기의 수명장수를 염원하는 마음에서 쌀은 아홉 번 씻고
미역은 접거나 끊지 않은 장곽으로 끓이는 것이 통례로 되어 있다.[72]

출산 후 먹는 미역국은 이 땅의 어머니들에게 환희와 축복의 음식이나
다름없다. 미역국은 탄생이라는 속뜻을 내포하고 있으며, 수명과 관계된

---

69) 안은희, 「백일/돌/생일」, 『한국민속대관』 1, 고려대 민족문화연구소, 1982, 535면.
70) 이능화, 앞의 책, 281면.
　　중국에서는 미역국은 산모의 뼈에 바람이 든다는 설이 있어 먹지 않는다고 한다.
71) 최래옥, 앞의 사전, 182면
72) 강인희 외, 『한국의 상차림』, 효일문화사, 1999, 51면.

다는 믿음 때문에 산모에게 주는 미역을 살 때는 절대 가격을 깎는 법이 없으며, 장곽을 사서도 중간을 꺾거나 자르지 않고 긴 채로 들고 오는데 '산고를 덜 느끼고 아기를 낳으라'는 기원이 깃들어 있기 때문이다. 산모의 미역국을 끓일 때는 살생을 피한다는 뜻에서 고기 대신 말린 홍합을 넣을 정도이다. 탄생을 소중히 기리는 뜻에서 생일날 미역국을 먹는 풍습은 지금도 여전하다.

배냇저고리를 입히고 젖을 먹이다

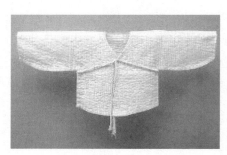

신생아의 몸 전체를 쌀 수 있는 배냇저고리

산후의례는 아기가 세상에 태어난 지 3일이 되는 날부터 시작된다. 산모는 처음으로 쑥물로 몸을 씻고 아기도 이때 비로소 목욕시키는데, 첫날은 위로부터 아래로, 그 다음날은 아래로부터 위로 씻기면 발육이 고르다고 한다. 3일째 되는 날부터 시작해서 백일까지 매일 씻기게 된다. 목욕을 시킨 후 물을 함부로 버리지 않았다. 목욕시킨 물조차 깨끗한 곳에 버릴 만큼 생명에 대한 외경스러움이 있었던 것이다.

아이가 태어나서 처음 입는 옷을 '배냇저고리'라 한다. 남녀 구분 없이 2~3벌을 만들어 세이레 동안 입히는 옷이라 하지만 주로 백일까지 간다. 배냇저고리는 재봉틀도 사용하지 않고 손바느질로 만든다. 오래 살라고 남의 것을 빌려다 입히기도 한다. 옷감은 부드러운 흰색의 융이나 면 종류를 쓴다. 모양은 한복 저고리와 같은 형태지만 신생아의 몸 전체를 쌀 수 있게 만든 긴 저고리이다. 손톱으로 얼굴을 할퀴지 못하게 소매를 길게 하며 깃이나 섶은 달지 않고 약식으로 만든다. 단추를 달지 않고 옷고름은 7겹의 실로 길게 다는데, 아기의 수명이 끈처럼 길기를 바라는 간절함이 서려 있다. 물론 고름을 실로 다는 것에는 아이가 눕거나 업힐 때 몸이 배기지 않게 하려는 지혜가 담기기도 한다. "애기 배냇저고리를 넣어가면 시험을 잘 본다"[73]고 하여 시험 보러 갈 때는 물론 전쟁터에 나갈 때, 심지어는 놀음판에 갈 때까지 배냇저고리를 갖고 갔다. 배내옷을 소중히 여기는 마음은 지금도 여전하여 부모들이 잘 보관해두었다가 아이가 성인이 되었을 때 사랑에 대한 상징으로 전해주기도 한다.

갓난아기의 수유시기는 대체로 출산 후 3일 만에 젖꼭지를 미역국으로 씻은 다음 먹이기 시작하여 돌이 지나면 뗀다. 민간에서는 "어린애가 어머니 젖을 여덟 개월 동안 먹으면 건강해진다"[74]고 했다. 젖이 적을 때는 돼지족발, 메기, 잉어, 미역국, 시금치, 상추쌈 등을

어머니의 젖을 먹는 아이

많이 먹는다. 너무 많이 나올 때는 짜서 부정(不淨)이 없는 장독대에 버려야 좋다고 했다. 생선은 산후 회복이 늦고, 닭고기는 젖이 나빠진다고 하여 금하기도 한다. 모유는 아이 건강에 절대적 요소로 인식되었으므로 젖에 관한 주술행위나 금기사항이 매우 많다. '구수젖'이라 하여 젖꼭지가 나오지 않는 경우는 남편이나 힘센 사람이 빨아주어 나오도록 했다. 임산부가 아이에게 젖을 물리는 육체적 접촉이야말로 어머니와 자녀 간의 유

---

73) 최래옥, 앞의 사전, 197면.
74) 최래옥, 위의 사전, 221면.

산모에게 좋은 잉어

대를 극명하게 드러내며 생명의 존귀함을 피부로 느끼게 하는 본보기라 하겠다.

산모의 허약한 몸을 빨리 추스리는 데는 잉어가 좋다. 잉어는 산 것을 매달아놓고 꼬리를 칼로 잘라 피를 뺀 다음 배를 갈라서 지느러미를 떼어내고 골을 찔러 황즙을 뽑아내어 냄새가 없도록 만든다. 그 다음, 술·생강·파·간장을 넣고 오래 고아서 국물이 죽 상태로 되게 하여 받쳐서 마신다. 잇몸이 들떠 있는 산모가 조심할 음식은 냉수·사과·무 같이 차가운 것이나, 맵고 딱딱한 음식 등이다. 요즘도 산모의 몸조리는 매우 중시되어 산후 찬바람을 쐬거나 찬물에 손을 담그지 못하도록 하고 자극적인 음식도 삼가도록 하고 있다. 산모의 건강과 안정을 위해서는 집 안에서 가축을 잡아서도 안 되고 가족의 초상집 출입도 금지되었다. 관청에서 일하는 노비들의 경우 건강회복을 위해 산후 50일의 휴가를 주고 남편까지 15일의 휴가를 주었다.[75] 생명 탄생에 대해 얼마나 경건하게 인식했는지를 단적으로 확인케 하는 대목이다.

세이레 동안 금줄을 치다

아이가 태어나면 1970년대까지도 민가에서 금줄을 쳤다. 기록에 따르면 이 풍속은 고조선 단군시대부터 고유하게 있어 왔다. 아기를 낳은 집

---

75) 한국학문헌연구소 편, 『경국대전(經國大典)』 5권 형전(刑典), 공천(公賤), 아세아문화사, 1983, 489면.

에서는 곧 왼새끼를 꼬
아서 문 위에 가로 거
는 습속이 있어, 외부
인은 이것을 보고 들어
가지 않는다. 만약에
남자아이면 새끼줄에
붉은 고추와 푸른 솔가

21일 동안 대문에 걸었던 금줄

지를, 여자아이면 생 솔가지와 숯덩이를 꽂는다.76) 붉은 고추는 사악함
이나 불길함을 막는 역할을 상징적으로 나타내는 것으로, 특히 빨간색은
양기를 상징하고 모든 것을 태워 없애는 불을 표상하는 색으로 음기인 귀
신이 무서워하는 색깔이다. 숯은 더러운 것을 태워버리고 남은 덩어리로
서 다른 물질을 정화시키는 신성한 것이다. 장독에 숯덩이를 넣는 것도
정화의 의미가 있고, 또한 숯은 생명체의 변함 없는 성장을 뜻하기도 한
다. 따라서 남아 출생시에도 숯을 끼운다. 그러나 숯은 검은색인 음색이
므로 여자를 상징한다고도 본다. 아들이나 딸 모두 칼을 꽂음으로써 잡신
을 막아 산실을 보다 성스럽게 보존하고자 하는 지방도 있다.77)

　금줄에 매다는 물건은 지방에 따라 약간의 차이가 있으나 대체로 아들
인 경우는 고추, 딸인 경우는 백지와 목화 등이었다. 우리 민족은 오랜 세
월 동안 백색을 숭상해왔다. 농경생활을 해온 우리 민족은 옛날부터 태양
을 숭배해왔는데, 그 빛이 희므로 흰색을 신성시했던 것이다. 머리가 하
얀 노인을 신으로 여긴 것도 이러한 데 연유된다. 거슬러 올라가 백마와
관련된 〈박혁거세신화〉나 흰 닭과 관계된 〈김알지신화〉 등에서 이미 백
색이 예로부터 우리 민족에 있어서 상서롭고 고상하여 신령스러운 색으

---

76) 이능화, 앞의 책, 281~282면.
77) 권우행, 앞의 논문, 48면.

로 인식되어 왔음을 알 수 있다. 금줄에 끼우는 백지 같은 것도 신성성을 나타내기 위한 것이다.

일상과 달리 신성한 일이 있을 때는 왼새끼를 꼬아 겒으로서 부정한 것이 접근하지 못하도록 했다. 왼새끼는 귀신을 쫓는 힘을 갖고 있다고 믿었던 것이다. 고대부터 우리나라를 비롯한 몽골이나 퉁구스족 등에서 왼쪽은 비일상적이고 거룩하고 옳은 것을 상징한다. 이와 같이 생명의 탄생이나 신성한 행위를 할 때 금줄을 친다. 금줄은 가정에서 굿을 할 때도 대문 앞에 걸었고, 마을에서 동신제를 지낼 때도 당집이나 당산나무 둘레에 쳤다. 집 안의 가축이 새끼를 낳았을 때도 치며, 장을 담갔을 때 장독에 치기도 했다. 금줄은 신성한 곳에 부정한 것이 들어오지 못하도록 경계하는 뜻을 표시하는 것이다. 개성지방에서는 출산한 집 대문에 금줄을 치는 대신에 방을 써 붙였다.[78] 금줄을 치는 대신 대문 앞에 황토를 뿌리는 집도 있다.

조상들이 금줄을 쳐서 세이레(21일) 동안 외부인의 접근을 막은 것이야말로 묻어들 병균으로부터 신생아를 보호하는 지혜가 아닐 수 없다. 옛날에는 가족들이라도 한 7일이 지나야 아기를 볼 수 있었다. 첫(초)이레에 또 중요한 것은 새 포대기를 갈아주고 동여맸던 팔 하나를 풀어놓는 일이다. 두이레가 되면 나머지 팔 하나마저 풀어주어 두 손을 자유롭게 한다. 그리고 세이레가 되면 금줄을 내리고 삼신상을 치우기도 한다. 이때 비로소 아기를 공개하고 산모가 일상의 생활로 돌아오게 된다. 민간에서는 "아기가 태어나서 한 달 내에는 아무에게도 보여서는 안 된다"[79]고도 했다.

우리나라에서는 잔치를 하면 떡을 마을사람들과 나누어 먹는 풍습이 있으나 삼칠일 동안에는 백설기를 밖으로 내보내지 않고 가족과 친척끼

---

78) 강숙자, 앞의 책, 62면.
79) 최래옥, 앞의 사전, 205면.

리만 나누어 먹었다. 아직 어린 아기와 산모가 외부에 노출되는 것을 꺼렸기 때문이다. 강원·충북지역에서는 초이레에 금줄을 걷고 외부인의 출입을 허용하기도 하는 등 삼칠속은 지방마다 차이를 보인다.

신생아의 무병건강을 기원하는 습속 가운데 금기하는 기간이 7일인 것은 7일을 주기로 하여 신생아의 발육이 두드러지게 일단을 짓기 때문이다. 7일이 지나면 신생아에게 부정이 끼지 않는다. 또 7일이 세 번 지나면 신생아는 질병에 대해 저항력이 생긴다고 믿었던 것이다. 물론 7일이라는 기간을 기준으로 해서 행사가 이루어지는 것은 칠성신을 모시는 우리의 민간신앙과도 관련이 있다. 3주 정도 신생아를 보호하고 산모의 건강회복에 주력하면서 외부인들의 출입을 삼가는 일은 지금도 필요하다고 하겠다.

백일은 진정 생명탄생 1주년이다

산육례 가운데 출산 후 육아의례는 분만 후 백일, 돌에 이르기까지 신생아가 무사히 성장한 것에 대해 축하하는 의례이다. 신생아를 함부로 다룬다면 정상인으로 바르게 성장하기 힘들 것이다. 신생아가 21일이 지나면 외부인들과의 접촉이 허용되므로 부모들은 신생아의 건강에 유달리 신경을 쓰게 된다. 만약 점을 쳤을 때 아기의 수명이 짧다고 할 경우에는 명을 길게 하기 위해 점쟁이에게 아기를 팔기까지 했으며, 아기가 허약할 경우 바위나 나무에 양자를 보내 건강 장수토록 했다. "어린애가 난 지 100일 안에 손을 내어놓으면 커서 도둑질을 한다"[80]고까지 말하며 조심했다. 신생아의 머리카락은 백 일이 지난 다음에야 깎아준다는 것도 육아에 관한 금기풍속이다. 신생아를 건강하고 훌륭하게 키우기 위한 육아풍속과 관련된

---

80) 최래옥, 앞의 사전, 221면.

금기어도 많다. 신생아를 껴안고 '무겁다'고 하거나 '살이 쪘다'고 하지 않는다. 그렇게 하면 아이가 야윈다거나 병든다고 믿었던 것이다. 신생아를 보고 "그 놈 참 밉다"라고 반어적으로 표현한 것은 질투심 많은 악귀가 해치지 않을까 우려했기 때문이다.

근대 이전 '아기 낳아 반타작'이라는 말이 있을 정도로 우리나라에서는 영아사망률이 매우 높았기 때문에 아이의 출생에 대해 축하를 삼간 편이다. 아기가 출생한 후 100일이 가까워져야 이름을 지어주었던 것도 영아사망률이 높았던 데 연유한다. "아이 이름을 천하게 지어주면 장수한다"[81]는 속신어가 있었던 것도 간과할 수 없는데, 중국에서도 아이가 탈없이 잘 자라라고 천한 이름을 지어준다. 아이에게 천한 이름을 붙여주었던 것은 질병이나 잡스러운 것으로부터 탈피 건강 장수하기를 바라기 때문이다. '개똥', '돼지', '바보', '바위', '돌이' 등의 이름이 그 예이다. 이런 이름들은 너무 천해서 귀신도 관심을 두지 않아 아이가 무병장수할 수 있다고 믿었던 것이다. 한편 아들을 선호하는 의식에서 여자의 이름을 '필순(畢順)', '말순(末順)', '말이(末伊)'라 지어 이제는 딸을 그만 낳았으면 좋겠다는 염원을 표시했다. '아들의 터전'이라는 뜻의 '기남(基男)'이나 '다음에는 아들'이라는 뜻의 '후남(後男)'이라는 이름도 마찬가지이다.[82]

아기가 태어난 지 100일이 되면 삼신상을 차리고 성대하게 백일잔치를 한다. 백은 많은 수, 성숙 또는 완전한 수의 의미를 지니고 있는 만큼 백일을 맞아 온전한 사람이 되었음을 축하하는 것이다. 100일은 영아사망률이 가장 높은 시기를 넘어설 뿐만 아니라 갓난아기가 사람을 반겨 벙싯거리게 되니 경사스런 마음이 클 수밖에 없다. 〈단군신화〉에서 곰이 100일 후 인간으로 변하는 것도 예사가 아니다. 새로운 단계로 진입하기 위해

---

81) 최래옥, 앞의 사전, 210면.
82) 박혜인, 「백일·돌·생일」, 『한국민속의 세계』 2, 고려대 민족문화연구원, 2001, 81면.

설정하는 기간 '100일 풍속'의 예는 얼마든지 있다.[83] 더 중요한 것은 100일은 임신이 된 날로부터 대략 1년이 되는 날이라는 사실이다. 수태된 이후 태중에서 자라는 기간은 배란일 이후부터로서 265일간이기 때문에 출생 후 100일은 곧 생명으로서 1년을 맞이하는 첫 생일이라는 것이다.[84] 수태일과 관련 백일의 의미가 부각될 수 있음은 '뱃속 10개월이 생후 10년보다 중요하다'고 했던, 태교의 중요성 언급에서 더욱 분명해진다. 새로운 생명의 탄생 1주년이 되는 '생일날'을 축하하는 이 의례는 고도의 우리 정신문화를 반영하는 예이다.

백일에 입히던 누비옷

백일날 행하는 중요한 의례 중 하나는 출생 후 처음으로 머리카락을 자르는 것이다. 이것을 '배냇머리 깎는다'고 하는데, 배냇머리란 뱃속에서부터 가지고 나온 머리라고 해서 '산모(産毛)'라고도 한다. 배냇머리는 고모가 몰래 깎아주고, 어머니가 보고 놀라면 좋다고 했다. 아이가 놀라지 않도록 전부 깎지 않고 조금 남겨두기도 했는데, 이는 아이의 행복과 장수에도 효과가 있다고 믿었기 때문이다. 손발톱도 백일 전후에 많이 자른다. 백일에는 백색옷감으로 백 줄을 누벼 만든 누비옷을 입히면 백 살까지 산다고 하였다. 아이의 명을 이을 수 있다는 뜻에서 백 집에서 얻은 백 조각의 헝겊을 조각조각 기워서 입히기도 했다.

깨끗하고 신성한 음식의 뜻을 지닌 백설기의 경우 칼을 대는 것이 불길

---

83) 오늘날 남녀가 만난 지 100일이 되었다고 축하선물을 주고 받는 것도 이와 무관하지 않다.

84) 박혜인, 앞의 논문, 83면.

하다 여겨 주걱으로 떼기도 했다. 우리 민족이 흰색을 숭상해왔음은 삼칠일, 백일, 돌 등에 빠지지 않았던 백설기에서도 그대로 나타난다. 흰무리라고 하는 순수무색의 백설기는 일생의례뿐만 아니라 산신제 등 신성한 의례에 두루 쓰였다.

순수무색의 백설기

"백 사람이 먹으면 좋다"고 하여 백설기를 여러 집에 돌렸으며, 떡을 만들어 길을 지나가는 백 사람에게 나눠주어 아이의 명이 길어지도록 했다. 백 사람의 명을 사서 아이에게 이어준다는 것이다. 또 귀신을 막아준다는 붉은 색의 수수팥단지를 만들어주었다. 수수는 알맹이가 많이 달리고 목숨 수(壽) 자가 둘씩이나 들어가므로 자손이 번성하고 수명이 길기를 바라는 뜻에서였다. 오색 송편을 만들어 오행을 고루 갖춘 사람으로 성장하길 염원하기도 했다. 백일잔치는 동북아시아 일대에서 대체적으로 지켜 내려오고 있다. 중국의 '바이루르(百祿日)', 일본의 '모모카(モモカ)'가 그 예이다.[85]

돌복을 입고 돌잡히기를 하다

유아의 사망률이 높던 과거에 첫돌을 넘기고 나면 생존율이 높아지기 때문에 가족과 친척들이 모여 특별히 잔치를 벌여 아이를 축하해주었다. 의학의 발달로 옛날과 같이 돌잔치의 의미가 크지는 않지만 지금도 돌잔치문화가 이어져 오고 있는 것은 아이들의 무병장수와 행복을 기원하는 우리나라 부모들의 자애가 크기 때문이다.

---

85) 박혜인, 앞의 논문, 82면.

돌은 성장의 초기과정에서 완전히 한 고비를 무사히 넘긴 시점이 된다. "돌잡이가 떡을 돌린다"는 말이 있을 정도로 아기의 발육은 현저하게 달라지며 자기 의사에 따라 움직이고 걸음마도 한다. 돌 전에는 주로 흰색 옷을 입히지만 돌 때는 모두 색깔 있는 것으로 마련한다.

돌날에는 남자아이에게도 색동저고리를 입힌다. 오행의 복과 덕을 갖춘 사람으로 자라길 바라는 부모의 소원에 따라 오방색의 색동으로 옷을 만들어 입히는 것이다. 색동저고리는 액을 쫓아내고 복을 부르기 위해 음양오행설에 따른 청(동쪽)·백(서쪽)·적(남쪽)·흑(북쪽)·황(중앙)의 오방색을 이어 붙인 것이다. 이는 옷감이 귀하던 옛날에 여러 조각의 자투리 옷감을 이용하는 생활의 지혜에서 나온 것이기도 하다.

아랫도리로는 보라색 풍차바지에 남색조끼를 입힌다. 풍차바지는 대소변을 못 가리는 아이들이 입기 편하도록 바짓가랑이가 터진 옷이다. 구멍을 뚫어놓은 곳에 바람이 들어오는 것을 막기 위하여 천을 달아놓았는데, 바람 막는

바짓가랑이가 터진 풍차바지

천을 '바람(풍)'을 막는다(차)'는 뜻으로서 풍차라 부른 것이다. 다시 말해 풍차바지는 대소변을 쉽게 볼 수 있도록 앞은 막히고 뒤는 터놓아 끈으로 여밀 수 있게 만든 옷이다. 유아기부터 자력으로 용변을 볼 수 있을 때까지 입히기 위해 만든 것으로 보통 5살 때까지는 풍차바지를 입힌다. 이런 풍차바지는 아이들이 자연스럽게 대소변을 가리게 해주는 옷으로 우리 민족의 예지가 담긴 실용적인 옷이다. '누렁치'라고 하여 상하의가 구분되어 있지 않고 밑이 트여 변을 편히 볼 수 있게 만든 옷도 있다. 모양은 남녀의 구분이 없으나 색깔에 있어서는 남자는 남색, 여자는 분홍색을 입힌다. 5살이 되면 옷에 있어 남녀의 구별이 생기기 시작한다. 여자아이는 치마와 저고리

를 입히고 남자아이는 저고리와 바지를 입힌다.

남자아이들에게는 성인처럼 까치두루마기나 오방장두루마기를 입히고, 그 위에 전복을 입히기도 하며 머리에 복건을 씌어주기도 한다. 전복에는 금박으로 문양을 넣거나 글자로 덕담을 찍어주기도 했다. 원래 전복은 무관복인데, 아이들이 씩씩하고 용감하게 자라길 바라는 마음으로 전복을 입힌 것이다. 발에는 수를 놓고 솜을 두어 누빈 타래버선을 신기고 태사혜를 신긴다. 여자아이들에게는 분홍색 풍차바지에 노란색 색동저고리를 입히고, 빨강치마에 제비부리댕기로 머리를 단장하고 굴레나 조바위를 만들어 씌운 뒤, 아기노리개를 달아주기도 했다. 특히 조선 말기에는 조바위를 씌우고, 당의를 갖추어 입히기도 했다.

돌띠에 오색주머니가 달린
돌복

또한 저고리나 두루마기 위에 돌띠를 매어주고 돌주머니를 채워준다. 돌띠는 수명장수를 기원하는 뜻에서 한 바퀴 돌려 맬 수 있도록 길게 만드는데 남아는 남색 돌띠를, 여아는 자주색 돌띠를 둘러준다. 돌주머니는 앞면에 모란·국화, 뒷면에 수(壽)·복(福)을 수놓는다. 이렇듯 화려한 옷을 해 입히는 돌복을 일컬어 '돌빔'이라 하는 것이며 아기의 장수를 비는 뜻에서 돌복은 단추를 달지 않고 끈을 매준다. 이때 친척들이 돌맞이 아이에게 새 옷을 선물한다. 색동저고리나 두루마기는 남녀아이 공히 명절 때도 많이 입으며, 근래에는 성인 여성들도 즐겨 입는다. "첫돌 때 목에 실을 감아주면 장수한다"[86]고도 했다.

돌날에는 여러 가지 음식을 장만하고 친척과 이웃을 초대하여 돌잔치

---

86) 최래옥, 앞의 사전, 283면.

를 한다. 돌떡은 아기의 명과 복을 기원하는 의미가 있다. 백설기는 정결과 장수를, 붉은 수수경단[87]은 액운퇴치와 무병을, 배가 볼록한 오색송편은 식복을, 대추와 각양각색의 과일은 자손번창을 비는 뜻이 있다. 돌잔치에 아무리 가까운 이웃이라도 초대받지 않으면 가지 않으며, 초대받은 손님은 반드시 선물을 가지고 가는 게 예의다.

돌잔치에 가장 중요한 것이 〈돌잡히기〉다. 〈돌잡히기〉를 하는 이유에 대해 최남선은 『조선상식문답』에서 아기가 앉는 것은 물론 서서 돌아다니기도 하고 슬기가 자못 발달하니, 이를 기회로 하여 어른세계의 온갖 물건을 벌여놓고 그 생각 돌아가는 것을 한 번 보려고 하는

돌잡히기

것이라 했다. 〈돌잡히기〉는 돌상에 음식뿐 아니라 돈, 쌀, 책, 연필, 실, 국수, 칼, 패물, 자, 가위 등을 함께 놓았다가 어린아이가 무엇을 맨 먼저 잡는가를 보아서 아이의 장래를 점치는 풍속이다. 예컨대, 돈이나 쌀은 재복, 책이나 연필은 학운, 국수나 실타래는 장수를 상징하는 것으로 해석한다. 돌에 대한 행사는 중국과 일본에도 고대부터 있었으며, 『조선상식문답』에 의하면 중국에서 '시아(試兒)'니 '시주(試周)'니 하여 육조시대부터 있었다고 한다. 돌날에는 장수하라는 뜻에서 수양부모를 정해주는 풍습도 있다. 음식점으로 가서 하는 가정이 늘고는 있으나 백일잔치와 돌잔치는 지금도 행해지고 있다. 최근 조사에 의하면 가장 일반적인 생일음식이 케이크와 미역국이라고 하는데, 아기가 10세 될 때까지 생일날 백설기와 수

87) "돌에는 수수떡을 해야 명이 길다"는 속담이 있다.

수팥떡을 해주면 좋다고 하는 것이 우리의 풍속이다.

돌이 지나면 대소변 가리기 등 청결훈련을 시키며, 두 살이 지나면 친족호칭 등 언어훈련도 시키고, 밥을 흘리지 않게 하는 등 식사법도 가르친다. 네 살 이후부터는 잘못했을 때 회초리로 종아리를 때리며 인성교육을 시키고, 6~7세가 되면 서당에 보내 글공부도 시킨다.

2) 관례

　나이를 먹었다고 해서 성인이 되는 것은 아니라고 본다. 성인이 돼도 어른사회에 적응하지 못하는 사람이 많다. 미국의 임상심리학자 D 카일리(Kiley)는 이들의 심리 상태를 '피터팬 증후군'으로 규정했다. 성인이 된다는 것은 매우 중요하다. 민법상 만 20세가 되면 성인으로 인정받아 선거권을 행사하고 흡연·음주를 할 수 있다. 독립된 법률행위가 가능하며 부모 등 친권자의 동의 없이 결혼도 가능하다. 물론 혼인을 하면 미성년이라 하더라도 성인 대우를 받는다. 하지만 아무나 성인이 될 수 없다. 성인이 되면 권리 이상의 책임이 따른다.

　예서에 따르면 남자는 혼례 전에 반드시 관례(冠禮)를 치러야 한다. 『주자가례』와 『사례편람』 등에 의하면 "남자는 나이 15세에서 20세까지 모두 관례를 할 수 있다"고 되어 있다. 땋아 내렸던 머리를 걷어 올려 상투를 틀고 비로소 관(冠)을 쓰기 때문에 관례라고

성인이 된 여성에게 댕기를 풀고
쪽을 지어 비녀를 꽂아주는 계례의식

했다. 그러나 보통 관례는 혼례에 포함되어 행해졌다. 결혼하기 전에는 머리를 땋아 두 뿔(角) 모양으로 묶었다. 그래서 '총각(總角)'은 결혼 전 남자를 지칭하는 말이었던 것이다. 혼인한 남자는 비로소 상투를 틀어 올렸다. 성인 대접을 받기 위해 결혼한 것처럼 보이려고 '건상투'라고 하여 남몰래 상투를 틀기도 했다.

　여성들도 마찬가지여서 계례(笄禮)를 통해 성인이 된 후에야 혼인을 할

수 있다고 예서는 적고 있다. 그러나 전통사회에서는 여자가 미혼의 신분인 채로 어른 대접을 받는다는 것 자체가 성립하지 않았다. 여자에게는 성인식이 따로 없었다고 해도 과언이 아니다. 때문에 머리를 쪽 찌거나 틀어 올려서 '머리를 얹는다'는 것은 곧 처녀가 시집가는 것을 의미하였다. 실제로 혼례일 아침에 당시 미용사라 할 수 있는 수모(首母)가 귀밑머리를 풀어서 쪽을 찌어주었다.

성년식은 고대부터 전해진 풍습으로 국가와 민족에 따라 양태가 다르다. 호주의 수렵민은 캠프에서 공동생활을 하며 수개월 동안 식사를 제한하고 가사 상태에서 할례·송곳니 뽑기·피부문신 등을 한다. 알렉스 헤일리(Alex Haley)의 소설 《뿌리》에서 주인공 '쿤타킨테'가 성년의식을 치르는 장면은 매우 인상적이다. 그는 육체적 고행을 통해 '겁내지 않을 것, 모든 사람을 존경할 것, 자신과 모든 사람의 안녕을 지킬 것'을 배웠다고 한다.

성대하기로 유명한 일본의 성년식

성년식이 성대하기로는 단연 일본으로, '와까모노야(若者家)'라는 청소년 합숙소가 마을마다 있었다. 성인식(1월 두 번째 월요일)에는 우리와 마찬가지로 관을 쓰고, 그날부터 유아명을 정식이름으로 바꾸었다. 오늘날은 매년 1월 15일 남녀가 만 20세가 되면 성년의 날을 공휴일로 정하여 시·구청별로 기념식을 해준다.

성인으로서의 인격적 자각과 사회적 책임을 환기시키기 위한 성년의식은 거의 모든 문화권에서 중요한 통과의례로 간주되고 실행되어 왔다.

고행을 통해 성인으로 인정받다

관례와 계례는 한중일 3국뿐만 아니라 세계의 모든 민족이 널리 행해왔으며 지금까지도 성년식이라는 이름으로 전해오고 있다. 중국 사례의 하나로 도입된 관례의 연원과는 별도로 우리나라의 자생적인 문화에서 성년식의 자취를 확인할 수 있다. 우리나라의 경우 삼한시대부터 젊은이들이 고행을 통해 성년으로 인정받는 풍습이 있었다. 인디언 성인식에서 크게 눈을 끄는 것은 나체의 젊은이가 등살을 꿰뚫은 막대에 가죽끈이나 새끼를 걸어 통나무를 끄는 고행의 모습이다. 그런데 『삼국지』「위서」 동이전 등의 기록에 의하면 마한에서 청소년들이 등가죽을 뚫고 새끼를 꿰어 그에 통나무를 매어 끌며 집을 짓는다 했다. 그렇다면 고대 우리 문화가 미국대륙으로 넘어갔다고 보아야 할 것이다. 신라시대의 원화와 화랑도 일종의 성인식을 치른 청년집단이라 볼 수 있다.

농촌의 임금 노동자인 머슴을 나이나 능력에 따라 담사리·중머슴·상머슴 등으로 나눌 수 있다. 담사리의 나이가 차서 완전한 장정의 힘을 낼수 있어도 '진세(進貰)'를 하지 않으면 다른 집의 일꾼들이 품앗이의 상대로 인정해주지 않는다. 즉 2월 1일 머슴날 그해에 20세가 된 머슴은 선배 머슴들에게 한턱을 내는데, 이를 '진세턱을 낸다'고 한다. 이는 물론 일종의 성년식으로 어른이 되었다고 신고하는 통과의례이다.

민간에서는 머슴날에 그동안의 노고를 위로하기 위해 송편을 만들어 머슴들에게 나이 수대로 먹였다. 농사가 이때부터 시작되므로 머슴들에게 부탁하는 것이기도 했다. 머슴들에게 송편을 해먹이던 풍속은 근래 경기도 등지에도 전하고 있다. 머슴날 담사리는 온전한 일꾼으로서 손색이 없음을 보여주기 위해 마을사람들이 보는 앞에서 정자나무 근처에 있는 돌을 짊어지고 나무 주위를 도는, 이른바 〈들돌들기〉를 해야 했다. 일본의 지카라이(力石)는 우리의 〈들돌들기〉와 비슷하다.

1990년대 머슴날 〈들돌들기〉 행사를
재현하는 모습(전북 임실군 덕치면)

현재도 〈들돌들기〉의 풍습은 전라도나 충청도 일대에 남아 있다고 한다. 7월 보름 백중일은 세벌김매기를 끝내고 맞는 여름철 축제일인데, 이 날 그해 농사를 잘 지은 머슴을 소에 태워 자랑스레 마을을 돌게 하고 성인이 된 머슴에게는 특별한 대접을 한다. 그때부터 어른 대접을 하여 품값이 달라지는데, 이 역시 성인식의 일환이다.

무거운 바윗돌을 들든, 통나무를 끌든 성인으로서 겪게 될 정신적 육체적 고통을 감내하는 능력을 테스트 받아야 한다. 요즘 학생들이 국토횡단, 지옥훈련 등 심신을 단련하는 것도 성인식의 본질에 근접하는 길이라 하겠다.

벼슬을 상징하는 사모관을 씌우다

성인식으로서의 관례는 삼국시대에 중국의 것을 받아들여 고려시대 광종 때(996년) 시행되었다. 그리고 조선시대에 이르러 관례와 계례라는 이름의 성년식으로 정착되어 사대부 집안에서 성행했다. 예서를 보면 관례는 남성 나이 15세에서 20세 사이에 행한다고 되어 있으나 조혼의 관습이 있었던 조선시대에는 15세 이전에 혼인했으므로 실제로 12세나 13세에 관례를 하였다. 관행에서는 혼인날 한 달 전쯤이나 20일이나 열흘 전에, 또는 신랑이 혼례를 올리러 떠나는 날 새벽에 실시하였다. 택일에 있어서는 좋은 날을 가려서 예를 행하되 정월에 날을 정하라고 했다. 예서에 따르면 관례의 주재자인 주인은 관례를 치를 자의 조부 중에 어른이 되며, 의식을 주관하는 사람, 즉 주례자인 빈객(賓客)은 종손(宗孫)의 친구 중에 덕망 있고 예법을 잘 아는 이로 한다.

관례의 절차는 크게 세 단계로 이루어진다. 첫 번째는 초가례(初加禮)로 상투를 틀고 망건에 복건을 쓰며 어른의 평상복인 심의를 입는 절차다. 두 번째는 재가례(再加禮)로 건을 벗고 갓을 쓰며 출입복인 조삼(皁衫)을 입는 절차다. 조삼은 흑단령과 같은 것이다. 세 번째는 삼가례(三加禮)로 복두나 사모를 쓰고, 어른의 예복인 난삼을 입는 절차다. 난삼은 남색 비단이나 옥색 비단으로 만든다. 초가는 성인이 되는 것, 재

사모관을 씌우는 삼가례의식

가는 급제하여 어사관을 쓰는 것, 삼가는 벼슬의 사모관을 쓰는 것이다.

관례의 절차가 복잡하고 옷치레의 경제적 부담이 커지자 조선 말기에 이르러서는 삼가를 한꺼번에 행하여 보통 초가례로 끝냈다. 당사자인 관자(冠者)가 자리에 나와 꿇어앉으면 빈객이 축사를 읽은 뒤 직접 관자의 머리를 풀어 상투를 조이고 망건·복건·초립을 한꺼번에 씌워주고, 관복이나 도포 혹은 두루마기를 입히거나 또는 전복을 입히고 빨간 띠를 매게 한 다음에 간단히 축사를 하는 게 유행이었다.

술 마시는 예를 가르치고 자를 지어주다

복식이 갖춰진 다음 술을 마시는 예절을 가르치는 '초례(醮禮)'를 올리고, 어른이 돼서 부르는 이름인 자(字)를 지어주는 '자관자례(字冠者禮)'를 행한다.

"술은 어른 앞에서 배워야 점잖게 배운다"는 속담이 있다. 음주의 자유를 허용하는 초례의식에서는 과음하지 말고 분수를 지켜 술을 먹을 것을 가르쳤다. "술은 향기로우나 과음하면 몸을 망치기 쉬우니 항상 분수를

지켜 몸에 알맞게 마셔야 한다"는 빈객의 가르침에 관례자는 "삼가 일생 동안 명심하겠습니다"라고 서약을 했다. 폭음과 주사(酒邪)를 경계해왔던 주도의 역사는 유구한데, 동양의 주법, 특히 세종 때 내린 계주교서의 전통주법에는 3가지 계명이 있다. 첫째는 저녁에만 마시라는 유시계(酉時誡), 둘째는 술을 마신 다음 물로 입안과 식도를 씻어내라는 현주계(玄酒誡), 셋째는 석 잔 이상 마시지 말라는 삼배계(三杯誡)이다. 1975년 경주의 안압지를 발굴할 당시 갖가지 술자리 법칙이 적혀 있는 주사위가 발견됐다. 그중 하나가 술 석 잔을 한번에 마신다는 '삼잔일거(三盞一擧)'인데, 이로써 신라인들도 원샷을 했음을 알 수 있다.

소수서원에서 열린 향음주례, 학덕 있는
어른들을 초빙하여 주도를 배움

우리나라는 전통적으로 『소학』을 통해 주도를 엄격하게 가르쳤다. 우리 조상의 술 마시는 법도 가운데 '향음주례(鄕飮酒禮)'라는 것이 있는데, 이는 향촌에 있는 선비들에게 노인을 봉양하고 학덕 높은 이를 존경하는 뜻으로 연회를 베풀며 행해지는 의례이다. 이 향음주례는 세종이 주나라 예법을 바탕으로 그 절도를 가다듬어 각 향교나 서원에서 학생들에게 가르치게 했던 6례(관혼상제의 4례, 상견례, 향음주례) 중의 하나이다. 실록 등을 통해 알 수 있듯이 조선에서는 '향음주례'와 '향사례(鄕射禮)'를 수용하여 중앙은 물론 지방에 이르기까지 예를 통한 교화가 이루어져야 한다고 역설했다. '향음주례'는 한 고을 사람들이 모여서 나이 순서에 따라 술을 마시던 것이고, '향사례'는 활쏘기를 한 다음 술을 마시던 것인데, 모두 예법에 따라 술을 마셨던 제도이다.

요즘 대학의 신입생 환영회에서 과음으로 사망하는 경우가 종종 있음을 볼 때 '술을 먹으려니와 덕 없으면 문란하고/춤을 추려니와 예 없으면

난잡하니/아마도 덕예를 지키면 만수무강하리라'라고 읊었던 고산 윤선도의 가르침과 전통관례의 의미를 되새기게 한다. 의례에서 술을 마시는 것은 모든 문화권에서 공통적으로 행해진다고 하겠다. 술은 어린이가 어른이 되는 과정의 정화의례에 요구되는 신성한 음식이라 할 수 있다.

'빈자관자(賓字冠者)'라 하여, 빈객이 관자(관례자)에게 '자'라는 별명을 지어준다. 이는 이름, 즉 본명을 공경해서 그렇게 하는 것이다. 호적에 오르는 본명은 부모·스승·임금만이 부르는 이름이기에 타인은 별명인 자를 불러야 한다. 빈객은 관자에게 자를 지어주면서 "예의가 이미 갖추어져 좋은 달 좋은 날에 너에게 자를 밝혀 알려준다. 자가 매우 아름다워 뛰어난 선비에게 마땅한 바이고 복에 마땅하니 길이 받아서 보존하라."고 말한다.

『주자가례』,『사례편람』에 따르면 여자의 경우에는 보통 15세가 되면 비록 혼인을 정하지 않았더라도 역시 관례에 해당하는 계례를 치러야 한다. 만 14세가 된 여자에게 비녀를 찌르는 계례의식은 머리를 올려 쪽을 찌고 비녀를 꽂아주고 술 마시는 예를 행한 뒤 당호를 지어주는 비교적 간단한 절차이지만 역시 관례에 준하여 엄숙하게 행한다.

성년의 날을 제정하다

일반적으로 예법에 의해 관례와 계례를 치르면 비록 혼인을 하지 않았어도 성인복장을 하고 성인의 대접을 받았으나 근세에 내려오면서부터 독립성이 결여되어 혼인의 한 부수행사처럼 행해졌다. 원래 관례는, 치렁치렁하게 땋고 다니던 머리를 추켜서 올리는 의례로서 "머리를 올리는 예"라고 표현할 수 있다. 그러나 실제 관례는 대부분의 경우 혼례에 포함되면서, '머리를 올린다'는 말은 곧 혼례를 뜻하는 표현으로 바뀌어 오늘날까지 사용하게 되었다. 특히 개화 이후 1895년 단발령이 내려지면서 점차 관례풍습이 쇠퇴하여 오다가 일제강점 이후에는 아주 소멸되고 말았

오늘날 성균관에서 행하는 성년의식

다. 갑오경장 때 단발령이 내려져 머리를 자르게 했기 때문에 전통적인 의미의 관례는 그때 없어지게 된 것이다.

다행스럽게도 일제의 강점으로 인해 명맥이 끊겼던 성년의례가 1973년 대통령령으로 부활되었다. 가정의례준칙상 만 19세가 되는 해의 5월 셋째 주 월요일을 '성년의 날'로 제정한 것이다. 그리하여 최근 성균관을 중심으로 성년식을 거행하고 있는 편이다. 성년의례는 사회 구성원으로서의 자격을 획득하며 성인으로서 행해야 되는 의무와 책임을 일깨워주는 의의를 가지므로 그 정신을 되살려 적극 장려할 필요가 있다.

우리나라 관례의 가장 큰 특징은 관례가 혼례에 흡수된 점이다. 이것은 10세가 넘으면 혼례를 서둘렀던 조혼풍습 때문이다. 오늘날은 사회변화에 의하여 혼인연령이 높아진 까닭에 혼인 이전에 부모로부터 독립하여 어른으로서 전환하는 의례가 절실해졌다. 더구나 결혼을 하지 않는 독신자층이 늘어나면서 미혼의 어른이 증가하고 있다. 나이 든 자녀가 늙은 부모에 대한 의존에서 벗어나지 못하는 것이 한국 사회문제의 하나로 비춰지기도 한다.

요즘은 60이 넘는 나이에도 어른답지 않은 행태를 보이는 경우가 적지 않다. 가정이나 학교와 사회에서 성인으로서의 자각과 격조 있는 행동을 할 수 있도록 일찍부터 교육을 시키지 않으면 안 될 것이다. 현대사회에서 성인의례가 중요한 이유도 여기에 있다. 중요한 것은 온전한 인격체로서 자신의 사고와 행위에 책임지는 것이 어른이라는 깨달음을 성인의례를 통해 성취해내는 것이다.

3) 혼례

혼례(婚禮)는 한 남성과 여성이 부부로 관계를 맺어 사회의 기본단위인 가정을 이룬다는 의미에서 매우 중요하다. 특히 과거의 경우 예를 중심으로 하는 통치질서 속에서 가례(家禮)는 국가를 이끄는 이념의 중심이었으며, 가족의 존재와 지속은 국가의 질서와 번영으로 연장된다는 점에서 혼례의 의미가 더욱 부각되었다.

혼례는 남녀의 결합을 사회적으로 인정받는 귀한 의식으로서 의례 중 가장 큰 의례라는 뜻에서 옛날부터 혼례를 '대례(大禮)'라 했다. 그리고 "언제 국수를 먹게 되느냐"고 물을 정도로 혼례식은 큰 잔치였다. "장가갈 때

전통혼례의식

신랑이 웃으면 첫딸을 낳는다"라든가, "결혼식날 눈물 흘리면 후에 잘 살지 못한다"라고 하는 서로 상충되는 말들이 있는 것도 혼례의 진지함이나 중요성을 반영하는 것이다. "혼인날 받아놓고는 남의 잔치에 안 다닌다"[88]든가, "혼인을 정해놓고 초상집에 안 간다"[89]는 말도 혼례의 비중을 의미한다.

가족주의를 표방하던 전통사회에서 가족형성의 출발을 뜻하는 혼례의 의의는 더욱 컸다. 따라서 결혼날짜를 받아놓은 사람은 상가에 가지 않음

---

88) 최래옥, 앞의 사전, 309면.
89) 상동.

은 물론 남의 결혼식에도 가지 않을 만큼 혼례를 경건하게 받아들였다. '어른'이라는 말이 '얼다(통정하다)'에서 나왔듯이 혼례를 치르지 않으면 성인 대접을 하지 않았다. 그리고 혼례 전에 죽으면 불효했다고 하여 제사도 지내주지 않는 관습이 있었다. 옛부터 시집·장가를 가지 못하고 죽으면 원한이 남아 저승에도 가지 못하고 처녀귀신(손각씨, 왕신)·총각귀신(몽달귀신, 삼태귀신)이 되어 세상을 떠돌면서 인간을 해친다고 하는 것도 결혼의 중요성을 뒷받침한다. 한국의 유령(귀신) 가운데서도 가장 무섭다고 하는 것이 처녀귀신이다.

죽은 처녀와 총각을 짝지어 혼례식을 올리는 이른바 사혼(死婚)은 시집·장가를 못 가고 비명에 죽은 이들의 한을 풀어주고 저세상에 가서 평안히 살라는 뜻에서 행해지는 오랜 풍습이다. 이능화는 "제주도 풍속에서는 시집 못 간 처녀가 죽으면 장가 못 간 총각을 구하여 혼인을 맺어주고 같은 무덤에 묻는다."[90)]고 한 바 있다. 이 사혼은 요즘에도 행해지고 있다. 중국 산시(山西)성의 황토고원지역엔 '밍훈(冥婚)'이라 하여 미혼으로 죽은 아들을 위해 여자 시신을 파내 함께 묻는 풍습이 아직 성행되고 있다. 밍훈은 유교의 가르침이 나중에 불교나 도교와 뒤섞인 것이라고 설명하는 이도 있다. 우리의 마을신화에 나오는, 죽은 처녀의 원혼을 달래기 위해 해랑당에 남성의 성기를 만들어 걸었던 내용도 사혼에 해당한다고 하겠다.

개인주의적 부부 중심의 서양사회에서는 결혼기념일에 대한 의식이 강하여 결혼기념일을 해마다 잊지 않고 기념하며, 25주년의 은혼식, 50주년의 금혼식 등으로 특별히 기념하기도 한다. 그러나 우리나라는 예로부터 결혼기념일을 중시하지 않았지만 결혼 60주년이 되는 회혼례(回婚禮)만은 성대하게 치렀다. 회혼례는 결혼 60주년을 맞는 노부모에게 자녀들이 신

90) 이능화 지음, 서영대 역주, 『조선무속고』, 창비, 2008, 460면.

혼 때와 똑같은 혼인예식을 베풀어드리는 것으로서 자손과 일가친척, 이웃, 친지들의 축복 속에 거행한다. 펄스(Firth)는 부부만이 아니라 반드시 자녀를 가져야 가족으로 볼 수 있다고 주장한다. 남성은 사모관대를 착용하여 신랑같이 꾸미고, 여성은 원삼족두리를 착용하고 얼굴에는 연지곤지를 찍어 신부처럼 차리고 옛날에 치렀던 혼례식을 되풀이한다. 회혼례를 축하하기 위해 모인 하객들은 열두 폭 병풍이 있는 문간에 들어가 병풍 여백에 각자 이름을 서명한다. 이렇게 해서 만들어진 병풍을 '만인병(萬人屛)'이라고 하였다. 회혼잔치의 만인병풍에 축수 서명을 하면 오래 산다고 하여 회혼잔치 소문만 나면 아무리 멀어도 찾아와 서명을 했던 것이다.

대낮인데도 화촉점화하는 데는 유래가 있다

기록에 의하면 한국 최초의 신식결혼식은 1890년 정동교회에서 치른 교회 신도 박신실과 강신성의 혼례였다고 한다. 그러나 이 결혼식을 주관한 선교사들은 사람들의 항의를 두려워한 나머지 형식만 서양식으로 갖추었을 뿐 신랑과 신부에게 전통한복을 입게 했다. 그로부터 2년 뒤인 1892년 이화학당 학생이었던 황모 씨와 배재학당 남학생의 결혼식에서 신부는 흰색 치마저고리에 면사포를 착용했고 신랑은 프록코트를 입고 서양모를 썼다.

그 후 전문적인 결혼예식장이 등장하면서 신식결혼식이 한국 혼례의 일반화된 형태로 자리 잡았다. 불과 1세기 사이에 턱시도와 웨딩드레스를 입고 바그너의 〈로엔그린〉과 멘델스존의 〈한여름밤의 꿈〉에 맞춰 행진하는 신식결혼식이 이 땅에 정착된 것이다. 웨딩드레스와 관련해서 기독교인들이 입던 흰색 예복은 순종과 순결의 뜻이 담겨 있다. 혼인에 대한 결혼이라는 말이 일반화되어 있고, 사모관대나 족두리와 원삼이 아닌 웨딩드레스가 곧 혼인을 상징하는 사회가 되었다.

그러나 우리나라의 혼례에는 아직 전통적인 요소가 짙게 배어 있다. 신식결혼식의 신부 입장에서 신부의 보호자가 신랑에게 신부를 안내하여 넘겨주는 것을 보면 오히려 유교의 삼종지도에 더 부합하는 시대착오적인 가치를 표현하고 있다는 느낌마저 든다. 오늘날 예식장의 폐백실에서 일어나는 일은 더 심각하다. 폐백은 혼례를 끝낸 신부가 시집 어른들에게 드리는 첫인사 절차이고, 사모관대에 원삼족두리는 대례복인데 이 둘을 혼합시켜 버림으로써 전통도 아니고 창조도 아닌 기형을 만들어낸 것이다.

우리의 혼속에 의하면 예로부터 '장가들기'라 하여, 신랑이 신부집에 가서 혼례를 치르고 대개 3일을 지낸 후에 신부를 데리고 자기 집으로 돌아오는 것으로 혼인이 이루어졌다. '혼(婚)'이란 남자가 저녁(昏)에 여자를 맞이하는 것으로, 남자가 여자에게 장가든다는 뜻이다. 역사적으로 『예기』에 보면 혼례식은 저녁에 올리는 것이 관례였으며, 민속학적으로 인류원초의 혼인방식은 약탈혼이어서 어두워지면 신부감을 빼앗아왔다. 부부가 되는 것은 양과 음이 결합하는 것이므로 그 의식도 양인 낮과 음인 밤이 만나는 황혼시간(저녁)에 거행한 것이다. 저녁을 택한 또 하나의 이유는 예식의 장소를 신랑과 신부가 만나 첫날밤을 차리는 곳으로 정하고, 예식 후 거기서 합궁례를 치러야 했기 때문이다. 초례상에 초를 세우는 것도 혼례식이 밤에 행해지는 의례이기 때문이다. 요즘에는 대낮인데도 신랑 신부 어머니가 나와 화촉을 밝힌다.

'혼(婚)'은 남자가 장가간다는 뜻이고, '인(姻)'은 여자가 시집간다는 뜻

오늘날에 행하는 양가 혼주의 점촉식

이다. 그래서 우리나라 헌법이나 민법에서도 결혼이라 하지 않고 혼인이라 한다. 결혼이라는 말이 쓰이기 시작한 것은 일제강점기부터라고 한다. 요즘 결혼식에서 행해지는 피로연(披露宴)의 '피로'라는 것도 일제시대에 '잔치'라는 용어 대신 널리 사용되어 오다가 오늘날 마치 우리말인양 그대로 쓰이고 있는 것이다. 1980년대 후반부터 호텔이나 예식장에서 화려한 조명이나 실내장식을 한 피로연장을 마련하고 있다. 이는 다분히 일본식 피로연의 재연이며, 상업주의가 개입된 비주체적 모방문화라 할 수 있다.

독자적으로 반친영제를 택하다

『경국대전』에 남자 15살, 여자 14살이 되어야 혼인할 수 있다고 되어 있다. 이같이 조선시대에 들어와서 혼인의 질서와 예절이 매우 엄격해졌다. 이는 500년 동안 조선을 지배한 가부장적 질서와 주자 『가례』의 영향이 컸기 때문이다. 가령 고려 중기 이후 근친혼을 한 사람의 소생에게는 벼슬을 주지 않는 방법으로 제재를 가하다가 마침내 조선시대에 이르러서는 근친혼과 관련하여 성과 본관이 같은 사람끼리 혼인하지 않는다는 '동성동본불혼(同姓同本不婚)'이 시행되었다. 동성동본불혼은 현행 호적법에까지 이어져 동성동본끼리는 혼인신고도 할 수 없었다.[91]

남자가 처가에 들어가 생활함으로써 여자가 남편을 가벼이 보는 폐풍이 생긴 것을 바로잡고자 조선조 '친영'이라는 새 결혼제도가 도입되기에 이르렀다. 친영이란 육례 중의 하나이자 육례 모두를 가리키기도 하는데, 신랑이 친(親)히 신부집에 가서 신부를 맞이한(迎) 후 신랑집에 와서 혼

---

91) 그러나 1997년에 동성동본이라 하여 혼인을 금하는 것은 헌법정신에 위배된다는 헌법재판소의 판결이 있었고 2000년 법이 개정되면서 동성동본의 금혼은 폐지되었다.

례식을 거행하는 것이다. 이 친영의 제도는 양가가 대등한 위치에서 혼사를 치를 수가 있어 매우 합리적이라 하였다.

그러나 결혼 후 아이를 낳고 기르기까지 신랑이 신부의 집에 머무는 처가살이의 습속은 고구려의 서옥제(婿屋制)에 볼 수 있듯 뿌리 깊은 것이었다. 다시 말해 우리나라 혼인전통은 원래 '남귀여가(男歸女家)'의 풍속이었다. 이러한 처가살이풍습은 조선 중기까지 무너지지 않다가 18세기 경에 와서 서서히 쇠퇴했다. 그래서 혼인예식은 신부집에서 하더라도 신행 혹은 우귀라고 하여 빠른 시일 내에 신부를 신랑집으로 데리고 오게 되었던 것이다. 이렇듯 유교의 영향을 받기 이전부터 우리나라는 신부집에서 신랑을 맞이하고 혼례식을 거기서 치르는 관행이 지속되었던 까닭에 그토록 실천을 강조했던 『가례』의 친영례(親迎禮)만은 끝까지 수용되지 않은 것이다.

남성의 집에서 혼례식을 올리고 여성은 첫날부터 시집살이를 해야 하는 친영제의 풍속이 나타나게 된 것은 친족구조나 상속제도 때문이다. 중국은 부계 친족 중심의 사회로서 상속이 아들에게만 주어져 경제권이 없는 여성은 결혼 뒤 남성의 집에 들어가 사는 형태를 취할 수밖에 없었다. 이와 달리 신식결혼식이 일반화된 1970년대까지도 줄곧 우리나라의 전통혼례는 신부집에서 행해졌다. 혼례식 후에도 그곳에서 첫날밤을 지내고 신부가 시부모를 뵙고 인사하기 전에, 신랑이 장인장모에게 먼저 인사를 올리는 것이 보편적인 풍속이었다.

우리나라의 혼례가 중국의 혼례와 두드러지게 다른 점은 바로 이 친영에 있다. 중국은 친영의 혼인방식을 택했으나, 이와 달리 우리나라의 혼례는 반(半)친영이라 하여 신랑이 신부집에 가서 혼인식을 거행하고 3일 후 혹은 몇 달 지나 신부를 신랑집으로 데리고 오게 되었다. 조선 명종 대에 이르러 친영례에 준하는 반친영을 시행하도록 독려했던 것이다. 그러나 이것조차 실행되기는 힘들었다. 더러는 신부가 아이를 낳은 다음에 시댁으로 들어가기도 했다. 물론 이에 따라 조선시대에 '여자가 시집가는' 전통이 굳어지게 되었다고 본다.

근래에도 결혼식 후 신부집에서 3일을 머무는 관습이 일부 지역에 남아 있고, 신혼여행을 마치고 신부의 집에 먼저 가는 경향이 있다. 이는 조선 후기에도 소멸되지 않았던 처가살이의 자취라 할 수 있다. 중국의 친영절차와 다르게 신부집에서 혼례식을 치르고 그 집에서 얼마동안 머물었던 것은 우리 민족의 확고한 정체성을 보여주는 예라 하겠다. 더구나 신랑의 입장에서 장가를 들었던 과거의 처가살이 풍습이 돌아오고 있다고 할 정도로 요즘은 신부 중심의 신혼살이가 이어지고 있는 편이다.

『의례』의 규정에 따르면 중국 주(周)에서 제정한 여섯 가지 결혼절차, 즉 육례는 1. 납채(納采), 2. 문명(問名), 3. 납길(納吉), 4. 납징(納徵), 5. 청기(請期), 6. 친영(親迎)이었다. 그러나 송의 주자는 육례가 복잡하다 하여 네 가지로 줄였다. 이에 조선 후기부터는 주자가 『가례』에서 주장한 사례와 이재(李縡)의 『사례편람』에 따라 사례(의혼, 납채, 납폐, 친영)를 치르기도 했다. 하지만 육례나 사례의 내용은 크게 다르지 않았다. 우리가 주자가례식의 혼례를 따르면서도 여전히 혼인하는 것을 '육례를 갖춘다'라고 했던 것은 혼인절차를 여섯 가지로 변화시켜 우리식으로 치렀기 때문일 것이다.

현재 시행되고 있는 신식혼례를 보면 예식은 결혼식장에서 서구식으로 하면서도 그 과정에서는 전통육례의 절차를 혼용하고 있다. 시대의 흐름에 따라 절차와 격식 등 모든 것이 달라진 듯 보이나 실제로 크게 변화된 것은 없다고 해도 과언이 아니다. 현행 혼례의 절차가 지방이나 가문에 따라 다소 차이를 보이나, 여기서는 오늘날까지 대체로 행해지는 ⑴혼담, ⑵납채, ⑶택일, ⑷납폐, ⑸대례, ⑹우귀(폐백)라는 전통적 혼례의 절차와 방식을 들어보기로 한다.

(1) 선을 보다(혼담)

법률적으로 남자는 15살, 여자는 14살이 되어야 장가들거나 시집가는 것을 허락하며, 아들딸의 나이가 13살이 차면 혼인을 정하는 것을 허락한 다[92])고 되어 있다. 한편 예서, 즉 『사례편람』에 따른 혼인의 가능 연령은 "남자의 나이 16에서 30까지, 여자 나이 14에서 20까지"로 되어 있다.

전통적 중매에 기반을 둔
결혼정보회사 듀오

'선보기'라고 할 수 있는 의혼(議婚)은 양가 부모들이 신랑 신부의 선을 보는 것을 말한다. 선을 볼 때는 시어머니나 시고모가 될 사람이 그 집에 찾아가서 신부감을 만나보기도 하고, '간선'이라 해서 지나가는 사람인 체하면서 신부감의 생김새와 동태를 엿보기도 한다. 지금과 달리 옛날에는 양가 부모들만이 신랑 신부의 선을 보고 당사자들은 서로 얼굴을 보지 못했다. 대신 혼인을 할 때 양가의 중간에서 양쪽의 의사를 전해주는 중매쟁이가 필요했다. 그래서 근현대로 들어와 혼인 당사자가 직접 상대를 구하는 이른바 연애혼이 등장하면서 중매쟁이를 내세워 상대를 구하는 혼인을 '중매혼'이라고 부른다. 중매인에게 혼처를 부탁하고 양가에서 서로 합당하다고 생각되면 남자 측의 아버지가 여자 측의 어른에게 혼인하기를 청하는 청혼서를 보냈다. 남자 측의 청혼서를 받은 여자 측에서는 다른 의사가 없으면 혼인을 승락하는 허혼서를 보냈다.

자유 연애결혼이 일반화되어 있는 것처럼 보이는 현대사회에서 오히려 중매는 극성에 가까울 만큼 발달되어 있다. 소위 '마담뚜'라는 전문 중매

---

93) 최항 외, 『경국대전』권3 예전 혼가(婚嫁)조.

쟁이를 비롯하여 요즘에는 '결혼상담소' 혹은 '결혼정보회사' 등의 간판까지 내걸고 활동하고 있다. 이 회사들은 수많은 대상의 정보를 데이터베이스화하여 수요자들의 중재 역할을 하고 있다. 전통사회보다 중매의 방법이 치밀하고 정도가 지나치는 등 부작용도 많이 낳고 있다. 예컨대, 학력증명서, 건강진단서, 재산세 과세증명서 등을 요구하고 있는 실정이다. 어찌 보면 전통사회의 중매와 목적면에서 별 차이가 없어 보이며 이런 현상은 아직까지 우리나라에서는 혼인이 개인의 결합이기보다 집안의 결합이라는 의미가 강함을 반영하는 단면이라 하겠다.

(2) 신랑집에서 사주를 보내다(납채)

사주(四柱)란 사성(四星)이라고도 하는 것으로 생년, 생월, 생일, 생시를 가리킨다. '납채(納采)'라고도 하는 사주 보내기는 혼약이 이루어져 신랑집에서 사주를 적어 신부집에 보내는 것을 말한다. 구두로만 약속한 혼인에 대해 서면으로 확인하는 정혼의 절차이다. 남성측에서 신랑 될 사람의 생년월일시를 적은 사주단자를 '사주'라 쓴 봉투에 접어 넣는다. 백지에 싸고 싸리가지를 한 끝이 붙은 채로 가

사주

운데를 쪼개어 이를 끼우고, 붉은 실로 휘휘감되 아래에서 위로 하여 맺고 네 모서리에 금전지를 단 청·홍보자기에 싸서 여성 측에 보낸다. 사주를 육십갑자로 적으면 각각 두자씩 8자가 되므로 '사주팔자'라 하는 것이다.

천기대요

사주를 받은 신부집에서는 예비 신랑·신부의 사주를 가지고 궁합을

본다. 이때는 『천기대요(天機大要)』라는 책을 참고한다. 사주로 궁합을 볼 때는 오행의 상생상극의 원리가 적용된다. 먼저 『만세력(萬歲曆)』을 보고 신랑과 신부의 생년월일시를 뽑은 다음 오행으로 분류한다. 가령 목(木)이 많은 사람은 화(火)를 가지고 있는 배우자를 만나야 한다. 목은 화를 만나 자기의 기운을 빼줌으로써 서로 평화로워지는데, 이 방법이 상생법이다. 한편 목이 많은 사람은 금(金)이 많은 사람을 만나야 한다. 목은 톱(金)을 만나 가지가 쳐지기 때문인데, 이 방법이 상극법이다. 궁합을 본 결과 상생일 경우 궁합이 좋다고 하나, 상극일 경우는 궁합이 나쁘다고 하여 혼인을 거절하는 이유가 되기도 한다.

궁합이라 할 때의 궁(宮) 자는 뜻이 여러 가지이나 생식기라는 뜻이 강하다. 그러므로 궁합이라는 말의 직접적인 의미는 생식기의 결합이 된다. 사주를 보내는 것은 두 사람이 살을 섞고 살아보기 전에 미리 서류심사를 통해서 결합 상태를 추론해보는 일이었다. 다시 말해 궁합은 첫날밤의 수태 가능여부를 점치기 위한 것이었다. 가문의 대를 이을 아들의 출산을 위한 장치 중의 하나가 궁합이었던 만큼 중요시될 수밖에 없었다. 사주팔자를 헤아리며 궁합을 보는 것이 지금이야 인습에 지나지 않지만 남녀교제가 자유롭게 허용되지 못하던 상황에서 나온 전통사회의 지혜였다.

사주단자를 보내는 납채는 오늘날 '약혼식'이라는 이름으로 널리 행해지고 있다. 약혼식을 할 때 사주단자와 예물을 교환하는 절차가 있는 것으로 보아도 사주 보내는 것이 약혼의 성격을 띰을 알 수 있다. 사주단자를 반환하는 것을 파혼으로 인식하고 있는 데서도 사주 보내기가 약혼으로서의 의미를 지님을 엿볼 수 있다.

(3) 신부집에서 택일을 하다(연길)

'연길(涓吉)'이라고도 하는 택일(擇日)은 신랑의 사주를 받고 신부집에서 허락의 표시로 결혼식 날짜를 택하여 신랑집에 통보하는 것을 말한다. 물론 연길(涓吉)의 연(涓)은 '꼭 맞다' 또는 '고르다'의 뜻으로서 연길이란 길일(吉日)을 골랐다는 의미이다. 신부집에서 사주를 받은 뒤에 날을 잡아서 신랑집에 알리는 것이 관례이지만 부득이한 경우 신랑집에서 택일을 보낼 수도 있다. 다만 혼인 준비의 복잡함이나 생리현상 등을 고려하여 여성 측에서 정하는 것이 합리적이다. 그러나 대강의 시기를 양가에서 합의한 뒤에 여성 측에서 택일하는 것이 일반적이다.

신랑·신부의 생년월일시에 따라 '살(煞)'을 피하여 생기 있고 후덕한 날을 잡는다. 택일을 할 때 신랑·신부의 부모가 혼인한 달, 양가 조상의 제삿날 등을 피하는 지역도 있다. '썩은 달'이라 하여 삼복이 낀 달, 농번기, 마지막 달 등을 피해서 정하기도 한다. 연길단자는 봉투에 넣어 청·홍 보자기에 싸서 보낸다.

(4) 신랑집에서 함을 보내다(납폐)

현대에도 행해지고 있는 함 보내기를 과거에는 '납폐(納幣)'라 했다. 납폐란 신랑집에서 혼약이 성립된 데 대한 감사의 표시로 신부집에 성의껏 예물, 곧 폐백(幣帛)을 보낸다는 뜻이다. 납폐함은 전에는 예서의 규정대로 혼례식이 있는 날 예식을 하기 전에 가지고 가는 것이 보통이었으나 요즘에는 대개 결혼식 전날 밤이나 1주일 전쯤에 가지고 간다. 다시 말해 함 보내기는 신랑 측에서 혼인선물, 즉 혼수(婚需)와 혼서지(婚書紙)를 넣은 납폐함을 신부 측에 보내는 것이다. 신부에게 줄 옷감, 패물, 오방주머니, 이부자리 등의 살림일체를 '상답'이라 하는데, 이들을 적은 목록인 '물목(物目)'을 납폐함에 함께 넣는다. 혼수(예물) 가운데는 옷감이 주류를 이루는데, 비단을 썼기 때문에 이를 채단(采緞)이라고 한다.

채단은 보통 청색과 홍색의 비단치맛감을 일컫는다. 신랑집이 가난한

청홍채단

경우는 채단만을 보내고 여유가 있는 집에서는 다른 옷감을 더 넣어 보내는데, 이것을 '봉채(封采=봉치)'라고 한다. 물론 함 속의 혼서를 뺀, 신부에게 줄 물품 전부를 봉채라 말하기도 하고, 함 자체를 봉채라 하기도 한다. 신부집에서는 봉채를 받아 바느질을 하여 신랑의 부모나 친척들에게 예를 갖추는 옷으로 선물하는데, 이를 '예단(禮緞)'이라 한다. 봉채는 윗사람인 시부모가 아랫사람인 신부에게 주는 것이므로 격식을 따질 필요 없이 주면 되지만 예단은 신부의 부모가 신랑의 부모에게 드리는 예물이므로 깍듯이 격식을 차려서 드릴 필요가 있다고도 한다.

『가례』에서 "폐백은 …… 빈부에 따라 마땅하게 하되 …… 많아도 열 필을 넘지 않도록 한다."고 했고, 『사례편람』에서는 예물을 보낼 때 적어도 두 가지는 하되 열 가지를 넘어서는 안 되며, 재물을 앞세우지 말고 마음에서 우러나오는 정성으로 하라고 했다. 혼례식날 신부가 입을 치마저고리와 간단한 폐물을 넣는 것이 전부였던 혼수가 요즘에는 신랑이 준비하는 함은 형식에 불과하고 오히려 신부 측에서 장만하는 혼수를 성대하게 해야 하는 이상한 풍속으로 흘러버렸다. 사실 예서에는 '혼수'라는 말조차 보이지 않는다. 민간에서도 "함 속 색깔이 고우면 시집살이가 세다"[93]든가, "시집갈 때 혼수감이 많으면 불행해진다"[94]고 했다. 오늘날 혼수로 인한 말썽이 끊이지 않고 있어 안타깝기 그지없다.

혼서지는 "저의 ○째 아들 ○○이 나이가 찼으나 짝이 없더니 귀댁에

---

93) 최래옥, 앞의 사전, 302면.
94) 최래옥, 위의 사전, 195면.

서 따님을 주심에 이에 삼가 옛
사람의 예로 납폐의 예를 행하
니 잘 보살펴 주시기 바랍니다"
라는 내용으로 되어 있다. 혼서
지의 경우, 전에는 혼인의 유일
한 증거로 두 사람이 야합한 것
이 아님을 증명하는 자료가 되
었다. 곧 혼서지는 '결혼문서'에

신랑집에서 신부집으로 함과 함께 보내는
혼서지

해당하는 것으로서 신부에게는 무척 소중하게 여겨져 일생 동안 간직하
였다가 죽을 때 관 속에 넣어 가지고 간다. 요즘 예식장에서 혼인서약을
하고 성혼선언을 함으로써 쌍방은 혼인을 한 것으로 인정되지만 혼인신
고가 되어 있지 않으면 법적인 효력이 없으므로 예식장에서 행하는 혼인
서약이나 성혼선언의 맹점이 보인다.

　원칙적으로 혼례식이란 양가 혹은 혼인 당사자가 서로 혼인에 대한 약
속을 한 상태에서 이루어지는 축하연이어야 한다. 전통적인 혼인을 보면
사전에 혼인서약이 이루어져야 비로소 혼례식이 진행된다. 납채와 납폐
를 통해 쌍방이 굳게 약속을 하고 전안례에서 서약을 공포해야 혼례식을
할 수 있도록 되어 있다. 요즘은 혼인신고를 하기 때문에 법적인 보장을
받을 장치가 마련되어 있다고 하나 그래도 혼인을 마음으로 맹세하는 증
거는 혼서(婚書)이다. 따라서 신식이든 구식이든 아직까지 소홀히 해서는
안 될 것이 혼서지라 하겠다.

　납폐함을 지고 가는 사람을 '함진아비'라 하는데, 옛날에는 신분이 미
천한 사람이 함진아비가 되었다. 일반적으로는 "봉채함은 첫아들 낳은
사람이 져야 첫아들을 낳는다"[95]고 하는 속신에 따랐으며, 오늘날까지

---

95) 최래옥, 앞의 사전, 163면.

신랑의 친구들인 함진아비 일행

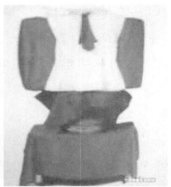
시루 위에 함을 받아놓은 상태

함진아비는 첫아들을 낳은 신랑의 친구가 되고 있는 편이다. 함진아비의 얼굴에는 숯검정을 칠하고 손에도 검정을 바르는데, 다른 사람이 잘 알아볼 수 없게 하고 잡귀가 함부로 범접하지 못하게 하기 위해서다.

함진아비는 오징어 가면을 쓰며 함진아비가 입이 헤프면 복이 날아간다고 하여 벙어리 흉내를 내는데, 복을 신부집까지 운반하려는 의도에서 행하는 것이다. 함진아비를 이끄는 함잡이(말을 끄는 마부)를 비롯 청사초롱을 든 사람 등 수행원들은 모두 신랑의 친구들이 된다. 함을 받을 신부집에서는 대청이나 마당에 자리를 깔고 상을 준비하여 촛불을 켜고 정화수를 떠놓는다. 시루떡을 쪄놓고 그 봉칫시루 위에 함을 받는다. 함은 신부집에 전달될 때까지 바닥에 절대로 내려놓지 않는다. 혼인을 축하하는 귀하고 복된 물건이기 때문이다. 떡시루 위에 올려 받는 것도 이 때문이다. 봉칫떡은 부부의 화합을 의미하여 절대로 두 켜 이상을 하지 않는다.

신부집에서는 함진아비에게 음식을 대접하고 약간의 여비를 주는데, 융숭한 대접과 두둑한 행하(行下), 즉 수고한 댓가를 많이 내놓으면 함을 쉽게 풀어 내놓는다. 요즘은 이런 풍속이 변질되어 지나치게 실랑이를 벌이는 경우도 있다. 함값을 흥정하는 것은 함의 중요성과 〈줄다리기〉와 같은 전통놀이의 겨루기를 통한 재통합의 의미가 내포되어 있다. 그리고 본래 사랑의 맹서를 상징하는 나무기러기를 바치는 전안례와 결합되었던 '함' 들어가는 절차가 이렇게 변형된 것이다.

(5) 혼례식을 치르다(대례)

인간이 살아가면서 치르는 의식 가운데 가장 큰 의례라 하여 '대례(大禮)'로 불리는 혼례식은 남성이 장가드는 의식이다. 다시 말해 우리의 혼례식은 중국과 달리 남성이 여성의 집으로 가서 혼인의 예식을 행하기 때문에 '장가드는' 것이 된다. 혼례식, 즉 대례는 신랑이 신부집에 가서(장가가다) 혼례를 치르고 신부를 맞아오는 것으로 전안례(奠雁禮), 교배례(交拜禮), 합근례(合巹禮) 등의 과정을 말한다. 그러나 교배례와 합근례를 합쳐 초례(醮禮)라 부르는데, 보통 "혼례를 치른다"고 할 때는 이 초례를 말하며 식을 올리는 장소도 초례청이라 한다.

신랑은 대례를 올리기 위해 말을 타고 신부집에 가는데, 이를 초행(初行)이라 한다. 신랑 일행이 가는 길을 밝히는 것이 청사초롱이다. 청사초롱에 불을 밝히는 자체가 인생의 새 출발을 의미하는 상징이 되었다. 신부집에서

신랑이 장모에게 기러기를 바치는 전안례

는 신랑이 도착하기 전에 대례를 행할 준비를 하고 기다리고 있다. 계례가 혼례에 포함되었기 때문에 신부는 처음으로 비녀를 꽂고 혼례복으로 갈아입는다. 이때 신부의 얼굴에 바르는 붉은색의 연지와 곤지는 시집가는 여자를 질투하는 삿된 귀신을 물리치기 위한 것이다. 외국과 달리 신

부가 홍색의 활옷을 입고 얼굴에 연지곤지를 찍는 것은 재앙을 물리치기 위한 것이었다. 우리는 오랫 동안 홍색이 사악한 귀신을 물리친다고 믿어 왔다.[96]

전안례는 신랑이 신부집에 기러기를 드리는 예이다. 신랑이 신부집의 대문에 도착하여 기럭아비를 따라 목안(木雁, 나무기러기)을 받들고 전안청으로 들어간다. 그 진행절차를 홀기(笏記)라고 하는데, 홀기의 순서에 따라 신랑이 대례상 앞에 놓인 전안상 앞에 무릎을 꿇고 북쪽을 향하여 앉는다. 전안상 위에 청홍보자기로 싼 목안을 올려놓고 재배한다. 목안을 바치는 것은 기러기처럼 백년해로 하겠다는 의미를 상징화한 것이다. 『규합총서』에 보면, 기러기는 "날 때 차례가 있어 앞에서 울면 뒤에서 화답하니 예(禮)가 있고, 짝을 잃어도 다시 짝을 얻지 않으니 절(節)이 있다." 고 되어 있다. 그만큼 사랑의 약속을 굳게 지키며, 새끼를 많이 낳는 속성이 있다. 족보에서 사용하는 돌림자인 '항렬(行列)'은 하늘에서 기러기가 질서 있게 날아가는 모습에서 연유하였다. 목안은 신부의 어머니가 치마에 싸서 신방에 두었다가 후행이 돌아올 때 함께 시댁으로 가지고 온다. 이 목안에 관한 의례와 풍속은 동북아시아 여러 민족에게 분포되어 있다.

교배례는 신랑·신부가 맞절을 하는 절차이다. 교배례에서는 교배상을 가운데 놓고 동쪽에 신랑이 서고 수모(手母)의 도움으로 서쪽에 신부가 선다. 각각 준비된 대야의 물에 손을 씻은 다음, 신부가 신랑에게 재배하면 신랑은 답으로 한 번 절하는데, 이를 두 번 되풀이한다. 여성은 음이므로 음의 수인 짝수로 절하고 남성은 양이므로 양의 수인 홀수로 절하는 것이다. 절에는 큰절·평절·반절이 있는데, 교배례에서는 큰절을 한다. 큰절은 보통 공수(拱手)를 취하는데, 공수란 공손한 자세로 앉거나 설 때에 손을

---

96) 2002년 월드컵 축구에서 우리를 열광케 했던 '붉은 악마'가 입었던 홍색의 옷에도 이런 주술적인 의미가 담겨 있다고 본다.

맞잡는 것을 말한다. 평상시에 남성은 왼손이 위로, 여성은 오른손이 위로 가게 잡는다. 흉사 시에는 그 반대가 된다. 큰절을 할 때는 공수한 손을 눈높이까지 올렸다가 내리며 엎드려서 절을 한다. 교배상에

신랑 신부의 맞절(교배례)이 이루어지는 교배상

는 촛대 두 개, 소나무와 대나무 등의 사철나무, 밤·대추·닭 등이 차려진다. 특히 닭을 올려놓는 것은 '수탉 같은 신랑, 암탉 같은 신부'가 되라는 뜻을 담았다. 수탉은 암탉과 새끼를 잘 보호하며 때를 알아 울어주는 특징이 있으므로 신랑은 수탉과 같이 처자식을 잘 돌보고 세상의 흐름을 바르게 판단하고 행동하라는 의미일 것이다. 또한 신부는 암탉을 본받아 살림을 알뜰하게 잘하고 자식을 훌륭하게 잘 기르라는 의미일 것이다.

합근례란 작고 둥근 박을 반으로 쪼개 만든 표주박 두 쪽을 갖다가 술을 담아 서로 교환해 마시는 것을 말하는데, 사실은 입만 댄다. 한 쌍의 표주박 잔은 그 짝이 이 세상에 하나 밖에 없으며, 이 두 쪽이 합쳐져 완전한 하나가 이루어진다는 것이다. 박은

합근례 순서에 따라 합환주를 마시는 신부

다산의 식물로 생식의 원리이자 대지의 생명력을 상징하는 신성한 것으로 인식되었다. 이 세상에서 다시 짝을 구할 수 없는 한 쌍의 표주박 잔에 생명과 정화의 힘을 갖는 술을 부어 서로 바꾸어 마시며 백년해로를 약속하는 것은 참으로 뜻 있는 일이다. 먼저 신부 측 도우미인 수모가 청홍실

을 손등에 드리우고 술을 따라 신랑 측 도우미인 대반(對盤)에게 전하면 신랑의 입술에 술잔을 대었다가 뗀다. 다시 신부의 수모에게 전하면 신부의 입에 대었다가 쏟는다. 그리고 또 한 번은 신부의 입에 먼저 대었다가 신랑의 입에 대고 쏟는다. 이러한 절차를 일반적으로 세 번 하면서 합근례를 마친다. 이로써 혼례식은 다 끝나게 된다. 나중에 두 바가지를 합쳐 신방의 천장에 매달아놓았다.

혼례복 차림의 신랑신부

혼례복으로 신랑은 옷깃이 둥근 남색 또는 북청색 비단의 단령을 입는다. 우리나라 고유의복은 예로부터 곧은 깃의 직령이었으나 신라가 당나라의 복제를 받아들인 후 단령이 관리들의 상용복이 되었다. 신랑은 겹날개가 달린 사모를 쓰고, 허리에 혁대(품대)를 두르는 관대를 한다. 사모는 관복을 입을 때 쓰던 비단으로 짠 모자로서 사대부의 상징이었다. 따라서 재물을 탐하는 벼슬아치를 욕하여 "사모 쓴 도둑놈"이라 했고, 제격에 어울리지 않는 모습을 일컬어 "사모에 갓끈이다"라고 했던 것이다. 신랑의 관대는 1품과 같은 무소뿔의 서대(犀帶)를 찬다. 그리고 목화(木靴)를 신는다. 흉배는 문관 당상관처럼 보통 쌍학이나 구름 등의 모양으로 수를 놓았다. 일생에 한 번 관리 차림의 예우를 받는 것이다. 이런 신랑의 예복 차림은 조선시대 숙종 때부터의 규정일 것이라 한다.

신부도 일생에 한 번 최상의 호사치레를 하였다. 혼례복은 평민이 일생 동안 유일하게 입어보는 귀족의 옷으로 이는 상류문화가 민중문화에 영향을 준 예이다. 신부는 연지 곤지를 찍었는데, 순결을 중시하던 당시 관습에서 신부의 처녀성을 보호하기 위한 금기행위였다. 고대 로마시대의 신부들도 악마를 쫓아낸다는 의미에서 반드시 붉은색 베일을 썼다. 붉은 볼이 미인을 상징하는 중국에서는 연지문화가 발달하여 이마에도 연지를 찍었는데, 이는 미인 서시(西施)의 이마에 꽃잎이 떨어진 것을 보고 따라했다는 것이다. 신부는 녹의홍상(綠衣紅裳)에 녹색 원삼을 입었다. 웃옷으로 제일 안에 모시 속적삼을 입고, 분홍·노랑·연두 삼회장저고리를 차례로 겹쳐 입는다. 모시 속적삼을 입는 것은 '시집살이가 시원하라'는 이유에서이다. 아래는 바지·단속곳·청치마·홍치마를 입는다. 원삼은 고려시대부터 혼례복으로 되어 있었으며, 조선 후기에 가장 일반적인 혼례복으로 사용되었다. 무엇보다 궁중용 원삼 중에서 공주와 옹주의 초록원삼이 일반서민의 혼례복으로 허용되었다. 원삼은 초록색 비단에 안감을 붉은색으로 하고 소매에는 붉은색과 노란색으로 색동을 달고 한삼을 달았으며 꽃 무늬와 글자 무늬를 금박하였다. 대란치마도 혼례복으로 입던 치마이며, 서민들은 부담 없는 혼례복으로 당의를 착용하기도 했다.

머리는 달비를 여러 개 모아서 크게 낭자머리를 틀어 금박으로 장식한 홍대를 두르고 용잠을 꽂는다. 왕비가 착용하는 용비녀의 사용이 혼인날만은 허락되었다. 검은 자주비단에 금은박이 찍힌 앞댕기와 뒷댕기를 늘어뜨리고 머리 위에는 몽골에서 온 족두리를 쓴다. 신부가 장식하는 도투락댕기도 몽골 기혼여성들의 '도틀'에서 온 것이며, 뺨에 연지 찍고 귀에 귀걸이 하는 것도 몽골부녀들의 풍속에서 나온 것이다. 양반가의 신부는 녹의홍상에 다홍색 비단의 활옷(華衣)을 입고 커다란 도투락댕기나 고이댕기를 매고 머리 위에는 칠보단장의 화관을 쓴다. 활옷은 공주와 옹주의 대례복(오례와 같은 국가의 중요한 의식에 착용)이었으나 서민의 결혼예복으로 허용되었다. 극도로 소매가 넓고 화려하게 수놓인 활옷에는 장수와 부귀를 기원하는 '이성지합 백복지원(二姓之合 百福之源)', '수여산 부여해(壽如山 富如海)'라는 글자가 쓰여지고, 연꽃·모란과 나비·봉황 등의 문양이 수놓아졌다. 활옷은 오늘날 폐백옷으로 자리를 잡았다. 결혼을 가장 경사스러운 일로 여겨 결혼 당일만은 서민들도 궁중예복을 입도록 허용했다. 그러나 복식을 마련하는 데는 경제적 부담이 컸으므로 집안 단위로 마련하여 대대로 물려가며 입거나 마을 공동으로 마련하여 서로 빌려 입기도 하는 등 공동체적 삶의 본질을 잘 보여주었다.

대례 즉 초례가 끝나면 '관대벗김'이라 하여 신랑은 사모관대를 벗고 신부집에서 만들어준 옷으로 갈아입고, 신부는 신랑집에서 마련해준 옷으로 갈아입는다. 신랑이 관대벗김을 한 후 '큰상'을 받는데 신부집에서 신랑과 신랑측 상객(上客)에게 올리는 최대의 선물이다. 초행길에 신랑을 인도하고 신랑집을 대표하는 사람을 상객이라 하는데, 상객은 원칙상 혼주가 된다. 큰상의 음식은 몇 가지 맛만 보이고 그대로 싸서 신랑집에 보낸다. 신랑집에 보낸 음식은 '봉송돌린다' 하여 신랑집 동네에서 나누어 먹는다. 이 축하음식인 큰상은 회갑연 등에서도 차려지는데, 이는 중국에도 없는 것으로서 우리의 전통의례가 마을의 공동체의식을 높이는 데 크게 기여했음을 말해준다.

신랑 · 신부는 밤이 되면 몸을 합치는 합궁례를 치른다. 이로써 신랑 신부는 비로소 부부가 되는 것이다. 물론 신랑 신부가 첫날밤을 보내기 위해 신방에 들게 되면 신랑은 신부의 족두리를 내려주고 옷고름을 풀어주어야 한다. 신부집 가족이나 친척여성들이 창호지에 구멍을 내어 들여다보고 킬킬대기도 했는데, 이를 '신방엿보기'라고 한다. 이는 인류학적 관점에서 보면 처녀성을 신성시한 데서 비롯되었다. 음귀로부터 첫날밤을 맞은 신부를 보호하기 위한 세계적인 풍습이 '신방엿보기'라는 우리 것으로 자리 잡았다. 신방엿보기는 나이 어린 신랑이 신부를 사모하는 남자 또는 귀신의 해를 입지 않도록 지킨다는 의미를 지니고 있다. 충북 보은지방에 전하는 바에 따르면, 옛날 신부가 결혼하기 전에 장래를 약속한 남자가 있었으나 신부는 이러한 말을 부모에게 하지 못한 채 부모의 강권에 못 이겨 다른 남자와 결혼을 했다. 첫날밤 곤히 잠들었는데 과거에 약속한 남자가 몰래 들어와 신랑을 죽이고 신부와 같이 멀리 도망했기 때문에 그 후로 신방을 지키는 관습이 생겼다는 것이다. 옛날에 백정이 있는데 아들이 장가갈 때 신부를 잘 다루라고 하니까 '칼질을 잘하라'는 말로 알아듣고 신부에게 칼질을 해서 잘 다루었다고 하며, 이런 참사를 막기위해서 망을 보는 풍습이 생겼다는 설도 있는데, 조혼풍습의 폐해와 관련이 있다고 하겠다.

(6) 시댁에 처음으로 인사를 드리다(폐백)

신부집에서 혼례를 치른 뒤 신랑이 신부를 데리고 자기 집으로 돌아오는 것을 '우귀(于歸)'라고 한다. 부계가족구조에서 시집가는 것은 평생 그 집에 살러가는 것을 뜻하므로 '귀(歸)'를 쓴다. 우귀 대신 쓰는 신행(新行)또한 신부가 시가에 영원히 살기 위해 가는 뜻을 지닌다. 혼례식을 치른당일 신부가 자기 집을 떠나 신랑집에 들어가는 것을 '당일우귀'라 하고,신부가 신방을 치르고 3일 만에 시집에 들어가는 것을 '3일우귀'라 한다.당장 며느리의 일손을 필요로 하는 가난한 서민계층에서만 불가피하게 3일우귀를 하였다. 가을이나 겨울에 혼례를 올린 후 이듬해 봄 시집에 우귀하는 것이 보편적인 '해묵이' 관행이었다. 길게는 첫아이를 낳은 후에가거나 짧은 경우에는 첫날밤을 지낸 후에 신랑집으로 가기도 했다. 대개는 20세기 중반까지 혼례식을 신부집에서 하고 1~2년 머물다가 우귀하는 관습이 유지되었다.[97] 우귀는 친영례를 행하는 중국에 없는 우리 고유의 혼례문화이다.

갓 혼인한 신부가 친정어머니가 싸준 대추, 밤, 쇠고기포 등을 차려놓고 시댁 식구들에게 처음으로 인사를 드리는 의식, 즉 시집집단에 들어가

---

97) 이순구, 「올바른 혼인」, 국사편찬위원회 편, 『혼인과 연애의 풍속도』, 두산동아,
    2005, 102~110면.

폐백음식

는 입사식을 '폐백'이라 한다. 폐백으로 준비하는 음식은 대체로 대추와 육포(산적, 닭 가능) 등이다. 대추는 시아버지께, 고기는 시어머니께 올리는 것으로 되어 있다. 삼국시대부터 있었던 한과류인 유밀과, 강정, 다식, 전과 등은 폐백엔 물론 제례음식으로 필수품이었다. 유밀과는 의례음식으로 으뜸이나 수없이 사용금지령이 내릴 정도로 고급스런 기호품이었다. 밀가루나 쌀가루 반죽을 여러 모양으로 조각내어 기름에 지져 꿀을 묻힌 것으로 보통 '약과'라 부르는 유밀과의 본 고장은 인도로 추정된다. 특별히 개성약과가 유명하다. 강정은 찹쌀가루를 술에 반죽하여 익힌 다음 기름에 지지고 엿을 고루 입혀 다시 고물을 묻혀내는 것이다. 원래 강정은 한나라 때 아침밥을 먹기 전에 입맛을 돋우기 위해 먹었던 음식이다. 다식은 곡물가루, 한약재, 꽃가루 등을 꿀로 반죽하여 덩어리를 만들어 박달나무, 대추나무로 만든 다식판에 넣고 여러 모양을 박아낸 것이다. 전과(煎果)는 여러 가지 재료를 꿀에 졸인 것으로 밀전과를 말하는데 정과(正果)라고도 한다. 과편(果片)은 신맛이 나는 앵두, 모과, 살구 등의 과육을 꿀과 녹말과 함께 조려 묵처럼 굳혀서 납작하고 네모지게 썰어 생률이나 생과와 어울려 담는다.

한편 지방에 따라 풍습의 차이는 있으나 예로부터 신랑 신부를 맞이할 때 양가에서 음식을 마련해 서로 주고 받는 이바지음식이 있었다. 『경국대전』에는 신부가 시부모를 만나뵐 때 술 한 동이와 안주 다섯 그릇을 가지고 간다고 되어 있다. 신부가 시댁에 음식을 장만해가는 '이바지'는 며느리를 맞아 조상에게 인사를 드릴 때 올리는 성의 정도였다. 요즘은 사당이 없고 예식장에서 폐백을 올리기 때문에 이바지가 필요 없는데도 여전히 이바지음식은 반드시 해야 하는 것으로 잘못 인식되어 있다. 일반적으로 "…… 발전에 이바지한 공로가 크다"라고 할 때의 이바지도 여기서 나온 말이다.

시부모가 대추를 던져 주는 장면

예서에서 새 며느리가 시부모를 처음 뵙는다 하여 '현구고례'라고 하던 폐백이 지금도 시행되고 있다. 폐백을 드릴 때 시조부모가 있더라도 시부모에게 먼저 절을 하는 것이 원칙인데, 연령보다도 세대의 친소관계, 혈연의 등급을 우선시한다. 절을 올리는 방법은 신랑의 오른쪽에 신부가 서서 수모(手母)의 도움을 받아 큰절을 올리게 된다. 시아버지께 2번, 시어머니께 2번 도합 4배의 큰절을 한 뒤 반절을 하고 물러나 앉으면 된다. 시부모께 절을 올리고 나면 시아버지가 덕담을 하며 대추를 던지고 시어머니는 신부의 흉허물을 덮는다는 의미로 육포 위를 두드리거나 쓰다듬는 것이 전통이다. 대추를 던지는 것은 시부모만이 할 수 있으나, 시부모가 며느리에게 아들을 낳으라고 대추와 밤을 던지는 것이 예법에 어긋나는 행위라고도 한다. 물론 대추를 던져주는 것은 자손번창을 바라는 마음의 표시라 하겠는데, 남성을 상징하는 대추나무를 사랑채 마당에 심은 것도 다산의 주술성 때문이다. 신부가 받은 대추는 수모가 한삼 귀퉁이에 싸거나 신부의 원삼 속에 넣어주게 된다.

현대는 예식장의 폐백실에서 폐백을 치를 뿐만 아니라, 신랑의 마지막 구애절차로 진행되며 신혼여행의 여비를 챙기는 시간이기도 하다. 흔히 신랑이 신부를 업고 방을 한 바퀴 돈다든지 키스를 하는 등의 애정표현을 한 다음에야 시댁 가족에게 인사를 하며, 게다가 신랑·신부가 함께 시부모 등에게 절을 한다. 폐백의 원래 의미가 신부의 입사식이므로 신부만이 절을 하는 것이 타당함을 잊어버린 지 오래된 것 같다. 심지어 신부 측 부모님도 절을 받는 경우가 많아졌다.

일반적으로 시집간 지 3일간은 부엌 출입을 하지 않다가 4일째가 되면 신부는 앞치마를 두르고 부엌으로 나갔다.

시집에서 새 사람으로서의 예를 치른 신부는 사흘 또는 일주일 뒤에 처음으로 신랑과 함께 친정에 가서 부모를 뵙는데 이것을 근친(覲親)이라 한다. 경우에 따라서는 시집살이를 하다가 추수가 끝나면 햇곡식으로 떡과 술을 해가지고 친정을 찾았다. 다시 시부모에게 올릴 차반을 장만하여 시가에 돌아오면 이로써 혼례의 전체과정이 비로소 끝나는 것이다. 차반(茶飯)이란 예물로 가져가는 맛 좋은 음식으로 흔히 새색시가 근친할 때나 근친하고 시집에 돌아올 때 마련한 음식을 이른다.

며느리가 근친갈 때 시댁에서는 음식을 장만하여 이바지음식을 보낸다. 신랑의 경우 처음 혼례식을 올리기 위해 일행과 함께 신부집에 가는 길을 초행(初行)이라고 한 것에 비해 다시 처가에 가기 때문에 재행(再行)이라 한다. 지방에 따라서는 신랑이 신부집에서 첫날밤을 보낸 다음 혼자서 자기 집으로 돌아갔다가 3일쯤 지나 신부를 데리러 다시 신부집으로 가는데, 이를 재행이라 한다. 물론 이 재행풍속은 그대로 지켜지지 않았다. 신랑의 집이 멀어 다녀오기 불편한 경우를 비롯하여 재행의 번거로움을 피해 변칙적으로 인재행(引再行)이 행해졌다. 신랑이 첫날밤을 보내고 본가로 가는 것이 아니라 이웃에 있는 신부의 친척집에서 하루나 이틀밤을 묵고 다시 신부집으로 가서 신부를 데리고 신행을 하곤 했던 것이다. 이 인재행이 바로 오늘날의 신혼여행과 유사하다고도 볼 수 있다. 이 인재행의 원리로 본다면 신혼여행에서 돌아오면 반드시 신부집부터 가야 할 것이다.

신랑은 재행하여 대개 사흘 동안 머물며 친척과 마을 어른들께 인사를 다닌다. 이때 '동상례(東床禮)'라고 하는 신랑을 다루는 의식이 행해진다. 새 신랑이 반드시 거쳐야 하는 처가집단의 입사식이 치뤄지는 것이다. 신랑이 재행하는 날이면 집안과 마을의 청장년이 모이기 시작

전통적 동상례에 해당하는
신랑테스트 하기

한다. 신랑이 나타나기를 기다리던 신부집 남자 친척들이 합세하여 신랑을 함 멜 때 썼던 걸바로 묶고 키 큰 장정이 거꾸로 어깨에 메거나 대들보에 매단다. 발길이를 재보고는 "며칠 전에 마을처녀를 도둑맞았는데, 발자국 길이와 정확히 맞구나. 이 사람이 바로 도둑이구나."라고 하면서 방망이나 북어로 비명소리가 들릴 때까지 발바닥을 친다. 신랑은 장모에게 구원을 요청하게 되며, 장모는 푸짐하게 주안상을 차려 내온다. 신랑 다루기는 신랑 신부 외의 친척과 이웃 모두 어울려 잔치를 흥겹게 하기 위한 절차였던 것이다. 요즘 결혼식장에서 행하는 '신랑테스트'라는 것이 바로 동상례에 해당한다고 본다.

4) 수연례

사람이 태어나 60세가 지나면 잔치를 베풀어 축하를 하는데, 이를 '수연(壽宴)'이라 한다.[98] 수연의 대상이 되는 생신은 육순(60세), 회갑(61세), 진갑(62세), 칠순(고희 70세), 희수(77세), 팔순(80세), 미수(88세), 구순(90세), 백수(99세) 등이 있다. 일찍이 수연례(壽宴禮)는 60년 넘게 살아야 치를 수 있었기 때문에 관혼상제의 '사례'에는 포함되지 않았다.

한편 수연례는 개인이 사회적 의식(ceremony)을 통해 새로운 사회적 지위를 획득하는 통과의례(rite)의 측면도 있지만, 가족주의를 바탕으로 인간이 유교적 사회질서를 구현하기 위해 실천해야 할 규범(nom)적 성격이 더 강하다. 한국사회에서 수연례는 자식의 효심, 축수의 기원, 체면의 과시, 품앗이 관행 등이 만들어낸 문화이다. 그러나 오늘날 수연례는 점차 환갑에서 칠순으로, 잔치에서 여행으로, 남녀 차별 없이, 집에서 전문뷔페로, 무부조(無扶助)의 경향 등으로 변하고 있다.[99] 특히 1990년대 이후 수연례에서 가장 두드러진 점은 친척 외에는 부조를 받지 않기 시작했다는 것이다.

화성행궁 봉수당에서 있었던 조선시대 최대의 축제로 일컬어지는 정조의 어머니 혜경궁 홍씨의 회갑연은 누구나 알고 있을 것이다. 우리나라 민가에서 언제부터 회갑잔치를 치르게 되었는지는 확실치 않으나, 오랫동안 우리는 수연, 특히 회갑연을 치러왔다. 회갑례는 대표적인 수연례가

---

98) 이만영, 『재물포(才物譜)』권2, 「인보(人譜)」1, 노인, 1798.

99) 김만태, 「한국인의 삶에서 수연례가 갖는 의미 분석」, 『실천민속학연구』 12, 실천민속학회, 2008, 43면.

되었으며, 수연례와 관련해서 문헌에 가장 먼저 등장하는 용어도 고려 충렬왕 때의 기록[100]에 보이는 '환갑(還甲)'이다. 사람이 세상에 태어난 해의 간지가 다시 돌아오는 데는 60년이 걸리게 된다. 평균 수명이 짧았던 시절에 60을 넘긴다는 것은 쉬운 일이 아니며 복 받을 만한 일이었다. 조선시대만 해도 평균수명이 35세 정도였기 때문에 회갑을 넘기는 일은 크게 복

가장 장수한 임금, 영조

을 받는 일이라고 여겼다. 연산군과 광해군을 뺀 조선 임금 25명의 평균 수명조차 46세에 불과했으며 83세까지 살았던 영조를 포함해 60세를 넘긴 이는 5명뿐이었다.[101]

　우리나라 사람들이 나이를 세는 법으로 61세 되는 해에 맞는 회갑례(回甲禮)를 일생의 중요한 의례로 삼았던 것도 이 때문이다. 조선 후기 실학자 이규경은 수연에 대해 "우리나라에서는 61세 생일이 되면 회갑이라 하여 잔치를 열어 장수를 축하한다. …… 삼가 엄숙하여 술잔치와 음악을 행하지 말며 단지 낳아서 길러주신 수고로움에 대한 은혜만을 생각하는 것이 옳다."[102]고 하였다.

　회갑은 자기가 태어난 해로 다시 돌아왔다는 뜻이니 '새로 시작하는 삶'이라 할 수도 있다. 회갑을 크게 기쁜 날로 여겨 잔치를 베풀어 경하하면서, 이날의 잔치를 '목숨 수(壽)' 자를 써서 수연(壽宴)이라 하는 것이다. 회갑잔치를 "산 제사를 지낸다"고까지 할 만큼 회갑부터 죽음까지는 살아 있지만 죽은 조상의 대접을 받는 단계라고 볼 수 있었다. 이처럼 회갑

---

100) 김종서 외, 『고려사』 권31, 「세가」 31, 충렬왕 22년.

101) 〈강원일보〉 2007년 4월 25일.

102) 이규경, 『오주연문장전산고』 「인사편」.

잔치는 자녀들이 부모에 대한 효성의 표시로 하는 것이다. 이것은 중국이나 일본도 마찬가지다.

그러나 오늘날 '노인은 없다'는 말을 할 정도로 장수의 시대가 되었다. 요즘 노인이라 할 수 있는 나이는 아마도 75세 이상은 되어야 할 것 같다. 이미 1990년에 평균수명이 70세를 넘어섰다고 하며, 2020년이 되면 사망자의 평균 나이가 90세쯤 될 것이라는 통계도 나오고 있다. 우리가 '60대 노인' 운운하던 시절엔 30년쯤 일하고 나서 조용히 쉬면서 노후생활을 마감하면 되었다. 하지만 이제는 60대가 되면 새롭게 일을 찾아야 할 시대가 도래하고 있다. 30년쯤 일하고 나서 다시 20년 이상 생산활동에 참여해야 할 만큼 시대가 바뀌고 있는 것이다.

칠순 · 팔순잔치의 빈도가 높아지다

회갑잔치의 큰상과 가족들

나이 드는 것은 거부할 수 있는 게 아니며 그럴 필요도 없다고 본다. 이와 마찬가지로 나이에 걸맞게 소박하게 잔치를 차리는 의식으로서의 수연례도 자연스럽게 받아들일 필요가 있다고 하겠다. "회갑잔치는 일찍 하는 것은 좋지만 지난 뒤에 하면 좋지 않다"[103]고 말한다.

회갑을 맞이한 주인공의 부모가 살아계신다면 회갑을 맞는 당사자가

---

103) 최래옥, 앞의 사전, 310면.

먼저 그 부모께 절을 한 다음에 회갑상을 받는다. 회갑을 맞는 어른 부부가 상 앞에 앉으면 맨 먼저 큰아들 내외가 술잔을 올리고 큰절을 하는데, 이를 헌수(獻壽)라 한다. 그 다음에는 자손들의 혈연적 친소관계에 따라 연령순으로 각각 헌수한다. 가계의 계통을 정립하기 위한 목적에서 모든 가례에서는 혈연의 친소관계를 중시한다. 헌수는 그날의 주인공이 된 회갑인 부부만이 받는다. 회갑을 맞는 사람의 형제자매 부부는 회갑인의 좌우에 배석하며, 형제들에게는 회갑인이 직접 술을 따라준다.

일반적으로 회갑잔치에는 '큰상'을 차린다. 우리나라 풍속에 큰상을 차리는 경우는 혼인과 회갑 때이다. 특히 회갑 때는 혼인 때보다 더 큰상을 차린다. 회갑연의 큰 상차림을 '상을 괸다'라고 하는데, 보기 좋게 하기 위하여 음식을 높이 쌓는 데서 나온 말이다. 가짓수와 높이에 의해 효성의 정도를 가늠한다고 하였다. 큰상 안쪽에다 '입맷상'이라 하여 큰상을 받을 당사자가 먹을 수 있도록 장국상(국수장국) 일습을 차려놓는다. 회갑상에는 탕과 밥을 놓지 않는 것이 제사상과 다를 뿐이다. 이같이 수연에는 장성한 자손들이 큰 잔칫상을 준비하고 폐백이라는 예물을 드리며 만수무강을 축원하는 헌수배례를 올린다. 이제는 회갑 당사자들이 늦게 결혼을 하여 자녀가 아직 어린 경우가 많고, 갈수록 자녀들의 혼인이 늦어지면서 회갑상 차리기가 더욱 어렵게 되었다.

인간의 평균 수명이 그다지 길지 않았던 1980년대까지만 하더라도 60번째 돌인 회갑을 맞는다는 것은 대단히 경사스런 일이었다. 1990년대 들어 우리 사회의 고령화가 가속되면서 회갑잔치가 점점 사라지고 칠순 또는 팔순잔치의 빈도가 높아지게 되었다. 2000년을 넘어서는 칠순을 1970년대 전후의 회갑 정도로 인식하기 시작했다. 앞으로 장수나 노인으로 인식되는 연령이 점점 늦춰지면서 회갑잔치보다 칠순(고희)·팔순잔치 등이 더욱 많아질 것이라 본다.

1973년 〈가정의례준칙〉에 처음으로 명시된 '회갑연'이 1999년에 제정된 〈건전가정의례준칙〉에서는 '회갑연 및 고희연 등의 수연례'로 확장된 것도 평균수명의 연장에 따라 고희연 등 넓은 의미의 수연례가 일반화된 그간의 변화를 잘 반영해준다.

늙을수록 지혜가 축적된다

요즘은 노인들이 자식을 따라 관광에 나섰다가 버림을 받거나, 요양시설에 맡겨진 뒤 자식들로부터 소식이 끊기는 경우가 많다고 한다. 이런 현실에도 불구하고, 세계에서 가장 빠른 속도로 우리 사회가 고령화로 치닫고 있다니 걱정이 이만저만이 아니다.

노인을 높여 백관이라 한
『구약성경』「레위기」

늙을수록 체험과 지혜가 축적됨은 동서고금이 다르지 않다. 나이를 든 연장자들이 새것을 배우는 데는 느려도 축적된 지혜를 활용하는 데는 월등하다. 일본에서 생겼다는 '실버'라는 말도 지혜를 상징하지 않는가. 『구약성경』「레위기」에서는 노인을 존칭하여 '백관(白冠)'이라 하는데, 노인의 하얘진 머리를 영광의 관으로 본 것이다. 회갑은 진정한 어른으로 다시 태어나는 시점이다. 조부모의 사랑은 부모 사랑보다 더 애틋한 데가 있다. 하기야 과거에는 아버지가 자기 자식을 돌봐줄 수가 없었다. 자식에게 사랑을 표시하는 것은 곧 부모에게 불효하는 짓이기 때문이다.

전통사회는 물론 요즘에 이르기까지 한 집에서 아이가 태어나면 어린아이는 대체로 바쁜 부모가 기르기보다 좀 한가한 조부모와 함께하는 기회가 더 많다고 할 수 있다. '생시에 조손(祖孫)은 겸상해 먹어도 부자간에 한 상을 하지 않는다'는 말까지 있고, 여성에게 폐경이 있는 이유는 손주들을 돌보기 위해서라는 설도 있다. 어른이 됨으로서 자손이나 젊은이들로부터 대우와 존경을 받게 된다. 전통사회 노인들은 자손이 번성하는 것을 가산이 부유하고 벼슬을 얻는 것보다 더 아름다운 일이라 생각하였다.

조형작가 김영희는 나이 드는 기쁨을 털어놓으면서 "노인에게 '젊게 산다'고 덕담하는데 굳이 젊어지려고 안간힘을 쓰는 게 이상한 일 아닌가 싶어요. 이만큼 산 것도 고맙죠. 나머지 인생은 선물이고"라고 말한 적이 있다. 전시회에 나온 닥종이 조형물이 옛 작품보다 밝고 원색으로 화사한 까닭이 이 나이 듦에서 왔다고 은근히 자랑했다. 요즘은 회갑잔치를 하면 늙어 보인다 하여 이를 회피하는 경향이 있다. 그러나 피한다고 다시 젊어지는 것도 아니다. 회갑이 지닌 뜻을 새삼 음미하면서 자연스럽게 나이에 맞는 사고와 행동을 하면서 좀 더 어른스럽고 노인다워지는 법을 익혀가야 할 것이다.

인도의 기로국(棄老國)[104] 설화가 회자되어 오고 있다. 예전에 늙으신 부모를 져다 버리는 기로국이 있었다. 그런데 이웃 강대국에서 사흘 안에 재로 새끼를 꼬아서 바치지 않으면 당장 쳐들어갈

잡보장경에 나오는 기로국설화

것이라고 위협을 해왔다. 온 나라가 이 문제를 어떻게 풀 것인가 골몰했으나 대책을 강구하지 못했다. 그러던 차에 어떤 사람이 혹 자기들이 져다버린 노인네 가운데 살아 있는 이를 찾아가 해결책을 물으면 무슨 방도가 나올지 모르겠다고 했다. 모두 그 의견에 찬동하고 노인을 찾아 나섰다. 마침 아직도 목숨이 붙어 있는 노인이 있어 위기를 어떻게 모면할 것인가를 간절히 호소했다. 그 노인은 새끼와 큼직한 솥을 가져오라고 했다.

---

104) 『잡보장경(雜寶藏經)』 기로국조.

그리고 새끼에 불을 붙이라 했다. 바싹 마른 새끼는 순식간에 빨간 불덩이로 변했다. 그 순간 노인은 솥으로 덮어씌우라고 했다. 조금 있다가 솥을 열어보니 새끼는 새까만 재가 되어 있었다. 누가 봐도 그것은 재로 꼰 새끼가 분명했다. 붉게 타는 새끼에 산소공급을 차단시킨 노인의 지혜로 재로 꼰 새끼가 탄생한 것이다. 그 뒤로 나라에서는 늙었다고 져다버리는 풍습이 사라졌다고 한다.

우리나라의 '고려장' 이야기가 널리 퍼지게 된 것이 중국 〈효자전〉의 원곡 이야기와 불경 『잡보장경』의 기로국 설화가 와전된 탓으로 알려지고 있다. 특히 『잡보장경』에 있는 설화 속의 기로국이 '고려국'으로 전와되면서 '고려장'이 실재한 것으로 믿게 되었다고 한다. 또한 일제강점기 우리의 민족성을 폄하하기 위한 의도에서 사실인 것처럼 교육되었다고도 한다. 설화는 사실이 아니며, 역사적으로 노인을 버렸다는 증거는 보이지 않고, 일본의 조작설도 근거는 없다. 옛것에서 새것을 발견해내는 블루오션 전략을 배울 수 있다는 측면에서 고려장 이야기를 수용하는 게 바람직하다.

우리나라에 온 중국 사신이 문제 하나를 내면서 만약 풀지 못하면 나라를 내놓으라고 했다. 위아래 굵기가 똑같은 나무토막을 내보이고선 그 나무의 위아래를 가려내라는 것이었다. 나라를 뺏길 판에 고려장에 처해질 노인이 아들을 통해 사신에게서 나무를 받아 커다란 물통 속에 던져 '가라앉은 쪽이 밑동'임을 증명해 보였다고 한다. 노인의 지혜로 나라를 구했다는 설화는 의미하는 바가 크다.

조선은 노인 천국이다

노인은 숟가락도 제대로 못 들 만큼 쇠약하여 수프를 식탁에 흘리곤 했다. 가족들은 노인을 난로 뒤 구석자리로 쫓아내고 사기그릇에 음식을 떠줬다. 손을 떠는 노인이 사기그릇을 떨어뜨리자 가족은 값싼 나무그릇을 구해 밥을 담아줬다. 어느 날 네 살 난 손자가 나무토막을 주워왔다. 가족들이 묻자 아이가 말했다. "여물통을 만들려고요. 나중에 크면 아버지 어머니 음식 담아드리려고요." 그림형제의 동화 한 토막이다.

조선을 노인천국이라 한
제임스 게일

개화기에 조선팔도를 누비고 다닌 것으로 유명한 미국인 선교사 제임스 게일(Gale)은 서울의 길거리를 지나다 젊은이들이 어른을 모시는 걸 보고 "조선은 노인 천국이다. 다시 태어난다면 조선에서 노인으로 살고 싶다"고 한 바 있다. 한국에 왔던 선교사 중에서도 캐나다 출신의 게일은 유난히 한국문화를 사랑했다. 독일의 세계적인 노인운동가 트루데 운루 할머니는 미래의 가장 이상적인 노인복지는 한국의 전통사회처럼 되는 것이라고 말한 바 있다. 일찍부터 우리는 가정에서나 마을에서나 노인들을 공경해왔다. 나이 70이 되면 마을에서 거둔 작물이나 과일을 맨 먼저 잡숴보시라고 갖다 바쳤으며, 마을잔치에는 맨 먼저 모셔 상에 앉히고 술상도 아랫사람들의 경우와 달리 푸짐하게 차려 드렸다.

솥 안에 밥을 안칠 때도 한 편은 높게 하고 한 편은 얕게 안친다. 그러면 얕은 쪽의 밥은 높이 안친 밥보다 진밥이 된다. 이렇게 두층 밥 짓기는 노인을 철저히 공경하면서 살아온 우리의 아름다운 풍속이다. 고려나 조선시대에는 국가적인 차원에서 나이가 들면 융숭하게 기로연(耆老宴)을 베푸는 등 노인들을 후하게 대우했다. 심지어 80이 넘은 노인들에게 계급을 승진시켜 정치에 관여케 할 만큼 노인을 존중해줬다.[105]

나이 든 부모에 대한 공경은 더할 나위 없다. 중국의 춘추시대에 노래

---

105) 홍석모, 『동국세시기』.

자라는 사람은 70살의 나이에도 불구하고 부모를 즐겁게 하기 위해 어린 아이처럼 춤을 추고 우는 시늉까지 했다고 하지 않는가. 우리나라에서도 아버지가 살아계신 노인이 회갑을 맞으면 부모님을 기쁘게 해드리기 위해 돌 때처럼 오방장 두루마기를 입었다. 한편 노부모가 계시면 아무리 높은 재상 반열에 있더라도 부모가 계시는 고을 인근의 군수나 현감의 낮

아들의 효성이 묻어나는 사도세자의 무덤인
융릉

은 벼슬을 자청하는 것이 도리였다. 또한 부모가 앓아누우면 손가락을 기름에 담가 불을 켜는 '소지기도(燒指祈禱)'로 아픔을 공감하며 부모의 은공을 기렸다. 부모의 약으로 쓰기 위해 자신의 허벅지 살을 자른 향덕(向德)과 성각(聖覺)이 있으며, 스스로 몸종이 되어 부모를 봉양코자 했던 지은(知恩)의 미담도 있다. 정조대왕은 아버지 사도세자의 묘소 현륭원에서 "네 감히 어디서 솔잎을 갉아 먹느냐"라며 송충이를 씹어 먹었다는 야사까지 전할 정도다. 이렇듯 고요한 아침의 나라이자 동방예의지국 소리를 들었던 한국이었으니 선망하는 사람들도 많았을 것이다.

그런데 요즘은 어떻게 되었는가. 천국이 지옥이 된 것은 아닌지. 2001년 유엔아동구호기금(UNICEF)이 아시아 태평양지역 17개국 청소년 1만여 명을 대상으로 어른 존경도를 조사했는데, 한국이 꼴찌로 나타났다. 존경도 평균치가 72%였는데, 한국은 어른을 존경한다는 비율이 13%에 불과했다는 것이다. 가까운 중국에선 원로들이 국가의 대사를 결정하고 현실정치에 힘을 발휘하며, 사회의 원로들이 극진한 대우를 받는다고 한다. '우주개발의 아버지'라 불리던 첸쉐썬(錢學森) 박사는 2009년 죽기 전까지 국가 최고지도자의 방문을 받았다. 2012년 현재 "중국만큼 노인의

힘이 센 나라는 없다"는 소리들을 한다. 핵가족화되고 산업화가 이루어지면서 우리들의 가족 간 공동체 간의 상하구조를 떠받치고 있던 도덕성이나 존경심마저 붕괴시켜 버린 것은 아닐까.

회갑을 지낸 다음해를 진갑(進甲)이라 하여 이날에도 잔치를 베푼다. 회갑연만 치르면 섭섭하므로 회갑의 이듬해인 만 61세에 진갑연(進甲宴)을 치르는 것이다. 진갑은 앞으로 '새로운 갑을 맞이하기 위하여 나가는' 첫 번째 생일이기 때문에 의의가 있다. 뿐만 아니라 70세 때는 두보의 시 〈곡강(曲江)〉에 나오는 "인생칠십고래희(人生七十古來稀, 사람이 칠십까지 사는 경우는 매우 드물다)"라는 구절에 따라 고희연을 베풀었다. 요즘은 회갑이 되어도 건강하기 때문에 회갑잔치 대신에 칠순잔치, 즉 고희연을 성대하게 차리는 풍속이 새로이 생겨나고 있다. 물론 80세의 생일은 팔순이 된다. 오늘날 77세의 희수(喜壽)잔치나 88세의 미수(米壽)잔치 등을 하는 사람도 가끔 있으나, 이것은 일본의 풍속을 흉내 낸 것에 불과하다.

5) 상장례

상장례(喪葬禮)란 '상례(喪禮)'와 '장례(葬禮)'의 합성어이다. 상례는 죽음을 맞아 행하는 모든 의례를 말한다. 상례의 경우 죽었다(死)고 말하기보다 '목숨을 잃다', '세상을 버렸다'는 뜻으로 상(喪) 자를 사용한 것이다. 장례는 시신을 땅에 묻거나 화장하는 등 장사 지내는 의례이다.

문화인류학자 마거릿 미드(Margaret Mead)는 세상에서 죽어서도 가장 오래 사는 것이 한국사람이요, 늙어서 살고 싶은 나라를 선택하라면 한국을 택하겠다고 말한 바 있다. 한국인들은 죽음이 아주 가버리는 것이 아니라 본래 왔던 곳으로 되돌아가는 것이라고 인식하여 사람이 죽었을 때 '돌아가셨다'고 표현한다. 우리는 일상적으로 '죽겠다', '죽을 것 같다'라는 말을 하며 산다. 이처럼 죽음은 우리의 삶과 가까이서 함께하고 있다. 돌아가신 어른은 아주 떠난 것이 아니라 항상 주변에 머물면서 후손들의 일을 돌아보고 관여하며 보호하고 이끌어준다고 믿는다. 그래서 살아 있을 때나 죽었을 때나 한 가지로 공경하고 섬기는 것이 효도라는 생각을 지울 수 없다. 부모가 돌아가시면 상을 치르기 위해 아무리 높은 벼슬이라도 버리는 것이 도리였다.

생명체 가운데 인간만큼 죽음 이후에 집착하는 동물이 없다고 한다. 시신을 땅에 묻거나 불에 태우는 등 장례절차가 인종이나 국가마다 만만치 않은 의식과 역사로 전해져온다. 대부분의 문화권에서는 시신을 깨끗이 씻은 뒤 옷을 입히고 관에 넣어 땅에 묻었으며, 고대 그리스나 불교에서는 영혼의 순수 또는 해방을 위해 불에 태웠다.

일반적인 매장이나 화장 외에 여러 장법이 있다. 동해 감포 앞바다에 있는 대왕암, 즉 문무왕의 수중릉 같은 수장(水葬)이 있다. 물론 대왕암은 수중릉이 아니라 화장한 문무왕의 뼈를 뿌린 산골처(散骨處)였을 것이라는 이론도 있다. 시체를 바깥에 두고 풀이나 널빤지로 덮어 비바람에 풍화시키는 풍장(風葬)도 있다. 전북 고군산도에서는 옛날에 풍장을 했다고 한다. 고기 잡으러 바다로 나가 언제 돌아올지 모르는 가족들을 위한 풍습이었다. 바다에 나간 사이 집안의 누군가가 죽어 매장을 해버리면 고인의 얼굴을 다시는 볼 수 없기에 풀로 덮어놓는 것이었다. 인도네시아 등에서도 시신을 풀이나 나뭇잎으로 덮어 방치하는 풍장이 행해졌다. 티베트 같은 곳에는 새들의 먹이로 만드는 천장(天葬) 풍습이 있다. 인도의 파르시족은 새로 하여금 시체를 파먹도록 하는 것이 진정한 정화라고 여겼다. 죽으면 하늘로 올라간다는 믿음에서 시신을 절벽 끝에 놓아두는 애장(崖葬)이나 그 일종으로 관을 높은

관을 절벽에 매달아 놓은 현관장

절벽 위에 매달아놓는 현관장(懸棺葬)도 있다. 중국 동남연해와 장강유역 및 그 이남지역에서 몇천 년 전부터 행해졌고 스촨성(四川省)에 가장 많이 분포되어 있으며, 필리핀을 비롯한 동남아와 태평양 도서국가들에도 존재한다. 심지어 친지들이 시신을 나눠먹는 인복장(人腹葬)도 있다.

국내에서 얼마 전부터는 고인의 뼈를 나무 밑에 묻거나 뿌리는 수목장(樹木葬)이 보도되고 있다. 나무의 밑거름이 돼 자연으로 돌아가는 수목장은 매장·납골의 대안으로 꼽힌다. 최근에는 화장한 유골을 봉분 없이 묻는 납골평장(納骨平葬)에 이어 분골과 흙을 섞어 메우는 자연장(自然葬)까지 인기라는 소식이다. 우리 정부는 자연장을 활성화하기 위해 2013년부터 집마당의 화초나 잔디 밑에 뼛가루를 뿌릴 수 있게 허용하기로 했다. 이제 앞마당으로 성묘를 가게 될지도 모른다.

어느 민족에게나 그럴 수 있겠지만 인간의 죽음을 다루는 우리의 상장
(喪葬)의 의식은 일생의례 가운데 가장 시대 변화를 덜 겪고 있다. 그만큼
상장례가 지닌 정신적 의미가 크다. 무엇보다도 26개월의 오랜 시간과 복
잡한 절차를 비롯하여 초혼(고복)이니, 3일입관이니, 매장이니, 3년상이
니 하는 관습 등을 통해 우리의 상장례가 지닌 강력한 효관념과 내세관을
읽을 수 있다.

한국인은 고인의 부활을 빌었다

죽음에 대한 관습과 의례 등을 통해 볼 때 한국인은 역사적으로 죽음을
피하려고 하기보다는 기꺼이 맞이해야 하는 것으로 인식해왔음을 알 수
있다. 죽음을 앞둔 사람이나 그들의 가족이 죽음을 미리 준비한다는 것이
다. 특히 결혼을 앞둔 젊은 남녀들이 혼수를 장만하는 것처럼 한국의 노
인들은 죽음을 앞두고 수의도 마련하고 묏자리를 미리 구해놓기도 한다.
"부모님이 늙었을 때 수의를 해놓으면 오래 사신다"[106]는 말도 있다. 죽
음을 단순히 회피와 금기의 대상으로 바라보지 않는 태도는 상갓집 풍경
을 통해서도 드러난다. 한국의 상갓집은 슬픔이 짓누르는 엄숙하기만 한
자리가 아니다. 전통적으로 상갓집은 잔치 분위기, 축제의 자리였다. 가족
과 친지는 물론 마을사람을 비롯한 많은 사람들이 모여 상주들을 위로하
는 한편 술과 음식을 즐기고 춤과 놀이가 행해졌다. 요즘 풍습이 많이 바
뀌었지만, 아직도 한국적인 축제적 분위기가 완전히 사라진 것은 아니다.

『수서』 고구려전 등의 기록을 통해 알 수 있듯이 죽음이 소멸과 끝이 아
니라 새로운 시작이라는 믿음과 희망으로 인해, 삼국시대부터 조선시대에
이르기까지 상장례식에서 축제처럼 노래하고 춤추며 풍악을 울렸던 것이

---

106) 최래옥, 앞의 사전, 164면.

다. 어떤 경우에는 무당굿을 벌이고 북·장구를 치면서 밤샘을 하며 놀기도 했다. 경기도의 〈손모듬〉, 충북의 〈대드름〉, 진도의 〈다시래기〉와 같은 상여놀이가 한국의 상장례문화를 잘 뒷받침한다.

진도 다시래기 중 상여놀이

한편 출상(발인) 전날 밤샘을 하면서 익살스럽게 놀던 〈다시래기〉는 조선 후기에 유행하던 남사당놀이에 수용됐음을 볼 수 있다. 1985년 중요무형문화재 81호로 지정된 〈다시래기〉에서는 사당(여)과 거사(남)가 나와 성적인 농담을 주고받으며 가무

임권택 감독의 영화 〈축제〉

를 즐기다가 아이를 낳는 장면을 연출한다. 성적인 재담과 아기의 탄생은 죽음과 상충되는 연극적 설정이다. 오늘날 〈다시래기〉는 상가마당이 아닌 진도 현지의 공연무대에서 어렵지 않게 만날 수 있다. 임권택 감독의 영화 〈축제〉와 이윤택 연출가의 연극 〈오구〉는 슬픔을 해학으로 반전시키는 우리 상장례문화의 특징을 잘 보여준다.

고대인들은 자연계가 순환하는 것처럼 죽은 사람도 부활하리라 믿었으므로 고인의 시체를 훼손시키지 않고 땅에 고이 묻었다. 이에 따라 한국의 상장례문화에서 가장 독특한 것으로 매장의 풍습을 들 수 있는 것이다. 이는 영혼불멸을 핵심으로 하는 무속신앙, 조상에 대한 효를 강조하는 유교사상, 우주적 조화를 중시하는 풍수사상 등 한국인의 강고한 정신에 기반을 두고 있다고 본다. 물론 국토의 70%가 산악지대인 점도 매장 풍습을 부추겼을 것이다. 우리 조상들은 40대가 되면 '신후지지(身後之地)'라 하여 자신이 죽으면 묻힐 묏자리를 물색하면서 죽음을 준비했다. 죽음에 대한 이러한 생각 때문에 무덤에 지극한 관심을 쏟았으며, 잘 꾸며진 무덤에 많은 물건을 함께 넣는 후장은 물론 산 사람마저 희생시키는 순장의 풍습도 있었다. 우리나라 순장풍속은 신라 지증왕 3년(502년)에 금지했다는 기록이 있다. 시체를 부여에서는 5개월, 고구려에서는 3년 동안 집에 두었다든가 안장하는 가매장 풍속도 있었는데, 물론 죽은 사람을 산 사람처럼 대접했음을 의미한다. 이러한 풍습은 조선시대 임시묘소라 할 수 있었던 초빈(初殯)이나 서·남해안의 도서지방에 1960년대 후반까지 존속했던 초분(草墳)으로까지 이어졌다. 초분이란 시신을 바로 땅에 묻지 않고 이엉 등으로 덮었다가 시체가 모두 썩고 나면 유해(뼈)를 모아 매장하는 것인데, 진도의 장례풍습이 대표적이다.

매장 중시의 융합적 장례를 치렀다

후장, 순장, 가매장 등의 장례풍습은 경제적·사회적으로 매우 불합리한 것으로 판단하기 시작했다. 외래사상의 유입은 우리의 무속적인 상장례 풍습을 변화시키는 큰 요인이 되었다. 특히 불교가 도입되면서 죽음에 대한 인식을 변화시켰고 화장이라는 새로운 장제는 장례절차를 더욱 간소화시켰다. 일체의 인연을 끊어버려야 하는 불교적 가치관에서는 매장을 통한 후손과의 교류는 무의미하다. 불교에서는 이승의 더러운 육신을 태움으로써 저승으로 미련 없이 떠나간다고 믿는다. 화장방식은 고대부터 있었지만 본격적인 성행은 불교의 영향권 속에서 이루어졌다. 고려시대에는 불교가 융성하여 화장법이 발달하고, 장례를 뜻하는 다비(茶毘)에 따라 시신을 불에 태우면서 염불을 했을 것이다. 매장에서 화장으로의 장례풍습의 변화는 사생관의 변화를 의미한다. 풍수신앙의 부활도 믿지 않고 유교사상의 효도 부정하는 결과를 초래하기 때문이다.

그러나 신라 때부터 고려시대에 이르는 근 1천 년 동안 화장을 해오면서도 도선의 풍수설이나 면면히 이어온 무속신앙과 유교사상은 매장풍습의 사멸을 막았다. 특히 이 땅에 성리학이 들어와 성행하면서 화장법은 금지되었다. 마침내 공양왕 2년에 반포된 주자의 『가례』의 시행과 더불어 복제의 방식도 정리되는 등 조선조에 들어와 유교식의 상례와 장례의 규정은 지나칠 정도로 까다로워지기에 이른다. 따라서 조선초에는 왕실과 사대부의 경우, 『가례』를 바탕으로 한 유교식 상장례를 수행코자 했다. 물론 일반백성들은 그 이전까지의 풍수를 포함하는 무속과 불교가 융합된 민간신앙적 상장례를 고수함으로서 이원화된 상장제의가 널리 시행되었다. 심지어 성호 이익이 "사람이 죽어 염을 한 뒤에 무당을 불러 길귀신을 내리게 했다"는 『주례(周禮)』의 내용이 부당함을 지적하는[107] 바와 같이 조선 전기에는 여전히 무불식 민간신앙적 상장례가 성행했음을 알 수 있다.

결국 우리의 상장례는 전통적 무속이나 불교방식으로 진행되다가 주자의 성리학적 의례가 덧붙여진 것이라 하겠다. 그러다가 조선 후기에 들어오면서 화장풍습이 많이 사라지고 매장풍습이 보편화되어 현대에 이르렀다고 본다. 이 점은 조상숭배사상이 우리와 매우 비슷하면서도 불교와 철저한 법적 규제에 힘입어 화장 위주 관행이 정착된 일본과도 비교된다. 중국에선 공산혁명 이후 마오쩌둥이 "이 많은 사람이 죽어서도 땅을 차지한다면 후손은 어디서 살란 말이냐"며 매장을 금지시키고 화장만 허용했음도 간과할 수 없다.

옛날에는 한 가족을 하나의 무덤에 묻는 가족장이 유행하면서 무덤이

---

107) 이익, 『성호사설』 권13 인사문 하상망혼(下殤亡魂)편.

간소해지기도 했는데, 통일신라 이후 다시 한 사람씩 묻는 방식으로 바뀌어 오늘에 이르고 있다. 고려 후기가 되면서 한 가문의 여러 세대에 걸쳐 같은 묘역에 묘지를 정하는 집단묘지 곧 족분(族墳)이 생겨났고, 부부를 같은 묘에 함께 묻는 합장도 나타났다. 그런데 해마다 여의도 면적의 4분의 3이 묘지로 변하는 만큼, 장지가 부족한 요즘 새롭게 가족 납골당을 만들겠다는 사람들이 많은 것을 보면 과거로 돌아가는 느낌이다. 비교적 효관념이 투철한 우리 민족에겐 아직도 시신을 곱게 묻으려는 마음이 강하게 남아 있다. 교인을 많이 가지고 있는 천주교에서도 매장문화를 선호하는 편이다. 화장을 하면 천주교식으로 상례를 치를 수 없으며 성당묘지에 묻힐 수도 없기 때문이다.

다만 조선시대만 해도 조상이 묻힌 묘지가 마을 뒷산이거나 가까운 곳에 있어 후손들의 생활공간 속에 함께 위치하고 있었으나 산업화·도시화가 진행되면서 죽은 자의 공간과 산 자의 공간 사이에 분리현상이 심화되고 있다. 산 자와 죽은 자가 공간을 공유하고 있다는 점에서 외국의 장묘문화가 부러움의 대상이 되고 있는 실정이다. 그리고 2013년도 전국 화장률이 74%로 발표될 만큼 우리나라도 화장이 점점 늘고 있는 추세다.

상례라 함은 임종에서부터 탈상까지를 말한다. 최근에는 상례의 과정이 간소화되면서 성복(成服)이나 기타 여러 가지 단계도 확연하게 간단해졌다. 상례기간이 과거에는 7월장, 5월장 등 아무리 짧아도 30일 이상이었으며, 조선시대에는 3월장을 많이 행하였다. 그런데 요사이는 3일장으로 치르는 것이 보편화되어 있다. 탈상까지의 상기(喪期)에 있어서도 3년복을 입는 경우는 거의 없고, 백일에 탈상하는 것이 대부분이다. 물론 상장례를 크게 초종(初終)의식(임종~대렴), 장송(葬送)의식(성복~안장), 상제(喪祭)의식(우제~담제)으로 구분할 수 있다. 여기서는 그보다 세분하여 주요 절차를 요약해보기로 한다. 다음의 (1)~(2)가 초종의식, (3)~(4)가 장송의식, (5)가 상제의식에 해당된다고 하겠다.

(1) 죽음을 확인한 뒤 상주를 세우고 널리 알리다

부모가 운명할 기미를 보이면 '천거정침'이라 하여 부모를 안방으로 자리를 옮겨 머리를 동쪽으로 향하도록 바르게 눕히고 집 안팎을 조용하게 하고 임종(臨終)을 기다린다. 머리를 동으로 두는 것은 동쪽이 해가 솟는 곳이요 소생을 바라는 뜻에서 행해진 것이다. 부모의 손을 잡고 마지막 가시는 길을 지켜보는 것을 임종 또는 종신(終身)이라 한다. 우리나라에서는 옛부터 임종을 지켜보지 못하면 불효로 여겨, "종신 자식이 진짜 자식이다"라 했다. 허리가 방바닥에 밀착되어 손이 들어가지 않으면 운명한 것으로 간주한다. 마지막 숨이 단절되는 것을 분명히 알기 위해 솜을 인중 위에 올려놓아 호흡여부를 통해 죽음을 확인하는데, 이를 '속광'이라 한다.

죽음이 확인되면 즉시 밖에 나가서 망자를 소생시키기 위한 복혼의식을 행한다. 떠나는 영혼을 부른다 하여 초혼(招魂)이라 한다. 지붕에 올라가 고인이 입었던 체취가 스민 저고리를 흔들며 떠나가는 혼백을 '복 복 복' 하고 불러들이는 것이다. 다

고인의 혼을 부르는 초혼

시 돌아오라는 뜻의 복(復)을 세 번 부르는 것은 한 번은 혼백이 하늘에서 내려올 것을 기원하고, 한 번은 땅에서 돌아오기를 기원하며, 한 번은 천지사방에서 올 것을 기원하는 것이다. 『예기』에 "복이란 자식으로서 부모

를 사랑하는 도리를 다하는 것이요 하늘에 비는 마음이 있기 때문에 하는 것이지 공연히 하는 바가 아니다"라고 했다. 나간 혼이 체내로 돌아오면 일단 죽었던 사람도 다시 소생할 수 있다고 믿었다. 실제 관행에서도 고인의 옷을 들고 흔들면서 사자상 앞에서 '복'을 외친다. 육체를 벗어나 떠나가는 영혼을 불러 재생시키려는 초혼의례는 영육분리의 이원적 사고를 바탕으로 한 것이다. 영혼을 붙잡기 위하여 일생을 같이한 육신이 나가서 불러야 하는 만큼 고인의 가슴에 직접 닿았던 속적삼이나 저고리를 들고

저승사자를 위한 사자밥

서 가지 말라고 부른다. 복을 부를 때 시속에서는 '사자밥'을 마련한다. 육신을 벗어난 영혼은 저승사자의 호송을 받아 저승으로 간다. 그래서 망인의 영혼을 저승까지 데리고 갈 저승사자를 위한 사자상을 후하게 차린다. 사자상은 영혼을 모시고 갈 사자 세 사람을 대접하는 것으로 밥 세 그릇과 짚신 세 켤레를 준비한다. 경우에 따라서는 간장도 올려놓는데 이는 저승사자가 짜게 먹으면 다시 돌아올 수도 있다는 사고에서이다. 그리고 사자상 앞에서 상제들은 재배하고 곡을 한다.

한편 솜으로 시신의 귀와 코를 막고 눈을 감기고 사지를 곧게 펴서 반듯이 눕히고 간단하게 묶어놓은 다음 백지로 얼굴을 덮고 흰 홑이불로 전체를 덮는데, 이를 수시(收屍)라 한다. 시신이 굳기 전에 사지를 주물러 편다음 양팔과 다리를 곧게 펴고 양손을 모아 배 위에 올리고 옥양목이나 한지를 꼰 끈으로 양 손끝과 발끝을 가지런히 붙들어 맨다. 이는 혹시라도 시신이 뒤틀어지는 것을 막기 위함이다. 그런 다음 볏짚으로 고침을 세 개 만들어 그 위에 칠성판을 놓고 시신을 안치한 뒤 홑이불로 덮어놓

는다. 그리고 병풍을 쳐서 시신을 가린다.

다음에는 상주를 세운다. 부모상에는 장자가 상주, 즉 주상(主喪)이 되고, 장자가 없으면 장손이 주상이 된다. 자식상에는 부모가, 아내상에는 남편이 주상이 된다. 상주를 도와 상사를 주관하는 사람 즉 호상(護喪)을 정하고 그 밖에 사서(司書)·사화(司貨) 등을 세운다. 상은 갑자기 당하는 일이고 번거롭기 때문에 상사를 여럿이 분담하는 것이다. 다음에 상제들은 머리를 풀고 몸의 장신구를 뺀 채 곡을 하며, '남좌여우(男左女右)'라 하여 아버지상에는 왼쪽을, 어머니상에는 오른쪽 팔을 소매에 끼지 않는다. 성복을 하기 전까지는 상제가 이처럼 흰 도포나 두루마기 차림을 하되, 한쪽 소매만을 낀다. 상을 당한 중에 경황이 없음을 나타내는 것이다. 이와 같이 초상이 난 사실을 발표하는 것을 발상(發喪)이라 하며 호상의 이름으로 친척과 친지에게 죽음을 알리는데, 이를 부고(訃告)라 한다. 전에는 부고장을 보냈으나 요즘은 전화나 전보나 신문을 통해 알린다.

(2) 수의를 입히고(습) 시신을 묶어(염) 입관하다

3일장의 경우 죽은 후 이틀째 염습(염)을 한다. 습(襲)은 시체를 목욕시키고 의복을 갈아입히는 것을 말하고, 염(殮)은 시신을 단단히 묶고 관에 넣는 것이다. 습렴을 할 때는 상복을 입지 않아도 되는 친척 중에서 적당한 사람을 골라 예를 행한다. 먼저 시신을 향물이나 쑥물을 솜에다 찍어 씻기는데, 요즘은 알코올로 얼굴·손등·발등을 문지르는 정도로 그친다. 그리고 머리를 빗기고, 손톱·발톱을 깎는다. 빠진 머리카락과 깎아 낸 손발톱을 베 헝겊으로 만든 작은 주머니인 조발낭(爪髮囊)에 담는다.

그 다음 수의(壽衣)를 입히는데, 수의는 저승에서 영생토록 입을 옷이라 하여 가장 좋은 것으로 장만한다. 이 세상에서 최고의 치레로서 민중들에게는 '비단'이라고 하는 명주로 마련된다. 최근엔 안동포에 황금을 입혀 만든 수의가 개발되어 관심을 끌기도 했다. 물론 죽음을 종말로 보지 않고 새로운 세계로의 출발로 보는 내세관에 따라 수의를 생전에 착용하던 의복 중에서 가장 좋은 것을 그대로 입히기도 한다. 즉 생전에 예복으로 입었던 관복을 입히거나 일반인들의 경우 생전에 가장 좋았던 때 입었던 혼례복을 간직했다가 수의로 사용하기도 한다.

　나이가 들면 윤달[108]이 드는 때에 수의를 마련해놓는 것이 좋다 하여 지금도 이 관습은 지켜지고 있다. "윤달에는 송장을 거꾸로 세워도 탈이 없다"는 속담이 있을 정도로 평소에 각별히 조심해야 하는 집안의 일들을 마음 놓고 한다.[109] 중국의 『형초세시기』에 따르면 윤달에는 '불거백사(不擧百事)'라 하여 모든 일을 하지 말아야 하나 우리의 『동국세시기』에는 "윤달에는 혼인하기에 좋고 수의를 만들기에도 좋다. 모든 일을 꺼리지 않는다"고 되어 있다. 요즘에도 윤달에 조상의 묘를 이장(移葬)하려는 사람들과 수의를 준비하려는 사람들로 관련업체가 즐거운 비명을 지른다. 한국에서 윤달은 귀신이 달라붙지 않는 '손 없는 달'인 것이다. 수의를 짓거나 이장을 권하는 것은 과거와 마찬가지이지만 윤달이 질병과 재앙이 있는 궂은 달이라는 상반된 인식도 있기는 하다.[110] 언제부턴가 윤달에 결혼과

---

108) 윤달은 음력(태양태음력)에서 3년에 한 번이나 5년에 두 번 든다. 윤달이 드는 달은 정해진 것이 아니라 그때마다 달라진다. 태음력에서 계절의 추이를 맞추기 위해 만든 윤달이 드는 해에는 1개월이 더 있어 13개월이 된다. 태양력처럼 하루가 길어지는 것이 아니라 같은 달이 반복되어 1개월이 길어진다. 태양력에서 윤달은 4년마다 2월에 든다. 평소에는 2월 28일로 고정되어 있으나 윤달이 든 해에는 2월이 29일이 된다. 더 보태진 윤달을 '덤달', '공달'이라 부르는데 부정이나 재액이 없는 달로 여긴다.

109) 윤달에는 장을 담는가 하면, 팥죽을 쑤어 먹고, 마을의 평안과 풍요를 위해 장승제를 지내기도 한다.

110) 집수리를 하지 않으며 장독도 함부로 옮기지 않는다. 음력 6월은 '썩은 달'이라 하여 '앉은 방석도 옮기지 않는다.'는 말까지 있으며 매사에 조심하는데, 요즘도 음력 6월에는 가능하면 이사를 하지 않는다.

출산을 꺼리는 풍조도 생겼는데 원래 풍습과는 거리가 멀다. 사실 윤달에 수의를 마련해야 한다는 속설은 예고 없이 죽음을 맞았을 때 자식들이 당황하지 않도록 미리 수의를 만들어놓고자 했던 것이다. 이는 자식들을 생각해서 스

공동으로 수의를 제작하는 모습

스로 인생을 정리하기를 바라는 노인들의 지혜에서 나온 것이라 하겠다. 하루에 수의를 만들지 않으면 저승문이 열리지 않는다 하여 수의는 하루에 완성한다. 박음질을 하지 않을 뿐만 아니라 실의 매듭을 짓지 않고 다 꿰맨 다음 실을 길게 늘어뜨려 두는데, 박음질을 하게 되면 자손이 줄어들며 실을 매듭 지으면 자손이 끊긴다는 것이다. 바느질을 듬성듬성하게 하며 도중에 실을 잇거나 그 끝을 옭매지 않는 것은 죽은 사람이 저승길을 가다가 막히거나 넘어지지 않도록 하기 위해서라고도 한다.

수의를 입히는 습이 끝나면 '반함(飯含)'이라 하여 저승까지 갈 동안 먹을 식량을 입에 넣어준다. 물에 불린 쌀을 버드나무 수저로 세 번 입에 떠넣는다. 그 전에는 부활과 생명을 상징하는 쌀과 조개, 또는 불변의 활력을 상징한 옥을 넣기도 했다. 그리

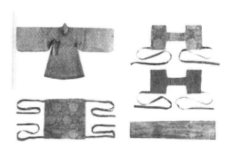

얼굴을 가리는 멱목(왼쪽 아래)과
손을 싸는 악수(오른쪽 위)

고 '멱목(幎目)'이라는 얼굴 덮개와 '악수(幄手)'라는 손발 덮개를 씌운다. 반함에 이어 베로 시신을 묶는 염을 하는데, 소렴(小殮)이 습을 한 시신을 옷과 이불로 싸는 것이라면 대렴(大殮)은 시신을 묶어 입관하는 의식이다. 예서에서는 죽은 날에 습하고 다음날에 소렴하며 3일만에 대렴을 한다고

하지만 실제로는 습·소렴·대렴을 동시에 하는 경우가 많다. 『가례』에 소렴시 옷과 이불로 시신을 싸기만 하고 묶지는 않으며 얼굴도 가리지 않는데, 이는 효자가 부모의 소생을 바라는 염원에서 비롯된 것이라 적고 있다. 초혼에서와 마찬가지로 재생관념이 습염에도 나타나고 있는 것이다. 『예기』에서도 3일이 지나 염을 하는 것은 다시 살아나기를 기다리는 것이라 했다.

대렴은 시신이 완전히 굳기 전에 손을 앞으로 포개 배 위에 얹고 끈으로 몸을 결박하는 것이다. 묶을 때는 세로를 묶은 위에 가로를 묶으며 매듭을 짓지 않고 틀어서 끼운다. 관은 오동나무나 소나무로 만든 것이 귀하나, 서민들은 구하기 쉬운 버드나무를 사용한다. 굄목 위에 관을 놓고 그 안에는 회(灰)를 골고루 뿌린 다음 창호지를 깔아 시신을 충분히 감쌀 수 있도록 한 후 칠성판을 놓고 요를 깐다. 회는 수천 년이 지나도 변치 않으며 개미나 벌레의 침범, 물이나 나무뿌리의 침입 등을 막고, 시신에서 분비되는 수액을 빨아들이는 역할을 한다. 관 밑에 칠성판을 쓰는 것은 방상이나 무덤 앞의 석상 같이 무덤 속의 사귀를 쫓기 위한 것이다. 하늘의 북두칠성을 신격화한 칠성신은 인간의 짧은 명을 길게 하는 수명장수의 기능을 한다. 죽은 사람을 거둬가는 관을 칠성판이라 하는 것은 바로 죽으면 북쪽 하늘로 돌아간다는 것을 상징적으로 보여주는 것이다.

관을 덮은 명정

입관 절차에 따라 관에 시신을 안치하고 구석에 조발낭을 나누어 넣는다. 빈 곳에는 '보공(補空)'이라 하여 입던 옷이나 종이 등으로 채우는데, 이는 시체가 흔들리지 않게 하기 위함이다. 그 위에 천금(天衾)이라는 홑이불을 덮고 천판(天板)이라는 관뚜껑을 덮은 다음 나무못을 친다. 천판을 덮기직전에 얼굴 부분만은 벗겨서 자손들에게 마지막으로 보게 하고 덮는다. 관 위에는 붉은 천, 즉 명정(銘旌)에 흰 분가루로 누구의 관인가를 적는다. 그 다음 짚과 종이를 섞어서 외로 꼰 밧줄로 관을 묶는다. 입관이 끝나면 병풍을 둘러 시신이 있는 곳과 조문을 받는 곳 즉 죽은 자와 살아 있는 자를 분리시킨다. 그리고 나서 상례기간 동안 영혼을 모셔두는 곳인 영좌(靈座)를 마련하여 혼백을 안치한다. 혼백은 신주를

혼백을 안치해놓은 영좌

만들기 전에 임시로 흰 베나 모시나 명주, 또는 두꺼운 종이를 접어 사람의 형상을 만들어 왼쪽에 죽은 사람의 생년월일시를, 오른쪽에 졸년월일시를 적어놓은 것이다. 혼백은 시신을 묘지에 안장한 후 우제 때 신주로 대치한다. 보통은 혼백 대신 위패나 사진을 모시기도 한다. 영좌 오른편에는 명정이라는, 죽은 사람의 성명이나 관직 등을 쓴 깃발을 세운다.

(3) 상복을 차려입고 조문객을 받다

입관이 끝나면 상제를 비롯한 친척들은 상복을 입는데, 이를 성복(成服)이라 한다. 요즘은 상례기간이 3일장이라 죽은 다음날 소렴과 대렴을 하고 이어 성복을 한다. 상복은 대체로 삼종친(三從親), 즉 고조에서 현손에 이르는, 팔촌까지의 범위에서 입는다. 요즘에는 아들이나 손자, 딸과 며느리 등의 관계에서만 상복을 입는 편이다. 한 고조에서 이룬 팔촌까지를 우리가 흔히 '집안간' 또는 '당내'라 하며, 고조부의 조상을 이룬 종자(宗子)의 집을 '종가' 또는 '큰집'이라 부른다. 고인과의 관계에 따라 상복을 5등급으로 나누어 입게 되는데, 이를 오복제 또는 복차라고 한다. 오복제에 따른 상복은 참최 · 재최 · 대공 · 소공 · 시마로 구분된다. 이 다섯 가

지 상복은 재질과 구성물이 조금씩 다른 것은 물론 상을 치른 후에 그것을 입는 기간까지 다르다.

참최는 아버지가 돌아가셨을 때 입는 것으로 3년 동안 착용한다. 가장 거친 삼베로 만들며 옷의 가장자리를 마무리하지 않고 그대로 풀어두어 너덜너덜하다. '참(斬)'은 '애통함이 심하다' 또는 '꿰매지 않는다'는 뜻이다. 재최(자최)는 어머니를 여의었을 때 입는 옷으로 역시 3년 동안 착용하는데, 옷의 가장자리를 꿰매어 참최에 비해 조금 얌전한 모습이다. '재(齊)'는 꿰맨다는 뜻을 지닌다. 윗대로 직계조상에 대해서는 모두 재최복으로, 입는 기간은 조부모 1년, 증조부모 5개월, 고조부모 3개월간이다. 아래로 자신의 처와 맏아들의 며느리도 재최복이다. 대공복은 백·숙부의 아들과 딸들을 위해 입는 것으로 9개월간 입는다. 소공복은 할아버지의 형제자매 등을 위해 5개월간 입는다. 대공과 소공의 '공(功)'은 상포의 공들임이 정교하고 거침을 두고 말하는 것이다. 시마복은 증조부의 형제자매를 위해 3개월간 입는다. 상복의 등급도 현실의 친소관계로 정해지는데, 대공 이상은 대체로 함께 먹고 자고 한 근친이고, 소공 이하는 일상생활에서 함께한 빈도가 느슨하였던 관계를 표시하였다.

상제는 죄인이라 하여 거칠고 남루한 복색을 한다. "상제가 새옷을 입으면 부모님 저승길이 어둡다"는 말도 있다. 남성 상제들은 굴건제복에다 죽장망혜를 착용한다. 효건이라는 두건을 쓴 후에 굴건이라는 관을 쓰고, 거친 삼베로 옷을 입은 뒤 왼새끼로 꼰 삼노로 수질을 만들어 머리에 두르고 요질을 만들어 허리에 두른다. 특히 머리와 허리에는 죄인처럼 동아줄을 맨다. 남성 상복의 윗도리를 최의라고 하는데, 앞부분 가슴 쪽에는 '눈물받이'라고 하는 천 조각을 달아두고 뒤에는 '부판(負版)'을 고정한다. 부판은 부모 잃은 슬픔을 등에 지고 있다는 것을 의미한다. 다리에는 삼베 행전을 치고 짚신을 껄칠하게 신은 다음 지팡이를 짚는다. 아버지상에는 대나무, 어머니상에는 오동이나 버드나무 지팡이이다. 지팡이를 짚는 것은 부모상을 당한 슬픔으로 제대로 먹지 못해 몸이 허약해졌기 때문이다. 부상에 둥근 대나무를 쓰는 것은 아버지가 하늘이니 하늘을 본뜬 것이요. 안팎에 마디가 있는 대나무를 쓰는 것은 어버이를 위하는 마음이 밖에서나 안에서나 항상 같아야 하며 대나무처럼 사시사철 변함없이 효를 다하라는 뜻이다. 모상에 지팡이를

거친 상복을 입은 상제들의 모습

위는 둥글고 아래는 모나게 만드는데, 위의 끝이 둥근 것은 아버지와 슬픔이 같음을 뜻함이요, 밑이 모남은 어머니가 땅을 상징하는 것을 취한 것이다. 또 오동이나 버드나무 밖에 마디가 없는 것은 밖에서는 지아비에게 굴종함을 본뜬 것이다. 상주는 다른 아들과 차림에서 차이가 있고, 여성 상제들은 얼굴을 천으로 가리고 거친 삼베로 지은 치마저고리에 중단을 입는다. 수질과 요질을 모두 갖추고 짚신을 신고 지팡이를 든다.

우리가 줄곧 사용해온 상복은 직물 그대로인 소복이었다. 태양을 숭배한 민족은 흰옷을 좋아했을 것이나 유난히 우리는 흰옷을 좋아했다. 이에 대한 최초의 기록이라 할 수 있는『삼국지』동이전 부여편에서 "이 나라는 흰색을 숭상하여 흰옷을 널리 입었다"라고 했다. 고려말부터 조선말까지 수차에 걸쳐 푸른 옷을 권장했고 갑오개혁과 광무개혁 때는 아예 흰옷 착용을 금했으나 실현되지 않았다. 상장례 시에 소복을 입는 등 우리의 백의문화는 오늘날까지도 민중생활 속에 전승되고 있다. 소복의 흰색은 재생이나 정화의 의미를 담고 있는 것으로 소복 착용은 우리의 독특한 문화다. 얼마 전까지도 상제가 비록 검은 양복을 입더라도 건을 쓰고 행전을 쳤고, 남성들은 검정 옷을 입더라도 여성들은 소복을 입음으로써 절

현대의 검정색 상복

충이나 조화를 유지하려고 했다. 그러나 최근 들어 소복을 꺼려 검은색 양복이나 한복을 차려 입는 경우가 많아지고 있다. 서양에서 검은색 상복을 입기 시작한 이유는 죽은 사람의 영혼이 산 사람에게 다시 돌아올 것을 꺼렸기 때문이다. 이렇게 검은 옷을 죽은 옷으로 여기는 서양과 달리 부활을 상징하는 흰옷을 입으며 집안에 신주를 두고 조상의 혼을 가까이 모시는 우리는 분명한 차이가 있다.

1999년 제정된 가정의례준칙에 의하면 상복은 장일(葬日)까지, 상장은 탈상까지 달도록 규정하고 있다. 의례를 치르기에 효율적인 방향으로, 비용을 절약하는 차원으로 상제의 옷차림이 변화되고 있는 것이다. 성복을 한 다음 정식으로 문상객을 맞이하는데, 이를 조문이라 한다.

현대의 조문에티켓은 다음과 같다. 상제는 영정 쪽에서 볼 때 왼쪽에 서서 오른손이 위에 오도록 포개 잡는다. 죄인이므로 말을 해서는 안 되며 조문객의 인사말에 따라 "고맙습니다" 또는 "드릴 말씀 없습니다" 정도로 문상을 와준 것에 대해 고마움을 표한다, 빈소를 지켜야 하므로 조문객을 전송하지 않아도 된다. 한편 조문객은 호상소에서 조객록에 서명을 하고 나서 상제에게 목례를 하고 영정 앞으로 가서 무릎 꿇고 분향(기독교식은 헌화)한다. 향은 오른손으로 잡고 왼손으로 바쳐 불을 붙이되, 불이 붙은 경우 가볍게 흔들거나 잡아서 끈 뒤 향로에 꽂는다. 그리고 한 걸음 물러서서 재배를 하고(선 절을 할 경우 45°이상 숙이고 7초 정도 머묾) 상제에게 절한 후 아무 말도 하지 않고 물러나오는 것이 원칙이나 "얼마나 슬프십니까" 정도의 인사말은 무방하며 부의금을 전달하고 나온다.

(4) 빈소를 떠나 시신을 안치하고 반혼하다

장사 지내는 날이 되면 장지를 선정하여 시신을 매장하는데, 일반적으로는 지관을 통해 미리 장지를 마련해놓는다. 화장은 불교적 관념에서 이루어지는 데 비해, 매장은 무속과 도교와 유교와 기독교적 육체관에 뿌리를 두고 있다. 장지가 결정되면 산역(山役)을 하는데, 산역은 먼저 묘역주변을 표시하고, 그 중앙에 외광과 내광을 판다.

시신이 빈소에서 장지로 떠나기 직전에 발인제(發靷祭)를 지낸다. 상여 앞에 제물을 차려놓고 지내는 제사다. 발인제는 맏상제가 분향·헌작하고 축관이 고축을 읽으면 모두 곡을 한 다음 재배하여 끝낸다. 발인제가 끝나면 선소리꾼이 요령을 잦게 흔듦을 신호로 상두꾼들이 상여를 올려 멘다. 메김

발인제를 지내고 있는 모습

소리로 "마지막 가는 길이니 인사나 하고 가세" 하면 상두꾼들은 상여의 앞머리를 숙였다 올렸다 하기를 3회 하고 상제들도 3회 큰절을 올린다. 요즘 발인식에서는 아무런 의식 없이 바로 관을 영구차에 싣고 장지로 떠나는 경우가 많은데, 마지막에 간략하게나마 고인을 추모하는 절차가 없다는 것은 천박하다는 생각이 든다.

한국인은 죽어서 저승 가는 것을 이승의 집에서 저승의 집으로 바꾸어 들어가는 것으로 생각했다. 따라서 상여는 한국인이 이상적으로 생각하는 또 하나의 집이었다. 상여가 전체적으로 용마루, 운각, 몸체, 난간 등으로 이루어진 것도 이 때문이다. 상여가 시신을 운반하는 도구라면, 그 앞에 가던 작은 영여(靈輿)는 영혼을 운반하는 도구다. 영여의 지붕에는 금속

운구행렬

하관식

제 붉은 연꽃을 배치했으며 옆면에도 피지 않은 연꽃망울을 그려 넣어 망자의 부활을 기원했다. 요즘은 시신을 대부분 상여가 아닌 영구차(靈柩車)로 모시며, 영혼도 영여가 아닌 승용차로 모신다. 운구행렬은 대체로 맨 앞에 죽은 사람의 이름을 적은 명정이 서고 이어서 영여, 공포, 만장, 상여, 상주, 유복친, 조문객 등의 순서로 나간다.

장지에 도착하면 관을 묘로 옮겨 광내에 안치하는데, 이를 하관(下官)이라 한다. 명정을 걷고 관 묶음을 풀고 내광에 반듯하게 모신다. 광중 안의 빈 곳을 석회와 황토와 모래가 섞인 흙으로 채우고 횡대(橫帶)로 덮는다. 주상이 시신의 가슴 부위에 청색 폐백을, 다리 부위에 홍색 폐백을 횡대를 들고 얹는다. 그 다음 고운 흙으로 외광을 채운다. 광내가 메워지면 땅을 다지면서 〈회다지노래〉 혹은 〈달구질노래〉를 부르고 봉분(封墳)을 만드는데, 이를 성분(成墳)이라 한다. 성분을 하기 전에 요즘엔 가족과 친지들이 허토를 한다.

상고시대에는 시신을 산야에 버리거나 초목으로 덮는 정도의 장례 형태였다. 그러다가 점차 인지가 발달하면서 시신을 땅에 묻고 평지묘를 만들었다. 평탄하게 무덤을 쓰다보니 식별하기 힘들게 되었고, 그래서 등장한 것이 흙을 쌓은 '분(墳)'의 형태다. 즉 무덤의 역사는 '장→묘→분'의 형태로 변천해왔다. 엄밀히 말해 장례란 상례의 한 절차로서 시체의 처리방법 즉 시신을 땅에 묻는 매장에 관련된 의식을 말한다. 따라서 요즘 병원의 영안실을 '장례식장'이라고 말하는 것은 잘못된 것이라 하겠다. '상례식장'이라 해야 옳다. 장례의 '장(葬)' 자는 시체를 땅이나 판자 위에 놓고 위 아래로 풀섶을 덮어놓은 형상을 가리키는 것이다. 이로써 애초 장례에서 시신을 간단하게 돌이나 풀로 덮었음을 확인하게 된다.

시신을 매장한 뒤 신주나 혼백상자를 모시고 집으로 돌아가는데, 이를 반혼(返魂)이라 한다. 이때 집을 지키던 여성들이 곡을 한다. 이를 반곡(反哭)이라 한다. 형식을 중시하는 조선조에는 상중에 곡이 끊어지지 않도록 곡을

반혼하는 장면

전문으로 하는 노비인 곡비(哭婢)를 둘 정도였다. 대곡(代哭)이란 효자가 어버이 상을 당해서 슬퍼하고 초췌해진 나머지 몸이 상할까 봐 다른 사람으로 바꾸어 곡소리가 그치지 않도록 하는 것이다. 천주교식 상장례에서 행하는 '연도(煉禱)'가 곡이 이어진다는 점에서 이와 같은 것이라 하겠다. 반곡례를 끝으로 장례절차는 모두 끝이 나고 다음은 상중의 제례절차가 시작된다.

(5) 우제를 지내고 탈상을 하다

장사 지내는 의식은 죽은 이의 신분에 따라 행하지만 제사는 지내는 사람의 신분에 따른다. 따라서 장송의식이 애통함을 위주로 한다면 제사의

식은 정성과 공경이 주가 된다. 장례가 끝나고 상제가 상복을 벗을 때까지 죽은 이를 위해 지내는 제사를 상중제례라 하는데, 초우에서 길제까지 모두 아홉 번을 지내게 되어 있다. 그러나 실제로 행하는 것은 다르다. 먼저 출상부터 3일째까지 세 차례의 제사 즉 우제를 지낸다. 우제는 시신을 보내고 영혼이 방황할 것을 염려하고 위안하며 편안하게 하기 위해 처음으로 지내는 제사이다. '우(虞)'란 우려하다, 위안하다, 편안하다는 뜻이다. 장사 지내는 날 반혼하는 즉시 빈소에서 초우제, 다음날 재우제, 장례 3일째 삼우제를 지낸다. 다시 말해 초우제는 장지에서 신주나 혼백을 받들어 집으로 돌아와 영좌에 안치하고 지내는 제사이다. 삼우제를 지내는 날은 반드시 성묘를 하며, 이후부터 초하루와 보름에만 상식을 올린다. 우제를 마치면 혼백은 사람의 눈에 잘 띄지 않는 깨끗한 곳에 묻는다. 장사 후 우제 이후부터 제사라 하고 장사 전에는 간단히 음식을 올리므로 제사라 하지 않고 전(奠)이라 한다.

　초상 후 3개월이 지난 다음에 맞는 강일(剛日, 일진에 甲, 丙, 戊, 庚, 壬이 드는 날)에 졸곡제(卒哭祭)를 지내는 게 원칙이다. 그러나 실제로 삼우제를 지내고 이틀 후에 졸곡제를 지낸다. 졸곡은 이후로 아침저녁으로만 곡을 하고 아무리 슬프더라도 무시로 하던 곡을 끝낸다는 뜻이다. 이는 졸곡에서부터 길제로서 상중의 제사가 점차 길례로 행해지기 때문이다. 졸곡만은 반드시 3개월 안에 지내야 한다. 초상(初喪)을 치르고, 그 후 1주년이 되는 날 소상을 지내고, 그리고 2주년이 되는 날 대상 즉 3년상을 치렀다. 서양적 시간관과 달리 우리 시간관으로는 상이 있는 당해가 1년이고, 소상이 2년이고, 대상이 3년이기 때문이다. 2012년 OOO 대통령이 서거한 지 3년째 되는 날에 3주기 추도식을 거행하면서 '3년 탈상' 운운하는 것은 옳지 않다. 3년상이란 자식으로 태어나 혼자 먹고 활동할 수 없는 젖먹이 때 만 2년 동안 부모의 품 안에서 길러준 은혜에 대한 보답이다. '시묘살이'라 하여 탈상할 때까지 상복을 입고 묘지 옆에 여막을

지어놓고 거처했다. 그러나 3
년상의 역사가 그리 오래 되지
는 않았다. 고려시대에는 보통
100일상이 행해졌으며, 조선
시대에도 양반들이 3년상을
지냈던 것과 달리 백성들은 여
전히 100일상을 지켰다. 3년상

시묘살이 하는 여막

제는 그 절차와 내용이 복잡하여 간단히 시행할 수 없었기 때문이다. 3년
상이 하층민에 이르기까지 일반화되어간 것은 조선 후기 이후였다. 『조
선상식문답』에 의하면 조광조 일파가 유교적 정치개혁을 이루면서 반상
의 구분 없이 3년상을 지키라는 명령을 내려서 차차 풍속이 되어갔다.

　3년상을 치르고 나서 죽은 이에 대한 예를 마치고 영좌는 철폐하며 상
복을 벗고 지팡이는 깨끗한 곳에 버린다. 신주를 받들어 옮겨 묘소 옆에
묻는다. 비로소 술을 마시고 고기를 먹으며 침실로 돌아간다. 이를 '3년
탈상(脫喪)' 또는 '탈상'이라 한다. 아버지가 생존해 있고 어머니가 먼저
돌아가신 경우에는 기년상을 행하여 만 11개월 만에 소상을 지내고 13개
월 만에 대상을 지낸다. 그러나 대상을 지냈다고 하여 즉시 부모의 상을
잊고 평소의 생활로 차마 돌아올 수가 없다. 대상 후 두 달 만에 평시의 상
태로 돌아가기를 기원하는 담제를 지낸다. '담(禫)'이란 '담담하니 평안하
다'는 뜻이다. 그리고 나서 일상음식을 먹을 수 있으며, 100일이 되는 날
길제를 지낸 후 완전히 일상생활로 돌아간다. 행세하는 가문에서는 부모
가 돌아가시면 무덤 곁에 묘막을 짓고 아침저녁으로 식사를 올리는(上食) 3
년 시묘살이를 한다. 3년 동안 집 안에 궤연(几筵)을 설치하고 아침저녁으
로 식사를 올리기도 했다. 정당한 이유 없이 친상을 치르지 않으면 가문
형으로 처형했는데, 돌을 안겨 물에 잠겨 죽이는 침살(沈殺)이나 조선종이
에 물 칠을 하여 얼굴에 겹겹이 붙임으로써 질식사시키는 도모지형에 처

하는 것이 관행이었다.

현대에 와서 상기가 1년, 100일, 49일 등으로 단축되고 있는 실정이다. 심지어는 부모의 시신을 매장한 다음날 상을 마치는, 이른바 3일 탈상하는 경우도 있다. 일반적으로는 100일 만에 탈상을 한다. 이 때문에 소상·대상은 물론 담제·길제의 의식도 거의 없어지고 만 상태이다. 문제는 인간적 질서를 존중하고 생명의 근원을 생각해보고 근신하는 마음가짐이다. 『사례편람』에도 나오는 바와 같이 선조들은 소위 '심상삼년(心喪三年)'이라 하여 상복을 벗더라도 마음으로나마 상중에 있는 것처럼 행동할 것을 요구했고 실제로 사람들은 고인에 대한 감사와 존경의 마음으로 심상 3년을 살았다고 한다.

6) 제례

　예(禮)는 본래 제사(祭祀)에서 출발한 규칙이라고 한다. 중국의 고전을 보면 예는 제사의례라는 의미로 사용되고 있다. 이처럼 예의 시발점은 신령에게 제물을 바치는 행위였으며, 이후 예는 귀신을 받드는 것에서 사람을 섬기는 영역으로 확대되었다고 할 수 있다. 다시 말해 의례의 핵심은 조상에 대한 제례라 할 수 있다. 종교의 권위가 높았던 고대사회에서 제사는 매우 중요한 의미를 지닌 의식이었다. 서양의 『구약성경』의 「출애굽기」나 「레위기」만 보더라도 제사에 관련된 사항들은 매우 꼼꼼히 기록되어 있으며, 그 밖의 생활규범과 공동체 의례들은 제사의식을 중심으로 이야기되고 있다.

　제례(祭禮)는 신과 인간의 세계를 이어주는 종교행위이자 인류문화의 귀중한 요소로서 형태만 다를 뿐 동서고금을 막론하고 행해져 왔다. 특히 제례는 우리나라에서 크게 유교의 영향을 비롯하여 민간신앙과 밀착되어 조상에 대한 존경과 애도로 이어져 왔다. 공자가 '제여재(祭如在)'라 하여 조상이 살아 있는 것처럼 제사를 지내라 했듯이 우리는 조상에 대한 예의와 정성을 다 쏟

베이징의 공자사당(孔廟)에 있는 공자상

았다. 『예기』에 살아계실 때는 공경으로 봉양하고 돌아가신 후에는 공경하여 제사를 드리라 할 만큼 효성의 연장선상에서 조상의 제사에 최선을 다해야 했다. 『중용』에 나오듯이 '죽은 사람 섬기기를 산 사람을 섬기듯

이'[111] 행하는 의례를 제사로 여겼던 것이다.

우리 민족의 의식 속에 뿌리를 두고 나온 "제삿날 빨랫줄을 매면 조상의 영혼이 오지 않는다" 또는 "제삿날 바느질 하면 귀신이 오다 돌아간다"고 하는 금기어가 있다. 우리 한국문화에서는 살아 있는 자들이 죽은 조상과 늘 같이 지내야 했다. 그리하여 삶과 죽음이 한 공간에 있었다. 죽음과 함께 있을 때 삶이 보다 경건해짐을 알았다. 서양의 건축문화에 밀려났지만 조상의 위패를 모시던 사당이 바로 삶과의 조화를 생성해낼 수 있던 그런 창조적 공간이었다. 우리는 "제사 지낼 때 어린애가 울면 집안에 불길한 일이 생긴다"고까지 했다.

독일의 세계적 노인운동가 트루데 운루는 죽어서도 산 사람과 더불어 사는 제례의 발달에서 보듯 옛 한국인만큼 안락한 마음으로 죽을 수 있는 노인은 세상에 없다고 말한 바 있다. 유교식 제례는 원래 중국에서 시작되고 발전되어 온 것이었으나 온전한 형태로 유지되고 있는 나라는 한국이 유일하다. 오늘날 가정에서조차 유교식 제례가 중국을 비롯하여 일본이나 타이완 등에서도 거의 행해지지 않고 있는 편이다.

놋제기 세트

전통적으로 우리는 '군자는 아무리 가난해도 제기(祭器)를 팔아먹지 않고 아무리 추워도 제복(祭服)은 입지 않는다'고 한 민족이다. 마침내 1995년 유네스코는 한국의 제례를 세계문화유산으로까지 지정했다. 그렇지만 정작 우리 젊은 세대들은 제례를 부담스러워하고 기피한다는 데 문제가 있다. 핵가족시대에 제

---

111) 사사여사생(事死如事生).

수 마련이 번거롭기 때문일 것이다. 문헌에 보면, "승냥이와 물개는 제사 지내는 시늉까지 한다"[112]고 되어 있는데 말이다. 조상신은 잡귀·잡신 과 달라서 항상 자손과 함께 있다고 여기는 것이 유교의 귀신관이다.

제사는 조상에 보답하기 위해 지낸다

자연신에 대한 제사가 자신의 조상을 섬기는 제례로 발전하기 시작한 것은 삼국시대부터라고 하겠다. 지금도 상당히 지켜지고 있는 제례를 통해 후손들에게 조상과 가문에 대한 자긍심을 심어줄 수

정성껏 제사 지내는 모습

있으며, 가족 구성원 간의 결속을 다질 수 있다. 주자는 조상에 대한 제사 로 조상과 후손이 이어지게 됨을 강조한 바 있다. 우리 민족이 가족주의적 인 성향이 강한 것이나 혈연과 계보를 중시하는 데는 이러한 제사의 영향 이 컸다고 본다. 제사는 1년에 여러 번 있게 되므로 이것이 서로 떨어져 있는 친족 간의 만남을 이루는 가장 중요한 기회가 된다고 할 수 있다.

『예기』에서 '제사불기(祭祀不祈)'라 했듯이 자기의 복을 빌기 위해 제사 를 지내는 것이 아님을 우리는 잘 알고 실천한다. 우리는 조상의 고마움 에 보답하는 마음으로 정성을 다해 제사를 드린다. 우리 민족은 유난히 조상에 대한 숭배의식이 강하고, 효에 대한 관념이 투철한데, 사실 이는 자기 존재에 대한 보답이라는 의미에서 보면 우리 민족의 자존심이 얼마 나 큰지 알 수 있다. 우리가 무엇을 조심스럽고 정성스럽게 다룰 때 "조

---

112) 주희 외, 『근사록』 치법류15.

상 신주 모시듯 한다"라고 하듯이 조상의 신주는 화재나 수재 등 변란을 당해서도 가산보다 먼저 이주시킬 정도로 소중한 유품이었다. 조선 중기 이래로 조상에 대한 제사의 책임을 맡은 장자는 재산상속에 있어 20% 더 받았다. 조선 후기에도 이런 관행이 계속되어 1990년 민법이 개정될 때까지 호주는 5할의 재산을 더 상속받을 수 있었다.

일반적으로 의례절차에 대해 길흉을 말할 때 제례를 흉사로 생각하기 쉬운데 그렇지 않다. 대개 흉사란 사람이 죽은 때부터 약 100일 후인 졸곡 직전까지를 말하고 졸곡제부터는 길사(吉事)에 속한다. 『주례』, 『국조오례의(國朝五禮儀)』에서도 제례를 길례(吉禮)라 했다. 사람이 죽어서 치르는 의례를 초상(初喪)이라 하며 1주기를 소상(小祥) 2주기를 대상(大祥)이라 하는데, 초상의 '상(喪)'과 달리 소상과 대상에 쓰이는 '상(祥)'은 '길(吉)'과 같은 뜻이다. 제례를 길사로 보는 까닭은 사람은 자손을 두는 일을 도리이자 즐거움의 극치로 알며 자손이 있어 조상을 받드니까 최상의 길사라 여기는 것이다. 집안에 우환이 있으면 제사를 지내지 않는 것도 이와 무관하지 않을 것이다.

묘에서 시제를 지내는 모습

주자의 『가례』에 의하면 8가지의 제례가 있으며, 조선시대까지 조상에게 올리는 가장 중요한 제사는 사당에서 계절마다 지내는 사시제(四時祭)였으나 오늘날 사시제를 지내던 사당이 대부분 사라지고 말았다. 조선 중기부터 명절 때 묘에서 지내던 시제(묘제)도 명문가를 제외하고는 요즘 거의 행해지지 않고 있다. 음력 3월 상순이나 10월 상달에 치르던 시제는 이제 추석 성묘로 대신하는 편이다. 묘제는 5대조 이상의 조상들을 한꺼번에 모시던 합동제사로, 좋은 때 맑은 날 정오에 선산(묘소)에서 종가 중심으로 모든 집안 식구들이 모여 지내던 제사이다. 결국 현재까지 내려오면서 전통적으로 시행되고 있는 중요한 제사는 기일제(기제)와 차례라 할 수 있으며, 보통 제사라고 하면 기제사를 가리키는 편이다.

지금도 기제와 차례는 잘 지켜지고 있다

기제는 1년에 한 번씩 돌아가신 날에 지내는 제사이다. 다시 말해 기제는 4대조에 해당하는 조상들이 돌아가신 날, 곧 기일(忌日)을 맞아 지내는 제사이다. 이날에는 추모하는 마음을 가다듬어 사사로운 다른 일을 하지 않는다는 뜻으로 금기(禁忌)의 기(忌), 즉 꺼릴(피할) '기(忌)'자를 써서 '기일'이라고 한다.

기제사를 언제 지내느냐에 대해서 오늘날 상당히 혼란을 일으키고 있다. 예서에는 별세한 날 가장 이른 시간인 자시(子時)에 제사를 지낸다고 되어 있다. 궐명제(厥明祭)니 질명제(質明祭)니 하는데, 궐명은 밝기 전이요, 질명은 먼동이 틀 무렵이다. 그러니까 자정(0시)부터 인시(5시)까지 날이 새기 전 새벽에 기제를 올리는 것이 올바른 예(禮)이다.『사례편람』에도 질명(여명)에 제사를 지낸다고 되어 있다. 오늘날은 새벽이나 아침에 제사를 지내고 출근하기가 힘들다는 이유로 제사 전날 모여서 낮에 준비하여 초저녁에 제사를 지내는 경향이 있다. 제사는 돌아가신 날 지내는 것인데, 만약 하루 전에 지낸다면 살아 있는 사람에게 제사를 지내는 것이 되기 때문에 주의를 해야 한다. 제의는 신성한 밤 시간에 지내야 하는데, 밤은 일상의 시간인 낮과 달리 비일상의 시간으로 이때를 신성한 시간이라 여기기 때문이다. 최근까지 우리들이 가장 중요시하는 제사는 부모의 기일에 지내는 기제사이다.

중국의 송대부터 성리학자들에 의해 처음으로 기일에 제사를 지내는 관행이 시작되었다. 성리학자들이 확립한 '4대봉사(奉祀)'의 원리를 주자가 『가례』에 채택하여 체계를 세웠고, 『경국대전』에 규정되어 있는 바와 같이 이를 조선의 성리학자들이 받아들임으로써 조선 후기에 이르러 일반화되었다. 4대라고 하면 부모, 조부모, 증조부모, 고조부모까지 해당된다. '4대봉사'의 원칙은 옛날에는 조혼(早婚)을 하였으므로 고조부모까지는 생전에 뵈올 수 있다는 데서 유래한다. 조선 중기 이래 20세기 중반까지도 드물지 않게 아들, 손자, 증손자, 간혹 현손까지 자손이 형성되었던 것이다. 생전에 자신을 귀여워해주었으니 제사를 지냄은 자연스러운 일이다. 한국의 '4대봉사'의 원리가 관념적으로 고안된 것이 아니라 일상 속의 삶을 비춘 정신문화의 체계임을 알 수 있다. 오늘날 〈가정의례준칙〉에는 2대까지 제사를 지내도록 규정하고 있으며, 대부분 부모와 조부모까지 제사를 모시고 있다.

가묘(사당), 충남 연기군 남면에 있는
부안 임씨 가묘

오늘날은 시골에 사는 노인이 도시에 사는 자식의 집에 고조부모 제사를 지내러 가는 경우가 허다하다. 자식의 기준으로 보면 5대조이지만 자기 아버지가 모시는 제사이므로 연로한 아버지를 위해 제사를 자식들이 준비하는 것이다. 만일 아버지가 못 오실 경우에는 대개 부모를 대신하여 그 아들이 제주(祭主)의 역할을 하되 아버지의 명의로 제사를 지내며 그 아버지가 유고로 참석치 못함을 축문에서 밝히면 된다. 고조부모 윗대 조상의 신주(神主), 즉 위패(位牌)는 사당에서 더 이상 모시지 않고 옮겨서 본인의 무덤 앞에 묻는다. 과거에는 사대부의 선조를 모신 사당을 가묘(家廟)라 하여 집을 짓기 전에 사당을 먼저 세웠다. 서민들은 원칙적으로 사당을 세우지 못하고 집 안 적당한 곳에서 부모의 제사만 올리게 되어 있었다.

한편 4대가 넘어가도 신주를 옮겨 땅에 묻지 않고(不遷) 사당에 영구히 두면서 제사를 지내는 것이 허락된 신위를 '불천위(不遷位)'라 한다. 불천위에 해당하는 조상은 송시열, 이황 같은 대학자이거나 임진왜란 때 3부자가 모두 전사한 고경명 같은 의병장 등이다. 불천위가 있어야 종가(宗家)도 될 수 있다. 조선 중기 때부터 정계나 학계에서 활약하던 인물들의 후손들은 경제적 기반을 갖추고 후대에 중시조가 되어 사당에 불천위로 배향을 받는다. 이러한 사례들은 전국에 지금까지 남아 있는 명문 종가에 해당한다.

차례는 명절에 간단히 지내는 제사다

명절에 조상에게 올리는 제사를 차례라 하며, 제사를 지낼 때 차를 올린다 하여 '차례(茶禮)'라는 말도 나왔다고 한다. 차례 때는 4대 조상을 한꺼번에 모시게 된다. 차례는 명절날 조상을 추모하고 새롭게 마련한 음식을 올리기 위하

명절에 차례를 지내는 모습

여 지내는 약식 제사라 할 수 있다. 원래 주자의 『가례』에는 모든 제사에 차를 올리도록 되어 있는 중국과 달리 우리나라는 차를 상용하지 않으므로 명절에 다소 간략하게 지내는 제사를 차례라고 말해온 듯하다. 다만 우리나라에 차가 들어온 것이 신라 때부터인 것으로 보아 이때부터 조상에

게 차를 올리는 차례가 생겨난 것이라 하겠다. 『삼국유사』 가락국기에 수로왕묘의 제수(祭需)로 차가 나오는데, 문무왕 원년(661)의 일이다. 이로 보아 차는 제사에도 이용되었음을 알 수 있다. 조선시대로 넘어오면서 차가 술로 바뀌었다고 한다. 차례를 포함하는 제례에는 쌀로 빚은 맑은 술을 조상께 올리는 전통이 있는데, 현재 '백화수복'은 국내 차례주 시장의 60~70%를 차지는 절대 강자이다. '설화' 또한 52% 도정한 쌀로 만드는 고급 청주이다.

기제사는 오로지 죽은 영혼을 위한 것이지만 차례는 죽은 영혼과 더불어 산 자들의 명절이기 때문에 특별히 계절에 맞는 음식을 장만한다. 설에는 메(밥) 대신 떡국을, 추석에는 메 대신 송편을 올린다. 오늘날 차례는 설날과 추석날 아침에 집에서 간소하게 지내는데, 기제사와 달리 차례에는 술을 한 번만 올리며 축을 읽지 않는다. 다시 말해 차례는 무축단헌(無祝單獻)의 약식으로 거행한다. 기제사에 검소한 옷차림과 달리 차례에는 화려한 옷차림을 하며, 기제사와 달리 차례에는 촛불을 켜지 않는다.

설, 추석 등에 지내는 차례는 우리나라에서 중요하게 인식되고 있지만, 요즘과 달리 중국 관습에는 없는 것이다. 우리 조상들이 예서에도 없는 차례를 지낸 것을 보면 예법과 윤리를 존중하는 정신이 얼마나 강렬했는가 알 수 있다.

제사상은 고인을 기준으로 차린다

일반적으로 제사는 지방(紙榜)을 써 붙이고 제수를 진설한 뒤에 지내게 된다. 지방을 쓸 때는 남자조상과 그 아내인 여자조상을 함께 쓰는데, 남자는 왼쪽, 여자는 오른쪽에 쓴다. 지방은 임시로 만드는 위패이기 때문에 '신주(神主)'라 하지 않고 '신위(神位)'라 쓴다. 주자의 『가례』에서는 기

일에 한 분만 모신다고 했지만, 우리나라
대부분의 예서에서는 아버지와 어머니
두 분을 함께 제사 지낸다고 했다. 전에
는 지방을 반드시 한자로 썼으나 요즘은
한글로 많이 쓴다.

지방

현(顯)이란 밝은 모양을 뜻하는 접두사
이다. 조고(祖考)는 돌아가신 할아버지를
말한다. 학생(學生)은 관직이 없는 사람을
이르는 것이다. 대개 관직이 없는 사람의
경우 살았을 땐 유학(幼學)이라 쓰고 죽었

을 때는 학생이라 썼다. 부군(府君)은 고을(府)의 우두머리라는 뜻으로 상대
방을 높이는 접미사였다. 조비(祖妣)는 돌아가신 할머니를 말한다. 유인(孺
人)은 벼슬이 없는 남편의 부인을 높여 쓰는 말이다. 요즘에 와서는 지방
보다 사진으로 대신하는 경우가 늘고 있다.

제사상을 차리는 법은 쉽게
말해 산 사람과 반대로 하면
된다. 산 사람과 달리 죽은 사
람을 기준으로 해서 보면 음인
서쪽이 상위가 된다. 따라서
중요하다고 생각되는 제물은
모두 서쪽에 놓는다. 밥이 국
보다 중요하다는 뜻에서 밥을

제사상

서쪽에 놓는 것이다. 물론 산 사람의 밥상과 반대로 한다는 점에서도 밥
의 위치가 서쪽이 된다. 이를 '반서갱동(飯西羹東, 밥은 서쪽, 국은 동
쪽)'이라 하는 것이요, 서쪽에 중요하다는 육류를 놓고 동쪽에 어류를
놓는다는 '어동육서(魚東肉西)'라는 말이 쓰이는 것이다. 붉은 과일은 동

쪽, 흰 과일은 서쪽이라는 '홍동백서(紅東白西)'도 마찬가지다.

한편 중요하다고 판단되는 제물일수록 신위에 가깝게 진설하면 된다. 제사상 차림은 율곡 이이가 『제의초(祭儀鈔)』에서 5열을 주장했고 이를 따르는 가문도 많았으나, 『가례』, 『사례편람』 등 주요 예서들을 통해 알 수 있듯이 4열을 기본으로 한다. 신위를 기준으로 1열은 메와 국이고, 2열은 육류와 어류(적과 전)이다. 불에 굽거나 찐 음식이 적(炙)이고, 기름에 튀기거나 부친 음식이 전(煎)이다. 적 가운데서 재료를 갸름하게 썰어 꿰어 익히는 것을 산적(散炙)이라 한다. 3열은 포와 채소와 젓갈(장), 4열은 과일류를 놓는다. 다시 말해 1열은 주로 밥과 함께 반주로서의 술이 중심이 되고, 2열은 안주와 관계 있는 고기와 적 등을 차려놓는다. 3열은 주로 밥을 먹기 위한 반찬을 차리는 줄이고, 4열은 밥을 다 먹은 뒤 마지막 후식이 되는 것이다. 신을 섬기는 제사이기 때문에 음양관에 따라 음수로 제상의 줄 수를 음수, 즉 짝수로 차리는 것이다. 이율곡은 탕을 한 줄 더 넣어 5열로 차리도록 했다.

'삼적(三炙)'은 어적·육적·야채적을 말하며, '삼색나물'은 흰색 뿌리(조상)인 도라지나 무나물, 검은색 줄기(부모)인 고사리, 푸른색 잎(자신)인 미나리를 말한다. '삼색과일'은 대추, 밤, 감을 가리킨다. '삼색과일'에 대한 속설에 따르면, 꽃과 열매를 많이 맺는 대추는 자손번창의 의미가 있다. 씨밤을 심으면 가장 먼저 열린 씨밤은 아름드리 나무가 되어도 썩지 않고 그대로 남기 때문에 밤은 조상과의 영원한 연결을 뜻한다. 위패를 밤나무로 만드는 이유도 여기에 있다. 감은 씨를 심으면 감이 열리지 않고 고욤이 된다. 3~5년쯤 지나 그 줄기에 다른 감나무 가지를 접붙여야 훌륭한 감을 얻을 수 있다. 사람도 태어나서 가르침을 받아야 올바른 인간이 된다는 뜻을 담고 있다.

제사는 형편에 맞게 지낸다

『가례』나 『사례편람』에서는 제사를 지내는 예가 근본에 의거하면 되므로 따로 힘써야 할 것은 없다고 하면서, "모든 제사는 사랑과 공경을 다하는 정성에 힘쓸 뿐이니, 가난하면 집의 형편에 맞게 해야 한다"[113]라고 말했다. 조선시대 예에 관한 대표적인 저서였던 김장생의 『가례집람』에서도 "제사에는 차와 과일 한 접시, 그리고 후손들의 정성만 있으면 된다"고 하였다. 『사례편람』을 지은 이재도 사람들이 단지 기제사가 중요한 줄만 알지 기일이 중요한 줄을 모르고 있다고 개탄함으로써 형식에 흐르는 의례에 대해 경고한 바 있다. 제사상에 오를 음식에 대해서도 『가례』 이하 조선의 예서에서 과일, 채소, 포 등으로 대분류만 해놓았지 구체적인 품목은 없다.

집이 잘사는지 못사는지를 저울질한다는 뜻으로서, 집의 형세에 따라 일을 알맞게 한다는 '칭가유무(秤家有無)'라는 말도 있다. 옛날부터 각자 알아서 해야 할 것이요, 남의 일에 쓸데없이 간섭하지 말라는 뜻으로 우리 속담에 "남의 제사에 감 놔라. 배 놔라 한다"는 말도 있다. 집집마다 제상의 차림, 제물의 규모, 제사의 절차 등에 크고 작은 차이가 허용된다고 본다. 조상들은 지혜롭게 가정의 형세에 따라 일을 알맞게 하기를 강조하였다. 퇴계 이황의 후손인 한문학자 이가원도 집집마다 예를 달리한다는 뜻의 '가가이례(家家異禮)'라는 말을 썼다.

우암 송시열의 후손들은 제사 때에 술 대신 감주를 사용한다. 퇴계 이황의 종가에서는 포를 앞 줄 한가운데에 놓는다. 구한말 한학자로 유명한 위당 정인보의 집안에서는 축문도 읽지 않는다. 어떤 집은 제사음식을 미

---

113) 범제주어진애경지성이이 빈즉칭가지유무(凡祭主於盡愛敬之誠而已 貧則稱家之
   有無).

리 차려놓고 절차를 진행하는가 하면 어떤 집은 찬 음식은 미리 차리고 후에 뜨거운 음식을 내놓기도 한다. 이같이 차리는 음식의 종류, 제사의 방식과 절차 등은 집안마다 다를 수 있다.

"제사상에는 복숭아 같은 털 있는 과일은 놓지 않는다"[114]고 한다. 왕숙의 『공자가어』에도 나오듯이 중국에서는 복숭아가 천한 과일이라고 하여 제사에 쓰지 않지만, 우리나라에서는 복숭아나무로 귀신을 쫓기 때문에 제사에 쓰지 않는다. 붉은 팥고물 떡은 제사에 안 쓴다. 귀신은 붉은 팥을 싫어하기 때문에 제사떡에는 붉은 팥고물을 쓰지 않고 흰 고물을 쓴다. 물고기 가운데 잉어를 용종(龍種)이라 하여 제상에 놓지 않는 지방도 있고, 어감이 치사하다 하여 꽁치, 삼치, 갈치 등은 안 쓴다. 민간에서는 "비늘 없는 고기는 제사에 안 쓴다"[115]고 하여 비늘이 없는 생선도 금하는데, 이런 것들은 예서에 나오지 않는 내용들이다. 비늘이 없어도 가오리는 쓰는데, 비늘이 없는 고기는 대개 비린내가 나고 깨끗하지 못하기 때문에 안 쓰는 것으로 안다.

음식을 만들 때 양념은 새로 준비하며 고춧가루와 마늘은 사용하지 않는데, 특히 "제사 음식에 고춧가루를 넣지 말라"[116]고 강조하였다. 제수를 장만하기 위한 구매에서는 물건 값을 전혀 흥정하지 않는다. 물품을 구입하러 시장에 갈 때도 부정한 사람을 보면 부정 탄다고 하여 갓을 머리에 깊이 눌러 쓰거나 맑은 날에도 우산을 쓰고 시장에 간다. 성스러운 제의를 위해 참가자들에게 생활면에서 특별히 금기를 부여한 것이다.

---

114) 최래옥, 앞의 사전, 263면.
115) 최래옥, 위의 사전, 169면.
116) 최래옥, 위의 사전, 262~264면.

제사절차는 간소해지고 있다

(1) 강신(降神)

제주(장자 또는 장손)가 향안(香案) 앞에 북향해 꿇어앉아 향을 세 번 피우고, 집사(제주를 돕는 사람)가 따라주는 술잔을 향로 위에서 세 번 돌린 뒤, 삼제주(三祭酒)라 하여 모사(茅沙)에 세 번 나눠 부은 다음 빈 잔을 원래의 자리에 올리고(집사자에게 주면 집사자는 받아서 본래의 자리에 놓는다.) 나서 뒤로 한 발 물러나 재배한다. 분향(焚香)으로 허공에 떠돌 영을 부르고, 뇌주(酹酒) 즉 술을 모사에 부어 땅에 있을 조상을 모셔야 비로소 조상의 신이 신주(지방)에 깃든다고 인정하는 것이다.

(2) 참신(參神)

제주 이하 참석자가 일제히 재배한다. 참신과 강신의 순서는 바뀔 수 있다.

(3) 초헌(初獻)

제주가 첫 잔을 올리는 절차다. 제주가 신위, 즉 향안 앞에 꿇어앉아 집사자가 따라주는 술잔을 향불 위에서 세 번 돌리고 집사에게 주어 술을 올리게 된다.(잔을 본래 있던 자리인 메와 국 사이에 놓는다) 그리고 나서 제주는 두 번 절한다.

(4) 독축(讀祝)

모두 꿇어앉고 제주가 축문을 읽는다. 원래는 축관이 제주 곁에서 축문

한문축문

을 읽는다. 축문은 제례를 올리는 자손으로서 조상에게 제사의 연유와 그윽한 감회를 표하고 간소하나마 정성껏 마련한 제수를 권하는 글이다. 부모가 아니고 조부모의 제사일 때는 효자를 '효손'이라 쓰고, 아내의 제사에는 '부(夫)'라 쓰며, 아들의 제사는 '부(父)'라 쓴다. 이율곡의 『제의초』에서는 제사 때 축문을 읽은 후에 곡을 하라고 했다. 다 읽으면 모두 두 번 절한다.

세월이 흐르고 해가 바뀌어서
돌아가신 날이 다시 돌아왔습니다.
생전의 자애로운 모습이 선하며 영원히 사모하는
마음을 누를 길이 없습니다.
삼가 맑은 술과 몇 가지 음식을 공손히
마련하여 올리오니 흠향하시옵소서.
— 한글축문(일례)

(5) 아헌(亞獻)

종부(큰며느리)가 두 번째 잔을 올린다. 초헌의 제주가 재배를 한 데 비해 아헌에서 부인의 경우 사배를 한다. 이는 남존여비에 의한 것이 아니라 남자는 양으로서 일배를 하고 여자는 음으로서 재배를 해야 하는 것이요, 공경의 뜻을 표할 때 산 사람이나 죽은 사람이나 관계없이 그 배수로 절을 한다는 데 따른 것이다. 종부가 못할 때는 제주 다음 사람이 아헌을 한다.

(6) 종헌(終獻)

아헌을 한 사람의 다음 가는 제주의 자식이나 근친자(차자)나 나이 많은 어른이 세 번째 잔을 올린다. 다만 술을 7부로 따라서 첨잔을 할 수 있도록 한다. 최근에는 나머지 자녀의 순서대로 잔을 올리기도 한다.

(7) 유식(侑食)

제주가 제상 앞에 꿇어앉고 집사는 남은 술잔에 첨잔한다. 제주의 부인이 밥뚜껑을 열고 음식을 많이 드시라는 의미로 숟가락을 메 가운데에 꽂는다. 숟가락 앞이 동쪽으로 가도록 꽂고, 젓가락을 가지런히 골라 시접 위에 손잡이가 서쪽으로 가도록 걸친다. 시접은 수저를 담아놓는, 대접과 비슷하게 생긴 놋그릇이다.

(8) 합문(闔門)

제주 이하 전원이 문을 닫고 나와서 아홉 숟가락의 밥을 먹는 시간이라는 '일식구반지경(一食九飯之頃)'인 5~6분간 공손히 서 있는다.

(9) 계문(啓門)

문을 열고 안으로 들어간다.

(10) 헌다(獻茶)

국을 물리고 물(숭늉)을 올리는 절차로 메를 조금씩 세 번 떠서 숭늉에 말고 숟가락과 젓가락을 물그릇에 잠깐 담가둔 다음 잠시 서 있는다.

(11) 낙시저(落匙箸)

수저를 거두고 메 뚜껑을 덮는다.

(12) 사신(辭神)

모두가 재배하고 지방과 축문을 불사른다.

(13) 철상(撤床)

상 위의 제수를 내린다.

(14) 음복(飮福)

음식을 나누어 먹으며 조상의 음덕을 기린다. 음복은 제사를 지내고 난 뒤 제관들이 제상에 놓은 술이나 과일 등 제물을 나누어 먹는 것으로 신이 복을 내려주기를 바라는 것이다. "제사 후 음식을 다 같이 먹어야 좋다"[117] 고 했다. 그러나 『가례』, 『사례편람』 등의 예서에서 기제사에는 음복을 안 하는 것으로 되어 있다. 기제사를 지내는 날은 부모님께서 돌아가신 슬픈 날이기 때문이다.

⑴ 술잔을 왼쪽에서부터 돌리든지 오른쪽에서부터 돌리든지, 또는 몇 번을 돌리든지에 대해서는 예서에 명시된 것이 없다. 다만 술잔에 향냄새 가 배게 한다는 의미밖에 없다. 강신에서 언급하고 있는 모사에 술을 세 번 나눠 붓는 3제주(三祭酒)를 비롯하여 술잔을 세 번 신에게 올린다는 3전 작(三奠爵), 제상에 차려지는 3적, 3색나물, 3색과일 등은 이른바, 예는 세

---

117) 최래옥, 앞의 사전, 265면.

번에 이루어진다는 '예성어삼(禮成於三)'118)의 정신을 나타낸다. 원래 일은 이를 낳고, 이는 삼을 낳고, 삼은 만물을 낳는다119)는 음양관에서 유추된 것이라 하겠다.

(4) 한문축문에 나오는 '효자'는 축관이 제주를 대신하여 신에게 고하는 말이기 때문에 그 뜻을 따질 필요는 없지만, 선조의 뜻을 계승하는 사람이라는 뜻이다. 『예기』(잡기상(雜記上))에서 "제사 때는 효자·효손이라 쓰고 상사 때는 애자(哀子)·애손(哀孫)이라 한다"고 하고, 주석에서 "우제 이전 흉제에는 애(哀) 자를 쓰고 졸곡 이후 길제에는 효(孝) 자를 쓴다"고 했다. 한편 『사례편람』에서는 졸곡까지는 고자(孤子)라 쓰고 부제(祔祭) 축문부터 효자(孝子)라 쓴다고 했다.120)

(14) 음복과 관련해 볼 때 제사음식을 '복덕(福德)'이라 하는데, 옛날 마을제사 때 제사음식을 마을사람들에게 나누어주던 장소가 복덕방이었다. 음복을 할 때는 집안에 따라 밥을 국에 말고 고기적·나물 등을 얹어 '장국밥'으로 하거나, 밥을 나물에 비벼 '비빔밥'으로 만들고 제수음식과 제사술을 갖추어낸다. 우리나라 중부 이북에서는 주로 장국밥으로, 남쪽에서는 비빔밥으로 한다. 특히 전주는 콩나물이 좋은 고장이어서 3년쯤 묵혔던 장과 함께 콩나물 등 스무 가지 넘는 재료를 넣고 만든 비빔밥으로 유명하다.121) 안동·진주 등 경상도지방에는 '헛제삿밥'이라는 비빔밥이 유명하다. 예로부터 제사음식으로 비빔밥을 해먹던 안동지방의 풍습에 따라 평상시 제사가 없을 때도 제사음식과 같은 재료를 마련하여 비빔밥을 만들어 먹는데, 각종 나물과 생선·산적·탕국이 함께 곁들여지며, 특

---

118) 반고, 『백호통의(白虎通義)』.

119) 일생이 이생삼 삼생만물(一生二 二生三 三生萬物)(『노자』 42장).

120) 이병혁, 『한국의 전통 제사의식』, 국학자료원, 2011, 88~89면.

121) 전주의 콩나물국밥은 해장국으로 유명한데, 새우젓으로 간을 맞추는 소박한 음식이다.

히 이 비빔밥에는 선짓국이 따랐다.

제례에서 주목할 것은 흔히 여성들이 제사에서 배제되는 것으로 아는데, 그렇지 않다는 점이다. 『예기』에는 '제사는 부부가 함께한다'는 뜻의 '부부공제(夫婦共祭)'라 적혀 있고, 주자의 『가례』에도 아헌에서 다른 남성(아들)들을 제치고 주부(맏며느리)가 참여하도록 되어 있기 때문이다. 이와 같이 애초에는 제사에 남녀 공동으로 참여했다가 조선 후기에 이르러 여성들이 제의에서 밀려났다고 본다.

자료

『가례집람』(김장생), 『경국대전』(최항 외), 『경도잡지』(유득공), 『고려사』(정인지 외), 『국조오례의』(신숙주 외), 『규합총서』(빙허각이씨), 『금양잡록』(강희맹), 『내훈』(소혜왕후), 『농사직설』(정초), 『다신전』(초의선사), 「단군신화」, 『동국세시기』(홍석모), 『동국이상국집』(이규보), 『동다송』(초의선사), 『동의보감』(허준), 『만세력』(관상감), 《뿌리》(알렉스 헤일리), 『사례편람』(이재), 『산림경제』(홍만선), 『삼국사기』(김부식), 『삼국유사』(일연), 『성소부부고』(허균), 『성종실록』, 『성학집요』(이율곡), 『성호사설』(이익), 『세조실록』, 『송남잡지』(조재삼), 『시의전서』(미상), 〈양반전〉(박지원), 『여유당전서』(정약용), 『열양세시기』(김매순), 『열하일기』(박지원), 『예산임방입의절목』(보부상), 『오주연문장전산고』(이규경), 『오하기문』(황현), 『용재총화』(성현), 『월인석보』(세조), 『임원경제지(임원십육지)』(서유구), 『임하필기』(이유원), 『재물보』(이만영), 『조선상식문답』(최남선), 『조선무속고』(이능화), 『조선여속고』(이능화), 『증보산림경제』(유중림), 『지봉유설』(이수광), 『천기대요』(성여훈), 『청구영언』(김천택), 『청장관전서』(이덕무), 『태교신기』(사주당이씨), 『택리지』(이중환), 『한국민간속신어사전』(최래옥), 『향약구급방』(미상), 『해동역사』(한치윤), 『가례』(주희), 『계림유사』(손목), 『선화봉사고려도경』(서긍), 『고반여사』(도융), 『고사기』(오노 야스마로), 『공자가어』(왕숙), 『과학사기술사전』(도쿄대), 『구당서』, 『구약성경』, 『근사록』(주희 외), 『노자』(노자), 『논어』(공자), 『대보율령』(몬무), 『백호통의』(반고), 『본초습유』(진장기), 『산거사요』(왕여무), 『삼국지』위지(진수), 『서유기』(오승은), 『설문해자』(허신), 『소학』(주희), 『수서』, 『시경』, 『신당서』, 『예기』, 『일본서기』, 『입당구법순례행기』(옌닌), 『잡보장경』(길가야, 담요), 『제민요술』(가사협), 『조선교회사』(달레), 『중용』(자사), 『한서』, 『형초세시기』(종름), 『후한서』(범엽) 등.

논저

강숙자, 『한국여성학연구서설』, 지식산업사, 1998.

강인희, 『한국식생활사』, 삼영사, 1990.

_____ 외, 『한국의 상차림』, 효일문화사, 1999.

강현모, 『한국민속과 문화』, 비움과채움, 2011.

고려대 민족문화연구소, 『한국민속대관』 2, 1980.

_____ 민족문화연구원, 『한국민속의 세계』 1~10권, 2001.

구성자 · 김희선, 『새롭게 쓴 세계의 음식문화』, 교문사, 2005.

규장각한국학연구원, 『세상 사람의 조선여행』, 글항아리, 2012.

금장태, 『유교의 사상과 의례』, 예문서원, 2000.

김개천, 『명묵의 건축』, 컬처그라퍼, 2011.

김광언, 『민속놀이』, 대원사, 2001.

김만태, 「한국인의 삶에서 수연례가 갖는 의미 분석」, 『실천민속학연구』 12, 실천
　　　민속학회, 2008,

_____, 「한국 일생의례의 성격 규명과 주술성」, 『정신문화연구』 제34권 제1호(통
　　　권122호), 한국정신문화연구원, 2011.

김원룡, 『한국미술사』, 범우사, 1968.

김인옥, 『중국의 생활민속』, 집문당, 1996,

김정기, 「한국주거사」, 『한국문화사대계』 IV, 고려대 민족문화연구원, 1964.

김진호 · 한성일 · 장권순 · 이태환, 『한국문화 바로 알기』, 국학자료원, 2002.

나승만, 「공동체의 의례생활」, 『한국민속학 새로읽기』, 민속원, 2001,

노성환, 『젓가락 사이로 본 일본문화』, 교보문고, 1997.

박명희 외, 『한국의 생활문화』, 교문사, 2003.

박환영, 「한몽 출생의례의 비교민속학적 고찰」, 『비교민속학』 40집, 한국비교민속
　　　학회, 2009.

백옥경, 「아들낳기, 여성의 영원한 소망?」, 『우리나라 여성들은 어떻게 살았을까』
　　　1, 청년사, 1999.

변광섭, 『문화가 예뻐졌어요』, 새미, 2008.

소황옥, 「한일 여자 상의 복식의 비교」, 『비교연구를 통한 한국민속과 동아시아』, 민속원, 2004.

송재용, 『한국 의례 연구』, 제이앤씨, 2007.

안은희, 「백일/돌/생일」, 『한국민속대관』 1, 고려대 민족문화연구소, 1982.

우리전통문화연구회, 『우리 전통문화와의 만남』, 한국문화사, 2000.

윤지원, 「중국과 사뭇 다른 한국 복식」, 『한국문화는 중국문화의 아류인가』, 소나무, 2010.

이규태, 『한국인의 의식구조』 1, 신원문화사, 1991.

이병혁, 『한국의 전통 제사의식』, 국학자료원, 2011.

이순구, 「올바른 혼인」, 국사편찬위원회 편, 『혼인과 연애의 풍속도』, 두산동아, 2005.

이용한, 『옛집기행』, 웅진지식하우스, 2005.

이재정, 『의식주를 통해 본 중국의 역사』, 가람기획, 2005.

이종철, 「전통문화의 계승과 한국문화의 세계화」, 〈우리길벗〉 21호, 2006. 8. 1.

이지양, 「한시 속의 고려반, 약반 이야기」, 『만해축전』, 백담사 만해마을, 2010.

이춘자 · 허채옥, 「닮은 듯 닮지 않은 한국과 중국의 음식문화」, 『한국문화는 중국문화의 아류인가?』, 소나무, 2010.

이화형, 『하늘에다 베틀놓고 별을잡아 무늬놓고』, 월인, 2007.

_____, 『한국음식문화에 나타나는 융복합성 일고』, 『동아시아고대학』 23집, 동아시아고대학회, 2010.

_____, 『한국문화를 꿈꾸다－인문과 예술』, 푸른사상, 2011.

_____ 외, 『한국문화를 말하다』, 태학사, 2013.

_____, 「한국 전통 산육의례 속의 생명중시의식 고찰」, 『동아시아고대학』 33집, 동아시아고대학회, 2014.

임동권, 「한일산육속의 비교」, 『한국민속학』 12, 민속학회, 1980.

장철수, 「인간을 위한 의례의 의미」, 『기층문화를 통해본 한국인의 상상체계』(중), 민속원, 1998.

장혜영, 『한국전통문화의 허울을 벗기자』, 어문학사, 2010.

정광호, 『음식천국 중국을 맛보다』, 매일경제신문사, 2008.

정대성 지음, 김문길 옮김, 『일본으로 건너간 한국음식』, 솔, 2000.

정성희, 『조선의 성풍속』, 가람기획, 1998.

정연식, 「조선시대의 식생활과 음식문화」, 『조선시대 사람들은 어떻게 살았을까』 1, 청년사, 1996.

정연학, 「농기구에 반영된 한중 문화 비교」, 『비교연구를 통한 한국민속과 동아시아』, 민속원, 2004.

_____, 「일생의례와 물질문화」, 『역사민속학』 37호, 역사민속학회, 2011.

주강현, 『우리 문화의 수수께끼 1~2』, 한겨레출판, 1996.

주영하, 「젓가락의 닮음과 숟가락의 다름」, 『실크로드와 한국 문화』, 소나무, 1999.

_____, 「출산의례의 변용과 근대적 변환」, 『한국문화연구』 7, 경희대민속학연구소, 2003.

지재운, 「중국의 음식문화 소고」, 『외대사학』 제7권 1호, 한국외대 역사문화연구소, 1997.

최길성, 『무속의 세계』, 정음사, 1984.

최남선, 『고사통』, 삼중당, 1982.

최래옥, 『한국구비전설의 연구』, 일조각, 1981.

최 준, 「한·중의 문화적 아이덴티티와 민속의례」, 『한국문화는 중국문화의 아류인가?』, 소나무, 2010.

회천최인학선생 고희기념논총간행회, 『비교연구를 통한 한국민속과 동아시아』, 민속원, 2004.

와타나베 미노루(渡邊 實) 저, 윤서석 외 역, 『일본식생활사(日本食生活史)』, 신광출판사, 1998.

이시게 나오미치(石毛直道), 「食事と酒, タバコ」, 『日本人の生活』, 研究社, 1976.

오페르트, 한우근 역, 『조선기행』, 일조각, 1974.

사사키 미즈에(佐々木瑞枝), 『日本事情入門』, 다락원, 2003.

Frazer, James George 저, 김상일 역, 『황금의 가지』, 을유문화사, 1982.

필립 라스킨 외 지음, 안기순 외 옮김, 『세계가 사랑한 한국』, 파이카, 2010.

/// 찾아보기